A BIBLIOGRAPHY OF FRENCH LABOR

A BIBLIOGRAPHY

OF

FRENCH LABOR

WITH A SELECTION OF DOCUMENTS
ON THE FRENCH LABOR MOVEMENT

By

LEON A. DALE

WITH A PREFACE BY

GEORGES LEFRANC

REPRINTS OF ECONOMIC CLASSICS

Augustus M. Kelley · Publishers
NEW YORK 1969

First Published 1969

Copyright 1969 by Leon A. Dale

Augustus M. Kelley · Publishers
New York New York 10001

· · · · · · · · · · · · · · · · ·

S B N 678-00543-5

L C N 72-95163

· · · · · · · · · · · · · · · · ·

PRINTED IN THE UNITED STATES OF AMERICA
by SENTRY PRESS, NEW YORK, N. Y. 10019

To GLENN and MELINDA

TABLE OF CONTENTS

INTRODUCTION

Hardly a year passes without the publication of a considerable number of books concerned with France's political or social situation. This fact indicates the sustained interest of a large public in French affairs. Yet, up to now, there had been no systematic effort at compiling a bibliography which would bring together in one book the great wealth of documentation of the past. The present book is an attempt to remedy this situation and to make it easier for anyone doing research on France to find quickly the materials needed.

Numerous are those whose writings have treated or touched upon French labor and socialism. Sometimes, they were novelists like Emile Zola; sometimes, they were politicians like Aristide Briand; more rarely, they were labor leaders like Léon Jouhaux. In almost every case, however, their works shed some light on the social and political problems of their day. Many of these writers are comparatively unknown and their books and articles are often quite difficult to find. They have been listed here because they contain worthwhile information.

This leads me to the basic philosophy underlying the compilation of this bibliography. First, I tried to make it as comprehensive as possible so that it will benefit the largest number of scholars. The emphasis was on inclusion rather than exclusion. Second, no works were excluded on the basis of political opinion or because of the particular problem or period of history dealt with. The French political rainbow, a particularly richly-colored one, is well represented here. One will probably find listed on the same page, according to the hazards of the alphabet, authors who were not on speaking terms during their lifetime. And third, I intended to make this bibliography a definitive one, realizing full well that the field is so vast that gaps were unavoidable, particularly in view of the time span covered, 1600-1969. In addition to books, a number of newspaper and magazine articles viewed as significant have been included in a separate section of the bibliography which has been cross indexed with that of the books. Finally, the most important newspapers and periodicals have been listed, some with a short commentary.

In compiling this bibliography, I have used the facilities of the following libraries: Bibliothèque Nationale (Paris), Musée Social (Paris), British Museum (London), Library of Congress (Washington), Library of the University of Wisconsin (Madison), Library of the University of Florida (Gainesville), Library of the University of North Carolina (Chapel Hill), Library of the United States Department of Labor (Washington), Library of the American Federation of Labor—Congress of Industrial Organizations (Washington), Bibliothèques of various Bourses du Travail in France, countless French bookstores including the well known ones along the Quais of the Seine in Paris, and private French collections.

A number of scholars and historians have been kind enough to review this bibliography and make valuable suggestions, especially with regard to books I did not have access to. My greatest debt has been to Monsieur Georges Lefranc who has volunteered to write a most important and illuminating preface. Naturally, any omission, as well as inclusion, is entirely the author's responsibility.

PREFACE

PRESENTATION OF FRENCH LABOR SYNDICALISM

Any sociologist who wants to study present realities faces two dangers: by holding consciously or unconsciously to a preconceived opinion, he might see among the facts only those which support his opinion; or in the process of gathering an insufficient number of elements, he might be tempted to synthetize prematurely.

There is already a long list of those who, both in France and abroad, while entering the most complex and forever-changing field of syndicalism have avoided Charybdis only to fall upon Scylla.

We must therefore congratulate and thank Mr. Dale to have had the courage to undertake what we call in France a "work of a Benedictine monk" — and to have brought it to a successful end. It is of great interest that there is now a list of works either dealing with French syndicalism or throwing light on the environment where it was born as well as on the influences to which it was subjected. Whoever will not have *read* this work but only *glanced* at it, will, (we are convinced) forever throw off the temptation of premature synthesis and preconceived opinions. This book will impress him with the idea that the French labor situation is infinitely more complex than a superficial look at it would tend to suggest.

Doubtlessly, it will be objected that a work of this nature is not complete. Well, we have never pretended that it was. It probably has gaps. We hope that readers will call them to our attention so that a new edition may eventually take into account their observations. What Mr. Dale has attempted first of all is to gain time for researchers and scholars. Then he has wanted to call to their attention documents which they probably never would have discovered by themselves. Finally, in this brief introduction, he would like them to see some of the original characteristics of French labor syndicalism. Because *its long past has left some deep marks,* we would be unable to understand it if we tried to conjure it up through American trade unionism: one of the very weaknesses of our sociological vocabulary is that the same word is often used for very different realities.

I

French syndicalism was born a little less than a century ago when the first Syndicalist Chambers were established under the Second Empire. *But these organizations were not constituted ex nihilo.* They were generally the descendants of *Societies of Resistance* (against lower wages), themselves issued from *Mutual and Brotherly Societies* already numerous under the Restoration; we can even surmise that their existence was already probable at the end of the absolute monarchy regime.

I was lucky enough to discover in a statement of charges written up in 1730 by the King's Prosecutor in Montpellier that the term *Syndicat* was used to designate a clearly militant organization which public authorities seemed to find rather disturbing.

> "Through a punishable abuse, *he wrote,* joiners and carpenters have undertaken to constitute a syndicat among themselves, even deliberating against master joiners and carpenters by forbidding certain of their members to work in certain shops."

This text and similar ones which we could doubtlessly find thus establish a link between the *Syndicats* of the 19th century and the *Compagnonnages* which appear with certainty at the end of the Middle Ages. It is important to note that public authorities have always taken a dim view of these *Compagnonnages.* Condemned to a partly clandestine existence, *these compagnonnages have become habitually distrustful of central authority. Later, their psychology and action will find it difficult to outgrow these patterns.*

We find in the *Compagnonnages* workers of different trades. But *Corporations, Maîtrises* and *Jurandes* whose origin goes back further into the Middle Ages than the *Compagnonnages* are based upon *a corporate compartment system which has also left its imprint.* The enemy of the *Compagnon* is not so much the master or the master's competitor, but rather the man who works at a not too dissimilar trade. This man is always suspected of trying to break out of his field; for that reason he is always met with a great deal of obstinate resistance.

Thus, for a large part, the psychology of the labor movement is molded either directly or indirectly by political, social and economic structures which have disappeared today but which have created positive or negative habits.

In other respects, we should not believe that this pattern was typical only of syndicalism In the course of the 19th century, the behavior of a large number of employers is still marked by a *feudal spirit* which, in turn, provokes brutal reactions among wage earners. *If industrial relations in the United States have assumed a form quite different from those evident in France, isn't it because the United States has never known Feudalism and the Manorial Regime?*

Nor has the United States known royal, Jacobine and Napoleonian centralization, the superintendents of the absolute monarchy, the traveling representatives of the IInd year of the Empire and the prefects of the Consulate who were accepted and inherited by the Restoration, the July Monarchy and the successive Republics. *In the same way that it was marked by an anti-feudal reaction directed against employers, French syndicalism was deeply convinced that there shall be no freedom without a "withering away" of the State, and — even more important that this withering away is a natural and historical development: obvious reaction against a centralizing statism.* Even before the end of the 19th century, *French syndicalism was full of anarchistic ideas and attempting to extend the "communal" movement.* The purpose of the latter was to give status to the free municipalities in a hostile world dominated by Feudalism, the Church and the Monarchy. The Parisian Commune of 1792 and that of 1871 testify to the survival of these aspirations beyond political revolutions and economic upheavals stemming from modern techniques.

When, under the Second Empire, the first Syndicalist Chambers are established, the activists who organize them and who attempt to give a theory to the movement, think back to the precedent established by the bourgeoisie. They receive their inspiration from its example.

They are not motivated by hatred; but rather by the feeling that they have not been treated fairly. They want no privileges; only freedom of association which was largely used by capitalists. Significant is this testimony of Pauline Roland writing a few years ago:

xiii

"The most evident fact today is the association of workers. This movement such as it manifests itself today has not had less importance than has had the communal movement from the 12th to the 14th century. This movement destroyed a feudalism based on the sword and the predominance of land property; it created the bourgeoisie. The association of workers wants to abolish industrial feudalism, the lordly rights of capitalistic leisure."

Thus conceived, labor association is less a fighting instrument than a means of integration within a mutual respect. Tolain, commenting upon the Paris elections under the Second Empire, tells workers about his dream:

"Within the industrial and economic order, Labor Syndicalist Chambers would be the mother institutions for all future progress. Based on the Chamber, a trade agency insuring you against unemployment would be easily established. The Syndicalist Chamber would provide the history of the trade and the tradition for all manual labor. It would be the Academy of the trade, the trial laboratory for new inventions."

In addition, *these first activists were the most part highly skilled workers,* proud of their trade and who did not have the feeling that they were part of the proletariat since they possessed something which no one could take away from them: mastery of their trade.

What they wish is not to undertake long and hard strikes, but rather to be strong enough so that people will negotiate with them. The Labor Syndicalist Chamber is eager to contact the Employers' Chamber which is its counterpart; it shows a real desire for amicable solutions.

But here begins *the first drama* of French syndicalism in the first period of its history: *no one accepts the proffered hand.* Even before the start of the war of 1870 and before the explosion of the Commune, *the French working class is, against its wish, rejected and thrown back upon the Aventine Hill.* The labor schism, thereupon, will get worse from year to year, for at least half a century.

At the Congress of the Internationale, held in Basel in September 1869, Louis Pindy, delegate of the Paris Syndicalist Chamber of Joiners, submits a report with the following definition of its objective:

"The group of Societies of Resistance will establish the Commune of the future; and the Government will be replaced by Trade Councils."

The report accepted by the Congress asks for the establishment of national and international federations whose mission will be:

"to regulate strikes and work hard toward their success while the wage-earning system is replaced by the Federation of free producers."

The road is now opened, at the end of which we will find revolutionary syndicalism. It will take two decades for its crystallization; meanwhile the Marxist influence through Guesdism will prevent trade unions from being integrated within the Republic and from collaborating with employers. The anarchistic influence will lead trade unions to a ruthless competition with political labor parties. If labor tradition in the United States causes trade unionists to reward their friends and punish their enemies at election time, *the revolutionary syndicalist activists continuously tell their friends that all politicians are their enemies,* that none among them is sincere, that they are known for going back on their word and that the real activist stands against the voting system.

As its strength increases and as it organizes itself into trade and industrial federations while recruiting new categories of workers, notably those of the new industries, labor syndicalism proud of its new power is led to believe that it is able to solve all problems. *One against all,* it wants to be independent of political parties as well as of the employers, of the State as of the Church. If it accepts from Marxist socialism the criticism of the capitalist regime, *it refuses to see in the seizure of power the necessary means of its liberation.* It is out of the question to construct a Communist State which one day could lead to Communism without the State. For labor syndicalism *the State is bad in itself.* It can only be an instrument of oppression. In no case can it be an instrument of liberation. What is needed is not to conquer it but to utilize it: it is to destroy it to prevent it from being harmful. "We have been totalitarians", said Pierre Milan in front of me one day. Milan, one of the activists of this heroic period, had been for a long time Secretary of the Hatmakers' Federation.

These somewhat simplified negations and exalting statements found their finest expression in the famous text adopted in the fall of 1906 by the Congress of the C.G.T. meeting in Amiens. The Charter of Amiens:

> "advises the general strike as a means of action", and considers that the *syndicat,* today a resistance group, will be in the future a group of production and distribution basis of social reorganization."

These statements were translated at the time into a slogan which kindled the imagination of the activists: "The Mine to the Miners."

As it is known, the war which broke out at the beginning of August 1914 was going to sweep away all these resolutions and give the death blow to the revolutionary syndicalist mysticism. Reflecting upon such events, Elie Halevy was led to state a few years later:

> "National and war emotions act more deeply upon the human mind than revolutionary and international emotions."

This is *the second drama* of French labor syndicalism. *None of the techniques of revolutionary syndicalism is valid in time of war.* The choice was to change or remain silent. Jouhaux and his friends chose to change, beginning what was soon going to be called a "Policy of presence". Fifteen years later (1929), facing a Congress of the C.G.T., Jouhaux answering certain criticisms, will have this to say:

> "There is no danger to see ministerialism establish itself within the C.G.T. But there is a necessity: that the C.G.T. be present everywhere that the moral and material interests of the working class are discussed."

The C.G.T. had to be present to influence decisions to be made; present also to train its activists to management tasks; finally, present to prepare the construction of a new state, more according to the pattern laid down by Saint-Simon than that of Napoleon— where the government of men will fade more and more before the administration of things. Jouhaux will still say (in 1927):

> ". . . Rejecting the tutelage of the State, keeping our personality, wishing to develop it within the tumultuous interaction of men and events, we want to create organizations which by growing will cause the old frameworks to burst."

The formula of the Mine to the Miners could not fit anymore a syndicalism that had been toned down in this manner. The formula of "Workers' control" now launched does not have the same meaning according to its utilization at the echelon of the firm, at the echelon of the industry and within the national or international framework. At the echelon of the firm, this formula extends the aspirations of revolutionary syndicalism; at the echelon of the industry, it could lead to a neo-corporatism rejected by French syndicalism; at the national echelon, it justifies the campaign of the C.G.T. for an Economic Council; at the international echelon it gives rise to confidence in the International Labor Organization sponsored by Jouhaux.

During this same period, the C.G.T. takes up two constructive formulas whose creative scope seemed then much greater. After studies published by the Austrian Socialist Otto Bauer in the *Arbeitzeitung*[1] and brought together in a brochure entitled "Der Weg zum Sozialismus" which was translated into French, the C.G.T. at its Congress of Lyon (1919) adopts the principle of *industrialized nationalizations;* in order to define its terms, the C.G.T. secures the help of the leaders of the French cooperative system and of Charles Gide, the theoretician of the Nîmes School. Fifteen years later, facing an economic crisis which has momentarily rendered the labor movement powerless and condemned it to a reformless reformism, the C.G.T. adopts the essential of the planning ideas of Henri de Man. The C.G.T. favors then *a directed economy through credit nationalization* and elaborates a Plan conceived in this spirit, naming it Plan for Social and Economic Renovation.

Here let us clear up a point of history. This plan was prepared by a series of commissions formed around a Bureau of Studies where trade unionists, economists, engineers, lawyers and politicians cooperated. For my own part, I wrote the report which forms the Third Part of the Plan and is entitled: "The instrument of economic direction: a High Economic Council". When all the reports were turned in, Jouhaux asked me to put them together—(in twenty-four hours); this was the program which I gave him within the allotted time limit and which was adopted by the Executive Committee of the C.G.T. meeting in October 1934, and then by the Congresses of 1935 and March 1936 (the latter being the Congress of reunification).

---

[1] Daily newspaper of the Austrian Social-Democrat Party.

The historian that I have become will now give way to the activist that I was then to let him say that in those days things appeared to us quite simple. *Our thought was that we had to reconstruct the State and democracy on the bases of a bold syndicalism.* The massive influx of civil servants into the trade unions of the C.G.T. which is one of the outstanding characteristics of the French syndicalism of that period had for result to eliminate any vestige of rough and ready syndicalism. In my opinion, success was possible only if the propaganda effort in favor of the Plan was accompanied by a vigorous effort in favor of workers' education. The High Labor Institute and the Labor Colleges then in full development were giving every day the demonstration that workers' education was possible with the cooperation of trade unionists who were also teachers and that such education would bear fruit rapidly.

But coming to grips with ubiquitous political problems, the C.G.T. was taking part in 1935 in a struggle for the defense of democratic liberties. Part and parcel and keystone of the Popular Front of 1936, little by little the C.G.T. was going to forget its own program in preference for immediate action. This is *the third drama* of French syndicalism. First, there was the presence on the left of the C.G.T. of a Communist group organized into the *Unitarian General Confederation of Labor* from 1922 to 1935, being readmited into the G.T.C. in March 1936. Second there was the presence on the right of the C.G.T. of a *French Confederation of Christian Workers* which gathered together Catholic workers. These two tendencies were not conducive to rallying those wishing the victory of a constructive syndicalism, directly attuned to men and things. The great strikes of May-June 1936 and the Matignon Agreements which for many reasons could be compared to the Great Fright of 1789 and to the Night of August 4th were only a great burst of enthusiasm followed by a great disappointment.

Doubtlessly, it is still too early today yet to bring a definite judgment upon this period, one of the murkiest of them all which begins with the disintegration of the Popular Front in 1937, continues with the Labor Schism of September 1939, with the war, the defeat, the occupation and the liberation. This period ends only toward the latter part of 1947, with the Labor Schism of 1948, after which the Communists remain masters of the C.G.T.

Perhaps it will be thought that the problem upon which French syndicalism stumbled at this time is the problem of power whose exercise it has three times been tempted to share in one way or another, losing in part or totally the independence of which it was so proud. This happened with the Government of the Popular Front, with the Governmert of Vichy and with the Provisional Government. It may be said that the French Labor Movement was a victim of circumstances beyond its control. Perhaps, but the great truth, insufficiently acknowledged by trade unionists, is that *the labor movement is not based anymore on a mysticism adequate for the safeguard of its independence. Its finest hours are henceforth those when an externai mysticism carries it off:* mysticism of antifascist defense of 1935-36, national and patriotic mysticism of 1944-45.

The result is a change of direction. Everything in the original evolution of syndicalism seemed to push it in the direction of becoming a semi-govermental agency. It seemed on the point of becoming institutionalized as it was taking on some of the regulatory powers of the state with reference to labor legislation and the pacifying of industrial relations. *The victorious establishment of several labor confederations causes a new conception of syndicalism to come to the fore;* its right of decision is clipped; now it has only a right of proposal left. Even though French syndicalism exercises this right as a monopoly, it is only a monopoly with two or three heads.

This is *the fourth drama* of French syndicalism. After avoiding what it believed contrary to its fate, it perhaps is moving away from what may have been its real fate. Henceforth the road of French labor syndicalism diverges from the road followed by syndicalisms which benefit of a *de facto* monopoly, whether they be American, British or German. Problems of collective bargaining, appointment of personnel deiegates, establishment of labor-management committees, control over hiring, are not resolved in the same way. Have the leaders of the rival Confederations clearly understood this?

II

And so where are we today?

A short time after the Liberation in 1946, French Labor Syndicalism had its largest number of members. Then, there were only two Confederations recognized as representative: *the General Con-*

federation of Labor (C.G.T.) and *the French Confederation of Christian Workers* (C.F.T.C.). The C.G.T. stated that 6,369,000 workers were holding C.G.T. cards; the membership of the C.F.T.C. was estimated by its leaders to be around 800,000. A total therefore of more than 7,000,000 trade unionists. The record established in 1936 at the time of the Popular Front was decisively broken (the C.G.T. had then 5,000,000 members and the C.F.T.C. about 500,000).

How many members are there today? It is not easy to determine. Confederation leaders are rather sparing of details on this topic. When, by chance, they provide information, one had better keep a certain freedom of judgment whether they make estimates about their own membership or whether they judge those of their rivals. Besides, what is meant exactly by "trade union members"? Can one be considered as such if one purchased its own membership card? Is it necessary to have pasted on it a certain number of monthly stamps? And in this case, how many? Will eight or nine be enough as the majority of members seem to believe?

In the actual state of affairs, it seems that the following facts can hardly be contested:

1) Even though its membership has decreased and even though it was weakened at the end of 1947 by the departure of the activists of Workers' Force who accepted neither its political orientation nor its methods, the C.G.T. remains the strongest of the *rival Confederations*. How many cards does it sell? A very close study of the reports presented at the C.G.T. Congresses discloses a membership slightly above 2,000,000; the figure of 1,600,000 members has been mentioned. At the time of the last elections to the Board of Directors of the Social Security Funds on November 17, 1955, the C.G.T. obtained 2,873,000 votes, out of 9,475,000 registered voters, or 43.2% of the actual number of voters (almost 30% abstained).

For the Communist Party, the C.G.T. is the only valid labor Confederation. But nobody in France has ever claimed that all of the C.G.T. members were Communists. Its Secretary General, Frachon, likes to repeat that the C.G.T. has more Socialists than Workers' Force and more Christians than the C.F.T.C. There is no way to find out what the real situation is since no one has the right to ask the man joining a trade union what his political opinions are. Some of the Federations affiliated with the C.G.T. seem to veer toward a factual reformism rather than toward a syndicalism politically tinged. It is the case, for example, of the Printers' Federation and of several trade unions of civil servants. But in no case since 1945 has the C.G.T. concealed its position with regard to the U.S.S.R., even when a few years ago certain of its activists advised it with reference to Hungary. This is what Mr. Frachon summed up recently and rather humorously by saying that the C.G.T. has never engaged in anticommunism.

2) *Second in rank by its electoral potential and probably its membership, the French Confederation of Christian Workers* has received in Social Security elections 1,396,000 votes representing 20.8% of those voting. Its membership is probably somewhere between the half million and the million mark. When the C.F.T.C. was formed following the first World War, a number of trade unionists tended to consider it as a temporary phenomenon sometimes going so far as to deny it authenticity. Labor unity which had been the rule since the formation of the C.G.T. in 1895 seemed to be in the nature of things. Sooner or later, it was believed, the true trade unionists would return to the C.G.T. On the contrary, Christian syndicalism has consolidated itself sinking in deep roots. *With this consolidation labor pluralism has triumphed in France.*

3) Established in 1948 by Leon Jouhaux and his friends, *the General Confederation of Labor Workers' Force proposed to regroup within itself all those who wanted to remain faithful to a syndicalism independent of political parties and religious groups.* It makes easy reference to the Charter of Amiens adopted in 1906 but it practices in fact a policy of presence such as was conceived and executed from 1914 to 1939: to be present everywhere that workers' interests are questioned and can be efficiently defended whether in the factory, the government, Parliament, the Economic Council or the International Labor Organization. Doubtlessly, slightly less strong numerically than the C.F.T.C., Workers' Force received in 1955 1,081,449 votes, *Workers' Force suffers from its inability to include those which it tried to reach;* some independent or autonomous trade unions have remained or organized themselves outside of Workers' Force. *The autonomous Federation of National Education* is a special case and represents a real power. This Federation joined the C.G.T. at the end of World War I and left it in

1948. It refused to join Workers' Force; its membership is over 200,000 including the majority of the teaching personnel of the Second Degree, the Technical Schools and the Grammar Schools. *The existence of a powerful university syndicalism remains to be sure one of the original characteristics of the French labor situation.* But this syndicalism is not functioning within the framework of a labor confederation, as it was from 1920 to 1946.

In the future, the autonomous *Federation of National Education* hopes to become the basis for a new labor unity. With the approval of its Congress, several of its activists have created an Association for a Democratic and Unified Labor Movement whose purpose is labor reunification.

In addition to these four important organizations, that is the three Confederations and the one autonomous Federation, which can boast in varying degrees to be representative of French workers, there is still another, *the General Confederation of Cadres,* formed after the Liberation. Just like the C.G.T., the C.F.T.C. and the C.G.T.F.O., the C.G.C. is a Confederation, but like the autonomous Federation of National Education, it only addresses itself to one category of workers — those who, as intermediaries between management and the mass of wage earners, hold a little authority: engineers, technicians, draftsmen and other workers of similar rank in the tertiary sector. The very nature of this organization prevents it from having a membership comparable to those of the other Confederations; but it is incontrovertibly the most representative of the organizations of cadres and since 1946 the Government has recognized it as such.

So we have five large organizations. Is it all? No. Because within several of these organizations, coexist, more or less peacefully, in a more or less brotherly way, trends of opinion which hold different views on sometimes very essential points.

At the General Confederation of Labor, Mr. Frachon thinks that there can be no definitely satisfactory solution to any of the problems posed within the *actual* economic regime. For the time being, then, the role of the labor movement as such is to formulate grievances, not to propose solutions. In the final analysis, the choice of these solutions will be a political one. Mr. Pierre Le Brun, who comes from the engineers and who is Assistant Secretary, does not protest against this last statement; but he believes that it is up

xxii

to the labor movement to propose structural reforms designed to facilitate the bettering of working class conditions.

The internal life of the French Confederation of Christian Workers has been marked since 1945 by the existence of a majority headed by Mr. Gaston Tessier at first, and then by Messrs. Bouladoux and Levard, attached to the tradition of Christian syndicalism, and by a minority headed by Mr. Paul Vignaux who would like to tone down the religious character of the C.F.T.C. and emphasize its labor character. Today, both tendencies work together in the committee running the Confederation. There are, however, differences of opinion, particularly with regard to the establishment of (a unified) Europe, in which the leaders of the former majority believe more and with regard to the International Confederation of Christian Workers which the former minority would gladly abandon. Sometime ago, the suggestion was made by certain elements of this minority to drop the adjective "Christian" to adopt, as it was done in Italy, that of "free".

Finally, at Workers' Force, it would not be difficult to pinpoint those who, because of their anarchistic formation, keep the nostalgia of revolutionary syndicalism as it was defined before 1914; those who would wish for closer relations between labor and the Socialist Party, following the example of Belgium; finally, those who more or less consciously want a Labor Party based on the same foundation as the British Labor Party.

French syndicalism has sometime been short of members or money; never of ideas. Today, still, formulas in apparence contradictory clash and collide, from one Confederation to the other, or even within the same Confederation. "French syndicalism appears to me like a zoo", said humorously an American who was well acquainted with it, Richard Eldridge. He meant by this that as in a zoo there are only a few specimens of each animal specie, similarly in France it is very difficult to find trade unionists who think in the same way.

But behind this sword-like clashing of words and formulas of rival trade unions, can't we discover a certain number of practices which do not correspond necessarily to the verbal stands, and which are common to all the organizations? Aren't these practices of trade unions their collective inheritance even when they fight each other?

Syndicalism has abandoned the conception of the strike it held at the beginning of the century. It saw then in the general strike the key to social transformation and it believed even more in its value that the traditional State seemed to disintegrate before its eyes. Fifty years have passed. The strike is still in the arsenal of syndicalism but its use is disciplined. *If trade unions resort to strikes, it is especially to call the attention of employers or that of public authorities to a situation which cannot be any longer tolerated.* It is less the *ultima ratio* than *a warning.* The strike is also a means of economic investigation,[1] it has been said. It determines whether employers have really serious reasons to reject demands judged legitimate by labor leaders. Finally, the strike is a means of social investigation: because it is sometimes the strike alone which enables activists to discover the true feeling of the masses as the energy potential of the strikes may be either overestimated or underestimated.

The pre-World War I trade unionists saw in the trade union the instrument of future control over the factories. It does not appear that such feeling is widespread today. *When the workday was long and there was practically no leisure, the workingman was inclined to seek his freedom at his place of work. Today he will seek to escape through other activities than those associated with his trade.* He stands better the social and technical estrangement on the job as he awaits the escape provided by the movies, the radio, the Sunday outings or his annual leave. The machine over which he seeks control is not the one he finds in the workshop but rather the one he will be able to drive outside of the factory or office. He still believes in economic democracy; but he sees it as a means to control the distribution of the fruits of labor and to make it just. He seeks less to replace the employers than to set the technicians straight.

The nationalizations which were realized in France after the Liberation and which have caused the establishment of a mixed economy had been asked for by the old C.G.T. from 1919 to 1935. The trade unionists of Communist or Christian allegiance had taken little interest in them at the time. *But today nationalizations and Social Security have become the common possession of the labor movement.* The three Confederations have set a watchful guard

---

[1] The statement is that of Mr. Georges Levard, Secretary General of the C.F.T.C.

over them. They would be unanimous in resisting any attempt at breaking up nationalized firms as they are today unanimous in supporting the principle of a tripartite administration which includes representatives of the State, personnel and consumers. It is significant that the Federation of National Education seeking to define a school statute in harmony with its strong desire has called upon the formula of nationalization. Is it on the road to democratic planning, as defined by a recent Congress of the C.F.T.C. upon the report of Mr. Gilbert Declercq that we can seek a platform which might satisfy all the large Confederations? It is not impossible. But there remains the task of finding the right spot for new nationalizations, and to determine whether this planning would be conceived within a national or supranational framework. The means to preserve democracy would have to be ascertained.

Under whatever label it presents itself, French syndicalism is today unanimously converted to a policy of presence. Formerly the Communist trade unionists could make jokes about the Economic Council or denounce the International Labor Organization as an instrument of social collaboration designed to fool the workers. Today the C.G.T. holds seats in the Social and Economic Council, maintained and transformed from the Third to the Fifth Republic. The C.G.T. does not refuse its help to the International Labor Organization. When the C.G.T. is called upon to do so, its representatives attend the meetings, and sometimes the C.G.T. complains about being forgotten. No one can doubt that French syndicalism, although not institutionalized, gathers most of its strength from its monopoly of workers' representation granted to it by the public authorities.

While they disagree among themselves as to the kind of relationships the labor movement should have with political parties, French trade unionists are unanimous in their belief *that their movement must play an active role in the life of the country*. At the beginning of the century, the C.G.T. posed as the "Party of Labor". In 1934 and 1936, it engaged in activities which seemed to it necessary to the defense of public liberties. Today, no labor activist believes that what takes place in Algeria or at the U.N. is without importance for the future of the labor movement. We may go further. No one thinks that a solution can be found to the most important problems of France if their solution is attempted within a narrowly nationalistic frame of reference. There is no agreement on the terms, or on the terms of the "larger unit" under which the integration would be made. But there is agreement on the necessity to go beyond the traditional and historical boundaries. The international ties of each of the important Confederations can only confirm this opinion, which is anyway in conformity with the traditions of French syndicalism.

Thus, beyond the differences of opinion, appear a few deep currents which will be judged perhaps by the historian of the future as having more importance than the surface eddies. Pushed forward by what its action requires, the orientation of syndicalism follows sometimes a direction that its past did not let us anticipate. But sometimes too, syndicalism seems to be bypassed by events, waking up only belatedly to unexpected problems.

There is a problem of men, both in the quantitative and qualitative sense. In the past, the French labor movement recruited its activists among workers stifled by their status who eager to better themselves decided to work toward the collective amelioration of their class. Now that the possibilities of individual promotion are more numerous and more apparent than half a century ago, is the labor movement certain to be able to provide replacements for its aging leaders?

Is the labor movement presently utilizing in the best possible way the men it has? In this respect, the situation is quite different in France from the situation prevailing in the United States or Germany. Is the division of labor among activists adequately carried out? Aren't there some remnants of artisan-like practices, with the activist being (or called upon to be) simultaneously an administrator and orator, a negotiator and newspaperman, an economist and a lawyer?

All of the activities of labor have been for the past hundred years based on the double hypothesis of an indefinite growth and an increasingly greater homogeneity of the proletariat. Today, the accuracy of the forecast may be questioned. What will be the reaction of syndicalism to such new facts as:

— the division of workers into three sector: the primary (declining), the secondary (stagnating or declining) and the tertiary (increasing);

— the distribution of workers into a private, public and nationalized sector;

—the present or renewed importance of professional skills which are not taken into account by industrial trade unions to the extent that they are by craft unions that had been once considered as definitely doomed;

— the increasing integration of workers in firms which are the spearhead of economic and technical progress?

In the past, the flexibility of syndicalism had often allowed it to provide solutions to problems which appeared logically incapable of solution. Perhaps, history will repeat itself . . . In the course of a development full of numerous adventures, syndicalism has been through complex situations which should warn it against easy solutions; its experience should safeguard it against a dogmatism sometimes dangerously prolonged by an outworn vocabulary which it occasionally uses as a magic formula. But it is not at the time that we are in the hollow of the wave that we can judge its power or direction . . .

Professor Georges Lefranc
Former Secretary of the High Labor Institute (1932-1939)
Paris, March 31, 1960

Why This Bibliography?

"At the risk of surprising for a moment our readers, it is under the triple inspiration of Marx, Michelet and Plutarch that we would like to write this short history. Marx, for whom the essential of history consists of economic relationships, Michelet who believes in the force of ideas and passions, Plutarch emphasizes the role of men and believes in the importance of courage as an example."

Jean Jaurès, *Introduction to the Socialist History of the Constituent Assembly.*

Here is a bibliography which I do not fear to say is coming at the right time, fills a serious gap and will render a great service to all those interested in French labor history.

* * *

I can readily see that one might be tempted to object: "in the second half of the twentieth century, why bother with so many studies, some of which are old and whose essence has been included, doubtlessly, in more recent works, written and composed according to the most modern techniques? Why, on the great issues, not limit oneself to basic books that conciliate clear and easily handled syntheses? Is it really reasonable to consider them only as work instruments among others? Why deny them a priority that is very rarely refused to them?

My answer to these objections will be that much less suspicious that I am myself the author of a few books that I have wished to be clear and easily handled . . . I cannot therefore be accused of being partial; I do not separate my work from that of the authors that have preceded or followed me; I agree that my work be an instrument among others. I claim for it no priority in the esteem of those who used it.

* * *

In France, and probably in all of the West, the labor stream of history is fed by many sources and has gone through several phases. It is, of course, neither possible nor desirable to consider its evolution as finished. On the contrary.

History is a continuous change, not only for those who live it, make it or are subjected to it, but also for those who undertake to write about it.

What are the first documents we can use? Outside of personal or public archives, quite meager and of difficult access for ancient times, quite abundant but even more difficult of access for the recent past; outside of official reports (such as police reports, for example) on which it is in order to formulate the most stringent reservations, our main source of documentation comes from the *social investigators* whose best example, their prototype we might say, is the famous Dr. Villermé and his books.

A few among those who write on labor history have unfortunately a tendency to satisfy themselves with excerpts of this work selected by preceding historians. Experience demonstrates that *there is always to be gained by referring directly to the work in which certain chapters may display a resonance relevant today, but imperceptible ten, twenty, or fifty years ago;* whatever Villermé's merit, one must supplement his work with other books, such as those of Buret, Guépon, Louis Reybaud or Audiganne (prior period), as well as with the novels of certain writers such as Eugène Sue, Victor Hugo or George Sand. It is to the considerable credit of Mr. Louis Chevalier to have undertaken a methodical effort on *the dangerous and laborious classes.* His findings are quite worthwhile for all this period that we might call *the Age of Pauperism;* but we should not forget that it extends into the 20th century, at least for certain trades. This is proven by the remarkable work of Georges Duveau on the working class in the period of the Second Empire and the famous work of the Bonneff brothers on the tragic life of workingmen (supplemented by several monographs from them, monographs that do not overlap.)

* * *

After *the Age of Pauperism, the Age of the Fighting Leader.* Whereas many historians (in fact, the large majority) used to restrict themselves to a study of political history, there were political and labor men of action who became interested in labor history and were trying courageously to write it up. In the first place, we shall include, although he was an intellectual, Jean Jaurès, whose magnificent *Socialist History* has opened the way. In the series of this monumental work, everything is not of the same caliber; but the history of the Second Empire of Albert Thomas, the future director of the International Labor Office, deserves to be reread and utilized; on many points, it has not aged. After Jaurès, came professional historians, also more or less actively involved in political activities, Albert Mathiez, Georges Lefébure, both deceased, Ernest Labrousse, he quite alive.

But, in so far as the contemporary period is concerned, we should not neglect the contribution of men, who even though they were not trained in the rigors of professional historical work according to university methods, nonetheless have contributer much. Three names must be listed; those of Paul Louis, Alexandre Zévaès and Maurice Dommanget.

Newspaperman, socialist, then communist, then away from active political life, but keeping his sympathies for the extreme left, Paul Louis has doubtlessly always shown all the objectivity that one may expect from an historian; but he has the merit to have lived a good deal of the events that he describes. He knows the men; and that is much.

More complex is the case of Alexandre Zévaès. Attorney, at one time a socialist deputy, he then switched over to the socialist republicans (after the unification of 1905) then in sympathy with the communist extreme left, rather than with the SFIO, his works must be used with the precise notion of what his political beliefs were *at the time he was writing.* Alone, this knowledge will permit to compute the refraction index that influences his view of the facts.

I certainly do not have the same reservations with regard to Maurice Dommanget. This school teacher of the Oise Department who has retired a few years ago, but continues to turn out quality books, has been a socialist, then a communist (for a short time); then, a revolutionary syndicalist. He is still one. His sympathies for Babeuf or Blanqui or Vaillant do not detract from his work as an historian. His work merits the high regard of all. He has even opened a new course to researchers through his history of the First of May; one writes about the life of a man, the life of an institution; why not the life of a day? He has just written a *History of the Red Flag* (Publishers: Librairie de l'Etoile.)

Paul Louis, Zévaès, Dommanget have written on rather different periods of the labor movement. It is not the case of Georges Bourgin, he too politically "committed" through his membership still held in the socialist party. An archivist, at the same time a director at the Ecole des Hautes Etudes (where for a long time he was Landry's substitute), first historian specializing in the Middle Ages, he has been until his death, the best specialist of the Commune of 1871.

*   *   *

Third aspect of historical research: *the works of the legal experts.* Whether they have been politically "committed" or are still so, (it is the case of Maxime Leroy, Etienne Antonielli, André Philip and Georges Lasserre), whether they have been led to study one of the principles of the renovation of labor law, (it is the case of Goetz-Girey or Pierre Laroque), certain jurists, for the most part professors in our Law Schools, have been attracted by labor history. Among these, the one who has become the most famous has been unquestionably Edouard Dolléans. He has been and he remains for many students the Michelet and the Plutarch of French trade unionism. The Michelet, because he is inspired by an obvious sympathy for his topic; the Plutarch because he gives considerable importance to prominent people, from Varlin to Griffuelhes, and from Pelloutier to Merrheim. Through his vast panorama of history and the portraits he painted thereon, he has really been the historian of the "bright ones" and the "obscure ones". But his work is uneven; excellent until the beginning of the war of 1914, it weakens afterwards, either because the writer was aging, or because he lacked a direct knowledge of the movement that could not be mitigated by insufficient archives; Gérard Dehove, who has brought up to date Dolléans' *History of Labor* (posthumous for its second edition), has very intelligently attempted to remedy this flaw.

*   *   *

Now comes a fourth period of historical research: *the Age of the Sociologists* who, coming to grips with today's reality, try to analyze it in its most active aspects with a courage (or an audacity) that most historians, more prone to work "unemotionally", are lacking. Around George Friedman and Pierre Naville, philosophers by training, are gathered young researchers, Michel Crozier, Serge Mallet, Edgar Morin, Alain Touraine, Andrée Andrieux and Jean Lignon; still more, whose contribution is already important. No one can henceforth ignore their work; no one should have complete trust in them either. Not because they can be accused of being excessively subjective: (they have their opinions which do not show any more than is decent.) But consciously or not, they try to abstract laws; and they happen occasionally to use as a base a past

xxxii

they know insufficiently. The duty of the historian is to put them on guard against the errors that they make too often: several have been found in the chapters of the book *L'Etat et le Citoyen* recently published by the Club Jean Moulin, on which we believe several of these young sociologists collaborated. It is not sure that the social reality allows us to abstract laws, except that when we do they are stricken by immediate obsolescence by the terrible formula "all other things being equal" (things are never perfectly similar). But it is certain that everything becomes worthless if built on weak foundations. This is a warning I would certainly not give regarding the works of Michel Collinet: this mathematician, intensely interested in labor issues, is gifted with a finesse that many writers could envy. Historical research can use a sociological approach without losing its historical characteristics. Proof of this can be found in the second thesis of Mrs. Annie Kriegel on *La croissance de la C.G.T. de 1918 à 1921.*

One of the merits of this Bibliography will be precisely to recall continuously the extraordinary complexity of the matter. Another merit will be *to react against* excessive compartmentalization which is the bane of too segmented university work. The jurists know the works of Dolleans; it is not certain that they are aware of those of Labrousse; doubtlessly, very few have referred to Bourgin or Zévaès. Added to the intellectual compartmentalization, there is sometimes an ideological compartmentalization: a researcher because he is Protestant will give particular attention to the works of André Philip. A Catholic who wants to be prudent will look up Dolléans rather than Dommanget. We would be led to shout: "Open your windows, quickly. You are smothering and you are weakening your thought by breathing this stale air."

*   *   *

The Bibliography of Mr. Leon Dale will also provide very useful information for all those (I hope there will be many) who will work on monographs.

These monographs will become unquestionably more numerous. I see them already categorized within five general series:
— the biographies
— the regional monographs
— the trade monographs
— the students of larger issues
— the studies of "moments"

1) Under the influence of Marxist thought and its deterministic schemes, biographies have been neglected the last few years. Unjustly neglected. *Because nothing can better react against what I would like to call sociological dryness than the complexity of a strong personality in motion.*

We have with the book of Mr. Briquet a good *Agricol Perdiguier;* the *Delesalle* of Jean Maître is quite a good piece of work. We have an Albert Thomas. But we have no good Jaurès *in French* (whatever the picturesque characteristics of the book of Marcelle Auclair). Denise Tintant and Bernard Georges have undertaken to give us a *Léon Jouhaux* which does not treat its subject as if writing of the life of a saint. The first volume has been published. The second is in process. We would need a *Varlin,* a *Pelloutier,* a *Griffuelhes,* a *Merrheim,* supplementing or redoing the sketches already in print. In the meantime, let us not neglect the reminiscences of the militant leaders, those of Gaston Giraudoux or Georges Dumoulin, for example.

2) For reasons that I cannot explain too well, *regional monographs* have made little headway recently. I really only see two works to mention: that of A. Lasserre on textiles in Lille under the Monarchy of July (limited in time and space) and that of Pétrus Faure, former deputy, on the Loire (but he is not a historian by training and his book shows it). Should we see the origin of the deficiency in the fact that many young researchers live now in Paris, thanks to the National Center for Scientific Research, or return to Paris quite quickly after a few years of teaching in the provinces? Whatever the reason, the fact is regrettable for the reclaiming of all that is unexplored, because departmental archives are full of unpublished materials.

3) With the *trade monographs,* we have a much better situation. Here a "monument" must be called attention to; it has not been finished; but it is worth using in many of its sections. That is the History of Labor undertaken trade by trade, or rather industry by industry, under the direction of Georges Renard, who had been professor at the Collège de France. The approximately fifty books expected were going to be published by the Librairie Doin. In fact, they are of varying worth; and their publication over a period of twenty years has necessarily harmed the unity of the work. One will get an idea of the help that the list of the books published

can give by looking over the work of Bartuel and Rullière on the mine and the miners.

The Librairie Rivière has seemed to continue and modernize this attempt. In the series formerly under the direction of G. Bourgin, E. Dolleans and E. Labrousse, several trade monographs have been published. Unfortunately, they are quite uneven, first of all in size. The work of Guy Chaumel on the trade unionism of railway workers is materially less well documented than the two books of Paul Chauvet on the trade unionism of printers, or that on the hat makers of Vialle, published before. Besides, other monographs have been published by other editors, for example, the work of Alamigeon on the technicians or that of Ferré on the trade unionism of teachers.

A vast area remains open to the young researchers. Because what has been explored is much less extensive than that which remains.

4) Each of the great issues posed by the existence of the labor movement must also be the object of minute studies. *Le Contrôle ouvrier* of Gérard Dehove represents a good example of what can be done; similarly, *La Liberté syndicale* of Spyropoulos. The Editions Sirey carry a good study on the *Nationalizations* in France and abroad, unfortunately unfinished. The problem of the evolution of wages, the reduction of the work week and the 40-hour week, collective bargaining agreements, business firm committees, personnel delegates, social security and its legislation, and many other issues, have not been systematically analyzed in monographs that we have a right to expect. *A fortiori*, the evolution of the "syndicalist doctrine" itself, as a result of practice and multiple experiences undertaken or lived has only been sketched. For reasons easy to understand, it seems desirable that these studies be made only by men with an open mind so that they will not seek in facts a confirmation of preconceved ideas.

5) Remains the "moments". Like the whole of human history, labor history proceeds by "periods" and "eras", by alternating times in which the rhythm of events seems to move faster and by times in which, superficially, nothing important seems to happen.

Tumultuous times have particularly caught the attention of historians; and it is normal that this be the case. We have thus a good attempt at setting things straight. The first two crises have been studied with intelligence and method by Annie Kriegel in her important thesis on *Aux origines du Communisme français*, and these crises were further illuminated in various other works of the same author. I have myself attempted to give first hand information on the social explosion of 1936. But the ideological downfall of revolutionary syndicalism at the end of July 1914, the Revolution (missed) of 1919, the troubled period of the "phony war" (September 1939-June 1940), that of the Liberation (still so controversial), are calling for a straightening out.

Last point to emphasize. Labor history is not "an Empire within an Empire." It cannot cut itself off:

— *either from the economic and technical history* which influences it, but that it influences also (who will study the influence of trade unionism and its demands on inflation?) One will therefore not be surprised to find here a listing of a few works on economic history, such as those of Dunham and Bertrand Gille;

— *either from the history of ideas,* for the same reasons. The presence of the names of Bouglé, Piron, Maxime Leroy, Arvon, Henri Lefebvre, Guitton, Georges Hoog, Duroselle, Simone Weil, Henri de Man, and many more, recalls that no human activity takes place outside of a minimum of intellectual activity; whether the thought has illuminated the action or whether it endeavors to justify the action once it has taken place;

— *either from political history,* and particularly the history of parties, especially if labor parties are involved;

— *either from the history of other social groups* which do not leave labor indifferent and whose growing organization tends to limit labor action. The works of Chombard de Lawe on farmers, or those of the Reverend Lecordier on the middle classes, naturally should be mentioned;

— *or from international history.* Because the French labor movement at the beginning of the 20th century, in the intoxication of its young strength, believed itself a little naively called upon to give lessons to other labor movements, and it is the French labor movement which has also in the final analysis received quite a few lessons.

It is therefore the whole of human history that we would tend to insert into social history. One must know however how to limit oneself and react, as Jaurès invited us to, against this temptation, after having reacted against that of compartmentalization (thus one accepts in advance the accusation of being incomplete). It is so true that the work of historians, far from being reduced to a lone principle, *must perpetually conciliate hostile principles,* and choose moderation to unilateral and brutal affirmations. *Facit indignatio versus*. If indignation makes for good poetry, it does not suffice to make good historians. A French writer who knows well the evolution of customs noted recently: "Our time likes to show that the individual is lost in the team, that men are interchangeable, that our civilization is a civilization of mass . . . but biology and medicine, simultaneously testify to a new tendency, a group tendency, to restore the irreplaceable individualism of each organism, the pure originality of each person." (André Georges).

"Mass civilization"; "irreplaceable individuality" of each organism; pure originality of each fighting leader, what historian of labor would not finally be tempted to make this ternary conception, rather than a monistic conception that would give precedence to one of the three aspects over the other two?

Under the leadership of eminent authorities, an entire team of young French historians has undertaken a study of the labor movement in the period preceding World War I. Claude Willard has already defended his thesis on the Guesdists. I do not believe that the analysis of Allemanism has been attempted. But Jacques Rongine, using elements provided by the "Communards" is going to show how the *Commune* was the last of the revolutions of the 19th century.

Jacques Julliard devotes himself to a study of revolutionary syndicalism. Jean Maître has deepened his analysis of anarchism begun by his thesis, Antoine Prost has looked for what the C.G.T. had been numerically at the time of the Popular Front, while Gerard Alain, coming closer to us described the C.F.T.C. from 1940 to 1958. The list is not complete. It must not be. There is no reason why historians should wait for the analysis of a particular period until its archives are open to them. Archives will not give the whole picture. Without the social and political life, one does not always say what one thinks; one does not always think what one says. To wait overly long may mean losing irreplaceable witnesses. History is an investigation. Why should we refrain from talking to those still alive?

Professor Georges Lefranc
Former Secretary of the High Labor Institute (1932-1939)
Paris, May 22, 1967

A SELECTION OF DOCUMENTS
ON THE FRENCH LABOR MOVEMENT

We believe it might be useful for scholars and interested people to find here a selection of documents which will give them a better idea of the history of the French labor movement. We deliberately selected only ten documents which were chosen as being most representative of the main periods of this history.

Scattered in hard-to-find periodicals or in proceedings that the best-equipped libraries often do not have, these documents are difficult to get hold of, even in their country of origin.

Since they contain a wealth of information which previous comments and analyses have only hinted at, we are presenting them here, in English, with a short introduction and a few notes that will make for easier reading.

A Letter of the Workingman Tolain
(October 17, 1861)

On the eve of the Exposition which was scheduled to open its doors in London in 1862, the newspaper "Opinion Nationale" takes up again an idea first formulated by Arlès Dufour, a disciple of Saint-Simon, and approved by Napoleon III. Would it not be possible to send to this Exposition a French labor delegation? The article appeared October 2, 1861; on October 17, 1861, a worker in fine arts, Tolain, answers it:

> ". . . When the initiative comes from above, from higher authorities or employers, workers have little confidence in it. They feel or believe themselves directed, led or, in some way, sucked in, and the best attempts are rarely successful. It is a fact that I ascertain, without wanting to discuss here whether the workers are right or wrong.
>
> "When the initiative comes from below, it is an entirely different story: it confronts material difficulties. If a workers' committee is formed outside of the sponsorship of public authorities or the manufacturers', and if this committee attempts to set up a center, or to group "members around itself, to collect dues, no matter how innocuous its aim might be, you may be sure that this committee will not be allowed to reach it.

1

"So a strong will is needed to put oneself forward, when, right or wrong, the promoters are blacklisted; because a worker who meddles in politics, in the land of universal suffrage, is considered as a dangerous man; it is even worse if he is concerned with social questions. But why, would you say, refuse the advice of those whose lights and financial aid would be so helpful? Because we would not feel ourselves free, neither in our aims, nor in our choice, nor in our use of money; and the most beautiful statements will not prevail against this idea which has all the justifications it needs.

"There is only one way, and that is to tell us: '*You are free, organize yourselves, conduct your own affairs.* We will put no obstacles in your way. Our aid, if you need it, if you judge it necessary, will be completely disinterested, and as long as you will remain within the limits of the situation, we will not intervene."

Following this letter, Prince Jerome Napoleon, who had been designated by the Emperor as head of the French section of the London Exposition, met with Tolain; and it was decided that the delegation of the French workers would be elected by the Societies for Mutual Aid, under the control of a labor commission. Tolain's wish was therefore fulfilled.

Appeal for the First of May 1896

Starting in 1887, "Bourses du Travail" (Labor Exchanges) are being set up in France. Their existence represents an original characteristic of French syndicalism. As a movement, the Bourses refused to cooperate with political parties, being more interested in coordinating the local efforts of labor; they will become the melting pot for the shaping up of an eventual intertrade esprit de corps. It is within the Bourses that revolutionary syndicalism will see the light of day.

Nobody has done more for this development than Fernand Pelloutier,[1] the real spirit behind the Bourses du Travail's Federation which was established in 1892 and played the role of a labor confederation before the setting up of the C.G.T.

". . . Convinced that institutions rather than men are responsible for social ills, because institutions preserve and accu-

---

[1] Born in 1867, he died in 1901 at the age of 33, leaving behind him a History of the Bourses du Travail which was published after his death.

mulate the errors of generations and make men prisoners of
the mistakes of their predecessors, the Bourses du Travail
declare war upon everything that constitutes, supports and
strengthens the social organism. Repository of the sufferings
and complaints of the proletariat, the Bourses know that
the worker does not aim at taking the place of the bourgeoisie
or at creating a "Labor State", but rather at equalizing conditions and at satisfying the needs of each human being.
Thus, the Bourses are thinking, in concert with all Socialists,
of substituting to private property and its awful following
of miseries and injustices, a free life on a free soil.[1]

"With this aim in mind, knowing that man's virility is
proportional to his well-being, the Bourses associate themselves to all claims and grievances likely to liberate the proletariat of the demoralizing worries of earning his daily bread,
by bettering, no matter how little, its present condition and
increasing therefore its share to the common work of emancipation.

"The Bourses are calling for the reduction of working
hours, the establishment of a minimum wage, the respect of
the right to resist employers' exploitation, the free remit-
tance of things indispensable to life: bread, housing, education, medicines;[2] they will try to spare their members from
the anxieties of unemployment and the worries of old age,
by squeezing from Capital the iniquitous tax it levies on
labor.

"But the Bourses know that nothing in all this is capable
of solving the social problem; that the proletariat would
never triumph in the struggles in which he would oppose
the formidable power of money only with the stamina acquired, alas, in centuries of deprivations and serfdom. That
is why the Bourses beg workers who, until today, have remained isolated, to come to them, to bring in the contribution of their numbers and energies. The day, not far off,
when the proletariat will have constituted a gigantic association conscious of its interests and of the means necessary
to make them triumph, that day, there will be no more
Capital, no more miseries, no more classes, no more hatreds.
The social Revolution will be an accomplished fact."

Fernand Pelloutier

---

[1] Libertarian thinking, or anarchistic thinking, is pretty clear here.
[2] There was then a libertarian Communism with Kropotkin as one of its
theoreticians.

The Charter of Amiens
(October 1906)

Because of the division within the ranks of the Socialist parties and partly because of anarchist influence, the latter opposing all political parties, French syndicalism finally chose to be independent of political parties. But once Socialist unity was achieved, (as it was in 1905), the question of the relationship was bound to be raised again.

The Guesdist faction of the Federation of Textile Workers, whose leader was Renard, brought it up again at the Congress of the C.G.T. in Amiens from October 8 to October 16, 1906.

There was a heated discussion which focused around three main ideas: (1) that of the *Guesdist faction,* favoring a close connection between political and labor action; this faction was represented particularly by the trade unions of the Departments of Nord and Haute-Vienne. (2) that of the *reformist faction,* dominated by the strong personality of Keufer, of the Federation of Printers; this faction included Niel of Montpellier and Coupat of the Metal Workers. (3) that of the *revolutionary syndicalist faction,* with Griffuelhes, Secretary General of the C.G.T., Pouget, Deputy Secretary General of the C.G.T., Merrheim of the Metal Workers, Bousquet, Delesalle, Luquet, and Yvetot.

The text that was to become known as the Charter of Amiens, was written up between two sessions of the Congress by Griffuelhes, with the help of several other delegates. This text was adopted by 830 votes against 8 and one abstention, by the congress which turned down a text proposed by the Federation of Textile Workers by 774 votes against 34 and 37 abstentions.

These figures do not indicate the true strength of the contending factions: because of an incident which happened in the course of a session of the congress, a number of unions did not participate in the voting. Besides, each union was entitled to one vote, no matter how many members it had.

It is nonetheless clear that some delegates of the reformist faction, or who belonged to the following of Jaurès, voted in favor of the Griffuelhes motion because of their opposition to the motion of the Guesdist faction. In this sense, the Charter of Amiens shows the desire of the majority of the French trade unions to remain independent of the Socialist Party, as well as of the State and the employers.

"The Confederal Congress of Amiens confirms the second constitutive article of the C.G.T.:[1] 'The C.G.T. groups, outside of any political faction, all workers conscious of the present fight for the disappearance of the wage earning and employers' systems.'

The Congress considers that this statement recognizes the class struggle[2] which opposes on the economic level workers in revolt against all types of exploitation and oppression,[3] whether moral or material, used by the capitalist class against the working class."

The Congress explains this theoretical statements as follows:

"In its daily militant action, syndicalism seeks to coordinate the efforts of the working class, to increase the well-being of the workers by achieving immediate realizations,[4] such as the reduction in working hours, increases in wages, etc." But this work is only part of the activities of syndicalism; syndicalism prepares the total emancipation which can only be achieved through the expropriation of the capitalists; syndicalism advises the use of the general strike as a mean to an end, and it considers that the trade union, today group of resistance, will be tomorrow the group of production and distribution, basis of social reorganization.[5] The Congress declares that this double mission "one for the present and

---

[1] In fact, this article is not mentioned in the statutes adopted at the time of the foundation of the C.G.T. at the Congress of Limoges in 1895. It was adopted as the first article of the statutes voted at the Congress of Montpellier in 1902. This article reads as follows:

"The General Confederation of Labor, governed by the present statutes, has for aim to group wage earners for the defense of their material and moral interests as well as of their trade and economic interests. The C.G.T. groups, outside of any political faction, all workers conscious of the present fight for the disappearance of the wage earning and employers' systems. No one can use his connection with or title in the C.G.T. in any type of elections."

[2] There was no mention of the class struggle either in the statutes of 1895 or in those of 1902.

[3] This expression shows the concern of the anarchists who are thinking of the Army, the Justice Department, the Church as well as of the employers.

[4] It should be noted that social legislation is not mentioned in this list which is rather short as it is. The revolutionary syndicalists do not believe that the state can intervene usefully.

[5] This paragraph states, against the Socialists, that syndicalism is self-sufficient and sufficient for everything. Syndicalism is not, as some have said, an interpretation of the capitalist order. Alone syndicalism can bring about total emancipation; and to this end, the general strike is the only effective instrument. Once the Revolution is over, an abrupt change will take place: the trade union will shift from opposition to management.

one for the future, derives from the burdensome position of the wage earners. This position makes it a duty for all workers, irrespective of their political opinions or allegiance, to join the fundamentally essential[1] group that the trade union represents.

As a consequence, as far as private individuals are concerned, the Congress states the complete freedom of the trade unionist to participate, outside of the trade union, to any struggles corresponding to his political or philosophical conceptions, provided he does not introduce within the syndicat the ideas for which he militates outside.[2]

As far as organizations are concerned, the Congress decides that the economic action must "be brought to bear directly against the employers, if syndicalism is to reach its maximum effectiveness,[3] as labor organizations, because of their trade union nature, are not concerned with parties or sects[4] which may, outside or on the side, pursue in full freedom social transformation.[5]

The Motion of Lyon
(September 21, 1919)

When the C.G.T. held in Lyon its first Congress after World War I, its membership is over 1,200,000, instead of the 4 or 500,000

---

[1] Essential but trade unions are not the *only* group workers may join. Socialist workers may join the Socialist Party, the Anarchists their own party and it is also possible to belong to the Free-Masons.

[2] The term "philosophical" relates apparently to the religious or irreligious conceptions as well as to libertarian ideas. In an article published in *Syndicats,* (July 19, 1939), Niel has claimed to be the author of this sentence. If it is true, it shows that the revolutionaries were seeking the alliance of the reformists and Socialists of the Jaurès group against the Guesdists.

[3] Revolutionary syndicalism believes only in *direct action* which was defined by Griffuelhes as follows: "Action of the workers themselves, that is action directly executed by the interested people. It is the worker who puts forth the effort himself, he brings it to bear personally on the powers over him in order to obtain what he wants from them." (*Mouvement Socialiste,* January 1905).

[4] The expression *sect* startled Guesde who saw in it an insult against the Socialist Party. In fact, it probably designated the anarchists' groups and perhaps the Free-Masons.

[5] A few weeks later, the Congress of the Socialist Party S.F.I.O. meeting in Limoges saw a fight between Jaurès and Guesde on the very question of the relationships between the trade unions and political parties. Guesde suggested to ignore the veto of the C.G.T. and to seek local or departmental agreements. Jaurès, considering that there was a fundamental accord between labor action and that of the Party, accepted the Charter of Amiens and thought the passage of time to insure a freely accepted cooperation which he believed necessary. Jaurès won out by 148 votes to 130, (November 4, 1906).

before the war. But the delegates were divided on the policies of the executive Committee since July of 1914 and on what labor theories should be henceforth. By 1,393 votes to 548 and 42 abstentions, the Congress finally adopts a motion supported by Leon Jouhaux, Georges Dumoulin and Alphonse Merrheim. During the war, they were not always in agreement, but they were convinced from then on out that the Revolution cannot be improvised.

"... The powerlessness of the ruling class and political organizations[1] becomes clearer every day. The necessity for the working class to take its responsibilities in the management of society appears continuously stronger.

"The labor movement has thus had to contemplate solutions which must be put immediately into practice. One of the most urgent and necessary of these is that of industrialized nationalization, sea and land transportation, mines, "electrical power, and large credit organizations (under the control of producers, consumers and technical services of a modern economy).

"Direct exploitation by the collective economy of the collective wealth, its control of the functions and organizations which regulate the industrial operations for the transformation and distribution of this wealth are an essential condition of the reorganization that we wish to pursue. But in view of the powerlessness of political organizations and the very character of the central Power, we are not thinking to increase the functions of the State[2] or to strengthen them; especially, we are not thinking to have recourse to a system which would bring essential industries under a bureaucracy, which is irresponsible and congenitally defective, thus reducing productive forces to the level of a state monopoly.

"The deplorable results which we have seen in the past and which are manifested every day, constitute a sufficient condemnation of this system. By nationalization, we mean

---

[1] In another paragraph, the motion states: "This essential fact which is an inevitable result of modern collective activity: the backward motion of politics before economics." This is a highly debatable question as we see today but then the influence of Proudhon was at work.

[2] The disciples of Saint-Simon wanted to substitute the administration of things to the government of men. Proudhon had announced: "The workshop will replace the government." The motion of Lyon still shows distrust of the state which is one of the characteristics of labor psychology in France. But the C.G.T. decided not to ask for "The Mine for the miners".

to entrust the national property to those directly interested, an association of producers and consumers."[1]

Syndicalism and Politics According to the Communist Trade Unionists

In 1920-1921, the Socialist Parties which wanted to join the Third Internationale, also known as the Communist Internationale or Comintern, founded by Lenin in March 1920, first had to accept 21 conditions of membership. Two of these, the 9th and the 10th concerned labor action.

a) *The imperative text*

"9) Any party which wants to join the Internationale must systematically and in a persevering manner engage in a Communist action within the trade unions, the workers' councils and the management committees, of the consumers' cooperatives and other organizations of the masses of workers. Within these organizations, it is necessary to organize Communist nuclei[2] which through a lasting and persevering work must win over the trade unions, the councils, the cooperatives and the other mass organizations to the cause of communism. These nuclei have as first duty in their daily activities to denounce the treason of the social-patriots[3] "and the hesitation of the center.[4] The Communist nuclei must be completely subordinated to the whole of the Party.[5]

10) Each party which is a member of the Communist Internationale has to lead a stubborn fight against the Amsterdam

---

[1] The motion of Lyon appears to conceive of a bipartite nationalization (association of producers and consumers without any state intervention). Finally, after the work of the Economic Council of Labor which it set up afterwards and under the influence of the studies of the Austrian Socialist Otto Bauer, the C.G.T. accepted a tripartite type of nationalization in which the State intervenes between producers and consumers fulfilling a role of liaison and referee.

[2] Fifteen years later, this expression was used less often than that of "colonization" which had the same meaning.

[3] Were called traitors (of the working class) those who had accepted to participate in the national defense of their country and had repudiated the revolutionary defeatism of Lenin. This was the case of Leon Jouhaux.

[4] The center was composed of activists, who were often pacifists, and who were trying to maintain as well as they could the stability of their organizations. Generally, they did not approve of the policy applied during the war but they also stood against Bolshevism.

[5] That is to say to the instructions of the Secretariat of the Party and not to the local organizations of the Party.

Internationale[1] of the Confederation of Yellow Trade Unions.[2] The party must also spread among workers organized within trade unions the necessity of breaking with the Amsterdam Internationale. By all means it must support the Red Labor Internationale which must realize the Communist Internationale."[3]

b) *The Counsels of Lenin*

There was no question then to leave the unions which had a reformist or social-patriot leadership in order to establish Communist trade unionism. Lenin said this expressly in the *Infantile Disease of Communism* which was published in 1920:

> "To abandon activities within the regressive trade unions, is to abandon insufficiently developed or backwards masses of workers to the influence of reactionary leaders, agents of the bourgeoisie, workers' aristocracy, workers who have become bourgeois. . . . This struggle must be ruthless; it must be pushed as we have pushed it in order to dishonor completely and expel from the trade unions the incorrigible leaders of opportunism and social chauvinism. . . . The leaders of opportunism will have recourse to all the resources of the bourgeois diplomacy, to the help of the bourgeois governments, the clergy, the police, the law courts, to stop Communists from coming into trade unions, to expel them from trade unions, to overwhelm them with troubles and insults, worries and persecutions, to make the situation impossible for them. We must know how to resist to all this, consent to all sacrifices, use even in case of necessity all stratagems, have recourse to ruse, adopt illegal procedures, sometimes say nothing, sometimes hide the truth, with the only aim to get in the trade unions, to stay there and to accomplish the Communist task in spite of all."

c) *The comments of a labor and Communist intellectual*

> "In their fight against the capitalists, workers come necessarily into contact with the forces of the State (police, judges, etc.) Their struggle therefore becomes a political struggle, first spontaneously and then more and more consciously. Workers are fighting to conquer or safeguard the democratic freedoms indispensable to the development of the labor

---

[1] This Internationale was the International Labor Federation reconstituted in July 1919 in a Congress held in Amsterdam. It set up headquarters in Amsterdam and named two Dutchmen, Oudegeest and Fimmer as Secretaries.

[2] In fact, those are the British Trade Unions, the German Labor Confederation, the Labor Commission of Belgium and the French C.G.T.

[3] The Red Labor Internationale was set up in July 1921.

movement. To place obstacles to the political struggle of workers, is to prevent them from winning a victory on the economic level and to deliver them all tied up and trussed up to the capitalists.

"The political struggle represents for workers a higher level of class consciousness and includes itself a number of gradations. Political struggle: defense of the right to strike against the police of the bourgeois State. Political struggle: the strike of February 12, 1934 to block fascism, the occupying powers and the traitors. Political struggle: the refusal of dockers and longshoremen to unload weapons for the imperialist war. The proletariat opposes its policy and its political weapons to its class enemy which uses political weapons against it. If we do not want to condemn the working class to eternal misery and dependence, we could not confine the class struggle to its sole economic aspects. From the elementary forms of the political struggle, workers rise to this idea, that it is necessary in order to emancipate definitively the proletariat, to socialize the means of production and exchange and in order to do this to destroy the political power of the bourgeoisie."[1]

Jean Bruhat

The First Statutes of the C.F.T.C.
(February 7, 1920)

Established on November 1, 1919, the *Confédération Française des Travailleurs Chrétiens* adopted its statutes on February 7, 1920. The first article was a declaration of principles:

"The Confederation wishes to find inspiration for its action in the social doctrine defined in the Encyclical Rerum Novarum.[2]

It believes that the social peace necessary for the prosperity of the fatherland, and trade organization as an indispensable foundation of this peace can only be realized through the application of principles of Christian charity and justice.

It believes that man is the essential element of production of which he is at the same time cause and aim. It is therefore important that the very conditions of production allow for the normal development of the human personality

---

[1] From the Introduction to *Histoire du Mouvement ouvrier français* published in 1952 by Jean Bruhat, ancien élève de l'Ecole Normale Supérieure, professeur agregé d'Histoire, under the sponsorship of the General Confederation of Labor, with a preface by Gaston Monmousseau, Secretary of the C.G.T. (Only the first volume: "Des origines à la révolte des Canuts" has been published).

[2] Promulgated by Pope Leon XIII in 1891.

through the just satisfaction of his moral, intellectual and material needs within the social, family and individual order.

It sees that actual conditions of production do not realize sufficiently this aim; and its believes necessary to seek changes likely to insure a better utilization of productive forces and a more equitable distribution of the results of production among the various factors which insure it.

"It wishes to realize these changes not through the class struggle but through education and collaboration of the productive factors, gathered within mixed organizations in which the independence and the rights of everyone will be respected.[1]

"The Confederation wishes to bring about satisfaction to its legitimate claims through all lawful means with economic and political organizations, national and international; it declares that public authorities must recognize and make as much room as possible for the representation of economic and trade interests; but it believes it contrary to the public order if trade organizations claim to arrogate to themselves rights of a political order and assure themselves similar responsibilities. By limiting strictly its action to the defense and representation of the general interests of labor, the Confederation wishes to appeal to intellectual, moral and religious forces, likely to aid the social and trade formation of the workers and able to develop in them qualities of discipline, devotion and loyalty indispensable for insuring the full development of the trade organization."

The Plan of the C.G.T.
(October 1934)

From May to September 1934, a Bureau of Studies of the C.G.T. worked out a Plan against the economic crisis. Among those who participated to the work of the Commissions and who were not all members of the C.G.T., there were in particular: Messrs. Etienne Antonelli, Professor 'Agrégé' of Law, the Engineer Claude Bonnier, René Cassin, Professor 'Agrégé' of Law, the Economist Francis Delaisi, Jacques Duboin, Jean Duret, Achille Dauphin Meunier, Grunebaum-Ballin of the Council of State, the Economist Lucien Laurat, the Engineer Pierre Le Brun, the Professors Mantoux, Saint

---

[1] This is the idea of the intermediary organizations (between the State and the individual). The Church had regretted their elimination by the French Revolution and conserved a nostalgia of corporations. The Christian trade unionists are favoring a trade organization based on unions of workers and employers: the Confederation therefore anticipates two levels of intermediary organizations.

Laguë, François Simiand, Louis Vallon, graduate of the Ecole Polytechnique, Ludovic Zoretti, Professor at the Science Department of
the University of Caen.

The text which was the outcome of this work was written up
under the conditions described above[1] and was adopted as it was
by the Executive Committee of the C.G.T. in October 1934 and
after a few changes by the Congress of the C.G.T. in September
1935. Finally, the reunification Congress of Toulouse in March 1936
adopted it too:

For structural reforms:

". . . The immediate measures designed to solve the crisis,
suppose, in order to be effective structural changes which we
are requesting.

Nationalizations and labor control provide the means of
imposing and applying reduction in working hours.

Nationalization of credit will permit the financing of a
public works program; the nationalization of the key industries will prevent the program being monopolized for the
profit of private interests.

Nationalization will also protect the peasant from either
the large firms . . . or from the powerful wholesalers who
abusively fix prices; the extension of agricultural credit will
provide the capital necessary for the establishment of sales
and stockpiling cooperatives.

Thus, in all fields, at the same time, organization will be
substituted to *laisser faire* and negligence. The search for the
individual profit will be replaced by the satisfaction of collective needs. A new world will be in process . . .

Nationalization of credit[2]

". . . The distribution of credit cannot anymore be left to
the initiative of bankers and financiers guided only by their
sole interests and rivalries.

The distribution of credit has for aim the development of
the general activity and welfare and not the increase in
dividends of the establishments distributing credit.

The banking service must be at the service of the Economy
and not the Economy at the service of the banking service.

The extension of credit must free the national economy
from the violent and harmful shakeups of speculation and

---

[1] Preface page XVII.

[2] In this paragraph, we can see a manifestation of the influence of the Belgian
Socialist Henri de Man who had victoriously proposed these ideas to the Congress
of the Belgian Labor Party, Christmas 1933, when his Plan was adopted.

economic crises and must insure the uninterrupted use of manpower which forms the basis of all national wealth.

Nationalization of Key Industries[1]

". . . Experience has shown that, if certain precautions are not taken, nationalized credit may be confiscated by individual Capitalism which may find in it new means of strengthening and increasing its domination. . . .

This nationalization can be immediately realized for any industry which has a strong concentration of establishments and capital. In particular, it must be realized for:

1. The war industries.

2. Industries concerned with the extraction of raw materials and those concerned with sources of energy.

3. Transportation industries.

In each branch of industry, there remains to define the details of what is immediately necessary and possible.

For a Reform of the State

". . . Decided to defend public liberties and the rights of workers against the attempts of an open or embryonic Fascism, the C.G.T. states the imperious need to transform and renovate the State in order to place its institutions in harmony with the new necessities of collective life.

"The parliamentary regime in which the masses were used to seeing the normal expression of democracy does not correspond in its actual form to the necessities of the life of today. It was designed for political tasks. But the State intervenes more and more in economic life. It was designed to govern individuals but more and more it is coming to grips with collective organizations.

The evolution of actual conditions makes indispensable and pressing an adaptation of the State to the economic tasks that he must assume. Whether it is a problem of organizing private initiative, to supplement it or to replace it, the actual political institutions seem to possess neither the flexibility nor the necessary competency. An immediate reshaping is in order."

Rejecting Fascist Corporatism, the C.G.T. stated that it clung to the principle of the sovereignty of universal suffrage as the basis of the democracy it wished for. But the C.G.T. wanted the creation

---

[1] Here the Plan of the C.G.T. diverges from the ideas of Henri de Man who had said: "We must nationalize as little as we can."

of a High Council of the Economy whose mission would be to work out a Plan of development of the national economy to be submitted to the direct or indirect approbation of universal suffrage.

> "In the actual state of things, the first aim of such a Plan would be the elimination of the economic crisis through liquidation of unemployment, increase in sales and increase in consumption of the working masses."

The Unity Charter of Toulouse
(March 1936)

After long discussions, the General Confederation of Labor and the General Confederation of Unitarian Labor (which already co-operated in the National, departmental and local committees of the Popular Front set up on the occasion of July 14, 1935) decided to reestablish "labor unity" shattered since 1922.

This unity was to be formally reestablished at the Congress of Toulouse in March 1936 when the statutes of the reunified C.G.T. were adopted. The preamble to the statutes was unanimously adopted. This preamble appeared as an attempt on the part of the C.G.T. leaders to make impossible the practice of setting up "nuclei", practice which had made life difficult for them in 1919-1920. The leaders of the C.G.T.U. accepted the clauses but found them useless.

Although speakers at the Congress celebrated the reestablishment of labor unity, it must be noted that this unity was not total as it had been from 1895 to 1919: the C.F.T.C. remained outside of the new confederation and no one asked that it join:

> "Le labor movement, at every echelon administers itself and decides of its action in absolute independence of employers, government,[1] political parties, philosophical sects and other outside groups.
>
> It reserves to itself the right of answering affirmatively or negatively to appeals from other groups for a specific action. It reserves to itself also the right to take the initiative of temporary collaborations, believing that its neutrality with regard to political parties could not imply its indifference

---

[1] The Communists thought: independence vis-a-vis the French bourgeois government. The leaders of the old C.G.T. thought: independence vis-a-vis the Soviet government.

with regard to the dangers which would threaten public liberties, present reforms or reforms to be conquered.[1]

Assemblies and statutory labor congresses are alone qualified to make decisions.

Labor democracy insures guarantees to each trade unionist that he may within the trade union freely defend his point of view on all questions touching on the development and the life of the organization.

As trade unions group wage earners of all shades of opinion, none of their members could be persecuted because of the opinions for which he militates outside of the labor organization.[2]

"Freedom and the application of democracy, contemplated and assured by the fundamental principles of syndicalism could not justify or tolerate the establishment of organizations acting as factions within the trade unions with the aim of influencing and distorting the normal play of democracy within them.[3]

By virtue of their very nature and their composition, the trade unions gather workers of diverse opinions and therefore show the greatest degree of tolerance in order to maintain their unity.

Their statutes must anticipate the means to maintain their coherence, the respect of the principles admitted by the two delegations and the respect of the charters voted upon.

The statutes guarantee that the trade unions will continue to play their role of defending workers' interests."

In keeping with the spirit of this preamble, the following paragraph which was a part of the motion concerning labor's orientation and which also adopted unanimously is interesting:

"The Congress states that official participation of labor organizations into diverse organizations (Organization of Economic Management and Application of the Plan, Management Committee, Economic Council, I.L.O., League of Nations) could not be considered as a form of integration of syndicalism within the State or of collaboration with employers, as long as this participation is accomplished under freely delegated powers and the permanent control of labor

---

[1] By this paragraph, the C.G.T. integrates to its doctrine the experience it had from 1934 to 1936: strike of February 12, 1934 for the defense of public liberties; membership in the Popular Front; participation in a program common with the Popular Front.

[2] Whether he is Communist or antiCommunist.

[3] This is a condemnation of the Revolutionary Syndicalist Committees set up in 1920-1922 by the minority groups of the C.G.T., as well as a condemnation of similar organizations.

organizations for the defense of the general interest of the working classes against the intolerable privileges of oligarchies."[1]

The New Statutes of the C.F.T.C.
(1947)

From 1920 to 1945, Christian syndicalism begins to be accepted, albeit with difficulty, by employers, by public authorities and by rival trade unions. Following the occupation, the role that it played in the Resistance enables it to be officially considered as "representative".

Under the influence of a drive on the part of its left wing which becomes stronger with every Congress, the C.F.T.C. decides to revise its statutes for the following reasons:

1) The wording of the statutes could bother some non-Catholics, particularly the Protestant members not too much disposed to recognize the authority of the Pope.

2) The Encyclical Rerum Novarum does not propose a well defined economic system but only a general direction to be followed. The C.F.T.C. has the right and the duty in its faithfulness to Christian exigencies to take its responsibilities.

3) The labor experience acquired by the Christian activists has convinced them that the class struggle is a fact whose existence cannot be denied. The C.F.T.C. admits it but is in opposition to the systematic development of class antagonisms.

4) For reasons dating back to occupation of France by the German army, the term of "collaboration" has assumed a very special meaning, i.e., that of treason. Therefore it is best to avoid its use.

5) The events of the last quarter of a century prove that the State cannot be kept apart of economic life.

> "The Confederation connects itself with, and finds its inspiration for its action in, the principles of *Christian social morals*.[2] The positions that it takes concerning the problems of social and economic organization, with the concern of the prosperity of the nation, are governed by the idea of preparing the victory of an ideal of peace while making a spirit of brotherhood and the exigencies of justice prevail.

---

[1] It is the "Policy of Presence"; but it is subordinated to two conditions: those who accept to sit in these organizations must be freely sent by their own organizations and they must participate in a fighting spirit not in a spirit of class collaboration.

[2] And not in the Encyclicals any more.

It believes that man is the essential element of production of which he is at the same time cause and aim. It is therefore important that the very conditions of production allow for the normal development of the human personality through the just satisfaction of his moral, intellectual and material needs within the social, family and individual order.

It sees that actual conditions of production do not permit to attain this aim and it believes necessary to change these conditions so as to insure a better use of productive forces and a more equitable distribution of the fruits of production among the different factors which insure it."

"The Confederation wishes to bring about these changes *not by the systematic development of class antagonisms* but through an economic organization conceived in such a way that the dignity and the independence of workers and their groups be completely respected.[1]

The Confederation wishes to pursue by all legitimate means with economic and political organizations, national and international, the successful outcome of its just claims. It declares that public authorities must recognize and make as much room as possible for the representation of economic and trade interests and associate workers' syndicalism to the economic policy of the country; but it believes that for the good order of public life, labor organizations must keep their responsibilities separate and distinct from those of political groups and for its own part will keep its action entirely independent with regard to the State,[2] governments and parties.

"Having decided to utilize to a maximum the educational resources special to the labor movement, the C.F.T.C. expects, on the other hand, to appeal to religious, moral and intellectual forces likely to help in forming workers for their responsibilities in a democratic organization of economic and trade life.

"Limiting itself strictly to the defense and representation of the general interests of labor, the Confederation assumes full responsibility for this action which it determines independently of any external, political or religious group.[3]

---

[1] There is no more question here of mixed organizations.

[2] The State was not mentioned in 1920. But it is today at the same time that the necessary independence of labor vis-a-vis the State, governments and parties is declared. This is the reason why it has sometimes been said that this text was "The Charter of Amiens of Christian Syndicalism" (cf. the final paragraph).

[3] Here independence from the Church is also stated. A few Christian syndicalists would have wished for the disappearance of the adjective *Christian* from the name of the C.F.T.C.; they wanted to replace it by the term *free*. But their text was not adopted by the Congress.

The French Trade Unions and the Marshall Plan
(1947-1948)

Against the Marshall Plan

At the National Confederal Committee of the C.G.T. of November 12 and 13, 1947, the majority led by Frachon adopted by 857 votes to 127 a text which stated:

"The aid of American credits, sole country which has not had to suffer from the war but which on the contrary comes out strengthened, could constitute a considerable help for the rapid rebirth of the economy of France if they were granted without other obligations than those of a commercial agreement concluded without any drastic condition." (but)

"Under the false cover of an aid to the countries of Western Europe, the American monopolists are attempting to insure their domination over the countries ruined by the war, benefiting from their difficulties in reconstruction.

"In doing this, they aim to achieve part of their plan for world domination and seek to constitute a bloc of powers under their direction in view of a new world war of which they are the impudent protagonists. . . ."

"On the economic level, the Marshall Plan will have three consequences:

1) Economic serfdom which would place our industry and agriculture at the mercy of the aims and appetites of the large American trusts.

2) A grave danger of seeing certain of our essential industries and agricultural productions, particularly our metal-working establishments, automobile, engine-making, construction of machinery, wheat production, sacrificed for the benefit of American productions, as it is only too evident for the film industry.

3) The prospect of seeing our country relegated to the state of an inferior power, without any basic economy, with an important army of unemployed."

On the political level: "The Marshall Plan means the abandonment of all political independence and submission to the will of a foreign State."

On the international level: "The Marshall Plan anticipating the priority of the reconstruction and development of the German industry, is increasing still more the dangers of a new world war at the same time that it deprives the countries ruined by the Hitlerian aggression of the reparations which are due to them.

"The C.C.N. condemns the Marshall Plan which far from being a plan of aid to France and Europe is only part of a plan for the enslavement of the world by the capitalist trusts and of preparation for a new world war.

"The C.C.N. therefore decides to fight against the plan of political and economic domination which the Marshall Plan constitutes."

At the opening of the Congress of the C.G.T. on October 11, 1948, Benoit Frachon states:

"The Marshall Plan has been called a plan for aid only to camouflage its true objectives. It is the European plan of world domination pursued by the Yankee expansionists. It is part of a general plan in which are included war preparations, hasty armament manufacturing, the creation of military bases in numerous parts of the world by the United States....

". . . A plan for aid should permit a healthy development. But a simple glance upon the shipments made from April 3rd to August 31st under the title of American aid will suffice to show that it is a question of sacrificing our equipment so that our industry does not impede the enriching of products made in America. A little more than 2% of these shipments are devoted to capital equipment, six times less than what had been asked for, less than for tobacco and diverse products which come in for 2, 3%."

Le Peuple, official newspaper of the C.G.T. sums up the arguments of the opponents of the Plan: "The Marshall Plan, it is the hold of the American millionaires on our country, unemployment, misery, war.".

For the Marshall Plan

Pierre Neumeyer, who was then Secretary of the C.G.T. and who was soon to become Treasurer of the C.G.T.F.O., wrote in the weekly *Force Ouvrière,* October 30, 1957:

"Since we cannot live by ourselves and with our sole resources, singularly reduced by two successive wars, since we are incontrovertibly in need of aid to straighten out our economy and our finances, let us not be carried away in this campaign against the Marshall Plan, campaign which is more political than economic."

At the C.N.N. of November 1947, Léon Jouhaux supports this position:

"It is in order to accept all the help which is offered to us if we do not wish tomorrow to be unable to rehabilitate the country. If we did not receive considerable coal imports (paid at a high rate, I know it!), one third of our industry would stop. Without these imports, what would become of our metal industry and other key-industries?"

In the motion presented by Bothereau, the minority proposed to state:

"Recognizing that the French economic situation such as it results from the war imposes upon France the help of foreign countries to aid her in her rehabilitation. In this spirit, the C.C.N. believes particularly useful the American aid to France. It could not, however, accept in any case that foreign aid infringes upon our national sovereignty and it declares itself ready to combat any meddling of foreign governments in our external and internal policy."[1]

At the National Committee of the C.F.T.C. on January 17 and 18, 1948, Georges Levard declared:

"The Plan is doubtlessly based on a highly commendable intention from which a certain sentimental side should not be excluded since it will be financed through taxation. But it will be businessmen who will apply it. We must accept nothing with our eyes closed. We must ask for guaranties and watch particularly over our independence."

In March 1948, the C.F.T.C. participated at the Conference organized in London by the British Trade Unions and voted for the final motion favoring the Marshall Plan.

On April 17 and 18, 1948, the C.C.N. of the C.F.T.C. votes in favor of a text presented by the Federation of Metal Workers and which stated:

"The effectiveness of American aid and the possibilities for our country of safeguarding its financial and political independence depend on an effort of coordination and unity among the countries benefiting from American aid. . . . It is in order . . . to contemplate this coordination and this unification industry by industry." (Consequently, the Committee) "invites the trade Federations to set up quickly Commissions specialized in the study of the problems raised by the application of the Marshall Plan in their industries."

---

[1] The opposition to the Marshall Plan is at the origin of strikes started by the Communists in November-December 1948. By reaction, they caused the schism of the C.G.T. and the establishment of the C.G.T.-F.O.

BIBLIOGRAPHY OF FRENCH LABOR

BOOKS

About, Edmond, *A.B.C. du travailleur,* Hachette, Paris, 1868

About, Edmond, *Le capital par tous. Plus de prolétaires, 38 millions de bourgeois,* Hachette, Paris, 1869

About, Edmond, *Le progrès,* Paris, 1864

Abrial, Eugène, *Dix ans de la vie de l'union catholique du personnel du Nord,* Maison du Cheminot, Paris, 1910

Abrier, Charles, *Le Marxisme et le caractère social de production capitaliste,* (Thesis), Rousseau, Paris, 1906

Académie des Sciences Morales et Politiques, *Des Classes ouvrières en France pendant l'année 1848,* 2 volumes, Paris, 1849

Acht, Anton, *Der moderne französische Syndikalismus,* Jena, 1911

Actualité du plan, Bibliothèque du militant syndicaliste, No. 5, Paris, 1936

Acker, J., *L'organisation et l'action syndicale ouvrière en Alsace,* 1932

Adam, Gérard, *Atlas des élections sociales en France.* Colin, Paris, 1964

Adam, G., *La C.F.T.C., 1940-1958.* Colin, Paris, 1964

Advielle, *Babeuf et le babouvisme,* chez l'auteur, 2 volumes, Paris, 1884

A.E.P.-O.E.C.E., *La Formation syndicale en Europe,* Paris, 1960

Aftalion, *La conciliation et les conflits collectifs,* Association nationale pour la protection légale des travailleurs, 5ème serie, No. 1 and 2, Larose Thénin, Paris, 1908

Aguet, *Les grèves sous la Monarchie de Juillet,* Lausanne, 1954

Aguet, Jean-Pierre, *Contribution à l'histoire du mouvement ouvrier français: les grèves sous la Monarchie de Juillet,* E. Droz, Genève, 1954

Aguirre, Manuel Augustin, *Lecciónes de Marxismo o socialismo científico.* 2 volumes, Quito University, Quito, Ecuador, 1956

Alamigeon, *Les cadres de l'industrie française,* Presses Universitaires de France, Paris, 1945

Albrand, Henri, *La grève générale, suivi de: pas pouvoir dire ce que l'on pense, ça ne me va pas!* Chansons, imprimerie Albrand, Toulon, 1901

Alexandrov, Victor, *L'affaire Toukatchevski,* Laffont, Paris, 1962

Alhaiza, Adolphe, *A M. Jules Guesde. Les deux socialismes,* imprimerie Arrault & Cie, Montreuil-sous-Bois, Seine, Tours, 1903

Alhaiza, Adolphe, *Des deux socialismes. La Rénovation,* Montreuil-sous-Bois, Seine, 1903

Alibert, Raphaël, *Les syndicats. Associations et coalitions des fonctionnaires,* (Thesis), Larose & Thénin, Paris, 1909

Allard, *Des moyens d'améliorer le sort des travailleurs industriels et agricoles, suivis d'un projet de déclaration de leurs droits et de leurs devoirs et d'un projet de décret sur l'amélioration de leur sort*, Guillaumin, Paris, 1848

Allard, *Esclaves, serfs, et mainmortables*, Librairie de la Société bibliographique, Paris, 1884

Allard, *Le travail dans les mines et la vie des ouvriers en Franche-Comté sous la domination espagnole*, Extrait des Mémoires de la Société d'Emulation du Doubs, série 8, tome 5, 1910, imprimerie Dodivers, Besançon, 1911

Allard, L. M., *Le travail ouvrier*, Presses Universitaires de France, Paris, 1949

Alleau, Th., *Question ouvrière. Travail et travailleurs, essai de conférence*, Leygnes, Villeneuve-sur-Lot, 1884

Allemane, J., *Mémoires d'un Communard, Des barricades au bagne*, Paris, 1880

Alligier, Charles, *Socialisme, bolchevisme et France*, Spartacus, Paris, 1946

Almanach de l'ouvrier pour l'année 1900, Gautier, Paris, 1900

Almanach de l'ouvrier pour l'année 1908, Gautier, Paris, 1908

Almanach ouvrier et paysan, Librairie de l'Humanité, 1928-1939, 1947 to date

Almanach républicain de la Sarthe pour 1908, imprimerie de l'association ouvrière, Le Mans, 1908

Almanach socialiste du Nord pour l'an de misère 1902, imprimerie moderne, Valenciennes, 1902

Almanach socialiste illustré pour 1900, Bibliothèque socialiste, Paris, 1899

Almanach socialiste illustré pour 1903, Bibliothèque socialiste, Paris 1902

Alpy, *Guide pratique des syndicats professionnels*, Rousseau, Paris, 1893

Amanieux, E., *L'armature sociale. Vers le syndicalisme de production*, Paris, 1919

Ameline, H., *Conférence des attachés: des institutions au dix-neuvième siècle*, 1866

Amigues, Jules, *La France à refaire. I. La Commune. Dédié aux ouvriers et bourgeois de Paris*, Lachaud, Paris, 1871

Ancelin, Const. Franç., *A tous et pour tous les agricultures, industriels, commerçants, travailleurs et des abus dont ils sont frappés. Du travail, son influence sur le présent et l'avenir*, Beghin, Lille, 1859

Andrieux, Andrée, and Lignon, Jean, *L'ouvrier d'aujourd'hui. Sur les changements dans la condition et la conscience ouvrières*, Préface by Pierre Naville, Rivière, Paris, 1960

Andler, Charles, *La civilisation socialiste*, Rivière, Paris, 1912

Andler, Charles, *Vie de Lucien Herr, (1864-1926)*, Rieder, Paris, 1952

Ansiaux, Maurice, *Heures de travail et salaires. Etudes sur l'amé-lioration directe de la condition des ouvriers industriels.* Alcan, Paris, 1896

Antoni, *Fonction économique et sociale de la coopérative ouvrière,* Société Coopératives Ouvrières de Production, Paris, 1953

Antourville, J.M.G., *Les industries du sucre,* Doin, Paris

Antourville, J.M.G., *L'ouvrier et le penseur, dialogue satirique en vers,* Malteau, Paris, 1898

Aperçu sur la condition des classes ouvrières et critique de l'ouvrage de M. Buret sur la misère des classes laborieuses, par D . . . S . . . prince, Paris, 1844

Appy, F., *Pacification sociale. Doctrine sur les relations entre le capital et le travail. Régime à fonder entre la population et la richesse. Les grèves; moyen de les résoudre.* Daragon, Paris, 1907

Arboux, J., *La mutualité française,* Fischbacher, Paris, 1907

Arces-Sacre, *Les lois du socialisme. Conférences faites à la bourse du travail en 1889-1850. Ier livre, Ière conférence: les lois du travail d'après la doctrine socialiste,* Imprimerie Allemane, Paris, 1891

Arcq, Douet d', *Recueil de documents et statuts relatifs à la corpora-tion des tapissiers, de 1258 à 1875,* imprimerie de Daupelay, Nogent-le-Rotrou, no date

Arcy, Martin d', *Communism and Christianity,* Penguin Books, London, 1956

Ardant, Maurice, *Emailleurs et émaillerie de Limoges,* imprimerie de M. Ardant frères, Isle

Ardouin, P., *Le syndicalisme ouvrier chrétien en Provence. 1834-1935,* Marseille, 1936

Arendt, Joseph, *La mission sociale des syndicats ouvriers,* impri-merie Het Volk, Gand, 1907

Arendt, Joseph, *La nature, l'organisation et le programme des syn-dicats ouvriers chrétiens,* Action Populaire, Paris, 1926

Argence Th., and Herclet, A., *Le contrôle ouvrier et les comités d'atelier,* Édition de la Bibliothèque du Travail, Paris, 1921

Ariès, Philippe, *Histoire des Populations francaises et de leurs atti-tudes ENVERS la vie depuis le XVIIIème siècle,* Self, Paris, 1949

Aristid, Léon, *Fumistes!,* au bureau de l'Echo des Syndicats, Biblio-thèque syndicale et ouvrière, no. 4, Paris, 1904

Aristid, Léon, *Grève manquée,* au bureau de l'Echo des Syndicats, Bibliothèque syndicale et ouvrière, Paris, 1905

Aristid, Léon, *La terre libre,* au bureau de l'Echo des Syndicats, Paris, 1905

Aristid, Léon, *Le roi Salomon, ou la vente à crédit,* au bureau de l'Echo des Syndicats, Paris, 1904

Aristid, Léon, *Le vrai syndicat,* au bureau de l'Echo des Syndicats, Paris, 1905

Aristid, Léon, *L'héritage de Baledent,* au bureau de l'Echo des Syndicats, Paris, 1905

Aristid, Léon, *Pensez à demain,* au bureau de l'Echo des Syndicats, Paris, 1905

Aristid, Léon, *Soutane et blouse,* au bureau de l'Echo des Syndicats, Paris, 1905

Aristid, Léon, *Tous mutualistes,* au bureau de l'Echo des Syndicats, Paris, 1905

Aristid, Léon, *Victimes!* au bureau de l'Echo des Syndicats, Paris, 1904

Aristodemos, *Socialisme et Maçonnerie,* Barma, Nice, 1906

Arizzoli, Alexandre, *Premier jet d'une esquisse sociale,* imprimerie des Alpes-Maritimes, Nice, 1905

Armand, Félix, *Les fouriéristes en 1848 et les luttes révolutionnaires de 1848 à 1851,* Presses Universitaires de France, Paris, 1948

Arnaud, E., *La justice sociale,* Conférence, Extrait de la Revue du christianisme social, Fischbacher, Paris, 1905

Arnaud, E., *Le rôle social du sous-préfet dans une démocratie,* Berger-Levrault & Cie, Paris, 1907

Arnol, *De l'avenir des ouvriers,* Paris, 1850

Aron, Robert, et Elgey, Georgette, *The Vichy Régime, 1940-1944,* Macmillan, New York, 1958

Artaud, A., *Les apôtres du socialisme.* Pierre Leroux (1797-1871), Extrait de la Quinzaine, imprimerie de Notre-Dame-de-Montligeon, La Chapelle-Montligeon, (Orne)

Arvon, Henri, *L'anarchisme,* Presses Universitaires de France, Paris, 1951

Arvon, Henri, *Le marxisme,* Colin, Paris, 1955

Assailly, Charles, *Le paupérisme et les associations ouvrières en Europe, suivi d'un plan de Société d'économie et de consommation, 2 de Société de prêt mutuel,* Paris, 1869

Association pour le repos du dimanche, Avant-projet de loi sur le repos hebdomadaire voté par le Conseil supérieur du travail. Consultation des sections, imprimerie K. Brants & Cie, Bruxelles, 1904

A toi camarade, Confédération Française des Travailleurs Chrétiens, Paris, no date

Auburtin, F., *Frédéric Le Play d'après lui-même. Vie. Méthode. Doctrines.* Notices et morceaux choisis, Giard & Brière, Paris, 1906

Auclair, François, *Les lois ouvrières et l'agriculture. Les ouvriers agricoles. Prudhommes agricoles. Accidents du travail. Repos hebdomadaire. Retraites ouvrières,* Larose & Thenin, Paris, 1909

Aucuy, Marc, *Individualisme et socialisme. Les systèmes socialistes d'échange,* Alcan, Paris, 1907

Audebrand, Ph., *Histoire intime de la révolution du 18 mars, comité central et Commune*, Paris, 1871

Audier, Pierre, *Faire sa part au socialisme*, A. Rey, Paris, 1943

Audiganne, Armand, *De l'organisation du travail, chez Garnier frères*, Paris, 1848

Audiganne, Armand, *Le travail et les ouvriers sous la troisième république*, Garnier frères, Paris, 1873

Audiganne, Armand, *Les ouvriers d'à présent, ou la nouvelle économie du travail*, Eugène Lacroix, Paris, 1865

Audiganne, Armand, *Les ouvriers en famille, ou entretiens sur les devoirs et les droits de l'ouvrier dans les diverses relations de sa vie laborieuse*, Mathias, Paris, 1850

Audiganne, Armand, *Mémoires d'un ouvrier de Paris, 1871-1872*, Charpentier, Paris, 1873

Audiganne, Armand, *Organisation der Arbeit und Industrie*, E. Schafer, Leipzig, 1848

Audiganne, Armand, *Populations ouvrières et les industries de la France dans le mouvement social du 19ème siècle*, 2 volumes, Capelle, Paris, 1854

Audry, Colette, *Léon Blum ou la politique du juste*, Julliard, Paris, 1936

Augé-Laribe, Michel, *La réforme des conseils de prud'hommes. Solidarité sociale*, Paris, 1905

Augé-Laribe, Michel, *Les ouvriers de la viticulture languedocienne et leurs syndicats*, Paris, 1903

Augé-Laribe, Michel, et ali., *Proudhon et notre temps*, Chiron, Paris, 1920

Augery, Ch. Payan d', *Les prud'hommes pêcheurs de Marseille et leurs archives*, Impr. de J. Nicot, Aix, 1873

Aulard, A. *Histoire politique de la Révolution française. Origines et développements de la démocratie et de la république (1789-1804)*, Colin & Cie, Paris, 1900

Aumont, Michel, *Femmes en usine: les ouvrières de la métallurgie parisienne*, 2 volumes, Spes, Paris, 1953

Aumont, Michel, *Les Dialogues de la vie ouvrière*, Spes, Paris, 1953

Authier, Marcel, *L'amélioration légale de la condition des travailleurs agricoles*, Giard & Brière, Paris, 1911

Autry, *La coopérative ouvrière de production*, Sociétés coopératives ouvrières de production, Paris, 1946

Aux Electeurs, la question sociale, esquisse philosophique des bases des idées révolutionnaires, Boyer, Asnières, 1885

Avenel, G. d', *Histoire économique de la propriété, des salariés, des denrées et de tous les prix en général depuis l'an 1200 jusqu'en 1800*, 4 volumes, Editions Ernest Lerout, Paris, 1893-1894, 1898

Avenel, G. d', *Paysans et ouvriers depuis sept cents ans,* (Extrait de la *Revue des Deux Mondes,* 1er et 15 octobre 1896 et 15 juin et 15 juillet 1898), Colin & Cie, Paris, 1899

Aylles, *Les associations du capital et le travail,* Guillaumin, Paris, 1885

Aymard, *L'instituteur,* Doin, Paris

Ayme, H. B., *Le but politique dans les grèves,* 1932

Azambuja, Gabriel d', *Catéchisme anti-socialiste,* librairie des Saints-Pères, Paris, 1902

Babeau, Albert, *La vie rurale dans l'ancienne France,* Paris, Didier, 1883

Babeau, Albert, *Le compagnon tisserand à Troyes en 1774,* Paris

Babeau, Albert, *Les artisans et les domestiques d'autrefois,* Firmin-Didot, Paris, 1886

Babeau, Albert, *La population de Troyes au 18ème siècle,* Dufour-Bouquet, Troyes, 1873

Babylas, *L'Oeuvre ouvrière, chanson en patois roubaisien,* imprimerie La-grange, Lille, 1902

Bach, I. A., Galkine, I. S., and Pomarev, B. N., *Les Trois Internationales,* Editions Sociales, Paris, 1955

Bacon, Paul, *Naissance de la classe ouvrière,* Les Editions Ouvrières, Paris, 1945

Baconnier, Firmin, *L'ABC du syndicalisme,* imprimerie Pernot, Rethan, 1927

Baconnier, Firmin, *Le salut par la corporation. Un nouvel ordre professionnel,* Paris, 1935

Baggio, Ch., *Catéchisme de l'ouvrier, ou les maux de la vie ouvrière et leurs remèdes, ou le Socialisme pratique dans et par l'évolution naturelle,* imprimerie Lagrange, Lille, 1900

Baggio, Ch., *Entretiens populaires sur le socialisme, ou le socialisme expliqué aux ouvriers. Ier entretien: Coup d'oeil sur le socialisme,* Plouvier-Cardon, Carvin (Pas-de-Calais), 1886

Baggio, Ch., *Entretiens socialistes. Explication populaire du socialisme et son établissement graduel,* Plouvier-Cardon, Carvin (Pas-de-Calais), 1887

Baggio, Ch., *Les deux socialismes,* (Extrait de la 4ème édition du Catéchisme de l'ouvrier), imprimerie Lagrange, Lille, 1900

Bailleul, Charles Jacques, *Idées anarchiques. Que les idées anarchiques sont répandues dans toutes les classes de la société, parmi les membres les plus recommandables des chambres, jusqu'au sein du ministre et plus particulièrement dans les écrits de toute espèce. Vues sur la nécéssité d'un complément d'organisation sociale,* Paris, Renard, 1835

Bailleul, Jacques, *Nécéssité d'éclairer les classes ouvrières sur leurs véritables intérêts par la connaissance de leur position sociale,* Renard, Paris, 1830

Bailly, *Discours des accusateurs nationaux près la Haute-Cour de justice, prononcé par le citoyen Bailly, l'un d'eux à la suite du débat dans l'affaire du représentant Drouet, de Babeuf et autres, accusés de la conspiration contre la sureté intérieure de la République,* imprimerie de la Haute-Cour, à Vendôme, an V

Baja, A., *Principes du socialisme,* Vanier, Paris, 1895

Bakunin, Michael, *Marxism, Freedom and the State,* Freedom Press, London, 1950

Bancel, *Le coopératisme,* Les livres d'or de la science, Schleicher frères, Paris, 1901

Bar, Marcel, *L'organisation et l'action syndicale dans la typographie française. Patrons—ouvriers,* Dury & Cie, Paris, 1908

Barberet, J., *Le mouvement ouvrier à Paris de 1870 à 1873,* Bibliothèque ouvriere, Paris, 1874

Barberet, J., *Les grèves et la loi sur les coalitions,* Bibliothèque ouvrière, Paris, 1873

Barberet, J., *Monographies professionnelles—le travail en France,* Berger-Levrault, Paris, 1886-1889

Barbier, Emmanuel, *Les Démocrates chrétiens et le modernisme. Histoire documentaire,* Lethielleux, Paris, 1908

Bardon, Louis, *De la capacité commerciale des syndicats agricoles,* (Thesis)

Baret, H., *Histoire du travail dans l'ancienne Généralité de Lyon.* Lyonnais, Forez, Beaujolais, 1939

Barolin, J. C., *La question sociale. Sa solution pacifique,* Giard & Briere, Paris, 1902

Baron, Jean-Phillippe, *La loi de huit heures et l'Organisation industrielle du travail en France* (Thesis), Jouve & Cie, Paris, 1929

Barraquier, G., *La grève des typographes parisiens,* imprimerie Barthier, Paris, 1878

Barre, Raphael, *Le crédit au travail associé et le crédit populaire à l'étranger et en France. Suivi d'un discours sur le crédit ouvrier, par Paul Deschanel,* Banque coopérative des associations ouvrières de France, imprimerie de l'union typographique, Villeneuve-Saint-Georges, 1910

Barret, Francois, *Histoire du travail,* Presses Universitaires de France, Paris, 1945

Barthélemy, Dr. L., *La savonnerie marseillaise, son origine et son développement pendant les XVème et XVIème siècles,* 1883, Marseille, imprimerie de M. Olive

Barthou, Louis, *L'action syndicale. Loi du 21 mars 1884. Résultats et réformes,* Rousseau, Paris, 1904

Barton, Paul, *Conventions collectives et réalités ouvrières,* Les Editions Ouvrières, Paris, 1957

Bartuel, Casimir, and Rullière, *La mine et les mineurs,* Doin, Paris, 1923

Bartuel, Casimir, *Le travail à travers les âges et la nationalisation des mines* (en collaboration avec Mme. Claude Real et H. Rullière), Doin, Paris, 1924

Bartuel, Casimir, *Rapport sur la nationalisation des mines,* Fédération nationale des travailleurs du sous-sol, Paris, 1920

Basch, Victor, *L'individualisme anarchiste,* Max Stirner. Bibliothèque générale des sciences sociales, Alcan, Paris, 1904

Batbie, Anselme, *Grèves et coalitions,* Cotillon, Paris, 1867

Baudin, Louis, *Le corporatisme,* Librairie de droit général et de jurisprudence, Paris, 1942

Baudrillart, Henri, *La liberté du travail, l'association et la démocratie,* Guillaumin & Cie, Paris, 1865

Baudrillart, Henri, *Le crédit populaire. Conférences populaires faites à l'Asile de Vincennes,* Hachette & Cie, Paris, 1868

Baudrillart, Henri, *Le salariat et l'association, Conférences populaires faites à l'Asile de Vincennes,* Hachette & Cie, Paris, 1867

Bauer, Arthur, *Les classe- sociales. Analyse de la vie sociale,* Bibliothèque sociologique internationale, XXV, Giard & Brière, Paris, 1902

Bauer, Arthur, *Essai sur les révolutions,* Giard & Brière, Paris, 1908

Baum, Warren C., *The French Economy and the State,* Princeton University Press, Princeton, New Jersey, 1958

Baume, Albert, *L'esprit du mouvement coopératif et de ses tendances,* Madame Veuve Gant, Paris, 1866

Bayer, A., *Le radicalisme,* Paris, Librairie Valois, 1932

Bazard, St. Amand, *Exposition de la doctrine de St.-Simon,* Au bureau de l'organisation, Paris, 1830

Bazire, H., *Le mouvement syndical et les catholiques sociaux, conférence donnée au Musée social,* Extrait de l'Association catholique Rondelet & Cie, Paris, 1900

Beaudeau, l'abbé, *Lettres sur les émeutes populaires que cause la cherté des grains et sur les précautions du moment.* Paris, 1768

Beaudemoulin, Jean, *La loi de huit heures (23 avril 1919), Enquête sur son application et sur les loisirs de l'ouvrier (étendue, répartition, utilisation),* Dalloz, Paris, 1924

Beaudoux, E., and Lambert, H., *Les syndicats professionnels et l'évolution corporative,* Paris, 1895 and Lebègue, Brussels, 1895

Beaudoux, E., and Lambert H., *Les syndicats professionnels et le régime général des associations modernes,* imprimerie Jansen, Brussels, 1897

Beauffreton, Maurice, *Assistance publique et charité privée,* Giard & Brière, Paris, 1911

Beaumont-Vassy, Vicomte de, *Histoire authentique de la Commune,* Garnier Frères, Paris, 1871

Béchaux, A., *L'école de la paix sociale devant le socialisme,* imprimerie Levé, Paris, 1901

Béchaux, A., *Le socialisme d'état,* Rousseau, Paris, 1907

Béclard, *Qu'est-ce que le droit au travail?* Joubert, Paris, 1848

Becquerelle, Stéphane, *Individualisme et solidarité,* Bibliothèque d'éducation sociale, Cornely & Cie, Paris, 1903

Bedarride, Jassuda, *République-Monarchie, Aux travailleurs des villes et des campagnes,* E. Leroux, Paris, 1873

Beik, P., *French Revolution Seen from the Right: Social Theories in Motion, 1789-1799*

Belgion, Montgomery, *Neues aus Frankreich; deutsch von Felix Brüggmann,* Berlin, 1939

Belin, René, *La semaine de quarante heures et la réduction du temps de travail,* Centre Confédéral d'Education Ouvrière, Paris, 1937

Bellefond, I. de, *Les crises ouvrières et patronales à Montceau-les-Mines,* (Extrait de la Réforme sociale), imprimerie Levé, Paris, 1901

Beluze, J. P., *Compte-rendu de la situation morale et matérielle de la communante du mois d'août 1857 au mois de février 1858,* imprimerie de F. Malteste, Paris, 1858

Benaben, *Le mal social et le remède socialiste,* Bordeaux, 1900

Benard, Th. N., *Le livret des ouvriers,* (Extrait du Journal des Economistes), Guillaumin & Cie, Paris, 1867

Benard, Th. N., *Le socialisme d'hier et celui d'aujourd'hui,* Guillaumin & Cie, Paris, 1870

Bénédict, *Le catholicisme social,* à la Revue socialiste, Paris, 1886

Benoist, Charles, *La crise de l'état moderne. L'organisation du travail,* Plon-Nourrit & Cie, Paris, 1905

Benoist, Charles, *Les ouvrières de l'aiguille à Paris,* Chailley, Paris, 1895

Benoit-Duportal, *Note contre les grèves et les coalitions, en réponse au rapport de la commission d'économie industrielle,* imprimerie Vieville & Capiomont, Paris, 1873

Beracha, S., *Le marxisme après Marx,* Rivière Paris, 1937

Béranger, Ch., *Pétition d'un prolétaire à la Chambre des Députés, (Signé Ch. Beranger prolétaire),* Au bureau de l'Organisateur, Paris, 1831

Berenstein, Alexandre, *Les organisations ouvrières: leurs compétences et leur rôle dans la Société des Nations et notamment dans l'Organisation Internationale du Travail,* Pedone, Paris, 1936

Bergeron, *Du droit des syndicats d'ester en justice,* Rousseau, Paris, 1898

Beringuer, F., *Les veillées d'un prolétaire,* imprimerie Gassier, Paris, 1878

Berkman, Alexander, *What is Communist Anarchism?* Vanguard Press, New York, 1929

Berl, E., *Discours aux Français*, Paris, Gallimard, 1934

Bernard, Auguste, Ed., *Procès-verbaux des Etats-Généraux de 1593, Documents inédits sur l'histoire de France*, 1842 Ed. (Etats-Généraux), Collection de documents inédits sur l'histoire de France Ière Série, Histoire Politique

Bernard E., *Les syndicats professionnels. Leur but et leur nécéssité. Rapport présenté à l'assemblée générale du 25 février 1906 de l'Office du Travail du Cher,* imprimerie Tardy-Pigelet, Bourges, 1906

Bernard, Georges, *Les Travailleurs du livre et du journal,* Paris, 1922-1925

Bernardot, F., *Le familistère de Guise, Association du capital et du travail. Conférence à Gand en 1893,* Roger, Nîmes, 1893

Bender, Emile, *Le salaire effectif, sa protection par la loi,* Lyon, imprimerie de P. Legendre, 1898

Berneri, Giovanna, *La société sans état,* Editions Elisée Reclus, Paris, no date

Berot, M. L., *Conquêtes sociales,* Sansot & Cie, Paris, 1906

Berriat Saint-Prix, *Le socialisme,* imprimerie Dumont, Clermont-Ferrand, 1905

Berth, Edouard, *Guerre des états ou guerre des classes,* Rivière, Paris, 1924

Berth, Edouard, *Les derniers aspects du socialisme,* Rivière, Paris, 1923

Berth, Edouard, *Les dialogues socialistes,* Jacques, Paris, 1901

Berth, Edouard, *Les méfaits des intellectuels,* Rivière, Paris, 1914

Berth, Edouard, *Les nouveaux aspects du socialisme,* Rivière, Paris, 1908

Bertheau, Charles, *L'égalité, Pedone,* Paris, 1899

Bertheau, Charles, *L'ouvrier. La vie de famille; l'ouvrier logé chez lui; accession à la propriété,* Chaballier-Maresq, Paris, 1898

Berthet, Elie, *Les houilleurs de Polignies,* Hachette, Paris, 1896

Berthet, Elie, *Sélection et démocratie,* Bellais, Paris 1906

Berthiot, A., *Repos hebdomadaire en faveur des employés et ouvriers,* Roustan, Paris, 1906

Berthod, A. P. J., *Proudhon et la propriété; un socialisme pour les paysans,* Paris, Giard & Brière, Paris, 1910

Berthod, René, and Grand, Guy, *Proudhon et l'enseignement du peuple,* Etienne Chevron, Paris, 1926

Berthon, Jacques, *Le rôle des syndicats dans l'organisation industrielle en France depuis 1940,* Presses Universitaires de France, Paris, 1943

Bertin, E., *De la protection légale des ouvrières pendant et après leur accouchement,* imprimerie de H. Houve, Paris, 1906

Bertrand, Gabriel, *La propriété et la classe ouvrière devant le socialisme,* (Parti socialiste S.F.I.O., fédération de l'Hérault), imprimerie Guillot, Nîmes, 1906

Bertron, Adolphe, *Une combinaison nouvelle en matière d'économie sociale ou diminution des impôts et augmentation du budget de l'état . . . extinction du chômage et du paupérisme . . . bien-être et sécurité pour tous*, imprimerie de Benard & fils, Paris, 1852

Berry, Georges, *Syndicats patronaux et syndicats ouvriers*, imprimerie Dubreuil, Paris, 1909

Berryer, *L'affaire des typographes*, Volume IV, Penin, Paris, 1862

Beslier, J., *Les syndicats professionnels. Leur capacité d'après la loi du 21 mars 1884. Aperçu d'évolution jurisprudentielle et doctrinale.* (Thesis), imprimerie E. Domin, Caen, 1911

Besnard, Pierre, *L'éthique du syndicalisme*, Librairie de la Confédération Générale du Travail Syndicalist Révolutionnaire, Paris, 1938

Besnard, Pierre, *Le monde nouveau, son plan—sa constitution, son fonctionnement*, 3rd édition, La Ruche Ouvrière, Paris, no date

Besnard, Pierre, *Les syndicats ouvriers et la révolution sociale*, Edition de la Confédération Général du Travail Syndicaliste Révolutionnaire, Gentilly, 1930

Besse, Auguste, *Education sociale. Les lois sociales et le syndicalisme, Son but. Ses Moyens. Conférence faite le 9 février 1908, salle du théatre de Saint-Flour*, imprimerie A. Coueslant, Cahors, 1908

Bettelheim, Charles, and Frère, Suzanne, *Une ville française moyenne, Auxerre en 1950*, Colin, Paris, 1950

Beudant, R., *La liberté d'association, conférence publique faite à l'Université de Grenoble, le 16 janvier 1899*, (Extrait des Annales de l'Université de Grenoble), imprimerie Allier frères, Grenoble, 1899

Beuf, Joseph, *Aux prolétaires, Des droits et Des devoirs des prolétaires*, Lyon, 1832

Beylie, de, *Mémoire sur l'esprit d'association dans les Alpes dauphinoises*, imprimerie nationale, Paris, 1901

Bézy, A., *L'union du capital et du travail, avec des chiffres et des solutions concrètes évitant les grèves relatives à la question des salaires*, imprimerie Libournaise, Bordeaux 1922

Biard, J. B., *La propriété ouvrière ou le droit des ouvriers, Le devoir des communes*, E. Dentu, Paris, 1884

Biaugeaud, J. M. J., *La liberté du travail sous l'assemblée constituante, 1789-1791*, Presses Universitaires de France, Paris, 1939

Bidegaray, I. *Contre les compagnies, II L'exploitation d'aujourd'hui par les compagnies; l'exploitation de demain par la nationalisation des chemins de fer*, Cootygraphe, Paris, 1915, 1917

Bidegaray, *Les employés et ouvriers des chemins de fer*, Doin, Paris

Biechy, J., *Conférence sur la révision de la constitution et l'auto-nomie des corporations ouvrières,* imprimerie Fournier, Marseille, 1901

Biétry, Pierre, *Le socialisme et les jaunes,* Plon-Nourrit, Paris, 1907

Biétry, Pierre, *Les jaunes de France et la question ouvrière,* Paclot, Paris, 1906

Biétry, Pierre, *Leur socialisme!* Bourse du Travail Indépendante, Paris, 1901

Biétry, Pierre, *Les grèves (1899), Beaulieu, Valentigney, Audin-court, Belfort,* Montbéliard, M. Parisot, Audincourt, 1900

Bigot de Morgues, *De la misère des ouvriers et de la marche à suivre pour y remédier,* Imprimerie de Madame Huzard, Paris, 1832

Binet, R., *Socialisme national contre Marxisme,* Comptoir National du Livre, Paris, 1953

Biojou, *La réglementation du travail. La journée de huit heures. La journée de dix heures. Rapports présentés au nom de la Bourse de Travail indépendante de Lyon, au congrès des syndicats indépendants du Sud-Est,* imprimerie Waltener & Cie, Lyon, 1907

Besse, Auguste, *L'employé de commerce et d'industrie,* Libraire Nichols, Lyon, 1901

Blanc, Hyppolite, *Bibliographie des corporations de métiers,* Paris, 1885

Blanc, Hyppolite, *Bibliographie des corporations ouvrières avant 1789.* Librairie de la société bibliographique, Paris, 1885

Blanc, Hyppolite, *Histoire de dix ans, 1830-1840,* Pagnerre, Paris, 1846

Blanc, Hyppolite, *Histoire de la révolution de 1848,* 2 volumes, C. Marpon & E. Flammarion, Paris, 1880

Blanc, Hyppolite, *Organisation du travail. Association universelle. Chefs d'atelier, Hommes de lettres,* Paris, 1850

Blanc, Hyppolite, *Le socialisme, droit au travail,* Michel Lévy, frères, Paris, 1849

Blanc, Hyppolite, *Les corporations de métiers. Leur histoire, leur esprit, leur avenir,* Letouzey et Ane, Paris, 1898

Blanc, Louis, *Appel aux honnêtes gens; quelques pages d'histoire contemporaine,* Au Bureau Central, Paris, 1849

Blanc, Louis, *Catéchisme des socialistes,* Bureau du Nouveau Monde, 1849

Blanc, Louis, *Discours de M. Louis Blanc contre le projet concernant les Affiliés à l'Association Internationale des Travailleurs,* Chavalier, Paris, 1872

Blanc, Louis, *Discours politiques, 1847-1881,* Germer-Baillière, Paris, 1882

Blanc, Louis, *Dix ans de l'histoire d'Angleterre,* 10 volumes, C. Lévy, Paris, 1879-1881

Blanc, Louis, *Histoire de la Constitution du 25 février 1875*, Charpentier, Paris, 1882

Blanc, Louis, *Le parti qu'on appelle radical, sa doctrine, sa conduite*, Leroux, Paris, 1872

Blanc, Louis, *Histoire de la Révolution de 1848*, 2 volumes, Lacroix, Verboeckhoven, Paris, 1870

Blanc, Louis, *Histoire de la Révolution française*, 12 vols., Langlois and Leclercq, Paris, 1847-62

Blanc, Louis, *Lettre à question de l'amnistie*, by Félix Pyat, (n.p., n.d.). Contains letters of Blanc on amnesty of 1859

Blanc, Louis, *Lettre de Louis Blanc à Garibaldi, suivie de la réponse de Garibaldi*, W. Allen, London, 1864

Blanc, Louis, *Lettres sur l'Angleterre*, 4 vols. Librairie Internationale, Paris, 1865-67

Blanc, Louis, *Observations sur une récente brochure de Kossuth, Ledru-Rollin et Mazzini*, Holyoake, London, 1854

Blanc, Louis, *Organisation du travail*, many editions, Paris, 1840, the last and most complete is the ninth, published in 1850

Blanc, Louis, *Pages d'histoire de la Révolution de février 1848*, Bureau du Nouveau Monde, Paris, 1850

Blanc, Louis, An expansion of *Appel aux honnêtes gens* and *Révolution de février au Luxembourg. Parti républicain et l'amnistie*, Rozez, Brussels, 1859

Blanc, Louis, *Plus de Girondins*, C. Joubert, Paris, 1851

Blanc, Louis, *Prochaines élections en France* (n.p., 1857)

Blanc, Louis, *Qustions d'aujourd'hui et de demain*, 5 vols., E. Dentu, Paris, 1879-82. Contains many of his publications listed here

Blanc, Louis, *République une et indivisible*, A. Naud, Paris, 1851

Blanc, Louis, *Révélations historiques*, Meline, Cans et Cie., Brussels, 1859. The English edition is entitled, *1848: Historical Revelations*, Inscribed to Lord Normanby, Chapman and Hall, London, 1858

Blanc, Louis, *Révolution de février au Luxembourg*, Lévy, Paris, 1849

Blance, René, *Cinquante mois de syndicalisme libre*, Ecrits de Paris

Blanchard, Guillaume, *Compilation chronologique contennant un recueil ou abrégé des ordonnances, édits, déclaration des rois de France*, 2 volumes, Vve. Neoreau, Chambre de Cournerie de Montpeltre, Paris, 1715

Blanchard, Marcel, *Travail et production à travers les âges*, Montpellier, 1929

Blanqui, Adolphe, *Des classes ouvrières en France pendant l'année 1848*, Pagnerre, Paris, 1849

Blanqui, Louis Auguste, *Critique sociale*, 2 volumes, Alcan, Paris, 1885

Blanqui, aîné, Jérôme Adolphe, *Les classes ouvrières en France,* 2 volumes, Didot, Paris, 1849

Blaugeaud, *La liberté du travail sous l'Assemblée Constituante,* Presses Universitaires de France, Paris, 1939

Bled, Victor, du, *Les syndicats professionnels et agricoles. Le crédit agricole,* Paris, 1887

Bleton, Pierre, *Les hommes des temps qui viennent,* Les Editions Ouvrières, Paris, 1956

Bloch, Marc, *L'étrange défaite,* Editions Franc-Tireur, Paris, 1846

Bloch-Lainé, F., *Pour une Réforme de l'entreprise,* Editions du Seuil, Paris, 1963

Blum, Léon, *A l'échelle humaine,* Gallimard, Paris, 1945

Blum, Léon, *Bolchevisme et socialisme,* Paris, 1931

Blum, Léon, *Devant la cour de Riom,* Editions de la Liberté, Paris, 1944

Blum, Léon, *La méthode socialiste,* Editions de la Liberté, Paris, no date

Blum, Léon, *Le problème de l'unité:* Editions de la Liberté, Paris, 1945

Blum, Léon, *Les congrès ouvriers et socialistes français (1876-1900),* 2 volumes, Bibliothèque socialiste, Bellais, Paris, 1901

Blum, Léon, *Oeuvres complètes,* Albin Michel, Paris, 1954 and 1955

Blum, Léon, *Radicalisme et socialisme,* Paris, 1931

Bobin, A., *Plan complet d'organisation et d'administration du travail et des travailleurs,* Dumainie, Paris, 1848

Bocq, E., *L'asile ouvrier et l'hospitalisation des mères nécessiteuses ou abandonnées,* Guyot, Paris, 1901

Bodin, Louis, and Touchard, Jean, *Front Populaire: 1936,* Colin, Paris, 1961

Bodin, Marguerite, *L'institutrice,* Doin, Paris, 1922

Bodley, J. E. C., *France,* London, 1898

Bohler, L., *Personnalité et responsibilité civile des syndicats professionnels,* (Thesis), Rousseau, Paris, 1905

Boileau, *La vérité politique et sociale. Lettres aux ouvriers, aux paysans, aux bourgeois,* imprimerie Vallée, Paris, 1872

Boileau, Étienne, *Règlements sur les arts et métiers de Paris,* better known as *Livre des métiers d'Etienne Boileau;* published by G. B. Depping in *Documents inédits sur l'histoire de France,* Paris, 1837

Boillet, Ch., *Le travail, étude philosophique, morale et politique,* Lachaud & Burdin, Paris, 1874

Boilley, Paul, *De la production industrielle. Association du capital, du travail et du talent,* F. Alcan, Paris, 1899

Bois, Ch., *De la question sociale. Extrait avec des modifications de la "Revue Chrétienne,"* Sandoz & Fischbacher, Paris, 1872

Boisandre, A., de, *L'Etat-Major socialiste. Millerand, Jaurès & Cie,* Petites études sociales, Librairie antisémite, Paris, 1904

Boisandre, A. de, *Socialistes et juifs. La Nouvelle Internationale,* Petites études sociales, Librairie antisémite, Paris, 1904

Boisdon, D., *Contribution à l'étude du droit d'association. Associations, syndicats, coopératives,* F. Alcan, Paris, 1899

Boissard, Adéodat, *Enseignement social. Les conseils de conciliation et d'arbitrage des syndicats mixtes de l'industrie roubaisienne et tourquenoise, Extrait de l'Association Catholique,* Rondelet & Cie, Paris, 1898

Boissard, Adéodat, *Le syndicat mixte, institution professionnelle d'initiative privée à tendance corporatif,* (Thesis), Rousseau, Paris, 1896

Boissard, Adéodat, *Les syndicats professionnels ont-ils quelque intérêt à faire directement et en leur nom le commerce? Note en réponse aux conclusions du rapport de M. E. Duthoit (Réunion intime de Fribourg),* Rivière, Blois, 1903

Boissonnade, P., *Essai sur l'organisation du travail en Poitou depuis le XIème siècle jusqu'à la Révolution,* 2 volumes, H. Champion, Paris, 1900

Boissonnade, P., *Les études relatives à l'histoire économique de la France au Moyen-Age, Leur état actuel,* Cerf, Paris, 1903 (This is a bibliography)

Boivin, *Les bourses du travail en France,* C. Robbe, Lille, 1905

Bolotte, A., *Manuel-formulaire raisonné de conciliation et d'arbitrage en matière de différends collectifs entre patrons et ouvriers ou employés, d'après la loi du 27 décembre 1892,* Marchal & Billard, Paris, 1894

Bonald, Vicomte de, *L'éducation sociale,* Paris, 1893

Bonnard, Eugène, *La journée légale. La journée de huit heures,* Imprimerie Fiquet, Paris, 1900

Bonnard, Eugène, *La question ouvrière: Salaires; la journée légale; principes généraux de la limitation légale de la journée de travail,* Imprimerie Fiquet, Paris, 1902

Bonnard, Roger, *Syndicalisme, corporatisme et état corporatif,* Librairie Générale de Droit et de Jurisprudence, Paris, 1937

Bonnaud, Félix, *Cabet et son oeuvre. Appel à tous les socialistes,* Société libre d'édition des gens de lettres, Paris, 1900

Bonnaud, Henri, *L'aventure Poujade.* Imprimerie Cl. Brunel, Montpellier, 1955

Bonne, L. Ch., *La misère, ses causes, moyens d'y remédier,* Imprimerie de Contant-Laguerre, Bar-le-Duc, 1876

Bonnebault, A., *Les groupements professionnels féminins; leur passé, leur présent, leur avenir,* A. Rousseau, Paris, 1910

Bonneff, Léon et Maurice, *La classe ouvrière. Les boulangers. Les employés de magasin. Les terrassiers. Les travailleurs du restaurant. Les cheminots. Pêcheurs bretons. Les postiers. Les compagnons du bâtiment. Les blessés,* Publications de la guerre sociale, Paris, 1911

Bonneff, Léon et Maurice, *La vie tragique des travailleurs. Enquête sur la condition économique et morale des ouvriers d'industrie,* Jules Rouff & Cie, Paris, 1908

Bonneff, Léon et Maurice, *Les employés de magasin: La classe ouvrière,* Editions de la Guerre Sociale, Paris, 1910

Bonneff, Léon et Maurice, *Les métiers qui tuent. Enquête auprès des syndicats sur les maladies professionnelles,* Bibliographie sociale, Paris, 1906

Bonnefous, Georges, *Histoire Politique de la Troisième République,* Presses Universitaires de France, Paris, 1956

Bonnefoy, Gaston, *Le repos hebdomadaire. Etude théorique et critique de la loi du 13 juillet 1906,* au bureau "Moniteur du Commerce et de l'Industrie," Paris, 1907

Bonnefoy, Victor, *La solution de la question sociale et l'enrichissement des travailleurs. La mutualité générale universelle et la Ligue de la démocratie sociale,* imprimerie de Miriam, Sens, 1902

Bonnemère, *Histoire des paysans (1200-1850),* Sandoz et Fischbacher, Paris, 1874

Bonnet, Charles, *Le Babouvisme et la Révolution française,* Société française d'imprimerie et de libraire, Poitiers, 1907

Bonnevay, *Les journées sanglantes de février 1934,* Flammarion, Paris, 1935

Bonray, *Associez-vous . . . Il n'est que temps!* Imprimerie de la Bourgogne et du Petit Patriste, Auxerre, 1905

Bonte, Florimond, *A l'échelle de la nation,* Editions CDLP, Paris, 1945

Booth, A. J., *Saint-Simon and Saint-Simonism,* Longmans, London, 1871

Borde, de la, *De l'esprit d'association dans tous les intérêts de la communauté,* 2 volumes, Paris, 1821

Borde, Frederic, *Le collectivisme au congrès de Marseille,* Delaporte, Paris, 1880

Borie, Victor, *Travailleurs et propriétaires,* Lévy frères, Paris, 1848

Borin-Fournet, *La société moderne et la question sociale,* Guillaumin, Paris, 1893

Boris, Georges, *Servir la République,* Julliard, Paris, 1963

Borkenau, Franz, *World Communism: A History of the Communist International,* Norton, New York, 1939

Borrel, A., *La lutte contre le chômage, avant, pendant et après la guerre,* H. Dunod and E. Pinat, Paris, 1917

Bosworth, William, *Catholicism and Crisis in Modern France. French Catholic Groups at the Threshold of the Fifth Republic,* Princeton University Press, 1962

Bothereau, Robert, *Histoire du syndicalisme français,* Presses Universitaires de France, Paris, 1945

Bothereau, Robert, *Le "Drame" Confédéral,* December 1947, documents syndicalistes, Documentation Economique et Syndicale, Paris

Bothereau, Robert, *Le problème de la main d'oeuvre étrangère,* Paris, Centre confédéral d'éducation ouvrière, no date

Bothereau, Robert, *L'organisation de la CGT et du mouvement syndical,* Centre Confédéral d'Education Ouvrière, Paris, 1937

Bothereau, R., ed., *Confédération Générale du Travail, Force Ouvrière. Force Ouvrière informations.* Bulletin mensuel à l'usage des secrétaires de syndicats. Novembre 1951, No. 1. Publié à Paris par la C.G.T.-F.O.

Botiau, *Le carrier et le maçon. (Religion Saint-Simon)*

Bottin administratif et documentaire, Didot-Bottin, Paris, 1953

Boucher, *Le travail et l'assistance mutuelle (réponse au discours de réception de M. H. Vermont à l'Académie des sciences, belles-lettres et arts à Rouen),* imprimerie Gy. Rouen, 1904

Bouchers et charcutiers, Doin, Paris

Bouchet, F., *Solution de la question sociale. Conférence du citoyen F. Bouchet sur le crédit gratuit ou crédit-impôt par le trésor public. Système du citoyen* A. Lagrue, Marpon & Flammarion, Paris, 1890

Boucs, *Les maçons,* Doin, Paris, 1922-1925

Boudet, Louis, *Politique et syndicats,* Chez l'auteur, Saint-Amand-Montrond (Cher), 1905

Boudet, M. A., *La semaine de 40 heures,* Librairie Générale de Droit et de Jurisprudence, Paris, 1935

Boudier, Henry, *Étienne Cabet (1788-1856), discours prononcé à l'ouverture de la conférence des avocats, le 7 décembre 1906, Barreau de Dijon,* imprimerie Jobard, Dijon, 1907

Boudigon, abbé, *L'encyclique sur la question sociale. Commentaire historique et littéral,* P. Lethielleux, Paris, 1891

Boudot, François, *La coopération en France,* Les Editions Ouvrières, Paris, 1956

Bougeart, Alfred, *Danton. Documents authentiques pour servir à l'histoire de la Révolution française,* E. Jung-Treuttel, Paris, 1861

Bougeart, Alfred, *Tout ou rien, par un homme du peuple,* Auguste Le Gallois, Paris, 1840

Bouglé, Charles, *Chez les prophètes socialistes,* Alcan, Paris, 1918

Bouglé, Charles, *Le solidarisme,* Collection des doctrines politiques. Tome IV, Giard & Brière, Paris, 1907

Bouglé Charles, *Les idées égalitaires, (étude sociologique),* Bibliothèque de philosophie contemporaine, F. Alcan, Paris, 1899

Bouglé, Charles, *Pour la démocratie française. Conférences populaires,* Bibliothèque républicaine, Paris, 1908

Bouglé, Charles, *Socialisme français,* Colin, Paris, 1946

Bouglé, Charles, *Syndicalisme et démocratie, Impressions et réflexions,* E. Cornely & Cie, Paris, 1908

Bouglé, Charles, *La sociologie de Proudhon,* Paris, 1911

Boujaval, Paul, *La lutte contre le sweating-system,* Alcan, Paris, 1912

Boulard, E., *Collectivisme intégral révolutionnaire. Organisation sociale, logique, nécessaire, conforme aux lois naturelles,* Ramolini, Paris, 1888

Boulard, E., *Le Clairon socialiste,* imprimerie Langlois, Châteauroux, 1901

Boulard, E., *Philosophie et pratique du collectivisme intégral révolutionnaire,* Société d'éditions scientifiques, Paris, 1901

Boulay, N., *La lutte pour la vie,* (Extrait de la Revue de Lille, février 1898), Sueur-Charruey, Paris, 1901

Boulay, N., *Simples remarques à propos de la question sociale,* (Extrait de la Revue de Lille), Librairie Sueur-Charruey, Paris, 1901

Boulier, Léon-Ernest, *La question syndicale, discours prononcé à la Bourse du travail de Rouen, le 21 octobre 1905,* imprimerie du Journal de Rouen, Rouen, 1905

Bouloc, E., *A propos du procès de Toulouse. Les grèves et le droit commun; droit de coalition; il n'y a pas de droit de grève,* Guillaumin & Cie, Paris, 1897

Bouloc, E., *Les grèves des domestiques; leur rapports avec les maîtres, suivi d'un résumé pratique de la question du louage,* Imprimerie Loup, Rodez, 1902

Bouloc, E., *Les grèves: droit de coalition; il n'y a pas de droit de grève; le contrat du travail; le projet Millerand,* Guillaumin & Cie, Paris, 1902

Bouquet, L., *La réglementation du travail, Le travail des enfants, des filles mineures et des femmes dans l'industrie, commentaire de la loi du 2 novembre 1892,* Berger-Levrault, Paris, 1893

Bour, H., *Le syndicalisme ouvrier,* Paris, 1910

Bourat, Marguerite, *Fleurs, plumes et modes,* Doin, Paris

Bourdeau, J., *L'évolution du socialisme,* Alcan, Paris, 1901

Bourdeau, J., *Le mouvement syndical en France et le congrès coopératif de Tours du 14 au 19 septembre 1896,* Paris, 1897

Bourdeau, J., *Le mouvement syndical en France, le Xème congrès coopératif,* Rennes, 1898

Bourdeau, J., *Socialistes et sociologues. Questions de sociologie; théoriciens socialistes; le socialisme en action,* Alcan, Paris, 1905

Bourdeauz, H., *Code du travail et de la prévoyance sociale,* Librairie Dalloz, Paris, 1932

Bourdeillette, A., *La vérité sur la question ouvrière ou plutôt sur la question sociale notamment sur le projet de loi de retraite,* Périgueux, 1891

Bourderon, Albert, *Rapports sur la réorganisation du service de l'Inspection du Travail présentés au nom de la commission permanente du Conseil supérieur du travail,* Ministère du Commerce, imprimerie nationale, Paris, 1906

Bourdin, C. E., *Du progrès hygiènique des classes laborieuses,* Paris, 1865

Boureulle, Paul de, *Qu'est-ce que l'Organisation du Travail, Réponse en deux séances faites à l'hôtel de ville de Metz,* imprimerie de Sainte Agathe aîné, Besançon, 1848

Boureulle, Paul de, Francoeur et Giroflet, *Conversations sur le Socialisme et sur bien d'autres chosen,* Librairie sociale, Paris, 1850

Bourgeau, G., *La lutte contre la vie,* imprimeurs-éditeurs Laur, Paris, 1901

Bourgeois, A., *Les métiers de Blois,* XIIIème volume des Mémoires de la Société des sciences et lettres du Loir-et-Cher, 2 volumes, 1889-1895, 1892-1897, Blois

Bourgeois et ouvriers, ou les inégalités de la fortune par un socialiste et par un homme de bon sens, Guillaumin & Cie, Paris, 1872

Bourgeois, J., *Le catholicisme et les questions sociales,* Poussielgue, Paris, 1867

Bourgeois, Léon, *L'éducation de la démocratie française,* Cornely, Paris, 1904

Bourgin, Georges, *Die Gewerkschaftsbewegung in Frankreich während des Krieges,* Leipzig, 1930

Bourgin, Georges and Hubert, *Les patrons, les ouvriers et l'Etat: le régime de l'industrie en France de 1814 à 1830,* Picard & fils, Paris, 1912

Bourgin, Georges, *La Commune,* Editions nationales, Paris, 1938

Bourgin, Hubert, *Fourier; contribution à l'étude du Socialisme français,* Société nouvelle de Librairie et d'Edition, Paris, 1905

Bourgin and Carrère, *Manuel des partis politiques,* Rieder, Paris, 1938

Bousquet, G., *Le droit au travail,* chez L'auteur Marseille, 1872

Bouteloup, Maurice, *Le travail de nuit dans la boulangerie,* Larose & Thénin, Paris, 1909

Boutry, E., *Le solfège du travail industriel,* Editions Eugène Figuière, Paris, 1933

Bouvier, J., *Mes mémoires ou 59 années d'activités industrielle sociale et intellectuelle d'une ouvrière,* L'Action intellectuelle, Poitiers, 1936

Bouvier, Jeanne, *La lingerie et les lingères,* Doin, Paris, 1922-1925

Bouvier-Ajam, Maurice, *Histoire du travail en France des origines à la Révolution,* R. Richon & R. Duran-Auzias, Paris, 1957

Bouvier-Ajam, Maurice, *La doctrine corporative,* Sirey, Paris, 1943

Bowditch, John, 3rd, *A History of the General Confederation of Labor from the Beginning to 1914*, (Thesis), Harvard University, Cambridge, 1949

Bouyer, Raymond, *Le capitalisme contemporain: fiction et réalité*, Centre Confédéral d'Education Ouvrière, Paris, 1937

Bouzanquet, Albert, *Les salaires et les prix*, Les Echos, No. 56, speech given at the Club-Echos, February 21, 1948

Boye, Pierre, *La Lorraine industrielle sous le règne nominal de Stanislas, 1737-1766*, Sidot Frères, Nancy, 1900

Boye, Pierre, *Les travaux publics et le régime dès corvées en Lorraine aux XXX XVIIème siècle*, Berger-Levrault, Paris, 1900

Boyer, Adolphe, *De l'état des ouvriers et son amélioration par l'organisation du travail*, imprimerie Fain, Paris, 1841

Boyer, Adolphe, *Les conseils de prud'hommes au point de vue de l'intérêt des ouvriers et de l'égalité des droits*, Pilont, Paris, 1841

Boyleave, Marin de, *Coup d'oeil sur les corporations*, R. Haton, Paris, 1881

Boyleave, Marin de, *La question ouvrière. Programme d'action. Les droits de Dieu et nos devoirs*, Haton, Paris, 1891

Braccini, G., *L'Armée et le Socialisme, simples réflexions sur la question du moment*, Michel Levy frères, Paris, 1849

Bracet, M., *La vérité sur la grève générale*, Hayard, Paris, 1902

Bracke, *Leur congrès. A la salle Wagram. Pièces justificatives*, Bibliothèque du Parti ouvrier français, Jacques & Cie, Paris, 1901

Braibant, M., *Le Socialisme et l'activité èconomique*, Alcan, Paris, 1911

Branciard, Michel, *Société française et luttes de classes*, 1789-1914, tome I, Chronique sociale de France, Lyon, 1967

Brants, Vict., *L'éducation de la démocratie*, Alcan, Paris, 1903

Brants, Vict., *Hier et demain, Les conseils d'ouvriers et la paix sociale*, Schepens, Brussels, 1893

Brasseur, Auguste, *La question sociale. Etudes sur les bases du collectivisme*, Alcan, Paris, 1900

Braun, A., *L'ouvrier alsacìen et l'expérience du front populaire*, Sirey, Paris, 1938

Braun, Kurt, *The Right to Organize and Its Limits, A Comparison of Policies in the United States and Selected European Countries*, The Brookings Institution, Washington, D.C., 1950

Brayance, Alain, *Anatomie du parti communiste français*, Dencel, Paris, 1952

Bréchaux, A., *Les revendications ouvrières en France*, Paris, 1894

Brelay, E., *Les sociétés ouvrières de production: L'association des tonneliers de Morlaix* (Réforme sociale, 1er avril 1898), Guillaumin & Cie, Paris, 1898

Brentano, L., *On the History and Development of Gilds,* Trubner, London, 1870

Brentano, Lujo, *La question ouvrière,* Librairie des bibliophiles, Paris, 1885

Brentano, L., *Ueber Syndikalismus und Lohnminimum,* Sudventidre Monatshefte, Munich, 1913

Bretonne, Restif de la, *Les contemporaines du commun, ou Aventures des belles marchandes, ouvrières, etc. . . . de l'âge présent,* 13 volumes, Vve. Duchesne, Paris, 1784

Brettes, F., *Conférences sur la vie sociale. Les principes de 89,* Gaume & Cie, Paris, 1890

Briancourt, Matthieu, *L'organisation du travail et l'association,* Librairie sociale, Paris, 1846

Brice, Hubert, *Droit romain: des Sûretés personnelles à Rome. Droit français: le droit d'association et l'Etat,* Paris, 1892

Briquet, *Associations et grèves des ouvriers papetiers au XVIIème et XVIIIème siècles* (Extrait de la Revue internationale de sociologie), Paris, 1897

Briquet, Jean, *Agricol Perdiguier, Compagnon du Tour de France et représentant du peuple, 1805-1875,* Rivière, Paris, 1955

Brisson, A. *Les prophètes,* Flammarion, Paris, 1903

Brisson, Pierre, *Histoire du travail et des travailleurs,* Delagrave, Paris, 1906

Brissot, J. P., *Recherches philosophiques sur le droit de propriété . . . par un jeune philosophe,* Paris, 1780

Brizon, Pierre, *L'apprentissage hier, aujourd'hui,* Librairie Pages libres, Paris, 1909

Brizon and Poisson, *La coopération,* Quillet, Paris, 1913

Brochard, André Théodore, *L'ouvrière mère de famille,* Josserand, Lyon, 1874

Brochard, P., *La mainmorte ouvrière (à l'occasion du projet de loi Waldeck-Rousseau du 14 novembre 1899 sur les syndicats professionnels),* Chailland, Laval, 1900

Brochard, Pierre, *Enlisement des conventions collectives,* Travaux de l'action populaire, Paris, Septembere 1947

Broda, R., *Comment on pourrait diminuer la misère des ouvrières en chambre.* Institut pour la diffusion des expériences sociales, Paris, 1912

Broda, R., *Le problème du travail à domicile,* Documents du progrès, 1912

Brodel, Fernard, *La collaboration des groupements ouvriers organisés à l'Inspection du Travail en France* (Thesis), Giard & Brière, Paris, 1911

Brodier, Jean, *Capitalisme et travail, le syndicalisme et les problèmes économiques,* Editions de la C.F.T.C., Paris, no date

Brodier, Jean, and Bouladoux, Maurice, *Problèmes du syndicalisme ouvrier international,* Confédération Française des Travailleurs Chrétiens, Paris, no date

Brodier, Jean, and Bouladoux, Maurice, *Unité syndicale ou unité d'action,* Confédération Française des Travailleurs Chrétiens, Paris, no date

Brogan, D. W., *France Under the Republic. The Development of Modern France (1870-1939),* Harper Brothers, New York, 1940

Broliquier, Charles, *L'assurance mutuelle et le risque professionnel,* (Thesis), Larose, Paris, 1910

Brouard, Louis, *Petit catéchisme social du démocrate,* Bloud & Cie, Paris, 1908

Brouckère, L. de, *La place rationnelle des syndicats dans la société moderne,* Travaux du congrès des économistes de langue française, Domat-Montchrestien, Paris, 1934

Brouilhet, Charles, *Le conflit des doctrines dans l'économie Politique contemporaine,* Alcan, Paris, 1910

Brouilhet, Charles, *Les classes ouvrières sous la troisième république, A propos d'un récent ouvrage de M. E. Levasseur,* Office social de Lyon, Imprimerie Réunies, Lyon, 1908

Brouilhet, Charles, *Le traité d'économie politique (étude des systèmes socialistes de M. Bourguin),* Questions pratiques de législation ouvrière, Touillet, 1906

Brousse, Henri, *Le niveau de vie en France,* Presses Universitaires de France, Paris, 1949

Brousse, Paul, *Le Marxisme dans l'internationale,* Aux bureaux du Prolétaire, Paris, 1882

Brousse, Paul, Dr., *Le suffrage universel et le problème de la souveraineté du peuple.* Imprimerie coopérative, Geneva, 1874

Brugnier, Victorien, *L'action ouvrière,* Bourse du Travail, Nîmes, 1900

Bruhat, Jean, *Histoire du movement ouvrier français, Des origines à la révolte des canuts,* Tome 1er, Editions Sociales, Paris, 1952

Brun, Henri, *La cité chrétienne d'après les enseignements pontificaux,* Maison de la Bonne Presse, Paris, 1922

Brunau, L., *Le socialisme et la coopération,* (Thesis), imprimerie Brodard, Coulommiers, 1904

Brunau, L., *Le socialisme sociétaire (Extrait d'oeuvres complètes publiées par H. Bourgin),* Bellais, Paris, 1904

Brunet, Frederic, *Les services publics. Les régies directes coopératives. Chambre consultative des associations ouvrières de production,* imprimerie Mangeot, Paris, 1909

Brunetière, F., *L'action sociale du christianisme,* imprimerie Bossana, Besançon, 1904

Brunot, Ch., *Etude sur la solidarité sociale comme principe des lois,* A. Picarder fils, Paris, 1903

Brunschwig, *La responsabilité civile des syndicats professionnels à raison des attentats à la liberté du travail,* Boyer, Paris, 1902

Brutails, J. A., *Etude sur la condition des populations rurales du Roussillon*, Paris, Imprimerie Nationale, 1891

Bruyssel, E. van, *La vie sociale et ses évolutions*, Flammarion, Paris, 1907

Buchon, *Le livre de taille de Paris en 1313*, in collection of "Chroniques nationales" françaises, du XIIIème au XVIème siècle, avec des notes et des éclaircissements," tome IX, 47 volumes, Verdière, Paris, 1826-1828

Buisson, *Rapport sur le projet de loi tendant à réduire à dix heures la durée normale du travail des ouvriers adultes dans les établissements*, Recueil du Comité des chambres syndicales, April 1911

Buisson, Etienne, *La grève générale*, Bibliothèque socialiste, No. 33, Bellais, Paris, 1905

Bultingaire, Leon, *Le Club des Jacobins de Metz*, Champion, Paris, 1906

Buonarroti, *La conspiration pour l'égalité dite de Babeuf*, Librairie Romantique, Brussels, 1928

Buozzi, Bruno, *Fascime et Syndicalisme*, Librairie Valois, Paris, 1930

Buquet, A., *Le sublime ou le travailleur comme il est en 1870 et ce qu'il peut être*, E. Lacroix, Paris, 1870

Bureau International du Travail, *Trente ans de combat pour la justice sociale*, Genève, 1950

Bureau, Paul, *Le contrat de travail. Le rôle des syndicats professionnels.* Alcan, Paris, 1902

Buret, Anton Eugène, *De la misère des classes laborieuses en Angleterre et en France; de la nature de la misère, de son existence, de ses effets, de ses causes, et de l'insuffisance des remèdes, qu'on lui a opposés jusqu'ici, avec l'indication des moyens propres à en affranchir les sociétés*, 2 volumes, Paulin, Paris, 1840

Burnham, James, *The Managerial Revolution; What is Happening in the World*, The John Day Co., New York, 1941

Buzon, J. jeune, *Classes moyennes et prolétaires. Réponse à M Vermorel (rédacteur en chef du Courrier français)*, Imprimerie de Métreau, Bordeaux, 1867

Cabanes, and Nass, L., *La névrose révolutionnaire*, Société française d'imprimerie et de librairie, Paris, 1905

Cabet, Etienne, *Comment je suis devenu communiste et mon credo communiste*, au bureau du Populaire, October 1847

Cabet, Etienne, *De la démocratie devenue communiste malgré elle ou réfutation de la brochure de M. Thore intitulée: "Du communisme en France,"* au bureau du Populaire, Paris, December 1847

Cabet, Etienne, *Le vrai Christianisme*, au bureau du "Populaire," Suivant Jésus Christ, Paris, 1846

Cabet, Etienne, *L'ouvrier; ses misères actuelles, leur cause et leur remède; son futur bonheur dans la communauté; moyens de l'établir,* au bureau du "Populaire," Paris, 1848

Cabet, Etienne, *Voyage en Icarie,* J. Mallet, Paris, 1842

Cabet, Lefuel, Lammenais, Duval, and Lamartine, *L'individualisme et le communisme,* Desloges, Paris, 1845

Cabouat, Jules, *Le droit d'association et la république, conférence contradictoire faite à l'association républicaine de Caen, le 29 mars 1901,* imprimerie Lanier, Caen, 1901

Cabouat, Jules, *Syndicats et coopératives,* (Extrait de la Revue internationale de sociologie), Giard & Brière, Paris, 1901

Caffe, E., *Moyens d'arrêter le paupérisme dans les classes industrielles. De l'action des Sociétés de secours mutuels de Troyes,* imprimerie Caffe, Troyes, 1869

Calinesco, Gr. D., *Droit romain: Les corporations d'artisans, en droit romain. Droit français: De la corporation en France et à l'étranger,* Paris, 1898

Calinesco, Gr. D., *De la coopération en France et à l'étranger,* E. Duchenisn, Paris, 1898

Calmette, Pierre, *Les joujoux,* Doin, Paris, 1924

Calonne, baron A. de, *La vie agricole sous l'ancien régime en Picardie et en Artois,* Guillaumin, Paris, 1883

Camas, J. Malivoire de, *La France et le chômage. Etude de législation. Moyens mis en oeuvre par l'Etat et les autres collectivités pour venir en aide aux chômeurs involontaires par manque de travail,* 1933

Cameron, Kenneth, *General Economic Program, Organized Labor in France, 1945-1952,* (Thesis), University of California at Berkeley, 1955

Camp, Maxim du, *Épisodes de la Commune,* Paris, 1889

Campredon, E., *Le travail de nuit des adolescents dans l'industrie française. Questions pratiques de législation ouvrière,* 1905

Camus, Paul, *Le syndicalisme et le problème paysan,* SLIM, Paris, 1948

Cantagrel, S., *Note sur la législation des accidents et l'assistance ouvrière en Angleterre, en Belgique, en Italie et en France,* (Extrait des Mémoires de la Société des ingénieurs civils, mars 1887), Chaix, Paris, 1887

Cantril, Hadley, *Politics of Despair,* Basic Books, New York, 1958

Cantril, Hadley, *The Protest Communist Vote in France,* Princeton, 1956

Capeau, Charles, *Le statut moderne du travail: la convention collective du travail, la conciliation et l'arbitrage,* Dalloz, Paris, 1951

Capitalisme et Travail, le Syndicalisme et les Problèmes Economiques, Rapport à la Commission Confédérale du Plan, CFTC, Paris, no date

Carcanagues, P. A., *Le mouvement syndicaliste réformiste en France,* Costes, Paris, no date

Carcanagues, P. A., *Sur le mouvement syndicaliste réformiste* (Thesis), A. Schlaicher, Paris, 1912

Carel, Pierre, *Une émeute à Caen sous Louis XIII, 1639,* Imprimerie de E. Valin, Caen, 1886

Carlades, A. J., *Révolution nécessaire. La réforme financière est le véritable programme des travailleurs,* Paris, Allemane, 1895

Carlier, Constant, *Contre la grève générale,* imprimerie Lagrange, Lille, 1901

Carlier, J. J., *Les institutions sociales étudiées dans les édifices religieux,* Didron, Paris, 1860

Carolus, F., *Organisation du travail et du crédit social. Projet présenté à la commission du travail et de l'échange de la Commune de Paris,* imprimerie Barthélemy & Cie, Paris, 1871

Carove, Fr. Wilh., *Der Saint-Simonismus und die neuere französische Philosophie.* Hinrichs, Leipzig, 1831

Carr, E. H., *Michael Bakinin,* Macmillan & Co., Ltd., London, 1937

Carrier, Felix, *Lettres aux Républicains de France sur la question sociale,* Lyon, 1889

Carville, F., *Agriculture (Législation nouvelle), Syndicats professionnels. Crédit agricole mutuel. Caisses d'assurances mutuelles. Assurances diverses et pour l'emploi des warrants agricoles,* Guillaumin & Cie, Paris, 1901

Casacof, C., *La rémunération et le contrôle du travail dans l'industrie.*

Casanova, J., *De l'amélioration des populations ouvrières par l'association individuelle,* (Extrait du journal l'Agriculture), imprimerie Lahure, Paris, 1868

Casaux, Marquis Charles de, *La proposition (haussement de paye des ouvriers) n'est pas neuve, il ne s'agissait que de la démontrer,* Paris, 1789, Lejay

Cassagnac, Granier de, *Histoire des classes ouvrières et des classes bourgeoises,* A. Derez, Paris, 1838

Catéchisme social. Cercles d'études ouvrières; Travail; Capital; Salaire; Syndicats; Fédérations; Bourses de travail; Epargne; etc. (Enseignement social), imprimerie Desole, de Brouwer & Cie, Lille, 1904

Cathala, Elie, *Action socialiste et coopération paysanne,* imprimerie du Socialiste de l'Hérault, Montpellier, 1903

Catrice, Louis, *Guesde, chômage! Jaurès, misère! Motte, abondance! ou les bienfaits d'un député* (chanson), imprimerie Lagrange, Lille, 1900

Cattier, F., *La vie dangereuse et vertueuse de Jules Ferry,* Epinal, 1931

Cavaille, J., *La journée de huit heures, la loi du 23 avril 1919, l'historique, le mécanisme d'application,* Rivière, Paris, 1919

Cayla, J. M., *Histoire des arts et métiers et des corporations ouvrières de la ville de Paris*, imprimerie de Vialat, Lagny, 1853

Cazajeux, J., *Le programme du socialisme collectiviste et les prochaines élections* (Extrait de la Réforme sociale), imprimerie Levé, Paris, 1902

Cazalis, Emile, *Les positions sociales du syndicalisme ouvrier en France*, Presses Universitaires de France, Paris, 1923

Cazalis, Emile, *Syndicalisme ouvrier et évolution sociale*, Rivière, Paris, 1925

Ceinmar, Olivier de, *Les doctrines des congrès ouvriers de France*, Plon & Cie, Paris, 1880

Cellier, Florent, François, Joseph du, *Histoire des classes laborieuses en France depuis la conquête de la Gaule par Jules César jusqu'à nos jours*, Didier & Cie, Paris, 1859

Cellier, Florent, François, Joseph, du, *Quelques mots sur les relations du capital et du travail*, Imprimerie de Cosse & J. Dumaine, Paris, 1848

Celliez, H., *Devoir des révolutionnaires*, L. Desessart, Paris, 1840

Ce qu'il faut savoir du Plan Marshall, CDLP, Paris, no date

Cère, Paul, *Les populations dangereuses et les misères sociales*, Dentu, Paris, 1872

Cerfberr, T., *Essai sur le mouvement social et intellectuel en France depuis 1789*, Plon-Nourrit & Cie, Paris, 1902

Cesbron, Gilbert, *Les Saints vont en enfer*, Laffont, Paris, 1952

Cetti, H., abbe, *Le mariage dans les classes ouvrières*, imprimerie Sutter, Rixheim, 1885

Ceyrat, Mavria, *La Trahison permanente, Parti communiste et politique russe*, SLIM, Paris, 1950

Chabert, A., *Les salaires dans l'industrie française (la métallurgie)*, Colin, Paris, 1955

Chabert, A., *Les salaires dans l'industrie française (les charbonnages)*, Colin, Paris, 1957

Chalain, L., and Gruhier, *Union des chambres syndicales ouvrières de France. Délégation nationale ouvrière à l'Exposition internationale d'Amsterdam en 1883* (Rapport d'ensemble, volume I), imprimerie Masquin, Paris, 1885

Chalamet, R. E., *Les ouvriers domestiques*, Action populaire, Paris, Reims, 1908

Chalfin, Seymour, *Causes Leading to Communist Domination of the French Labor Movement, 1944-1947*, (Thesis), University of Illinois

Challaye, Félicien, *Syndicalisme révolutionnaire et Syndicalisme réformiste*, Alcan, Paris, 1909

Cham, *Etudes sociales: Le philosophe Leroux faisant voir la différence qui existe entre la vraie et la fausse propriété*, Paris, 1848

Chambelland, Colette, *Le syndicalisme ouvrier français*, Les Editions ouvrières, Paris, 1956

Chambelland, Pierre, *Les comités d'entreprise*, Rousseau, Paris, 1949

Chambeyron, Pierre, *Guide pratique de la durée du travail. La loi de 40 heures et son assouplissment*, Paris, 1939, Librairie Sociale et Economique

Chambord, Henri, Charles, Comte de, *Lettre sur les ouvriers*, Pannier, Paris, 1872

Chambre de Commerce de Rouen, *Conséquences de l'application de la loi de huit heures dans l'industrie*, Imprimerie Lecerf Fils, Rouen, 1920

Chambre, Henri, *Le marxisme en Union soviétique*, Editions du Seuil, Paris, 1955

Chambrun, *Le concours de la participation aux bénéfices du Musée social*, Paris, 1897

Champion, E., *Esprit de la Révolution française*, C. Reinwald, Paris, 1887

Champy, A., *Réflexions d'un paysan sur l'individualisme et les syndicats en matière agricole*, imprimerie P. Jacquin, Besançon, 1895

Chandler, Margaret, K., *Management Rights and Union Interests*, McGraw-Hill, New York, 1964

Chanson, Paul, *Eugène Buret* (1810-1842), Lesfauries, Paris, 1943

Chanson, Paul *L'organisation du progrès selon J. B. Buchez, Président de la Constituante en 1848*, Paillard, Paris, 1944

Chanson, Paul, *L'organisation du travail selon Louis Blanc, membre du gouvernement provisoire en 1848*, Lesfauries, Paris, 1943

Chanson, Paul, *Sismonde de Sismondi, 1773-1842, précurseur de l'économie sociale*, Paillard, Paris, 1944

Chansonnier, républicain, 1793-1848, dédié au peuple souverain, Charavay, Paris, 1848

Chant des républicains socialistes d'Armentières; par des fils du peuple, imprimerie Lagrange Lille, 1900

Chapman, S. J., *Work and Wages*, London, 1908

Chapot, Jules, *Les associations ouvrières de production dans l'industrie*, (Thesis), Pedone, Paris, 1904

Chapot, Léon, abbé, *La révolution et la question sociale*, Gervais Bedot, Nîmes, 1882

Charavay, Etienne de, *La corporation des peintres-verriers de Paris en 1585; acte de fondation d'une messe dans l'église Sainte-Croix de la Bretonnerie, publié avec des notes*, Paris, 1880

Charmeil, Alexis, *Les associations professionnelles ouvrières en France de 1789 à nos jours*, Giard & Brière, Paris, 1903

Charnay, Maurice, *Les allemanistes*, Rivière, Paris, 1912

Charpentier, H. C., *Essai historique sur l'ancienne corporation des bouchers de Pontoise*, Paris, 1880

Charpy, Dr., *La tapisserie*, Doin, Paris

Charpy, Suzanne, *Prendrons-nous les usines? Des comités d'entreprise à la gestion collective*, Spartacus, Paris, 1948

Charvet, P. E., *France*, Praeger, New York, 1956

Chassaigne-Goyon, *Note sur la journée de huit heures. Rapport au conseil municipal de Paris*, Paris, 1906

Chassin, Ch. L., *Le génie de la Révolution*, 2 volumes, Paris, 1865

Chassin, Ch. L., *Les derniers serfs de France*, Paris 1880

Chastenet, Jacques, *Histoire de la Troisième République: I. L'enfance de la Troisième (1870-1879); II. La République des Républicains (1879-1893); III. La République triomphante (1893-1906); IV. Jour inquiet et jour sanglant (1906-1918)*, Hachette, Paris, 1952, 1954, 1955, 1957

Chateau, Henri, *Le syndicalisme des techniciens en France*, Presses Universitaires de France, Paris, 1938

Chaughi, René, *La femme esclave*, aux bureaux des Temps nouveaux, (Groupe de propagande communiste-anarchiste), Paris, 1901

Chaumel, Guy, *Histoire des cheminots et de leurs syndicats*, Rivière, Paris, 1948

Chauvet, Paul, *Les ouvriers du livre en France, de 1789 à la constitution de la Fédération du Livre*, Rivière, Paris, 1956

Chavallier, *Les instruments de précision*, Doin, Paris

Chayoff, J., *La C.G.T., colonie soviétique*, Editions de France

Chenu, M. D., *Pour une théologie du travail*. Editions du Seuil, Paris, 1955

Cheron, Georges, *Un coup d'oeil sur les tendances sociales. La crise; les remèdes*, imprimerie Leprêtre, Rouen, 1901

Cherrier, abbé, *Travail chrétien et socialisme; conférence du 16 janvier 1884*, Robert & Makaire, Aix, 1884

Chesnelong, C., *Des rapports de la propriété et du travail, discours à l'assemblée générale des catholiques (10 et 12 mai 1887)*, Levé, Paris, 1887

Chevalet, Emile, *La question sociale. I. Le problème du paupérisme. II. La bourgeoisie française et le socialisme au XIXème siècle. III. L'évangile du prolétaire. IV Les iniquités de l'impôt*, Ghio, Paris, 1883

Chevalet, Emile, *Mon journal pendant le siège et la Commune*, Librarie des contemporains. Paris, 1871

Chevalier, Louis, *Classes laborieuses et classes dangereuses à Paris pendant la première moitié du XIXème siècle*, Plon, Paris, 1958

Chevalier, Louis, *La formation de la population parisienne au XIXème siècle*, Institut d'Etudes Démographiques, Travaux et Documents, Cahier No. 10, Presses Universitaires de France, Paris, 1950

Chevalier, E., *Le dernier mot du socialisme*, le directeur des Cahiers du Prolétariat, Paris, 1880

Chevalier, M., *Lettres sur l'organisation du travail, ou études sur les principales causes de la misère et sur les moyens proposés pour y remédier,* Capelle, Paris, 1848

Chevalier, M., *Louis Blanc's Organisation der Arbeit beluchtet,* Kern, Breslau, 1848

Chevalier, M., *Question des travailleurs, l'amélioration du sort des ouvriers, l'organisation du travail,* (Revue des Deux Mondes, 15 mars 1848), Guillaumin & Cie, Paris, 1848

Chevé, Charles François, *Le dernier mot du socialisme,* Capelle, Paris, 1848

Chevrin, Henri-Georges, *Socialisme chrétien ou Christianisme social; étude comparative entre Herron et Sheldon,* imprimerie Coueslant, Cahors, 1901

Chevrou, Aimé, *Les syndicats professionnels devant la justice* (Thesis), imprimerie Venthenat, Barbezieux, 1909

Cheysson, Emile, *Le capital et le travail, conférence faite le 26 juillet 1885,* Chaix, Paris, 1885

Chipron and Raginel, *Explication détaillée de la banque du peuple,* Au bureau de la propagande démocratique et sociale, Paris, 1849

Chollet, *Coup d'oeil sur la crise sociale et les problèmes du travail,* imprimerie Huguet, Monbrison, 1884

Chombart de Lauwe, P., *La vie quotidienne des familles ouvrières,* Centre National de la Recherche Scientifique, Paris, 1958

Cilleuls, A., des, *Les associations professionnelles et les physiocrates,* Paris, 1893

Clamadieu, abbé, *Revenants socialistes aux usines électorales,* Michalon, Paris, 1906

Claretie, J., *Camille Desmoulins. Lucile Desmoulins., Essai sur les Dantonistes,* E. Plon, Paris, 1875

Claretie, J., *Les murailles politiques de la France,* Paris, 1880

Clark, James, M., *Teachers and Politics in France: A Pressure Group Study of the Fédération de l'Education Nationale,* Syracuse University Press, Syracuse, New York, 1967

Clark, Marjorie, R., *A History of the French Labor Movement, (1910-1928),* University of California Press, Berkeley, 1930

Claudio, Jeannet, *Le socialisme d'état et la réforme sociale,* Paris, 1889

Claudio, Jeannet, *Quatre écoles d'économie sociale,* Paris, 1890

Clay, Sir Arthur Temple Felix, *Syndicalism and labour: notes upon some aspects of social and industrial questions of the day,* J. Murray, London, 1911

Cleiftie, E., *Les conseils de prud'hommes; leur organisation et leur fonctionnement au point de vue économique et social,* Pedone, Paris, 1898

Clemence, Adolphe, *De l'antagonisme social. Ses causes et ses effects. Discours.* Guillaume, Neuchâtel, 1871

Clémenceau, Georges, *Rapport présenté à la commission d'enquête parlementaire sur la situation des ouvriers, Grève d'Anzin,* Quantin, Paris, 1885

Clémenceau, Adolphe, *L'Amnistie dans le Parlement, Discours de M. G. Clémenceau,* Chambre des Députés, Séance du 16 mai 1876, tous les libraires, Paris, 1876

Clémenceau, Georges, *La mêlée sociale (Le bas en haut. Le travail. Les anarchistes),* G. Charpentier et E. Fasquelle, Paris, 1895

Clémenceau, Georges, *L'iniquité,* librairie Stock Paris, 1899

Clément, A., *La crise économique et sociale en France et en Europe,* Guillaumin & Cie, Paris, 1886

Clerc, Ch., *Les syndicats professionnels dans leurs rapports avec les sociétées coopératives,* (Thesis), Larose & Thénin, Paris, 1910

Clère, *Les hommes de la Commune,* Dentrie, Paris, 1871

Clinch, Vernie, D. F., *The Problem of Unemployment Relief in France During the Revolutionary Eighteenth Century,* (Thesis), University of Kansas, 1949

Club Jean Moulin, *L'état et le citoyen,* Editions du Seuil, Paris, 1961

Clunet, Edouard, *Les associations au point de vue historique et juridique,* Tome I, Marchall & Billiard, Paris, 1909

Cochin, Augustin, *De la condition des ouvriers français d'après les derniers travaux,* Douniol, Paris, 1862

Cochin, Augustin, *La réforme sociale en France, résumé critique de l'ouvrage de M. Le Play,* Douniol, Paris, 1865

Cochin, Augustin, *Les ouvriers européens. Résumé de la méthode et des observations de M. F. Le Play. Extrait du "Correspondant",* Julien Lanier, Le Mans, 1856

Cochut, André, *Les associations ouvrières. Histoire et théorie des tentatives de réorganisation industrielle opérées depuis la révolution de 1848,* Séries 1, au bureau du National, Paris, 1851

Cohen, Maurice, *Le Statut des délégués du personnel et des membres des comités d'entreprise,* Librairie Générale de Droit et de Jurisprudence, Paris, 1964.

Cohendy, E., and Grégaut, M., *Législation ouvrière,* Delagrave, Paris, 1911

Cole, G. D. H., *Socialist Thought, Marxism and Anarchism, 1850-1890,* Macmillan, London, 1954

Cole, G. D. H., *The People's Front,* Victor Gollancz, Ltd., London, 1937

Cole, G. D. H., *The Second International: 1889-1914,* 2 volumes, St. Martin's Press, New York, 1956

Cole, G. D. H., *World of Labor, a discussion of the present and future of trade unionism,* Bell, London, 1913

Collet, L., *Les conditions du travail dans l'administration des postes et télégraphes,* Giard & Brière, Paris, 1910

Collinet, Michel, *L'ouvrier français, esprit du syndicalisme,* Les Éditions Ouvrières, Paris, 1952

Collinet, Michel, *Essai sur la condition ouvrière, 1900-1950, l'ouvrier français,* Les Editions Ouvrières, Paris, 1951

Collinet, Michel, *L'ouvrier français, essai sur la condition ouvrière,* Les Editions Ouvrières, Paris, 1955

Collinet, Michel, *La tragédie du marxisme,* Calmann-Lévy, Paris, 1948

Collinet, Michel, *Du bolchevisme. Evolution et variations du marxisme-léninisme,* Amiot-Dumont, Paris, 1957

Colly, Jean, *Rapport sur la journée de huit heures. Rapport au conseil municipal de Paris,* 1906

Colmart, *De l'inspection du travail en France,* Rousseau, Paris, 1899

Colomb, Pierre, *La liberté du travail et le collectivisme,* Giard & Brière, Paris, 1908

Colombet, Joseph, *La paix sociale,* Imprimerie de l'"Echo de la Mutualité", Paris, 1888

Colomes, André, *Les ouvriers du textile dans la Champagne troyenne, 1730-1852,* Domat-Montchrestien, Paris, 1943

Colton, Joël, *Compulsory Labor Arbitration in France, 1936-1939,* King's Crown Press, Columbia University Press, New York, 1951

Combe, Paul, *Niveau de vie progrès technique en France (1860-1939): Contribution à l'étude de l'économie française contemporaine,* Presses Universitaires de France, Paris, 1955

Comberousse, Charles de, *La coopération. La société de Beauregard et les Equitables pionniers de Rochedale. Conférences de Vincennes,* Hachette & Cie, Paris, 1869

Combier, *Communautés des cordonniers, basaniers et savetiers de Troyes,* Troyes, 1895

Combier, *Documents inédits pour servir à l'histoire des corps et communautés d'arts et métiers du Vermandois,* Imprimerie de H. de Coquet, Laon, 1872

Comité de défense et de progrès social, Guillaumin, Paris, 1897

Comités d'entreprise, Documentation économique et syndicale, No. 3. Confédération Générale du Travail—Force Ouvrière, April 1948

Comités d'entreprise et délégués du personnel, Ministère du travail et de la sécurité sociale, Paris, May 28, 1945

Comité National de l'Organisation Française, L'Homme au Travail, CNOF, Paris, 1945

Commissariat au Plan, *Enquête sur les tendances de la consommation des salaires urbains,* Paris, 1955

Compagnie des mines d'Anzin, *Institutions ouvrières,* Imprimerie beaunoise, Beaune, 1910

Compagnon, *Les classes laborieuses, leur condition actuelle, leur avenir par la réorganisation du travail,* Lévy frères, Paris, 1858

Compère-Morel, *Encyclopédie socialiste, syndicale et coopérative,* 8 volumes, A. Juillet, Paris, 1912-1913

Compère-Morel, *Jules Guesde: Le socialisme fait homme,* Quillet, Paris, 1937

Compère-Morel, *La vérité aux paysans; par un campagnard,* Librairie de la Revue socialiste, Paris, 1897

Compère-Morel, *Les propos d'un rural,* Bureau du Travailleur de l'Oise, Breteuil, 1902

Compte-rendu des travaux de la Commission nationale de reconstitution des organisations syndicales de travailleurs, CGT, Versailles, 1946

Compte-rendu du premier congrès national du parti socialiste de France (Union socialiste révolutionnaire) tenu à Commentry les 26, 27, et 28, IX, 1902, imprimerie Dhoossche, Lille, 1903

Compte-rendu du congrès régional ouvrier de la Fédération ouvrière de Besançon et de Franche-Comté tenu à Besançon les 15, 16 août 1902, imprimerie Millot Frères & Cie, Besançon, 1903

Compte-rendu du premier banquet communiste à Belleville en juillet, 1940

Conciliation et arbitrage, Bibliothèque de l'ouvrier, Paillart, Abbeville, 1900

Confédération Générale du Travail Force Ouvrière, Congrès constitutif, XXXIIIème congrès national corporatif de Paris, Compte-rendu sténographié des débats, Editions de la Confédération Générale du Travail Force Ouvrière, Paris, 1948

Conférence des questions ouvrières. Rapport sur les revendications de l'Association Internationale des Travailleurs. Conclusions, J. Le Clère & Cie, Paris, 1873

Congrès de la Fédération Syndicale Mondiale, Résolution de la Conférence, Congrès du 25 septembre au 8 octobre 1945, Entreprise Parisienne de Presse, Paris, 1945

Congrès des syndicats indépendants du Sud-Est, Saint-Etienne, 12, 13, et 14 1909. Le travail de la femme à domicile; la veillée dans les industries de la couture, de la mode, de la lingerie et de la broderie. Les conditions de travail des vendeuses des grands magasins; apprentissage, chômage, etc. Rapports du camarade Biojou, Imprimerie Waltener & Cie, Lyon, 1909

Congrès extraordinaire des cadres de fédérations socialistes des 9, 10, 11, 12 septembre 1944. Compte-rendus, Paris, 9 septembre

Congrès général des organisation socialistes françaises, tenu à Paris du 3 au 8 décembre 1899, Compte-rendu sténographique officiel, Bellais, Paris, 1900

Congrès des directeurs et protecteurs des associations ouvrières catholiques de France tenu à Montauban du lundi 2 au vendredi 6 septembre 1889, Imprimerie St. Cyprien, Toulouse, 1890

Congrès international des associations ouvrières de production, 3 brochures, Imprimerie Mangeot, Paris, 1900

Congrès ouvrier de France, Session de 1876, tenu à Paris du 2 au 10 octobre 1877, Paris

Connay, Jean, *Le compagnonnage. Son histoire—ses mystères*, Rivière, Paris, 1909

Conquet, A., *Les ateliers-écoles d'orientation professionnelle et d'apprentissage de la Chambre de commerce de Paris, Commission Européenne de la Formation Professionnelle*, Paris, April 1952

Conseils à nos militants, Confédération Générale du Travail, Paris, no date

Conseil supérieur du travail. Session de 1909. La législation sur les syndicats professionnels. Rapport de M. Keufer, au nom des membres ouvriers de la Commission permanente. Rapport de M. Touron au nom des membres patrons de la Commission permanente. Procès-verbaux et documents, Imprimerie nationale, Paris, 1909

Conseil supérieur du travail. Session de 1910. Salaire minimum pour les ouvriers à domicile. Rapport de M. Honoré au nom de la Commission permanente. Procès-verbaux des séances de la Commission permanente. Documents, Imprimerie nationale, Paris, 1910

Considérant, Victor, *L'apocalypse, ou la prochaine rénovation démocratique et sociale d l'Europe*, Librairie Socialiste phalanstérienne, Paris, 1849

Considérant, Victor, *Théorie du droit de propriété et du droit au travail*, Librairie phalanstère, Paris, 1848

Contenson, Ludovic de, *Le travail de la femme et les associations professionnelles*, Giard & Brière, Paris, 1904

Contensouzac, *La grève générale et les grèves partielles*, Paris, 1894

Conti, capitaine A., *L'armée et le travail, (10 juin 1870)*, autogravure, L. Boileau, Amiens, 1870

Convert, F., *Les syndicats agricoles et leurs attributions*, Imprimerie Levé, Paris, 1909

Coornaert, Emile, *Les anciennes corporations*, CFTC, Paris, 1929

Coornaert, Emile, *Les corporations en France avant 1789*, Gallimard, Paris, 1941

Copigneaux, *Les travailleurs municipaux*, Doin, Paris

Coppée, François, *La grève des forgerons; poèmes.* Alphonse Lemerre, Paris, 1875

Coquelle-Viance, *Un ordre corporatif français, Fédération Nationale Catholique,* Paris, 1938

Corandin, Victor, *Comédie industrielle du capital et du travail, étude du socialisme pratique,* imprimerie Vingtrinier, Lyon, 1870

Corbon, Anthyne, *Le secret du peuple de Paris,* Pagnerre, Paris, 1863

Corcelle, J., *La dentelle dans le Velay,* Le Puy, Imprimerie de R. Marchesson, 1895

Corchon, D., *Socialisme pratique,* Imprimerie Laborieuse, Nîmes, 1900

Coreil, F., and Nicholas, L., *Les industries insalubres,* E. Dunot et E. Pinat, Paris, 1908

Cormier, Crosson du, *Questions ouvrières, Les caisses syndicales de chômage en France et en Belgique,* Chevalier & Rivière, Paris, 1905

Cornelissen, Christian, *Théorie du salaire et du travail salarié,* V. Giard et E. Brière, Paris, 1908

Cornu, Auguste, *Karl Marx et la Révolution de 1848,* Presses Universitaires de France, Paris, 1948

Cornu, aîné, *Organisation du travail en France, Travail de tous, Travail par tous,* Galerie des variétés, Paris, 1854

Corréard, Jules, *Rénovation: le plan du Syndicat des Français,* Grasset, Paris, 1919

Corrigan, George F., *The Communist Peace Movement as an Instrument of Propaganda Mobilization, 1948-1953,* Georgetown University, (Thesis), Washington, D.C.

Cotereau, Jean, *L'église a-t-elle collaboré?* Spartacus, Paris, 1946

Coudurier, Louis, *Une ville sous le régime collectiviste,* Plon-Nourrit & Cie, Paris, 1907

Coulanges, Fustel de, *Les origines du système féodal, Le bénéfice et le patronat, pendant l'époque mérovingienne,* Paris, 1890

Coulet, Elie, *Le mouvement syndical et coopératif dans l'agriculture française; la fédération agricole,* Masson & Cie, Paris, 1898

Courcelle, L., *Les retraites ouvrières et paysannes,* H. Dunod et E. Pinat, Paris, 1912

Courcelle, L., *Traité de législation ouvrière,* Giard & Brière, Paris, 1902

Courcy, Alfred de, *Capital et travail,* Imprimerie A. Chaix & Cie, Paris, 1872

Courcy, Alfred de, *La participation aux bénéfices,* Paris, 1873

Courcy, Alfred de, *La querelle du capital et du travail,* Anger, Paris, 1872

Courcy, Alfred de, *Le droit et les ouvriers,* F. Pichon, Paris, 1886

Courot, *Du syndicat demandeur en justice dans l'intérêt de ses members*, Larose & Thénin, Paris, 1900

Cours de militants, I. Les classes sociales, importance et caractère de la classe ouvrière. II. Qu'est-ce que la CGT? III. Le mouvement syndical et la lutte pour le bien-être et la liberté. IV. Le mouvement syndical et la lutte pour la paix. V. L'unité, Confédération Générale du Travail, Paris, no date

Courtépée, P. F., *Socialisme catholique, son insuffisance, son complément nécessaire,* Librairie de la Religion Universelle, Nantes, 1892

Courtigis, Aulas de, *La vraie réforme sociale pour assurer immédiatement et sans secousse les plus grands progrès humanitaires et matériels possibles,* Paulin, Buchard-Huzard, Paris, 1847

Courtin, Gaston, *La mine aux mineurs, (études sociales et psychologiques),* Aberlen & Cie, Vals-les-Bains, 1900

Cousin, L., *L'avenir du socialisme,* Le Sillon, Paris, 1901

Coutant, Henry, *La lutte pour l'existence, ou bataille de la vie* Reinwald, Paris, 1882

Coutarel, A. de, *Le participationisme, ou la justice dans l'organisation du travail,* Giard & Brière, Paris, 1898

Coutrot, Jean, *La classe ouvrière et la production,* Paris, 1939

Coutrot, Jean, *Les leçons de juin 1936, l'humanisme économique,* Éditions du Centre Polytechnicien d'études économiques, Paris, 1936

Couvreur, André, *Les dangers sociaux, le Mal nécessaire,* Plon, Nourrit & Cie, Paris, 1900

Couvreur, André, *Les dangers sociaux. Les Mancenilles,* Plon, Nourrit & Cie, Paris, 1900

Couvreur, Arsène, *Les syndicats professionnels et la loi du 21 mars 1884,* Editions de la Revue Libre, Paris, 1902

Couvreur, Arsène and Genty, Raymond, *Le socialisme de M. Millerand et le socialisme de Napoléon III. Conférence faite à la réunion mensuelle de l'Union de la jeunesse plébiscitaire de la Seine, le 5 juillet 1901,* Editions de la Revue libre, Paris, 1901

Crépin, Eugène, *La nuit d'un otage, racontée par lui-même,* Imprimerie de Le Clère, Paris, 1873

Crépin, Henri, *La liberté du travail dans l'ancienne France,* L'imprimerie du Cental, Aurillac, 1937

Crespin, Ferdinand, *Le crime social, ou le cri d'une conscience révoltée,* Imprimerie Le Roy, Le Havre, 1899

Crise et plan, Quinze conférences et études sur le plan de la CGT, Publications de l'Institut Supérieur Ouvrier, Volume IX, Paris, 1935

Croise, Louis, *Aux sabotiers. Le problème social et la coopération ouvrière,* Imprimerie Ouvrie, Sens, 1907

Crombe, Joseph, *Organisation du travail à Roubaix, du Vème siècle à la Révolution,* Camille Robert, Lille, 1905

Crook, W. H., *The General Strike. A Study of Labor's Tragic Weapon in Theory and Practice,* University of North Carolina Study Series, Chapel Hill, 1931

Crouzel, A., *Etude historique, économique et juridique sur les coalitions et les grèves dans l'industrie,* Rousseau, Paris, 1887

Culmann, Henri, *La nouvelle organisation professionnelle,* Presses Universitaires de France, Paris, 1941

Culture Ouvrière et Action Syndicale, Préface de Paul Vignaux, Editions du Cerf, Paris, 1956

Curtis, Michael, *Three Against the Third Republic: Sorel, Barrès, and Maurras,* Princeton University Press, Princeton, New Jersey, 1959

Cuvillier, Armand, *Un journal d'ouvriers; "L'Atelier", 1840-1850,* Alcan, Paris, 1914

Cuvillier, Armand, *Hommes et idéologies de 1840,* Préface de G. Bourgin, Rivière, Paris, 1956

Czettler, J., *Millerandek szocialismusa (Le socialisme des adhérents de Millerand),* Magyar Gazdak Szemleje, 1902

Czynski, J., *De l'avenir des ouvriers,* Librairie Sociale, Paris, 1841

Dabry, l'abbé Pierre, *Un ennemi des ouvriers. Ce qu'est Biétry,* Imprimerie de l'Ouest-Eclair, Rennes, 1906

Dacheux, A., *L'ouvrier. Doctrine et pratique. Sermon,* Imprimerie Michel fils, Paris, 1908

Dacopoulos, Ch., *Le nouvel évangile ou la solution de la question sociale et le régime de l'avenir,* Chez l'auteur, Paris, 1908

Da Costa, Gaston, *La Commune vécue (18 mars—28 mai 1871),* 3 volumes, Motteroz, Paris, 1904-1905

Da Cunha, A., *Les accidents de travail et les mesures de prévention,* Chaix, Paris, 1907

Dagallier, *Une grève sous l'ancien régime,* Lyon, 1901

Dagneaux, A., *Le crédit libre pour le travail libre et le Saint-Simonisme à l'oeuvre,* Dentu, Paris, 1864

Dalbin, l'abbé J., *Les erreurs des démocrates de la "Justice Sociale", augmentées d'un Appendice,* Vic & Amat, Paris, 1906

Dale, Leon A., *Marxism and French Labor,* Vantage Press, New York, 1956

Dale, Leon A., *The International Landworkers' Federation,* United States Department of Labor, Washington, D.C., 1957

Dale, Leon A., *The International Union of Food and Drink, Workers' Federation,* United States Department of Labor, Washington, D.C., 1959

Dalle, Victor, *L'évolution capitaliste,* Imprimerie du Progrès, Paris, 1902

Dalsème, Achille, *Paris sous les obus,* 19 septembre 1870-3 mars 1871, G. Chamerot, Paris, 1883

Dalsème, Achille, and Dalsème, Jules, *Les mystères de l'Internationale, son origine, son but, ses chefs, ses moyens d'action, son rôle sous la Commune*, Dentu, Paris, 1871

Damalas, B. V., *La crise du capitalisme et le problème de l'économie dirigée*, Presses Universitairès de France, Paris, 1946

Dambrun, *La grève envisagée dans ses effets juridiques*, Michalon, Paris, 1903

Dameth, Henri, *La question sociale. Résumé de six conférences, données à ce sujet à l'Athénée de Genève, pendant le mois de décembre 1870*, Genève, 1871

Dameth, Henri, *Le mouvement socialiste et l'économie politique*, Guillaumin & Cie, Paris, 1869

Dandigny, *La question sociale et la question vitale*, Schiller, Paris, 1884

Dangibeaud, *Note sur les potiers faienciers et verriers de la Saintonge*, Imprimerie de Hus frères, Saintes, 1884

Danos, Jacques, and Gibelin, Marcel, *Juin 36*, Les Editions Ouvrières, Paris, 1952

Dansette, Adrien, *Les origines de la Commune de 1871*, Plon, Paris, 1944

Dansette, Adrien, *Seconde République, Second Empire*, Fayard, Paris, 1942

D'Arcy, Martin, *Communism and Christianity*, Penguin Books, London, 1956

Darel, Th., *Le peuple roi, essai de sociologie universaliste*, Alcan, Paris, 1904

Dareste, *Histoire des classes agricoles en France, depuis Saint Louis jusqu'à Louis XV*, Paris, 1854, Guillaumin

Darimon, Alfred, *Exposition méthodique des principes de l'organisation sociale (théorie de Krause), precédée d'un examen historique et critique du socialisme contemporain*, Franck, Paris, 1848

Dauban, C. A., *Le fond de la société sous la Commune décrit d'après les documents qui constituent les archives de la justice militaire avec des considérations critiques sur les moeurs du temps et les èvènements qui ont précédé la Commune*, E. Plon, Paris, 1873

Dauby, Joseph, *Des grèves ouvrières*, G. Mayolez. Brussels, 1884

Dauby, Joseph, *La question ouvrière en Belgique. Causes de nos crises ouvrières, remèdes possibles*, Office de publicité, Brussels, 1871

Dauby, Joseph, *Le livre de l'ouvrier ou conseils d'un compagnon*, Tircher & Manceaux, Brussels, 1863

Dautry, Raoul, *Compagnonnage, par les Compagnons du Tour de France*, Plon, Paris, 1951

Dauvister, *La question sociale*, Verviers, 1895

David, *Histoire des anciennes corporations d'arts et métiers et des confréries religieuses de la capitale de la Normandie*, Rouen, 1850

David, *Histoire des corporations françaises*, Paris, 1878

David, Adolphe, *Question sociale: Une solution pratique assurant l'avenir des travailleurs*, à la Revue socialiste, Paris, 1887

David, avocat, *Des rapports entre le capital et le travail, des relations entre les patrons et les ouvriers, discours prononcé à la séance solennelle de rentrée des conférences, le 20 décembre 1890*, Imprimerie Blais, Roy & Cie, Poitiers, 1890

David, M., *La participation des travailleurs à la gestion des entreprises privées dans les principaux pays d'Europe occidentale*, Colin, Paris, 1954

Dazet, G., *Lois collectivistes pour l'an 19, Cornely & Cie*, Paris, 1907

Déat, Marcel, *Le Front Populaire au tournant*, Editions de la Concorde, Paris, 1937

Debierre, Charles, *Le capital et le travail devant l'évolution économique; les maladies du corps social, leurs remèdes; Individualisme; Collectivisme; Socialisme d'Etat; Coopération*, Alcan, Paris, 1904

Debray, B., *Taux de salaires réels et coût de la main-d'oeuvre dans l'industrie française, 1932-1938*, Librairie Sociale et économique, Paris, 1939

Decaudin, Paul, *Le régime légal des sociétés coopératives de consommation en France*, Tallandier, Paris, 1902

Dechesne, Laurent, *L'avènement du régime syndical à Verviers, avec gravures, carte, diagramme et notes historiques*, Larose & Thénin, Paris, 1908

Decorde, *Quelle serait l'organisation du travail la plus propre à augmenter le bien-être des classes laborieuses?* Ledoyen, Paris, 1839

Decorsant, L., *Le socialisme, voilà l'ennemi*, Paris, 1891

Decous de Lapeyrière, *L'état de la question sociale en 1871*, Lachaud, Paris, 1872

Deffrennes, Maurice, *La coalition ouvrière et la grève, étude historique, (1789-1894)*, Giard & Brière, Paris, 1903

Degenetais, V., *L'organisation du travail en France, par l'agriculture, etc. . . . avec accroissement de salaire, de sécurité, de prospérité de force.* Leroy, Paris, 1848

Degenetais, V., *Moyens d'arriver au développement de la richesse et par les travaux dans l'agriculture, l'industrie, la navigation et le commerce*, Renard, Paris, 1841

Degras, Jane, *The Communist International, 1919-1943, Documents, Volume I: 1919-1922*, Oxford, University Press, London, 1956

Dehon, L., *Catechismo sociale, trad. di C. con prefazione di G. Toniolo*, libr. edit. Fiorentina, Firenze, 1903

Dehon, L., *La rénovation sociale chrétienne, Conférences données à Rome (1897-1900)*, Bloud & Barrat, Paris, 1900
Dehove, Gerard, *Le contrôle ouvrier en France, l'élaboration de sa notion; sa conception*, Sirey, Paris, 1937
Dejeante, *La chapellerie*, Doin, Paris
De la coalition et de l'arbitrage dans les conflits collectifs entre patrons et ouvriers, Paris, 1893
De la condition des ouvriers de Paris de 1789 jusqu'en 1841, avec quelques idées sur la possibilité de l'améliorer, Imprimerie de J. B. Gros, Paris, 1841
Delacour, A., *Les lettres de noblesse de l'anarchie*, éditions de la Revue Blanche, Paris, 1899
De la guerre sociale et des moyens d'en écarter la menace, Lachaud, Paris, 1872
Delaire, A., *Les unions de la paix sociale. Leur programme d'action et leurs méthodes d'enquête*, Imprimerie Levé, Paris, 1889
Delalande, Louis, *De l'état actuel de la législation sociale en France*, Imprimerie Gaiche, Paris, 1895
Delamotte, J. Charles, *De l'avenir des classes laborieuses. Système de mutualité ou de solidarité chrétienne assimilant les ouvriers aux agents de l'état, quant aux droits à la pension de retraite*, P. Dupont, Paris, 1858
De la question du travail ou solution proposée par un travailleur sans ouvrage, Guillaumin & Cie, Paris, 1849
De la Résistance à la Révolution, anthologie de la presse clandestine française, Les Cahiers du Rhône, Éditions de la Baconnière, Neuchâtel, 1945
Delassus, Auguste, *La solution franciscaine de la question sociale*, Poussielgue, Paris, 1908
Delassus, Henri, *L'Encyclique "Pascendi Domini Gregis" et la démocratie*, Desclée, de Brouwer & Cie, Lille, 1908
Delavallée, *Les précurseurs de la coopération en France*, Giard & Brière, Paris, 1904
Delayaut, Léopold, *Délibérations des garçons cordonniers de la ville de Marseille, du 29 Mars, 1789*, 1789
De Laye, *Eléments de morale sociale*, les manuels syndicaux, Spes, Paris, no date
Delbreil, *Les lois naturelles de la société française. Etude*, Imprimerie Petit, Lille, 1872
De l'égalité ou principes généraux sur les institutions civiles, politiques et religieuses, chez Decker, Basel, 1796
Delesalle, Paul, *La Confédération Générale du Travail. Historique. Constitution; Moyens*, A la Publication Sociale, Paris, 1907
Delesalle, Paul, *Les Bourses du Travail et la CGT*, Bibliothèque du Mouvement Prolétarien, Rivière, Paris, no date
Delescluze, *La révolution démocratique et sociale*, Paris
Deligny, Georges, *Le règlement du travail* (Thèse), Imprimerie Berger-Levrault & Cie, Nancy, 1907

Delisle, Léopold, *Etude sur la condition de la classe agricole en Normandie pendant le Moyen-Age,* Imprimerie de A. Herissey, Evreux, 1851

Delmas, André, *A gauche de la barricade,* Editions de l'Hexagone. Paris, 1951

Delombre, Roger, *Du repos obligatoire, Etude historique et critique de la loi sur le repos hebdomadaire (13 juillet 1908),* G. Cres & Cie, Paris, 1910

Delon, Adrien, *La corporation des bouchers à Limoges,* Limoges, 1887

Delon, A., *La grève des ouvriers du chemin de fer de Limoges à Brives,* Imprimerie Levé, Paris, 1889

De l'organisation générale du travail par la création d'une exposition universelle et permanente de tous les produits de notre globe, d'un grand centre pour les entreposer, d'un marché général pour leur vente et leur achat. Plan du projet de l'exposition universelle et permanente, Veuve J. Boyeau, Paris, 1878

Delpa, R., *La mort au secours de là misère,* Galy, Pamiers, 1901

Delpech, *Recherches sur les niveaux de vie à Toulouse,* Sirey, Paris, 1938

Delpit, Albert, *Huit jours d'histoire, le commandement de l'amiral Saisset du 19 au 25 Mars,* E. Lachaud, Paris, 1871

Delpuech, André, *Le cinéma,* Doin, Paris, 1922-1925

Delzant, *Les verriers,* Doin, Paris.

Demaretz, J. J., *Conférence sur le travail et le capital, faite le 8 mars 1891 à la "Patrie et Humanité" de Soissons,* Imprimerie du journal "Le Soissonais", Soissons, 1891

Demoangeon-Biolley, *La nouvelle organisation sociale. Appel aux patriotes intelligents; petit programme des principales réformes demandées par le peuple,* Mejeat, Rambervilliers, 1884

Demolins, Edmond, *La science sociale depuis Le Play (1882-1905). Classification sociale, résultant des observations faites d'après la méthode de la science sociale,* aux bureaux de la Science Sociale, Paris, 1905

Denis, H., *Histoire des systèmes économiques et socialistes,* Giard & Brière, Paris, 1904

Denis, Henri, *La corporation,* Presses Universitaires de France, Paris, 1941

Dennery, E., *La question de l'habitation urbaine en France,* Genève, 1935

De notre misère inséparable de la nature de notre être et des moyens que nous avons tous d'y remédier par nous-mêmes, an III (1795), Paris

De quelques signes de désorganisation sociale, Didier & Cie., Paris, 1872

Dercseny, Frhr. Joh., *Etudes sociales. Moyen Philanthropique contre le communisme, ou système de philanthropie appliqué à l'économie politique, à l'éducation nationaele et à la vie politique du people.* Ouvrage traduit de l'allemand par J. B. Herz, Franck, Paris, 1848

Dercseny, *Studien über ein humanes Mittel gegen den Communismus, oder über das Humanitatssystem der Volkwirthschaft, des Volksunterrichts und des polit. Volkslevens,* Hartleven, Pesth, 1846

Derulle, and Colin, *Le fer, l'acier, la fonte,* Doin, Paris

Desautels, A. R., *Les "Mémoires de Travoux" et le mouvement des idées au XVIIIème siècle,* Instituteum Historicum S. J., Rome, 1956

Descamps, D., *La grève générale,* Verbaere, Armentières, 1895

Descamps, Paul, *L'Humanité, évolue-t-elle vers le socialisme? Étude et classification des diverses applications du socialisme,* Firmin Didot, Paris, 1906

Descamps, Adrien, *Deux syndicalismes,* Librairie Rey, Lyon, 1928

Descamps, Gaston, *Le malaise de la démocratie,* Colin & Cie, Paris, 1899

Descamps, Léon, *Liberté, égalité, fraternité. Conférences faites à l'Université populaire du Mans,* Imprimerie Guenet, Le Mans, 1901

Descamps, Louis, *Principes de la morale sociale,* Bibliothèque générale des sciences sociales, Paris, 1903

Deschesnes, Laurent, *L'avènement du régime syndical à Verviers,* Larose & Thénin, Paris, 1908

Des coalitions d'ouvriers, Journal de la vraie république, No. 13

Desdouits, Théophile, *Histoire d'un ouvrier. L'Internationale et la guerre de 1870-1871,* Albanel, Paris, 1871

Deslandres, M., and Michelin, A., *Il y a 100 ans. Etat physique et moral des ouvriers au temps du libéralisme. Témoignage de Villermé,* Spes, Paris, 1938

Deslinières, *Entretiens socialistes,* chez l'auteur, 62, rue Saint-Lazare, Paris, 1901

Deslinières, *L'application du système collectiviste,* Librairie de la "Revue Socialiste," Paris, 1899

Deslinières, *Le congrès de Reims,* L'Humanité nouvelle, Paris, 1903

Deslinières, *Projet de code socialiste. Principes généraux—Expropriation—Condition du travail—Valeur des choses—Budget de la production,* Giard & Brière, Paris, 1908

Deslinières, *Qu'est-ce que le socialisme?* Imprimerie Dhoossche, Lille 1908

Desmarest, J., *La politique de la main-d'oeuvre en France,* Presses Universitaires de France, Paris, 1946

Desmaze, Charles, *Les métiers de Paris, d'après les ordonnances du Châtelet avec les sceaux des artisans,* E. Lerous, Paris, 1874

Desmousseaux de Givre, Emile, *Quelques réflexions au sujet des grèves et coalitions ouvrières et du droit d'association, juillet 1872*, A. Lemoine, Paris, 1873

Desormeaux, Raoul, *Réflexions d'un démocrate*, Imprimerie Langlois, Châteauroux, 1900

Desouches, G., *Le nouveau droit social. Son libéralisme, ses lacunes*, J. Peyronnet, Paris, 1938

Desplanques, Charles, *Barbiers—perruquiers—coiffeurs*, Doin, Paris, 1922-1925

Desplanques, Jean, *Journée légale et après-guerre*, Attinger frères, Paris, 1918

Desplanques, J., *Le problème de la durée du travail devant le Parlement français*, Rousseau, Paris, 1918

Desqueyrat, André, *Révolution d'abord pour supprimer le prolétariat*, Spes, Paris, 1945

Des salaires et des grèves, Imprimerie Chaix, Paris, 1886

Dessignolle, Emile, *La question sociale dans Émile Zola. Les Rougon-Macquart; les trois villes (Lourdes, Rome, Paris)*, Clavreuil, Paris, 1905

Dessirier, J. B., *Le système social de P. J. Proudhon, résumé*, Garnier frères, Paris, 1849

Destreguil, Henri, *La vérité sur les coopératives*, Imprimerie Debenay-Lafond, Tours, 1897

Desveaux, Ludvic, *Les coalitions dans le personnel des chemins de fer*, Marchal & Billard, Paris, 1899

Detoeuf, *Construction du syndicalisme*, Gallimard, Paris, 1938

Devaucelle, A., *Deux feuilles d'airain; La voix du peuple—La liberté*, Paris, 1842

Deuve, Louis, *Etude sur le solidarisme et ses applications économiques*, (Thèse), Larose & Thénin, Paris, 1906

Deuxième session des journées d'études du Mont-Dore (16-26 septembre 1943), Montlouis, Clermont-Ferrand, 1944

Develle, E., *Artisans blésois. Les cordonniers (1032-1894)*, Blois, P. Girardot, 1894

Deville, Gabriel, *Der Anarchismus. Nach den Französischen von Dr. M. Qu.*, New York, 1886

Deville, Gabriel, *L'anarchisme*, Librairie du Parti Ouvrier, Paris, 1887

Deville, Gabriel, *L'Etat et le socialisme*. Conférence faite au Quartier Latin le 26 Avril 1895. Groupe des Etudiants collectivistes Paris, 1893

Deville, Gabriel, *Philosophie du socialisme*, Bibliothèque socialiste, Paris, 1886

Deville, Gabriel, *Principes socialistes*, Giard & Brière, Paris, 1896

Deville, Gabriel, *Socialisme, révolution, internationalisme. (Conférence organisée par le groupe des étudiants socialistes, révolutionnaires, internationalistes de Paris, le 27 novembre 1893 à l'Hôtel des Sociétés savantes)*, Paris, Diamandy, 1893

Devillez, Adolphe, *Considérations sur les doctrines socialistes et sur l'association internationale des travailleurs; discours prononcé à la séance du 30 mai 1872 de la Société des arts, des sciences et des lettres du Hainaut,* Heit, Manceau, Mons, 1872

Dicran, Aslanian, *Les principes de l'évolution sociale,* Alcan, Paris, 1908

Dictionnaire des erreurs sociales, ou recueil de tous les systèmes qui ont troublé la société depuis l'établissement du christianisme jusqu'a nos jours, Nouvelle Encyclopédie Théologique publiée par l'abbé Migne, Volume 19, Migne, Paris, 1852

Didaret, *Cuisiniers, garçons de café, de restaurant, de marchands de vin,* Doin, Paris

Didier, *Des misères humaines et sociales,* de E. Crete, Imprimerie, Corbeil, 1892

"Die Encyclica 'Rerum Novarum' vom 17 Mai", *Christl-soc. Blatter,* 24 Jhrg. 1891

"Die Entstenhung der Arbeitpartei Frankreichs. Von einem Franzosen" *Neue Zeit,* 2. Jhrg.

Diehl, Karl, *Ueber Sozialismus, Kommunismus und Anarchismus,* Fisher, Jena, 1923

Dieterlen, Pierre, *La démocratie française et la Bible,* Delessert, Paris, 1904

Die Fuhrer der Pariser Commune vor dem Kriegsgerichte. Die ersten Opfer der Commune. Erste Hinrichtung von Communisten Mitgliedern, Criminabibliothek, begrundet von D. H. Tomme, II, Bd., Berlin

Dimier, L., *Les maîtres de la contre-révolution au XIXème siècle (Maistre, Bonald, Rivarol, Balzac, Courtier, Sainte-Beuve, Taine, Renan, Fustel de Coulanges, Le Play, Proudhon, Les Goncourt, Veuillot). Leçons données à l'Institut d'action française. Chaire Rivarol. Février-juin 1906* Nouvelle librairie nationale, Paris, 1907

Discussion sur l'unification et l'organisation du parti socialiste français (novembre 1900-février 1901), Bellais, Paris, 1901

Diligent, Victor, *L'action syndicale ouvrière,* Imprimerie de A. Reboux, Roubaix, 1903

Divernesse, *Les lacunes de la loi sur les accidents du travail. Exploitation des blessés et des médecins. Modifications à insérer dans la loi pour faire cesser ces abus,* Imprimerie de Hugonis, Paris, 1903

Documents concernant la grève des mineurs de Carmaux (évrier-avril 1900), Chaix, Paris, 1900

Documents publiés pour servir à l'histoire de la Commune de 1871, 2 volumes, Imprimerie Chaix, Paris, 1871

Documents relatifs à l'étude de la question des rapports entre le capital et le travail, Au secrétariat général du Grand-Orient de France, Paris, 1906

Dodanthun, A., *Le mouvement syndical agricole dans la Flandre maritime (Extrait du Bulletin des Sciences économiques et sociales du Comité des travaux historiques et scientifiques).* Imprimerie nationale, Paris, 1902

Dol, Maurice, *La capacité commerciale des syndicats agricoles,* Larose & Thénin, Paris, 1909

Dolens, Noel, *Le socialisme fédéral,* Stock, Paris, 1904

Dolléans, Edouard, *Alphonse-Merrheim,* Série Histoire Syndicale, Librairie Syndicale, Paris, no date

Dolléans, Edouard, *Féminisme ouvrier et George, Sand,* Editions ouvrières, Paris, 1951

Dolléans, Edouard, *Histoire du mouvement ouvrier,* 2 volumes, Colin, Paris, 1946, 1948

Dolléans, Edouard, *Individualisme et socialisme,* Alcan, Paris, 1907

Dolléans, Edouard, *Prostitution et socialisme,* Bellais, Paris, 1903

Dolléans, Edouard, *Proudhon,* Cluny, Paris, 1948

Dolléans, Edouard, *Victoire des obscurs,* Cluny, Paris, 1936

Dolléans, Edouard, and Crozier, Michel, *Chronologie et bibliographie des mouvements ouvriers et sociaux, Angleterre, France, Etats-Unis, 1750-1918,* Les Editions Ouvrières, Paris, 1950

Dolléans, E., and Dehove, G., *Histoire du travail en France, De 1919 à nos jours,* Volume II, Domat-Montchrestien, Paris, 1955

Dommanget, *Albert Thierry,* Société Universitaire d'Editions de Librairie, Paris, 1950

Dommanget, *Proudhon,* Société Universitaire d'Editions de Librairie, Paris, 1950

Dommanget, Maurice, *Edouard Vaillant, un grand socialiste, 1840-1915,* La Table Ronde, Paris, 1956

Dommanget, Maurice, *Histoire du drapeau rouge,* Librairie de l'Etoile, Paris, 1967

Dommanget, Maurice, *Histoire du Premier Mai,* Société Universitaire d'Editions et de Librairie, Paris, 1953

Dommanget, Maurice, *Pages choisies de Babeuf,* Colin, Paris, 1935

Dommanget, Maurice, *Les idées politiques et sociales d'Auguste Blanqui,* Rivière, Paris, 1957

Dommanget, Maurice, *600ème anniversaire des Effrois, La Jacquerie,* S.N.I., Beauvais, 1958

Donatien ou le socialisme jugé par le bon sens. Aux ateliers, aux châteaux, aux chaumières, à tous, par un campagnard, Sagnier & Bray, Paris, 1849

Doniol, Henri, *Doléances (objets de) que les députés de la Généralité des garçons ouvriers chapeliers sont chargés de porter à l'Assemblée du Tiers-Etat de cette ville de Marseille, 1789*

Doniol, Henri, *Histoire des classes rurales en France et de leurs progrès dans l'égalité civile et la propriété, (de Colbert à la Révolution),* Guillaumin, Paris, 1857

Doniol, H., *La révolution française et la féodalité*, Guillaumin, Paris, 1874

Donnat, Léon, *La réglementation du travail*, Reinwald, Paris, 1886

Dormoy, Jean, *Le droit syndical*, Confédération Générale du Travail—Force Ouvrière, Librairie syndicale, Paris, no date

Dormoy, Jean, *Rapports et résolutions des congrès ouvriers de 1876 a 1883*, Oriol, Paris, 1883

Dormoy, Pierre, *L'évangile de l'anarchie et de Vénus selon Judas Iscariote, avec commentaires dreyfusards; Nouvelle démonstration del'évangile éternel, à l'occasion de cet ouvrage,* Perisse frères, Paris, 1905

Drachkovitch, Milorad, *De Karl Marx à Léon Blum, La crise de la social-démocratie,* Droz, Geneva, 1954

Drape, A., *Recherches sur l'histoire des corps d'arts et métiers en Roussillon,* Rousseau, Paris, 1898

Drault, J., *Alcide Chanteau, socialiste,* Gautier, Paris, 1902

Dret, Henri, *Chaussure et ganterie,* Doin, Paris, 1927

Dreyfus, Eugène, *Les habitations à bon marché. Discours prononcé le 6 octobre 1901 à l'audience solennelle de rentrée de la cour d'appel de Rouen,* Imprimerie Lecerf, Rouen. 1901

Dreyfus, L., *Misères sociales et études historiques,* Ollendorff, Paris, 1901

Dreyfus, Robert, *Essai sur les lois agraires sous la République romaine,* Calmann-Lévy, Paris, 1898

Driault, Edouard, *Les problèmes politiques et sociaux à la fin du XIXème siècle,* Alcan, Paris, 1900

Drioux, J., *Etude économique et juridique sur les associations: les coalitions d'ouvriers et de patrons de 1789 à nos jours, précédée d'une étude historique sur les collèges d'artisans et la gilde germanique,* Rousseau, Paris, 1884

Droz, Jacques, *Histoire des doctrines politiques en France,* Presses Universitaires de France, Paris, 1948

Droz, Jacques, *Le socialisme démocratique 1864-1960,* Colin, Paris, 1966

Dru, Gaston, *La révolution qui vient. Enquête sur le syndicalisme révolutionnaire,* édition de l'Echo de Paris, Paris, 1906

Dubiei, A., *Une école pratique de devoir social,* Imprimerie de la Tribune, Nevers, 1906

Dubois, Marc, *L'aspiration ouvrière vers la culture et les loisirs des travailleurs,* Sirey, Paris, 1937

Dubois, G., *Place au peuple!* Imprimerie de N. Chaix, Paris, 1850

Dubuorg, Antoine, *Les corporations ouvrières de la ville de Toulouse du XIIIème au XVème siècle, Ière période,* Sistac et Boubée. Toulouse, 1884

Dubourguier, A., *Travailleurs de France. Servitude et liberté au XIIème siècle et au XXème siècle,* Lecoffre, Paris,

Dubreuil, *A chacun sa chance. L'organisation du travail fondée sur la liberté,* Editions Bernard Grasset, Paris, 1935

Dubreuil, H., *Employeurs et salariés en France,* Librairie Félix Alcan, Paris, 1934

Dubreuil, Hyacinthe, *La République industrielle,* Bibliothèque d'éducation. Paris, no date

Dubreuil, Hyacinthe, *L'équipe et le ballon, L'ouvrier libre dans l'entreprise organisée,* Éditions Le Portulan, Paris, 1949

Dubreuil, Hyacinthe, *Le véritable intéressement" des travailleurs à la vie de l'entreprise,* Editions de l'Entreprise Moderne, Paris, 1959

Dubreuil, Hyacinthe, *L'ouvrier devenu partie intégrante de l'entreprise en sera le plus fidèle associé,* Paris, 1937

Dubreuil, Hyacinthe, *Employeurs et salariés en France,* Alcan, Paris, 1934

Dubreuilh, L., *De Japy à Bordeaux. Unité interfédérale et unité révolutionnaire, Bibliothèque du Parti socialiste en France,* Dhoossche, Lille, 1903

Dubreuilh, L., *L'organisation socialiste. I. Le Comité,* Bibliothèque du "Petit sou", Imprimerie Arbouin, Troyes, 1900

Du Broc de Segange, *La faïence, les faïenciers et les émailleurs de Nevers.* Imprimerie de L. M. Fay, Nevers, 1863

Dubuc, Edouard, *Socialisme et liberté. Étude sociologique,* Imprimerie Tequi & Guillonneau, Paris, 1907

Dubuissch, Paul, *Le positivisme et la question sociale, conférence donnée à Lyon, le 2 juillet 1898. Précédé d'une notice sur la société lyonnaise Le Chêne,* (Extrait de la Revue occidentale), Société positiviste, Paris, 1899

Duchatellier, A. R., *Essai sur les salaires et les prix de consommation de 1202 à 1830,* Librairie du Commerce, Paris, 1830

Duchêne, Georges, *L'empire industriel,* Librairie Centrale, Paris, 1869

Duclos, Jacques, *Qui donc reçoit des fonds de l'étranger?* Texte intégral des discours prononcés à l'Assemblée Nationale les 19, 23 et 24 novembre 1948, edited by the French Communist Party, Paris

Du contrat de travail, L'Action libérale populaire, Imprimerie Levé, Paris, 1905

Ducuing, François, *L'ordre du jour. Questions sociales. I. Où nous sommes. II. Où nous allons. III. Réformes possibles. Le socialisme et le travail. Le socialisme et la ploutocratie. La douane. L'impôt. L'administration et l'armée. La loi. L'hypothèque et le crédit,* Garnier frères, Paris, 1848

Ducuing, François, *Les sociétés coopératives,* (Extrait de la Revue nationale), P.—A. Bourdier & Cie, Paris, 1865

Dufau, Pierre Armand, *Essai sur la science de la misère sociale,* Renouard, Paris, 1857

Dufaure, G., *Contribution à l'étude de la participation ouvrière,* (Extrait de la Revue de viticulture), Imprimerie Levé, Paris, 1900

Dufour, *Le syndicalisme et la prochaine révolution*, Rivière, Paris, 1913

Dufour, Jacques, *Etude historique sur les théories du droit au travail*, Larose & Thénin, Paris, 1899

Dugast, F., *Le droit de vivre et ses conséquences rationnelles, Etudes sociales*, Giard & Brière, Paris, 1902

Dugast, F., *La justice sociale, Etudes sociales*, Giard & Brière, Paris, 1900

Dugast, F., *Le patriotisme et les iniquités sociales*, Giard & Brière, Paris, 1900

Dugast, F., *Les lois sociales devant le droit naturel, Etudes sociales*, Giard & Brière, Paris, 1900

Duguit, L., *Le droit social: le droit individuel et la transformation de l'état*, F. Alcan, Paris, 1908

Dulary, Baudet, *Quelques mots sur l'organisation du travail*, Imprimerie de Beau, St. Germain, 1848

Dulucq, *Congrès d'entente socialiste, Appel à la raison.* Imprimerie Clair, Paris, 1900

Dumas, Emile, *Les bûcherons*, Doin, Paris

Dumas, Georges, *Psychologie de deux messies positivistes: Saint-Simon et Auguste Comte*, Alcan, Paris, 1905

Dumas, Pierre, *La confection*, Doin, Paris

Dumay, J. B., *La fédération des travailleurs socialistes de l'Est. Un fief capitaliste: Le Creusot-Dijon*, Publications de la "Revue Sociale," Dijon, 1891

Dumay, J. B., *Un fief capitaliste*, Bibliothèque de la Revue socialiste, bureau de la Revue socialiste, Paris, no date

Dumon-Meynard, *Suppression des grèves et du prolétariat. Organisation de la démocratie conservatrice*, Librairie des sciences sociales, Paris, 1870

Dumont, Albert, *Socialisme et internationalisme*, Imprimerie Mingardon & Cie, Marseille, 1902

Dumoulin, Georges, *Le parti socialiste et la C.G.T.*, Librairie Populaire, Paris, 1938

Dumoulin, Georges, *Le parti socialiste et la C.G.T.*, Librairie Populaire, Paris, 1938

Dumoulin, Georges, *Les syndicalistes français et la guerre, Brochure de la minorité de la C.G.T. pendant la guerre*, Editions de la Bibliothèque du Travail, Paris, 1921

Dunham, Arthur Louis, *La révolution industrielle en France, 1815-1848*, Rivière, Paris, 1953

Dunoy, Georges, *La littérature ouvrière*, Presses Universitaires de France, Paris, 1948

Dunoyer, A., *Organisation de la société internationale des travailleurs* (Journal des Economistes, June 1871), Guillaumin & Cie, Paris, 1871

Dupasquier, H., *Etude sur le malaise des classes ouvrières*, Neuchâtel & Paris, 1869

Dupeux, Georges, *Le Front Populaire et les élections de 1936,* Colin, Paris, 1939

Dupin, André, *L'ouvrier,* Delagrave, Paris, 1904

Dupin, Baron Charles, *Bien-être et concorde du peuple français,* Pagnerre, Paris, 1848

Dupin, Baron Charles, *Conseils adressés aux ouvriers parisiens,* Firmin Didot frères, Paris, 1840

Dupin, Baron Charles, *Discours sur l'avenir de la classe ouvriére, prononcé le 24 novembre 1833,* Imprimerie de David, Paris, (no date)

Dupin, Baron F. P. C., *Le petit producteur français 1827-1828,* Bachelier, Paris

Dupin, Baron Charles, *Sur le sort des ouvriers considéré dans ses rapports avec l'industrie, la liberté et l'ordre public,* Bachelier, Paris, 1831

Dupiol, *La nationalisation des industries clés,* Centre Confédéral d'Education Ouvrière, Paris, 1937

Dupont, *Jacques François de Bussac, Histoire populaire des sociétés coopératives. Affranchissement de la classe ouvrière,* Le Chevalier, Paris, 1873

Dupont, E., *Les ouvriers, histoire populaire illustrée des travailleurs au XIXème siècle,* Imprimerie Charaire & fils, Sceaux, 1890

Dupont, Leonce, *La Commune et ses auxiliaires devant la justice,* Didier & Cie, Paris, 1871

Duportal, Armand, *La Commune à Toulouse, simple exposé sur les faits,* Imprimerie de Savoy, Toulouse, 1871

Duprat, G. L., *La solidarité sociale; ses causes, son évolution, ses conséquences,* Doin, Paris, 1907

Dupré, Docteur, *Le problème social. La science et la méthode en face du problème social. Ière partie: Critique de l'organisation actuelle de la société. IIème partie: Transformation sociale par l'enseignement,* chez l'auteur, Paris, 1870

Dupuynode, Gustave, *Lettres économiques sur le prolétariat,* Joubert, Guillaumin, Paris, 1848

Dupuy-Quinet, *Aux travailleurs,* Imprimerie Lefèbvre, Paris, 1871

Durand, Abel, *Syndicalisme, nationalisation et socialisation,* Comité régional d'expansion économique, Nantes, 1920

Durand, Emile, *L'inspection du travail en France de 1841 à 1902,* (Thesis), Rousseau, Paris, 1902

Durand, Ferdinand, *Coup d'oeil sur l'ordre social actuel. Organisation industrielle de l'armée,* Anselin, Roret, Paris, 1834

Durand, Léon, *L'évolution sociale, pratique et immédiate. La suppression de la misère,* Imprimerie Coneslant, Cahors, 1907

Durand, Louis, *La caisse rurale; la caisse ouvrière, principes, méthodes et résultats,* Imprimerie Paquet, Lyon, 1900

Durand, Louis, *Le crédit agricole par les caisses rurales Raiffeisen. Rapport,* Imprimerie Germain & Grassin, Angers, 1907

Durand, Louis, *Union des caisses rurales et ouvrières françaises, Réponse au Révérend Père Ludovic de Besse*, Publisher: Union des Caisses rurales, Lyon, 1901

Durand, P., *La politique contemporaine de sécurité*, Dalloz, Paris, 1953

Durand, Paul, *Droit du Travail*, Les Cours de droit, Paris, 1957

Durand, Paul, and Jaussard, R., *Traité de droit au travail*, Dalloz, Paris, 1947

Durengues, abbé, *La misère dans l'Agenais en 1774*, Impr. de Vve. Lamy, Agen, 1895

Duret, Jean, *Sens et portée du plan*, Publication de l'Institut Supérieur, Ouvrier, Volume XII, Centre Confédéral d'Education Ouvrière, Paris, 1935

Durkheim, *Le socialisme, sa définition, ses buts*, Alcan, Paris, 1928

Durnerin, Pierre, *De la responsabilité civile pouvant résulter des grèves et coalitions ouvrières, et spécialement de l'organisation de ces coalitions et l'excitation à la grève*, (Thesis), Larose & Thénin, Paris, 1904

Duroselle, J. B., *Les débuts du catholicisme social en France, (1822-1870)*, Presses Universitaires de France, Paris, 1951

Duthoit, Eugène, *Les syndicats professionnels ont-ils quelque intérêt à faire le commerce* (Réunion intime de Fribourg), Imprimerie Rivière, Blois, 1903

Duthoit, Eugène, *Syndicats ou associations en quête du statut syndical. Cours fait à la septième session de la "Semaine sociale de Rouen"*, J. Gabalda, Paris, 1911

Duthoit, Eugène, *Vers l'organisation professionnelle*, Action Populaire, Reims, 1910

Duthu, Henri, *Le contrat collectif du travail*, (Thesis) Imprimerie Cadoret, Bordeaux, 1910

Duval, Fernand, *J.B.A. Godin et le familistère de Guise* (Thèse), Giard & Brière, Paris, 1905

Duval, G., *Histoire de la littérature révolutionnaire*, Paris, 1879

Duveau, Georges, *La pensée ouvrière sur l'éducation pendant la seconde République et le Second Empire*, Domat-Montchrestien, Paris, 1947

Duveau, Georges, *La vie ouvrière en France sous le Second Empire*, Gallimard, Paris, 1946

Duverger, A., *Le code civil et la paix sociale*, Marescqaine, Paris, 1881

Duverger, Maurice, *Les partis politiques*, Colin, Paris, 1951

Duverger, Maurice, Goguel, François and Touchard, Jean, *Les élections du 2 janvier 1956*, Cahiers de la Fondation Nationale des Sciences Politiques, No. 82, Colin, Paris, 1957

Du Voisin, abbé, *Défense de l'ordre social contre les principes de la Révolution*, London, no publisher 1798, Impr. de Mellinet-Mallassis, Nantes, 1820

Dylse, Lucien, *Collectivisme contre prolétariat,* Imprimerie A. La-huse, Paris, 1908

Earle, Edward Mead, (ed.) *Modern France,* Princeton, 1951

Eastman, *Marxism, Is It a Science?,* London, 1941

Effertz, Otto, *Les antagonismes économiques, intrigue, catastrophe et dénouement du drame social,* Giard & Brière, Paris, 1906

Egapel, X., *Un vieux prolétaire, socialiste et philosophe sans le savoir,* Vanier, Paris, 1900

Egron, A. C., *Le livre de l'ouvrier, ses devoirs envers la société, la famille et lui-même. Probité, travail, économie,* Mellier, Paris, 1844

Ehrmann, Henry W., *French Labor from Popular Front to Liberation,* Oxford University Press, New York, 1947

Ehrmann, Henry W., *Organized Business in France,* Princeton University Press, Princeton, 1958

Eichtal, Eugène d', *Des bases du droit socialiste,* A. Picard et fils, Paris, 1900

Eichthal, Eugène d', *La participation aux bénéfices, facultative et obligatoire,* Guillaumin, Paris, 1892

Eichthal, Eugène d', *La solidarité sociale; ses nouvelles formules, Extrait du compte-rendu de l'Academie des sciences morales et politiques,* Picard & fils, Paris, 1903

Eichthal, Eugène d', *Le socialisme électoral, Publications du comité de défense et de progrès social,* Imprimerie Levé, Paris, 1899

Eichthal, Eugène d', *Socialisme, communisme et collectivisme,* Guillaumin & Cie, Paris, 1901

Eichthal, Eugène d', *Socialisme et problèmes sociaux,* Alcan, Paris, 1899

Einaudi, M., Domenach, J.-M. and Garosci, A., *Communism in Western Europe,* Cornell University Press, Ithaca, 1951

Einaudi, Mario, and Goguel, François, *Christian Democracy in Italy and France,* Notre-Dame University Press, South Bend, Indiana, 1952

Ellison, Grace, *Les sténo-dactylographes,* Doin, Paris

Ellul, Jacques, *Histoire des institutions, Institutions françaises, du Moyen-Age à 1789; de 1789 à 1870*

Eltzbacher, Paul, *Anarchism,* translated by S. T. Byington, Benjamin R. Tucker, New York, 1908

Eltzbacher, Paul, *L'anarchisme,* (translated by Otto Karmin), Giard & Brière, Paris, 1902

Ely, R. T., *French and German Socialism in Modern Times,* Harper & Brothers, New York, 1883

Encyclica über die Arbeiterfrage. Rudschreiben Sr. Heiligheit Papst Leo XIII. an alle Patriarchen, Primaten, Erzbischofe und Bischofe der Katholischen Welt, die mit dem aposolischen Stuhle in Gemeinschaft stehen, Verlag, St. Norbertus, Wien, 1891

Engel, Albert, *L'arbitrage et la conciliation en matière des conflits collectifs entre patrons et ouvriers. La réforme de la loi du 27 décembre 1892* (Thesis), Giard & Brière, Paris, 1908

Engels, Friedrich, Lafargue and Laura, *Correspondance (1868-1895),* 3 volumes, Editions sociales, Paris, 1956

Engerand, F., *Rapport sur la grève générale des mineurs de France (septembre-novembre 1902), fait au groupe républicain nationaliste.* Imprimerie de Soye & fils, Paris, 1903

Englehem, Alexandre d', *Les enfants du travail, Agricole Perdiguier,* Pagnerre, Paris, 1864

Enquête de la commission extra-parlementaire des associations ouvrières nommée par M. le ministre de l'Intérieur, 2 volumes, Imprimerie nationale, Paris, 1883

Enquête parlementaire sur l'insurrection du 18 mars. Pièces justificatives. Assemblée Nationale, Germer-Baillière, Paris, 1872

Enquête sur l'artisanat, Institut de Science économique appliquée, Paris, 1946

Enquête sur les conseils de prud'hommes et les livrets d'ouvriers, 2 volumes, Paris, 1869

Ensor, R. K. E. (ed.), *Modern Socialism,* London, 1907

Equerre, Adolphe, *Le cultivateur socialiste,* Imprimerie Janet, Lons-le-Saulnier

Erichson, A., *Jésus et les questions sociales,* Strasburg, 1866

Ernestan, *La contre-révolution étatiste,* Editions Pensée et Action, Brussels and Paris, no date

Escard, François, *Frédéric Le Play (1806-1882),* (Extraits de la Science catholique), Sueur-Charruey, Paris, 1903

Escard, François, *La paix sociale par la liberté d'association,* (Extrait de la Réforme sociale), Imprimerie Levé, Paris, 1901

Escard, François, *Solutions anciennes de la question sociale,* (Extrait de la Réforme sociale, May 1, 1900), Imprimerie Levé, Paris, 1900

Escoffier, H., *La grève des patrons,* Bibliothèque Franklin, volume 26, H. Bellaire, Paris, 1873

Escoffier, Léon, *Les grèves et l'arbitrage,* Imprimerie Crépin frères, Douai, 1904

Espagnet, Frantz, *Démocratie et politique, d'après Anatole France,* Imprimerie coopérative, La Laborieuse, Nîmes, 1901

Espinay Saint-Luc, Marquis d', *Etudes sur la question sociale,* (Extrait de l'Echo de la Sologne), Imprimerie Standachar & Cie, Romorantin, 1905

Esquiros, Alphonse, *Histoire des martyrs de la liberté,* J. Bryaine, Paris, 1851

Esquiros, Alphonse, *"L'évangile du peuple", défendu par Alphonse Esquiros,* Le Gallois, Paris, 1841

Esquisses d'institutions républicaines par un des comités insurrectionnels de Paris, (avec trois tabelles), London, Brussels, Geneva, 1862

Essai sur le paupérisme, Le droit au travail et à la liberté, Imprimerie E. Richard, Paris, 1872

Estève de Bosch, A., *Le repos hebdomadaire, Etude sociale*, Larose & Thénin, Paris, 1908

Estey, J. A., *Revolutionary Syndicalism, an Exposition and Criticism*, P. S. King & Sons, London, 1913

Etcheverry, L., *La France est-elle une démocratie? Communication à la réunion du dix-huitième congrès annuel de la Société d'économie sociale et des unions de la paix sociale, dans la séance du 3 juin 1899*, (Extrait de la Réforme sociale, 16 août 1899), Imprimerie Levé, Paris, 1899

European Organization of the I.C.F.T.U., *Economic and Industrial Democracy, Summary Report of the Lectures and Subsequent Discussions at the European Trade Union School Held at the Danish Trade Union School, Ebsjerg, from 12 to 24 September, 1955*, ICFTU, Brussels, no date

Exploiteurs de l'ouvrier, Bibliothèque de l'ouvrier, Paillart, Abbeville, 1900

Exposé sur le plan de rénovation économique de la CGT, Publication de la CGT

Extrait du procès-verbal d'une séance tenue le 20 juillet 1841, par le Comité des fondateurs du Journal l'Humanitaire, Paris, 1841

Ezou, Paul, *L'aisance obligatoire et le socialisme pratique*, Giard & Brière, Paris, 1907

Fabri, Luigi, *Qu'est-ce que l'anarchie*, Editions Elisée Reclus, Paris, no date

Fagnet, *Le règlement amiable des conflits du travail. Rapport présenté à la séance du 23 février 1911*, Association nationale française pour la protection des travailleurs, au siège de l'Association, Paris, 1911

Fagneux, Louis, *La caisse de crédit Raiffeisen et le Raiffeisenisme en France et à l'étranger*, A. Leclère, Paris, 1908

Fagniès, *Documents relatifs à l'histoire de l'industrie et du commerce en France, depuis le IVème siècle avant Jésus-Christ jusqu'à la fin du XIIIème siecle*, A. Piard et fils, 2 volumes, Paris, 1898-1900

Fagniez, Gustave, *Corporations et syndicats*, Lecoffre, Paris, no date

Faguet, Edgar, *L'oeuvre sociale de la Révolution française*, Fontemoing, Paris, 1901

Faguet, Edgar, *Le socialisme en 1907*, Société française d'imprimerie et de librairie, Paris, 1907

Faguet, Edgar, *Problèmes politiques du temps présent*, A. Colin, Paris, 1899

Faidherbe, Alexandre, *L'organisation du travail, d'après M. Le Play*, Imprimerie Beghin, Paris, 1872

Faillet, *Biographie de Varlin*, Paris, Imprimerie de E. Perreau, 1885

Fargeaud, P., *L'application des nouvelles lois sociales*, Plon, Paris, 1938

Fargeaud, P., *Le problème de l'embauchage et du licenciement de la main-d'oeuvre*, Libr. générale de droit et de jurisprudence, Paris, 1939

Farre, J. J., *Association en garantisme contre la misère*, Paris, 1843

Faucher, Léon, *Droit au travail*, Dictionnaire de l'économie politique, Paris, 1853

Faucher, Léon, *Du droit au travail*, (Extrait de la Revue des Deux Modes), Guillaumin Lévy, Paris, 1848

Faucher, Léon, *Du système de Louis Blanc, ou le travail, L'association et l'impôt*, Guillaumin & Cie, Renouard, Paris, 1848

Faucher, Léon, *Mélanges d'économie politique et de finances*, Guillaumin, Paris, 1856

Fauquet, *La réglementation hebomadaire de la durée du travail, le repos du samedi*, Paris, 1903

Fauquet, Docteur, *Regards sur le mouvement corporatif*, F.N.C.C., Paris, 1949

Fauquet, Dr. Geo., *Essai sur le travail*, Paris, 1898

Faure, Pétrus, *Histoire du mouvement ouvrier dans le département de la Loire*, Imprimerie Dumas, Saint-Etienne, 1956

Faure, S., *Les anarchistes et l'affaire Dreyfus*, Au bureau du "Libertaire," Paris, 1898

Fauvet, Jacques, *Histoire du Parti Communiste français*, Fayard, Paris, 1964

Fauvel-Rouif, Denise (ed.), *Mouvements ouvriers et dépression économique de 1929 à 1939*. Internationaal Instituut Voor Sociale Geschiedenis, Amsterdam, (no date)

Fauvet, Jacques, *La France déchirée*, Arthème Fayard, Paris, 1953

Fauvet, Jacques, *Les forces politiques en France*, Édition "Le Monde," Paris, 1951

Fauvet, Jacques, *Les partis politiques dans la France actuelle*, Editions "Le Monde", Paris, 1947

Fava, avv, Niccole, *La question sociale presa in esame dalla sua origine ai gierni nostri*, Milan, 1879

Fava, Mgr. Armand-Joseph, *La question ouvrière; Jésus-Christ, modèle des patrons et des ouvriers discours prononcé en l'église Saint-Augustin de Paris, le 20 février 1881, à la demande du bureau central de l'Union des associations ouvrières catholiques*. Imprimerie Vincent & Perreux, Grenoble, 1881

Favre, Jules, *Gouvernement de la défense nationale*. 3 volumes, Imprimerie Nationale, Paris, 1870

Félix, R. P., *L'économie sociale devant le christianisme. Conférences de Notre-Dame*, Albanel, Paris, 1866

Félix, R. P., *Christianisme et socialisme ou le remède au mal social par la charité chrétienne. Conférence prêchée au Mans en 1879*, Roger & Chernoviz, Paris, 1879

Félix, R. P., *Le charlatanisme social,* Roger & Chernoviz, Paris, 1884

Félix, R. P., *Le socialisme devant la société. Conférences prononcées à Notre-Dame de Grenoble dans le carême de 1878,* Roger & Chernoviz, Paris, 1878

Félix, R. P., *Le travail. Loi de la vie et de l'éducation,* Dillet, Paris, 1856

Féraud-Giraud, L. J., *Législation française concernant les ouvriers,* Durand, Paris, 1856

Ferneuil, Théodore, *Les principes de 1789 et la science sociale,* Hachette, Paris, 1889

Ferrand, Antoine-François-Claude, Cte., *Des causes qui ont empêché la contre-révolution en France et considérations sur la révolution sociale,* E. Haller, Bern, 1795

Ferrand, Comte A., *Théorie des révolutions, rapprochée des principaux éléments qui en ont été l'origine, le développement ou la suite,* 4 volumes, L. G. Michaud, Paris, 1817

Ferras, G., *Le progrès technique et le chômage,* Les Presses Modernes, Paris, 1938

Ferrat, André, *Histoire du Parti Communiste Français,* Bureau d'Editions, Paris, 1931

Ferré, Max, *Histoire du mouvement syndicaliste révolutionnaire chez les instituteurs, des origines à 1922* (Thesis), Société Universitaire d'Editions et de Librairie, Paris, 1955

Ferrette, *Manuel de législation industrielle . . . avec le texte des lois ouvrières et des tableaux analytiques,* C. Maresq fils, Paris, 1909

Ferrière-Percy, Comte de la, *Une fabrique de faïence à Lyon sous le règne de Henri II,* Paris, 1862

Ferri-Pisani, Pierre, *Sur le syndicalisme maritime,* Union Syndicale des Marins de Commerce, Marseille, 1933

Festy, Octave, *Le mouvement ouvrier au début de la Monarchie de Juillet entre 1830 et 1834,* Cornely, Paris, 1908

Feugueray, Henri-Robert, *L'association ouvrière, industrielle et agricole,* G. Havard, Paris, 1851

Fejtö, François, *The French Communist Party and the Crisis of International Communism,* Massachusetts Institute of Technology Press, Cambridge, 1967

Feuz, Walter, *Grundzuge der franzosischen Syndikalismus,* Bern, 1945

Février, *Question ouvrière et sociale, Proposition de solution,* Imprimerie Schiller, Paris, 1874

Fidao, J. E., *Le droit des humbles. Etudes de politique sociale,* Perrin & Cie, Paris, 1904

Fighiera, R., *La protection légale des travailleurs en France,* Berger-Levrault, Paris, 1913

Filangieri, Carlo, *Il movimento sociale, Parte I,* Naples, 1879

Finance, Isidore, *Les syndicats professionnels devant les tribunaux et le Parlement depuis 1884,* Berger-Levrault, Paris, 1911

Fischer, Jean, *Christianisme et socialisme,* Imprimerie M. Bouche, Liège, 1908

Fix, Théodore, *Observations sur l'état des classes ouvrières,* Guillaumin, Paris, 1846

Flach, Jacques, *Notes et documents sur l'origine des redevances et services au XIème siècle,* Paris, 1882, L. Larose et Forcel

Fleury, J., *Excursions dans le domaine du socialisme. Dangers du collectivisme. Bienfaits de l'humanitarisme (suivi d'un projet d'institutions de colonies agricoles en France),* Giard & Brière, Paris, 1902

Fliniaux, Charles, *La grève, les patrons et les ouvriers,* Douniol, Paris, 1865

Flornoy, Eugène, *La lutte pour l'association. L'action libérale populaire,* Gabalda & Cie, Paris, 1907

Flurscheim, Mich., *Papst und Socialreform. Ein Appell von dem falsch unterrichteten an den besser zu unterrichtenden Papst,* J. B. Gerlach, Dusseldorf, 1891

Fogarty, Michael, *Christian Democracy in Western Europe, 1820-1953,* University of Notre-Dame Press, Notre-Dame, South Bend, Indiana, 1957

Foignet, Alexandre, *De l'association comme base morale d'améliorations matérielles,* Barba, Paris, 1837

Follin, H. L., *Questions du travail (à propos des grèves du Havre). Extrait la Province,* La Province, Le Hâvre, 1900

Fonsegrive, Georges, *La crise sociale. (Division du travail, fondement du droit d'association, condition du travailleur dans le socialisme),* Lecoffre, Paris, 1900

Fontaine, Arthur, *Conciliation industrielle. De la nécessité et des formes des conseils mixtes de conciliation et d'arbitrage,* Imprimerie Jennet, Amiens, 1896

Fontaine, Arthur, *Les association ouvrières de production* (Extrait du Journal de la Société de statistique de Paris), Berger-Levrault & Cie, Nancy, 1898

Fontanilles, Maurice, *Le droit au travail, conférence donnée le 20 décembre 1903 à Graulhet (Tarn),* Imprimerie Lagarde & Sébille, Toulouse, 1904

Fontarives, L., *Révolution sociale, Base du crédit positif, Institutions du garantisme. Organisation du travail, des armées industrielles. Colonisation,* Librairie phalanstère, Paris, 1848

Forbes, R. P., *Le droit d'association, étude inspirée par un congrès récent (25-27 mai 1897),* Extrait des Etudes, Pedone-Lauriel, Paris, 1899

Forest, P., *Défense du Fouriérisme contre M. Reybaud de l'Académie Française, MM. Rossi, MM. Chevalier, Blanqui, Wolowski, M. de Lamartine,* A la librairie sociétaire, Paris, 1845

Forest, P., *Organisation du travail d'après les principes de la théorie de Ch. Fourier*, Librairie sociétaire, Paris, 1845

Forichon, D., *Le matérialisme et la phrénologie combattus dans leurs fondements et l'intelligence étudiée dans son état normal et ses aberrations dans le délire, les hallucinations, la folie, les rouges, etc.*, Loss, Paris, 1840

Forsans-Veysset, Madeleine de. *Georges Veysset. Un épisode de la Commune et du gouvernement de M. Thiers*, Landsberger, Brussels, 1873

Foster, William Z., *Outline History of the World Trade Union Movement*. International Publishers, New York, 1956

Foucart, J. B., *La grève des charbonniers d'Anzin*, Paris, 1866

Foucaudière, *Le socialisme: Ses principes de justice*, Paris, 1893

Foucaut, G., *Turgot et la liberté du travail*, Rousseau, Paris, 1901

Fouché, Joseph, *Mémoires de Joseph Fouché, duc d'Otrante, Ministre de la police générale*, Le Rouge, Paris, 1825

Fouillée, Alfred, *La science sociale contemporaine*, Hachette & Cie, Paris, 1885

Fouillée, Alfred, *La propriété sociale et la démocratie*, Alcan, Paris, 1904

Fouillée, A., *La démocratie politique et sociale en France*, Alcan, Paris, 1910

Fouillée, Alfred, *Le socialisme et la sociologie réformiste*, Alcan, Paris, 1909

Foulon, M., *Eugène Varlin, relieur et membre de la Commune*, Clermont-Ferrand, 1934

Fouquet, F., *Question ouvrière, étude sociale*, Imprimerie Navas & Ware, Montpellier, 1879

Fourastie, Jean, *Le grand espoir du XXème siècle*, Presses Universitaires de France, Paris, 1950

Fourgeaud, André, *Du code individualiste au droit syndical*, Valois, Paris, 1929

Fourgeaud, André, *L'homme devant le capitalisme, Essai d'une économique rationnelle*, Payot, Paris, 1936

Fourier, Charles, *Cités ouvrières. Des modifications à introduire dans l'architecture des villes*, Extrait de la Phalange, Librairie Phalanstérienne, Paris, 1849

Fourier, Charles, *L'association et le travail attrayant*, Librairie de la Bibliothèque démocratique, Paris, 1873

Fourier, Charles, *Théorie de l'association domestique et agricole*, 2 volumes, Bossange, Paris, 1822

Fournier, Marcel, *Les affranchissements du Vème au XIIIème siècle*, Extrait de la Revue historique, Paris, 1883

Fournier, Pierre Léon, *Le second Empire et la législation ouvrière*, Larose & Thénin, Paris, 1911

Fournière, Eugène, *Essai sur l'Individualisme*, Alcan, Paris, 1911

Fournière, Eugène, *La législation du travail, Conférences faites à l'Ecole polytechnique*, Charles-Lavauzèle, Paris, 1905

Fournière, Eugène, *Les théories socialistes au XIXème siècle; de Babeuf à Proudhon*, Alcan, Paris, 1904

Fournière, Eugène, *L'idéalisme social*, Alcan, Paris, 1898

Fournière, Eugène, *L'individu, l'association et l'Etat*, Alcan, Paris, 1907

Fournière, Eugène-Joseph, *Ouvriers et patrons*, Fasquelle, Paris, 1905

Fourny, E., *Les droits de la misère*, chez l'auteur, Paris, 1880

Fourrure et pelleterie, Doin, Paris

Fourteau, J. B., *Le socialisme ou communisme, et la jacquerie du XVIème siècle, imitée par les socialistes de 1851, avec un aperçu sur le droit au travail*, P. Dupont, Paris, 1852

Foville, H. de, *"Comment sont logés les Français, extraits de l'en France,"* 2 volumes, Imprimerie de A. Noel, Paris, (no date)

Foville, Henry de, *Les syndicats en 1905. Solidarité sociale*, 1905

Fracheboud, A., *Extinction immédiate du paupérisme par la suppression des chômages*, Impr. de N. Chaix, Paris, 1863

Frachon, Benoît, *La bataille de la production*, Confédération Générale du Travail, Paris, 1946

Frachon, Benoît, and Le Leap, Alain, *La CGT vous parle*, August-September 1948, Supplément du Peuple, Imprimerie Centrale de la Presse, Paris

France, Anatole, *Opinions sociales*, 2 volumes, Bibliothèque socialiste, No. 13 and 14, Société nouvelle de librairie, Paris. 1903

France, Ministry of Commerce, Office du Travail, *Les associations professionnelles ouvrières*, 4 volumes, Paris, 1899-1904

Franck, Ad., *Notice sur la vie et le système politique et social de Nably. Lue dans la séance publique annuelle des cinq Académies le mercredi 25 octobre 1848*

Franck, Charles, *Les bourses du travail et la Confédération Générale du Travail*, Giard & Brière, Paris, 1910

Frank, D., *Syndicats et associations (1884-1901)*, Tanorède, Paris, 1907

François, Albin, *Michel Bakounine et la philosophie de l'anarchie*, Brussels

François, Albert, *Elisée Reclus et l'anarchie*, Volksdrukkerij, Gand, 1905

François, Ch., *Sommes-nous coopérateurs?* (Publications de l'Office social de Lyon, No. 1), Imprimeries réunies, Lyon, 1908

Francq, Roger, *Le travail au pouvoir. Essai d'organisation technique de l'Etat démocratique*. Préface de Maxime Leroy, Editions de la Sirène. Paris, 1920

Frandon, Ida-Marie, *Autour de "Germinal". La mine et les mineurs*, Librairie E. Droz, Geneva, 1955

Franklin, Alfred, *Les corporations ouvrières de Paris, du XIIème au XVIIIème siècle, histoire, statuts, armoiries, d'après des documents originaux ou inédits*, Firmin-Didot, Paris, 1884

Franklin, Alfred, *La vie privée d'autrefois, comment on devenait patron,* E. Plon, Nourrit et Cie. Paris, 1889

Franklin-Berger, Victor, *La révolution de février et sa constitution, jugée d'après la phrénologie. De l'influence de cette doctrine sur l'économie sociale,* Dupont, Paris, 1850

Frayssard, C. B., *Quelques observations à propos de l'organisation du travail,* Charpentier, Paris, 1845

Frégier, H. A., *Des classes dangereuses de la population dans les grandes villes et des moyens de les rendre meilleures,* 2 volumes, J. B. Baillière, Paris, 1839

Frémin, G., *De la démocratie. Tous les humains égaux. Hommage au Christ démocratique (vers),* Imprimerie Le Griffon, Montebourg, 1903

Frémin, G., *La société nouvelle ou les douze colonnes du nouvel édifice social; par un presqu' octogénaire,* Imprimerie Le Griffon, Montebourg, 1903

Frémin, G., *La société nouvelle. Tout membre citoyen. L'idiocénisme ou l'égalité entre privés et publics revenus* (vers), Imprimerie Le Griffon, Montebourg, 1903

Frémin, G., *L'idiocénisme, ou la solution immédiate du problème social par l'égalisation de revenus, d'une part, les publics, d'autre part, les privés,* Imprimerie Le Griffon, Montebourg, 1903

Freppel, Evêque d'Angers, *La question ouvrière: discours prononcé en l'église de la Madeleine à Paris, le 1er février 1880, en faveur du bureau central des associations ouvrières catholiques,* Secrétariat Général de l'Union, Paris, 1880

Freymond, Jacques, ed., *La Première Internationale.* Droz, Geneva, 1962

Frezouls, Antonin, *Considération sur l'idée du progrès social. Discours prononcé à l'audience solennelle de rentrée de la Cour d'appel de Toulouse,* le 4 novembre 1879, Imprimerie Douladoure, Toulouse, 1880

Friedlander, Walter A., *Individualism and Social Welfare, An Analysis of the System of Social Welfare and Social Security in France,* University of California Press, Los Angeles, California, 1962.

Friedman, Georges, *Le travail en miettes,* Gallimard, Paris, 1956

Friedmann, Georges, *Machine et humanisme: 1. La crise du progrès; 2. Problèmes humains du machinisme industriel,* Gallimard, Paris, 1936 and 1946

Friedmann, G., *Problèmes humains du machinisme industriel,* new edition, Gallimard, Paris, 1955.

Friedmann, Georges, *Où va le travail humain?* Gallimard, Paris, 1950

Friedmann, G., and Naville, P., *Traité de sociologie du travail,* Colin, Paris, 1962.

Frissard, *Réponse de Rothshild I, roi des jufs, à Satan, dernier roi des imposteurs,* Ballay aîné, Paris, 1846

Froideval, Raymond, *La coopération ouvrière de production et la guerre,* Imprimerie D.M.F., Paris, 1945 (?)

Froissard, L. O., *Du syndicat à la corporation,* Edition du Livre Français, Lyon, 1942

Fromant, Pierre, *L'insurrection de Lyon de 1831,* Bureau d'Editions, Paris, 1931

Fuix, J., *Du rôle de la charité privée dans l'émancipation des classes pauvres. Postscriptum de l'étude relative à l'abolition de la misère,* Imprimerie E. Yvert, Amiens, 1865

Fulpius, Ch., *Des rapports de la libre pensée et du socialisme,* Libre Pensée, 1906

Funck-Brentano, *La question ouvrière sous l'ancien régime,* (S.L.N.D.)

Funck-Brentano, Frantz, *Etudes d'histoire sociale. La famille fait l'Etat, Conférence faite le 18 mars 1895 au congrès annuel de l'Union de la paix sociale,* Extrait de la Réforme sociale, Imprimerie Levé, Paris, 1895

Funck-Brentano, Th., *Les sophistes français et la révolution européenne,* Plon, Nourrit & Cie, Paris, 1905

Furniss, Edgar S., *France: Keystone of Western Defense,* Doubleday & Co., New York, 1955

Furth, René, *Formes et tendances de l'anarchisme,* Librairie Publico, Paris, 1967

Furniss, Edgar S., Jr., *France, Troubled Ally. De Gaulle's Heritage and Prospects,* Harper & Brothers, New York, 1960

Gachon, Jean, *Une application de la journée de huit heures, La journée de huit heures et l'Assistance Publique,* Pedone, Paris, no date

Gagneur, L'Aube, *Charles Fourier d'après Zola et Jaurès,* Paris, 1891

Gagneur, L'Aube, *Le désarmement et la question sociale,* Dentu, Paris, 1899

Gailhard-Bancel, H. de, *15 ans d'action syndicale,* Lamulle & Poisson, Paris, 1900

Gaillard, *L'instruction publique à Saint-Flour de 1249 à 1881,* Saint-Flour, 1881

Gaillard, Félix, *Le plan Monnet, Reconstruction et modernisation de la France,* Les Echos, Conférence given at the Club-Echos, Paris, February 1, 1947

Gaillard, Louis, *Le Royaume socialiste. Choses vues (Le congrès de l'unité; la tournée Millerand; le socialisme dans le Nord, etc.),* Daragon, Paris, 1902

Gaillard, R., *Les cellules d'usine:* Les Cahiers du Militant, edited by the Communist Party, Librairie de l'Humanité, Paris, 1924

Gairal, Joseph, *Les droits et les devoirs des syndicats agricoles,* Pedone, Paris, 1900

Gal, J. B., *L'homme individuel et social,* Vrayet de Surcy, Paris, 1864

Galant, Henry C., *Histoire politique de la sécurité sociale française,* 1945-1952, Colin, Paris, 1955

Galant, Henry C., *The French Social Security System: the Politics of Administration,* (Thesis), Harvard University, Cambridge, 1953

Galenson, Walter E., *Comparative Labor Movements,* Prentice-Hall, New York, 1952

Gallois, L., *Histoire des journaux et des journalistes de la révolution française,* 1789-1796, 2 volumes, Société de l'industrie fraternelle, Paris, 1845-1846

Gallovich, J., *Krapotkin herczeg elete es anarkistikus rendszere (La vie du prince Krapotkin et son système anarchique)* Kilian F. utoda bizom, Budapest, 1904

Gallus, *Sophismes révolutionnaires, trilogie dédiée aux travailleurs de tous métiers et de toutes conditions,* Bonhoure, Paris, 1886

Galter, Albert, *Le communisme et l'église catholique,* Editions Fleurus, Paris, 1956

Garand, A., *Le chômage technologique, Théories et doctrines,* Librairie Technique et Economique, Paris, 1938

Garaudy, Roger, *Les sources françaises du socialisme scientifique,* Éditions Hier et Aujourd'hui, Paris, 1948

Garavel, J., *Les paysans de Morette. Un siècle de vie rurale dans une Commune du Dauphiné,* Cahiers de la Fondation Nationale des Sciences Politiques, No. 2, Colin, Paris, 1948

Garcia-Mansilla, Eduardo, *Tolstoi et le communisme,* Charles Lavauzelle, Paris, 1906

Garcin, Alfred, *Rénovation morale ou le socialisme pratiquable,* Giraud, Paris, 1849

Gardissal, Marcel, *La loi du 9 avril 1898 sur les responsabilités des accidents dont les ouvriers sont victimes dans leur travail,* Rousseau, Paris, 1898

Garet, E., *Les bienfaits de la révolution française,* Marescq, Paris, 1883

Garin, J., *L'anarchie et les anarchistes,* Imprimerie Storck, Lyon, 1885

Garmy, René, *Histoire du mouvement syndical en France,* 2 volumes, Bureau d'Editions, Paris, 1933

Garmy, René, *La Mine aux Mineurs de Rancie, 1789-1848,* Domat-Montchrestien, Paris, 1943

Garnier, Joseph, *Sur l'association, l'économie politique et la misère, position du problème de la misère. Considérations sur les moyens généraux d'élever les classes pauvres à une meilleure condition matérielle et morale,* Guillaumin, Paris, 1846

Garrigues, *Histoire de la démocratie et de la bourgeoisie en France depuis l'époque de la domination romaine jusqu'en 1789,* Villeneuve-sur-Lot, Imprimerie de E. Chabrie

Garriguet, L., *Capital et capitalisme,* Bloud & Cie, Paris, 1904

Garriguet, L., *L'association ouvrière,* Bloud & Cie, Paris, 1904

Garriguet, L., *Le contrat de travail,* Bloud & Cie, Paris, 1904

Garriguet, L., *L'évolution actuelle du socialisme en France,* Bloud, Paris, 1912

Garriguet, L., *Le salaire,* Bloud & Cie, Paris, 1903

Garriguet, L., *Manuel de sociologie et d'économie sociale,* Bloud & Cie, Paris, 1924

Garriguet, L., *Production et profits,* Bloud & Cie, Paris, 1905

Gastineau, B., *La comédie sociale au dix-neuvième siècle,* Dentu, Paris, 1862

Gastineau, B., *Les socialistes. P. J. Proudhon, sa vie, ses oeuvres. Avec les discours prononcés sur la tombe de Proudhon,* Dentu, Paris, 1865

Gastineau, Maxime, *La Société internationale des travailleurs et ses doctrines (séance de la Société des études pratiques d'économie sociale, 15 février 1874),* Imprimerie P. Dupont, Paris, 1874

Gatti, *Le socialisme et l'agriculture,* Giard & Briere, Paris, 1902

Gauger, E., *Essai de bibliographie. Sécurité des ateliers et accidents du travail,* Imprimerie Crete, Corbeil, 1899

Gatti, *Le socialisme et l'agriculture,* Giard & Brière, Paris, 1902 Vve. Lanefranque et fils. Bordeaux, 1868

Gaume, *La révolution, recherches historiques sur l'origine et la propagation du mal en Europe depuis la renaissance jusqu'à nos jours,* 11 volumes, Gaume frères, Paris, 1856-1859

Gaumont, Jean, *L'état contre la nation, le fédéralisme professionnel et l'organisation économique de la société,* Giard & Brière, Paris, 1911

Gaussen, Maxime, *La lutte sociale et la richesse,* B. Dupont, Paris, 1872

Gaussen, Maxime, *Le matérialisme et le socialisme devant le sens commun,* P. Dupont, Paris, 1875

Gaussen, Maxime, *Le socialisme, ou les desidarata d'un grand financier,* Imprimerie Mouillot, Paris, 1881

Gaussen, Maxime, *Les questions sociales devant la réalité,* Imprimerie P. Dupont, Paris, 1873

Gaussen, Maxime, *L'idée socialiste, ses erreurs philosophiques. Discours prononcé à la Société internationale des études pratiques d'économie pratique d'économie sociale,* séance du 30 mars, 1879, Imprimerie P. Dupont, Paris, 1879

Gautier, A., *Etude économique sur les coalitions d'ouvriers et sur les grèves,* Guillaumin, Paris, 1886

Gautier, Léon, *Appel aux ouvriers,* J. Le Clère & Cie, Paris, 1873

Gautier, Léon, *Histoire des corporations ouvrières,* Librairie de la société bibliographique, Paris, 1877

Gautier, Léon, *Etudes historiques pour la défense de l'Eglise (Ce que l'Eglise a fait pour l'ouvrier: les corporations),* C. Blériot, Paris, 1864

Gauzet, *De la nature et la personnalité civile des syndicats professionnels,* Pichon, Paris, 1888

Gay, D. Narciso, *Las clases proletarias. Estudio para su joramiento,* Tom. I, Barcelona, 1864

Gay, Jules, *Le socialisme rationnel et le socialisme autoritaire,* J. Gay & fils, San Remo, 1868

Gayme, *Travail et prévoyance. Etude de l'assurance ouvrière contre la maladie,* Alcan, Paris, 1904

Gayraud, l'abbe, *Un catholique peut-il être socialiste?* Bloud & Cie, Paris, 1904

Gayraud, *Les démocrates chrétiens (doctrine et programme),* Lecoffre, Paris, 1899

Gazier, Albert, *L'échelle mobile des salaires,* Centre Confédéral d'Education Ouvrière, Paris, 1937

Gazier, Albert, *Les congés payés; état de la législation,* Centre Confédéral d'Education Ouvrière, Paris, 1937

Gazier, Albert, *Le syndicalisme chrétien,* Centre Confédéral d'Education Ouvrière, Paris, 1937

Geffroy, Gustave, *L'enfermé (avec le masque d'Auguste Blanqui),* E. Fasquelle, Paris, 1897

Gegout, E., and Malato, Ch., *Prison fin-de-siècle. Souvenirs de Pélagie;* illustrations de Steinlein, G. Charpentier et E. Fasquelle, Paris, 1891

Gely, Victor, *Parias parmi les parias. Suivi de l'appel aux employés publié par la Presse,* Bibliothèque socialiste, Paris, 1879

Gemahling, Paul, *Travailleurs au rabais. La lutte syndicale contre les sous-concurrences ouvrières, Etudes sur l'organisation du travail et la concurrence,* Bloud & Cie, Paris, 1910

Gemelli, Carlo, *Lezioni sul communismo e socialismo antico e moderno,* Bologna, 1876

Gendre, Mme., née Nikitini, *Etudes sociales, philosophiques et morales,* "Nouvelle Revue", Paris, 1886

General Outlook on Christian Syndicalism as Seen by the CFTC, Confédération Française des Travailleurs Chrétiens, Paris, no date.

Genin, Maurice, *Les associations agricoles dans l'ancienne France et sous le régime de la loi du 21 mars 1884,* A. Rey, Lyon, 1893

Gentil, Joseph Adolphe, *L'ami du peuple. Des syndicats et de l'enseignement professionnel; organisation des forces de la démocratie industrielle,* Dentu, Paris, 1863

Gentil, Joseph Adolphe, *Organisation du travail,* Laisné, Paris, 1848

Georges, Bernard, Tintant, Denise, and Renaud, Marie-Anne, *Léon Jouhaux, Cinquante ans de syndicalisme, Volume I. Des origines à 1921,* Presses Universitaires de France, Paris, 1962

Gérando, Baron de, *Les progrès de l'industrie,* J. Renouard, Paris, 1841

Gérard, Ad., *Funérailles de l'assemblée de combat (aux déportés), (Les foudres révolutionnaires XII, Inédit),* chez l'auteur, Paris, 1881

Gérard, Ad., *L'apostolat moderne (Les martyrs). A la mémoire de mon ami Marétheux,* chez l'auteur, Paris, 1882

Gérard, Ad., *Le docteur terrible, ordonnance sur le mal de misère, (Cris d'alarme et catastrophes finales, I, II, III),* chez l'auteur, Paris, 1883

Gérard, Ad., *Révolte dans une mansarde. Question sociale (Les rumeurs de la Seine, II, Inédit),* chez l'auteur, Paris, 1882

Gérard, Ad., *Un déporté, (Extrait du "Cap des Angoisses", volume inédit),* chez l'auteur, Paris, 1882

Géraud, P., *L'unitéisme, religion universelle, traité d'organisation sociale, rénovation morale, politique et économique, accomplissement progressif de la création de la société humaine et achèvement complémentaire du globe,* Imprimerie Zabieha, Paris, 1881

Germain, André, *L'Union des travailleurs libres de Grenelle,* Librairie de Montligeon, La Chapelle-Montligeon, (Orne), 1905

Germain, José, *Le syndicalisme et l'intelligence,* Valois, Paris, 1928

Germain, Martin, *La Grande Industrie sous le règne de Louis XIV, plus particulièrement de 1660 à 1715.* Rousseau, Paris, 1899

Gérôme, J. P., *Le vrai socialisme,* chez l'auteur, Paris, 1851

Ghesquière, H., *La mine et les mineurs,* Bibliothèque du parti ouvrier français, Imprimerie Lagrange, Lille, 1901

Ghislanzoni, A., *L'organizzazione degli agricoltori in Francia. I sindacati agricoli,* Padova, 1908

Gibon, A., *La paix des ateliers. Institutions de nature à faciliter la conciliation et l'arbitrage entre patrons et ouvriers,* E. Leroux, Paris, 1891

Gibon, A., *Le patrimoine de l'ouvrier* (Extrait du "Bulletin de la Société d'économie social"), Guillaumin, Paris, 1885

Gide and Rist, *Histoire des doctrines économiques,* Sirey, Paris, 1947

Gignoux, C. J., *L'économie française entre les deux guerres 1919-1939,* Société d'éditions économiques et sociales, Paris, 1942

Gignoux, C. J., *Patrons, soyez des patrons,* Flammarion, Paris, 1936

Gille, Bertrand, *Les origines de la grande industrie métallurgique en France,* Introduction de Dolléans, Domat-Montchrestien, Paris, 1947

Gilon, E., *Misères sociales. La lutte pour le bien-être,* Librairie universelle, Paris, 1888

Ginoux, Irène, *Charles Fourier et ses disciples,* Imprimerie Clavel-Ballivet & Cie, Nimes, 1871

Giono, Jean, *Lettre aux paysans sur la pauvreté et la paix,* B. Grasset, Paris, 1938

Giot, Hyppolite, *Aperçu sur la loi concernant les responsabilités des accidents dont les ouvriers sont victimes dans leur travail,* Imprimerie Blot, Paris, 1899

Girard, Auguste, *Du congrès d'Amsterdam. Conférence faite au groupe des montagnards socialistes,* Imprimerie moderne, Carpentras, 1904

Girard, Emile, *La Charte du Travail,* Lesfauriers, Paris, 1942

Girardin, Emile, *L'abolition de la misère par l'élévation des salaires, Lettres à M. Thiers,* Gerdes, Paris, 1850

Giraud, Maxime, *Les syndicats professionnels agricoles et la loi de 1884,* Imprimerie, Centrale Nantes, 1895

Giraud, R., *Capitalisme et forces nouvelles,* Editions de l'Etat Moderne, Paris, 1934

Girault, Ernest, *Pourquoi les anarchistes-communistes ont-ils rallié la IIIème Internationale?* Librairie de "l'Humanité," Paris, Paris, 1926

Gladel, Constant, *Solution du problème social. Liquidation de la propriété et de la misère,* Bibliothèque ouvrière cosmopolite, Le Roy, Paris, 1902

Glasson, Ernest, *Le code civil et la question ouvrière* (Extrait des Séances et travaux de l'Académie des sciences morales et politiques), Picard, 1886

Glinka, Dimitry de, *La philosophie du droit, ou explication des rapports sociaux,* Durand, Paris, 1863

Glotin, *Etude historique, juridique et économique sur les syndicats professionnels,* Larose, Paris, 1892

Godard, André, *Le positivisme chrétien,* Bloud & Barral, Paris, 1901

Godart, Justin, *Les origines de la coopération lyonnaise,* Rey & Cie, Lyon, 1904

Godart, Justin, *L'ouvrier en soie (Monographie du tisseur lyonnais) Première Partie, Réglementation du travail,* Imprimerie de E. Nicolas. Lyon, 1899

Godart, Justin, *Le compagnonnage à Lyon,* Rey & Cie, Lyon, 1903

Godart, Justin, *Le travail de nuit dans les boulangeries. Rapport Compte-rendu des discussions. Voeu adopté,* Larose & Thénin, Paris, 1910

Godfrey, E. Drexel, Jr., *The Fate of the French Non-Communist Left,* Doubleday & Co., New York, 1955

Godfrey, E. Drexel, Jr., *The Struggle for the Political Control of the French Labor Movement,* (Thesis), Princeton, 1951

Godefrey, Auguste, *La question ouvrière, étude sociale*, Maudet, Le Havre, 1883

Godimus, Z. J., *Economie sociale. Les grèves ouvrières et le socialisme. Étude sommaire sur leurs causes et leurs remèdes (Edition extraite du journal "Le Commerce" et complétée)*, Decq, Brussels, 1869

Godin, *Notice sur l'ancienne Maison Godin*, Société du Familistère de Guise, 1913, 1926

Godin, *Mutualité sociale, Association du Capital et du Travail*, Familistère de Guise, Editions Baré, Guise

Godin, A., *La politique du travail et la politique des privilèges*, Bibliothèque démocratique, Godet jeune, Paris, 1875

Godin, A., *La richesse au service du peuple. Le familistère de Guise*, Librairie de la Bibliothèque démocratique, Paris, 1874

Godin, A., *La souveraineté et les droits du peuple.* Librairie de la Bibliothèque démocratique, Paris, 1874

Godin, Veuve, *Documents pour une biographie complète de Jean-Baptiste André Godin, rassemblés par sa veuve née Marie Moret*, 3 volumes, Familistère de Guise, 1897, 1901, 1902, 1906, 1910.

Godin, A., *Les socialistes et les droits du travail*, Godet jeune, Paris, 1874

Godin, A., *Solution sociales*, Guillaumin & Cie, Paris, 1871

Godin, A., *Mutualité sociale et association du capital et du travail, ou extinction du paupérisme par la consécration du droit naturel des faibles au nécessaire et du droit des travailleurs à participer aux bénéfices de la production*, Guillaumin & Cie, Paris, 1880

Godin, B. A., Veuve, *Documents pour une biographie complète de J. B. André Godin. Glorification du travail*, Le Devoir, 1905

Godin, J. B. A., *Neutralité sociale et association du capital et du travail . . . 2 édition, contenant les modifications apportées aux statuts depuis la fondation de l'Association du familistère de Guise.* Imprimerie de E. Baré, Guise, 1891

Goetz-Girey, Robert, *La pensée syndicale française, militants et théoriciens*, Cahiers de la Fondation Nationale des Sciences Politiques, Colin, Paris, 1948

Goffinon, *Les problèmes sociaux du capital et du travail résolus par les syndicats professionnels*, Impr. de E. Arrault, Tours, 1890

Goguel, François, *La politique des partis sous la IIIème République*, 2 volumes, Edition du Seuil, Paris, 1946

Goguel, François, *France under the Fourth Republic*, Cornell University Press, Ithaca, New York, 1952

Gohier, U., *Histoire d'une trahison, 1899 à 1903. Heures d'espoir. La bande Jaurès. Le pacte. La curée. La boue socialiste*, Société parisienne d'éditions, Paris, 1903

Golay, Paul, *Le socialisme qui meurt et le socialisme qui doit renaître*, Lausanne, 1915

Golliet, *Louis Blanc: sa doctrine, son action* (Thesis), Pedone, Paris, 1903

Golovine, Mlle. Nina, *Rénovation sociale basée sur les lois de la nature. Philosophie. Religion. Discussions entre Mlle. Nina Golovine à l'âge de treize ans. et Démetrius Goubareff, auteur du "Testament contemporain"*, Ghio, Paris, 1875

Golowine, Ivan, *L'Europe révolutionnaire*, Capelle, Paris, 1849

Gompers, Samuel, *Labor in Europe and America*, New York, 1910

Gondouin, *Les tribunaux du travail en France. Conseils de prud'-hommes. Ce qu'ils sont. Ce qu'ils doivent être.* (Thesis), Imprimerie Valin, Caen, 1906

Gonnard, René, *Histoire des doctrines économiques depuis les Physiocrates*, Librairie Générale de Droit et de Jurisprudence, Paris, 1947

Gonnot, Paul, *La grève dans l'industrie privée*, Rousseau, Paris

Gossin, Louis, *Histoire d'une commune, (Vauquois)*, Librairie de la Société bibliographique, Paris, 1877

Gottlieb, M., *Une étude comparée de la condition ouvrière aux Etats-Unis durant le New Deal et en France sous le Front Populaire.* (Thesis) University of Paris, 1952

Goubareff, Démétrius, *Rénovation sociale, basée sur les lois de la nature. Testament contemporain conciliant tous les partis, toutes les opinions, toutes les religions, toutes les conditions et positions sociales, et tendant au bien-être et à la paix générale, suivie de conseils à l'Internationale*, Imprimerie Caisson & Mignon, Nice, 1872

Gouffier, Jules, *Des conseils de prud'hommes; organisation, compétence*, Arthur Rousseau, Paris, 1897

Gougenot des Mousseaux, chevalier Henri Royer, *Des prolétaires. Nécessité et moyens d'améliorer leur sort, par l'auteur du "Monde avant le Christ"*, Mellier frères, Paris, 1846

Goujon, Julien, *Etudes démocratiques et sociales; le code des ouvriers*, Tugny, Commercy, 1887

Gounelle, Elie, *La mission chrétienne-sociale de Roubaix et de Lille*, Petite bibliothèque du christianisme social, Aberlen & Cie, Vals-les-Bains, 1899

Gounelle, Elie, *Le christianisme social. Nos principes religieux. Essai de dogmatique solidariste*, Fischbacher, Paris 1902.

Gourat, l'abbé, *Le socialisme d'après les maîtres du parti*, Imprimerie de Bourgogne, Châlons-sur-Saone, 1907

Gouvy, Félix, *L'industrie. Le capital. Le patron. Le travail. Conférences*, Imprimerie Facdonel, Bar-le-Duc, 1906

Goyard, L., *La crise du petit commerce et le syndicalisme*, Giard & Brière, Paris, 1911

Goyau, Georges, *Autour du catholicisme social*, Perrin & Cie, Paris, 1901

Graham, B. D., *The French Socialists and Tripartisme, 1944-1947*, University of Toronto Press, Toronto, 1965.

Grandi, A., *La questione sociale spiegata agli operai. Parte I. Fast della lotta per l'esistenza,* editr. Romana, Roma, 1883

Grandmaison, Charles L. de, *Notice sur l'abolition du servage en Touraine, d'après le Liber de Servis de Marmoutier et les pièces qui l'accompagnent,* Impr. Impériale, Paris, (no date)

Grandmaison, Louis, *Retraites ouvrières, appel aux industriels,* Paris, 1898

Granel, Armand, *Poésies sociales,* Librairie de Montligeon, La Chapelle-Montligeon, (Orne), 1904

Granger, F. J., *La question sociale—Le socialisme ou paix et richesse,* Alger, 1883

Granger, Sim, *A chacun selon son travail,* Au bureau de la société bibliographique, Paris, 1844

Granveau, A., *L'ouvrier devant la société,* Librairie Hélaine, Paris, 1868

Graterolle, *L'industrie hôtelière,* Doin, Paris

Gratiot, Louis Marie Amédée, *Messieurs les socialistes, une solution s'il vous plaît,* Guillaumin, Paris, 1848

Gratiot, Louis Marie Amédée, *Organisez le travail, ne le désorganisez pas. Lettre aux ouvriers,* Guillaumin, Paris, 1848

Gratry, L'abbé Alphonse, *Les sources de régénération sociale.* Giard, Lyon, 1871

Grave, Jean, *Die sterbende Gesellschaft und die Anarchie (en langue russe),* 1907

Grave, Jean, *L'anarchie, son but, ses moyens,* Bibliothèque sociologique, No. 27, Stock, Paris, 1899

Grave, Jean, *La société mourante et l'anarchie,* Tresse et Stock, Paris, 1893

Green, F. C., *The Ancien Régime: French Institutions and Social Classes*

Greffier, L., *Petites conférences éducatives sur le socialisme,* Bibliothèque du parti socialiste, Paris, 1904

Gremillet, *Constitution républicaine et populaire. Abolition de l'esclave politique. Suppressions des sinécures et abus. 500 millions d'économies annuelles. Un état-major républicain,* Imprimerie Lunant, Besançon, 1907

Gremillet, *La politique du peuple. Plan d'ensemble d'une législation vraiment républicaine,* Imprimerie du Centre, Vesoul, 1905

Gremillet, *Projet de loi réglementante des rapports entre le capital et le travail,* chez l'auteur, Montbozon, (Haute-Saône), 1906

Grenet-Dancourt, E., *Socialiste monologue en vers,* Ollendorff, Paris, 1906

Grenier, Eugène, *Les employés de commerce,* Doin, Paris

Greppo, Louis, *Catéchisme social, ou exposé succinct de la doctrine de la solidarité,* Sandré, Paris, 1848

Greppo, Louis, *Réponse d'un socialiste au maréchal Bugeaud,* Sandré, Paris, 1848

Gressaye, Brette de la, *La liberté syndicale et les organisations professionnelles*, Rapport présenté au 2ème Congrès International de Politique Sociale, Paris, July 1937

Gressaye, Brette de la, *Le syndicalisme, L'organisation professionnelle et l'Etat*, Sirey, Paris, 1930

Gressent, Alfred Georges, *La réforme économique et sociale—Conférence faite au cercle commercial et industriel de France, le 10 octobre 1918*, Nouvelle librairie nationale, Paris, 1918

Grèves de Limoges, juillet 1905, Imprimerie du Centre, Limoges, 1905

Griffuelhes, Victor, *L'action syndicaliste*, Rivière, Paris, 1908

Griffuelhes, Victor, *Les caractères du syndicalisme français*, Rivière, Paris, 1908

Griffuelhes, Victor, *Voyage révolutionnaire*, Rivière, Paris, 1911

Griffuelhes, Victor, and Niel, Louis, *Les objectifs de nos luttes de classe*, La publication sociale, Paris, 1909

Grigaut, M., *Histoire du travail et des travailleurs*, Delagrave, Paris, 1931

Gromier, A., *La solidarité. Lettres aux ouvriers*, Sagnier, Paris, 1873

Gromier, M. A., *La paix sociale. Voies et moyens. Documents historiques*, M. A. Gromier, Paris, 1904

Gromier, M. A., *La vie, les oeuvres, les disciples de Charles Fourier*, Hulin, Paris, 1906

Gros, Joseph, M., *Le mouvement littéraire socialiste depuis 1830*, Michel, Paris, 1904

Gros, Joseph M., *L'interdiction de travail. Etude sur les conflits entre les syndicats et la liberté du travail* (Thesis), Imprimerie marseillaise, Marseille, 1905

Grosrenaud, Frederic, *La coopération ouvrière à Besançon (XVIème-XVIIème siècles)*, Rambaud, Paris, 1907

Grotz, A., *Le protestantisme et la question sociale*, Sandoz & Fischbacher, Paris, 1873

Grun, Alph., *De la moralisation des classes ouvrières*, Guillaumin, Paris, 1851

Grun, Alph., *Die soziale Bewegung in Frankreich und Belgien, Briefe und Studien*, Leske, Darmstadt, 1845

Grun, Alph., *Le vrai et le faux socialisme, le communisme, son histoire*, Guillaumin & Cie, Paris, 1849

Grundpositionen der französische Aufklarung, herausgegeben von Dr. Werner Kraus und Prof. Dr. Hans Mayer, Rutten & Loening, Berlin, 1955

Grunebaum-Ballin, *Guide du délégué d'atelier, Petite bibliothèque du militant syndicaliste N. 3*, Centre Confédéral d'Education Ouvrière, Paris, 1936

Gruneberg, Carl, *Der Sozialismus in Frankreich*, Berlin, 1936

Gruner, Ed., *La grève des mineurs de la Loire et l'arbitrage*, Paris, 1900

Gueneau, Louis, *L'organisation du travail à Nevers au XVIIème et XVIIIème siècles,* Hachette, Paris, 1919

Guépin, le docteur Ange, *Le socialisme expliqué aux enfants du peuple,* Sandré, Paris, 1851

Guérard, Albert, *France: A Modern History,* the University of Michigan Press, Ann Arbor, 1959

Guérard, Benjamin, *Polyptyque de l'abbé Irminon, ou Dénombrement des manses, des serfs et des revenus de cette abbaye, vers le milieu du IXème siècle de notre ère,* 2 volumes, Paris, 1853, no publisher given

Guérard, Frédéric, *Organisation du travail. Des ateliers nationaux,* Lafargue Bordeaux, 1849

Guérin, Joseph, *Le syndicalisme et la propriété,* Roger, Paris, 1909

Guérin, Léon, *Solution de la question sociale; Rôle des Bourses du Travail; Minimum du taux des salaires,* Imprimerie Gory, Nîmes, 1904

Guérin, U., *L'évolution sociale,* Savine, Paris, 1891

Guérin, Daniel, *Front Populaire, révolution manquée,* Julliard, Paris, 1963

Guérin, Daniel, *Le Fascisme et les ouvriers, les classes moyennes, les paysans, les jeunes, les trust,* Editions du Parti socialiste, Paris, 1937

Guérin, U., *Monographie de l'usine et du familistère de Guise,* Bureaux de "l'Association Catholique," Paris, 1855

Guerlin, Robert, *La doctrine socialiste, d'après l'ouvrage de M. Maisonabe. Lecture faite à la deuxième assemblée générale de la Société industrielle du 28 février 1901,* Jeunet, Amiens, 1901

Gueronnière, *La commune sanglante,* Paris, 1871

Gueroult, Georges, *Les théories de l'Internationale,* étude critique, Didier & Cie, Paris, 1872

Guesde, Jules, *Collectivisme et révolution,* Librairie des publications populaires, Paris, 1879

Guesde, Jules, *Double réponse à MM. de Mun et Paul Deschanel, discours prononcé à la Chambre des Députés les 15 et 24 juin 1896,* Editions du Socialiste, Paris, 1896

Guesde, Jules, *Essai de catéchisme social,* Rivière, Paris, 1912

Guesde, Jules, *Essai de catéchisme socialiste,* H. Kistemaeckers, Brussels, 1878

Guesde, Jules, *Etat, politique et morale de classe,* Giard & Brière, Paris, 1901

Guesde, Jules, *La loi des salaires et ses conséquences,* Cartillet, Paris, 1879

Guesde, Jules, *La République et les grèves,* Imprimerie Rueff, Paris, 1878

Guesde, Jules, *Le collectivisme au Collège de France,* Oriol, Paris, 1883

Guesde, Jules, *Le collectivisme devant la 10ème Chambre (affaire du congrès ouvrier international socialiste); défense collective, présentée au nom des prévenus Goueste, E. Massard, G. Deville, etc.*, Imprimerie Rueff, Paris, 1878

Guesde, Jules, *Le problème et la solution et le collectivisme au Collège de France,* Editions de la Liberté, Paris, 1945

Guesde, Jules, and Lafargue, Paul, *Le programme du parti ouvrier, son histoire, ses considérations, ses articles,* Imprimerie ouvrière, Lille, 1891

Guesde, Jules, *Problème et solution,* Jacques, Paris, 1903

Guesde, Jules, *Quatre ans de lutte de classe à la Chambre (1893-1898),* Jacques & Cie, Paris, 1901

Guesde, Jules, *Services publics et socialisme,* Oriol, Paris, 1883

Guesde, Jules, Lagardelle, Hubert, and Vaillant, Ed., *Le parti socialiste et la Confédération du Travail,* Rivière, Paris, 1908

Guesde, Jules, and Sangnier, Marc, *Christianisme et socialisme, conférence controverse, faite à l'hippodrome de Roubaix, le 9 mars 1905,* au Sillon, Paris, 1905

Guibal, Armand, *Le libre échange et l'organisation du travail,* Imprimerie de Lange-Lévy, Paris, 1848

Guibert, M., and Isambert, V., *Travail féminin et travail à domicile,* Centre National de Recherches Scientifiques, Paris, 1956

Guigui, Albert, *Le contrôle ouvrier,* Editions de l'Homme Réel, No. 6 and 7, Paris, 1934

Guigui, Albert, *Le droit de grève,* Centre Confédéral d'Education Ouvrière, Paris, 1937

Guilbert, Madeleine, *Les femmes dans l'organisation syndicale avant 1914,* Centre National de la Recherche Scientifique, Paris, 1966

Guillard, C., *Le problème social résolu immédiatement, sans violence, sans crimes, ni spoliations, Tout par le droit,* Derveaux, Paris, 1886

Guillaume, James, *Le collectivisme de l'Internationale,* Messeiller, Neuchâtel, 1904

Guillaume, James, *L'Internationale, Documents et souvenirs, (1864-1878),* 4 volumes, P. V. Stock, Paris, 1905-1910

Guillemin, A., *Livre de justice sociale,* Paris, 1904

Guillemin, C. F., *De la société présente en France et de son avenir,* Laisne, Paris, 1845

Guillemin, Joseph, *Travailleur contre bourgeois, causerie socialiste,* Chonmoru, Paris, 1883

Guincêtre, G., *Les atteintes à la liberté du travail. Articles 414 et 415 du Code pénal,* Imprimerie de H. Jouve Paris, 1903

Guinchard, *Fiacres et taxis,* Doin, Paris

Guiral, Albert, *La conciliation et l'arbitrage en matière de différends collectifs entre patrons et ouvriers, les moeurs et la loi,* Imprimerie Lecerf, Rouen, 1897

Guiraud, Gaston, *P'tite Gueule,* Fasquelle, Paris, no date

Guitard, P., *Chômage,* Maurice d'Hartoy, Paris, 1933

Guitton, Georges, *La vie ardente et féconde de Léon Harmel,* Spes, Paris, no date

Guitton, Henri, *Le catholicisme social,* Les publications techniques, Paris, 1945

Guizot, F., *Des conspirations et de la justice politique,* Paris, Ladvocat, 1821

Guizot, Fr. P. Guill., *De la démocratie en France,* Victor Masson, Paris, 1849

Gulick, C. A., Ockert, R. A., and Wallace, R. J., *History and Theories of Working Class Movements—a Select Bibliography,* Bureau of Business and Economic Research and Industrial Relations. University of California, 1955

Guthrie, W. B., *Socialism Before the French Revolution,* New York, 1907

Guy, Christian, *Les cas Poujade,* A. Martel, Givors (Rhône), 1955

Guy-Grand, Georges, *La philosophie syndicaliste,* Grasset, Paris, 1911

Guygrand, Georges, *Pour connaitre la pensée de Proudhon,* Bordas, Paris, 1947

Guyon, E., *L'Internationale et le socialisme,* Guillaumin, Paris, 1890

Guyot, Ch., *Contrats d'apprentissage. Essai sur l'aisance du paysan lorrain à partir du XIème siècle,* (extrait des Mémoires de l'Académie de Stanislas)

Guyot, Yves, *Les chemins de fer et la grève,* Alcan, Paris, 1911

Guyot, Yves, *Caractère de la politique socialiste,* (Extrait de la Revue internationale du commerce, de l'industrie et de la banque), Alcan, Paris, 1906

Guyot, Yves, *Etude de physiologie sociale. Le bilan social et politique de l'Eglise,* Fasquelle, Paris, 1901

Guyot, Yves, *La démocratie individualiste,* Giard & Brière, Paris, 1908

Guyot, Yves, *La grève des électriciens,* Alcan & Guillaumin, Paris, 1907

Guyot, Yves, *La propriété; origine et évolution. Thèse communiste de Paul Lafargue réfutée,* Delagrave, Paris, 1895

Guyot, Yves, *Les conflits du travail et leur solution, Etudes de psychologie sociale,* Fasquelle, Paris, 1903

Guyot, Yves, *Le Socialisme.* Conférence faite à Gand. (Société pour l'Etude des Sciences sociales). De Brabaudère, Gand, 1895

Guyot, Yves, *Le Travail et le socialisme. Les grèves, Conférences de Liège et Verviers,* Imprimerie du journal "La Meuse," Liège, 1895

Guyot, Yves, *Réfutation de la thèse communiste; la propriété, origine, évolution,* Paris, 1895

Guyot, Gabriel, *La loi de huit heures en France et ses conséquences économiques,* Editions de la vie universitaire, Paris, 1922

Guyot, Yves, *Sophismes socialistes et faits économiques,* Alcan, Paris, 1908

Guyot, Yves, and Lacroix, Sigismond, *Etudes sur les doctrines sociales du christianisme,* Marpon & Flammarion, Paris, 1880

Guyot, Yves, and Lacroix, Sigismond, *Histoire des prolétaires depuis les temps les plus reculés jusqu'à nos jours. Dessins gravures des meilleures artistes.* Volume I, Brouillet, Paris, 1873

Hachin, Paul, *La coopération ouvrière de production,* Action populaire, Reims, 1908

Hairdet, J., *Le parti de la liquidation sociale, son but, son organisation, ses progrès depuis la Commune de Paris,* Palme, Paris, 1880

Halbwachs, M., *La classe ouvrière et les niveaux de vie,* Alcan, Paris, 1913

Halbwachs, M., *La morphologie sociale,* Colin, Paris, 1938

Halbwachs, M., *L'évolution des besoins dans la classe ouvrière,* Alcan, Paris, 1933

Halévy, Daniel, *Essai sur le mouvement ouvrier en France,* Bellais, Paris, 1901

Halévy, Elie, *Histoire du socialisme européen,* Gallimard, Paris, 1948

Helleux, L., *Le socialisme considéré au point de vue du droit naturel,* Beyaert-Storie, Bruges, 1887

Halphen, Louis, *Des sociétés coopératives de consommation,* Valence, 1867 (no publisher given)

Hamelet, Maurice, *La grève; étude critique de législation et de jurisprudence* (Thesis), Larose & Thénin, Paris, 1903

Hamilton, Margaret, *French Socialists and Morocco,* Columbia University Press, New York

Hamon, A., *Le socialisme et ses congrès à Londres,* Stock, Paris, 1897

Hamon, A., *Socialisme et anarchisme. Etudes sociologiques, définitions,* E. Sansot & Cie, Paris, 1905

Hamon, H. D., *Catéchisme populaire contre les socialistes,* Lecoffre, Paris, 1847

Hamon, Léo, *Les Nouveaux Comportements politiques de la classe ouvrière,* Presses Universitaires de France, Paris, 1962.

Hamp, P., *Gueules noires (enquêtes),* Gallimard, Paris, 1938

Hamp, P., *La France, pays ouvrier,* Editions de la Nouvelle Revue Française, Paris, 1916

Hamy, Jules, *La république et les congrès ouvriers. Conférence ouvrière faite le 10 octobre 1880 dans la salle des séances de la société de secours mutuels des travailleurs de Saint-Pierre-les-Calais,* Tartar-Crespin, Calais, 1881

Hanauer, abbé, *Etudes économiques sur l'Alsace. Tome I. Les monaies Tome II. Denrées et salaires,* Simon, Strasburg, 1876-1878

Hanotaux, G., *La démocratie et le travail*, Paris, 1910

Harcourt, Raoul d', *Le repos hebdomadaire en France* (Thesis), Imprimerie Barnéoud & Cie., Laval, 1905

Hardy, C., *L'emploi des fonds dans la participation aux bénéfices*, Imprimerie Janin, Laval, 1897

Harispe, Pierre, *Convulsions sociales. Catholicisme et socialisme*, Émile Nourry, Paris, 1907

Harley, J. H., *Syndicalism*, T. C. & E. C. Jack, London, no date (circa 1912)

Harmel, L., *La démocratie dans l'usine. Le conseil d'usine du Val-des-Bois*, Imprimerie coopérative, Reims, 1907

Harmel, L., *La democrazia cristiana: discorso*, tip. S. Bernardino, Siena, 1903

Haspot, Emile, *Aux ouvriers, par un ouvrier*, (Extrait de l'Organisateur, No. 17), Imprimerie de Everat, Paris, (no date)

Hastie, John F., *The Rise and Fall of the Rally of the French People*, Stanford University, 1957

Hatzfeld, H., and Freyssinet, J., *L'emploi en France*, Les Editions Ouvrières, Paris, 1964

Haupt, Marie Guerrier de, *André le Mutualiste*, Firmin-Didot, Paris, no date

Hauptmann, Pierre, *Marx et Proudhon*, Paris, 1947

Hauser, H., *Histoire d'une grève au XVIème siècle. Les imprimeurs lyonnais de 1539 à 1542*, Giard & Brière, Paris, 1894

Hauser, H., *Le système social de Barthélémy de Laffemas*, Dijon, 1902

Hauser, H., *Les origines historiques des problèmes économiques actuels*, Vuibert, Paris, 1930

Hauser, H., *Les suites d'une grève au XVIème siècle*, V. Giard et E. Brière, Paris, 1898

Hauser, H., *Ouvriers du temps passé*, Alcan, Paris, 1927

Hauser, H., *Ouvriers du temps passé (XVème-XVIème siècles)*, Alcan, Paris, 1899

Hauser, H., *Travailleurs et marchands dans l'ancienne France*, Alcan, Paris, 1929

Hauser, H., *Une grève d'imprimeurs parisiens au XVIème siècle*, Paris, 1895

Haussonville, le Comte d'. *Le Play d'après son oeuvre*, (Extrait de la Réforme sociale), Imprimerie Levé, Paris, 1900

Haussonville, Le Comte d', *Le projet de loi sur les associations*, Imprimerie Féron-Vrau, Paris, 1901

Hauteville, Robert Tancred de, *De la mission des hautes classes dans la société moderne*, Dentu, Paris, 1863

Hayem, Armand, *L'être social*, Alcan, Paris, 1885

Hayem, Julien, *Etude sur l'apprentissage, histoire de l'apprentissage*, Imprimerie de A. Chaix, Paris, 1868

Hayem, Julien, *La loi et le contrat du travail*, Alcan, Paris, 1908

Hayem, Julien, *Le contrat de travail. Rapport présenté au congrès du parti républicain démocratique*, Parti républicain démocratique, C. Colin, Mayenne, 1911

Heaton, Herbert, *Economic History of Europe*, Harper & Brothers, New York, 1936

Heaton, Herbert, and Johnson, Alvin, *Socialism in Western Europe*, Foreign Policy Association. Headlines Series, No. 71, New York, 1948

Heimann, Eduard, *Vernunftglaube und Religion in der modernen Gesellschaft. Liberalismus, Marxismus und Demokratie*, J. C. B. Mohr. (Paul Sieback), Tübingen, 1955

Heligon, *Le mouvement ouvrier de 1848 à 1870. Discours prononcé à la loge des Trinosophes de Bercy dans sa tenue solennelle du 19 mars 1880*, Imprimerie Blanpain, Paris, 1880

Helynck, Arthur, *L'union des travailleurs, chanson*, Imprimerie Lagrange, Lille, 1900

Hendle, Ernest, *Questions politiques et sociales*, Noirot & Cie, Paris, 1868

Hennequin, Amédée, *De l'organisation de la statistique du travail et du placement des ouvriers*, Paris, 1848

Hennequin, Amédée, *Etudes sur l'anarchie contemporaine*, Paris, France, 1850

Hennequin, Victor, *Les amours au phalanstère*, Imprimerie de Lange-Lévy, Paris, 1849

Hennequin, Victor, *Organisation du travail d'après la théorie de Charles Fourier, Exposition faite à Besançon, en mars 1847*, Librairie phalanstérienne, Paris, 1848

Hennequin, Victor, *Programme de la presse démocratique et sociale, interprétée au point de vue phalanstèrien*, Imprimerie Lange-Lévy, Paris, 1849

Hennequin, Victor, *Programme démocratique*, Librarie phalanstérienne, Paris, 1851

Hennequin, Victor, *Sauvons le genre humain*, Dentu, Paris, 1853

Hennequin, Victor, *Théorie de Charles Fourier, Exposition faite à Besançon*, Imprimerie de Sainte-Agathe, Besançon, 1847

Henry, E., *Les soudoyés du pouvoir et les anarchistes devant l'opinion publique*. Publication du groupe: "La vengeance sociale" Imprimerie du Petit Troyen, Troyes, 1885

Henry, Fortune, *Grève et sabotage. La grève intermittente, Philosophie libertaire*, Imprimerie de la Colonie communiste, Aiglemont, 1908

Henry, V., *Les pontes rouges de l'anarchie*, Le Jay fils & Lemoro, Poissy, 1905

Henry, Victor, *Les parvenus, étude philosopho-critique, (Au troisième congrès ouvrier de France)*, Imprimerie de Gimbert fils, Girand et Cie, Draguignan, 1879

Henry-Léon, *Le solidarisme, la science économique et les doctrines sociales*, Paris, 1897

Henryot, Arnold, *Paris pendant le siège 1870-1871,* Le Chevalier, Paris, 1871

Henty, A., *A Woman of the Commune, Tale of Two Sieges of Paris,* London

Herbert, Sugenia W., *The Artist and Social Reform: France and Belgium, 1885-1898.* (Yale Historical Publications, miscellany 74.)

Herbet, abbé, *La solution d'après l'Evangile des questions sociales et des difficultés de l'heure présente,* Rousseau-Leroy, Amiens, 1882

Herbette, Francois, *L'Expérience marxiste en France, 1936-1938.* Génin, Paris, 1938

Herbette, Louis, *L'entrée des Parisiens dans Paris, mars 1871. Notes et impressions d'un témoin,* Paris, 1898

Herckenrath, C. R. C., *La question sociale et l'héritage,* Larose & Thénin, Paris, 1905

Hereil, G., *Le chômage en France. Etude de législation sociale,* 1932

Hericourt, Mme. Jenny d', *La femme affranchie. Réponse à MM. Michelet, Proudhon, E. de Girardin, A. Comte, et aux autres novateurs modernes,* 2 volumes, Dentu, Paris, 1860

Herron, G. D., *Christianisme social. Discours et conférences,* Aberlon & Cie., Vals-les-Bains, 1902

Harvé, Pierre, *La révolution et les fétiches,* La Table Ronde, Paris, 1956

Hervé, Valère, *Devoirs sociaux du riche et du pauvre,* Oudin, Paris, 1878

Hess, Mme. M. M., *L'ouvrier, étude sociale,* Imprimerie Jouaust & Sigaux, Paris, 1883

Heurtaux-Varsavaux, G., *La question sociale au parlement français (Extrait de la Revue mensuelle du monde latin, d'avril 1891),* Janin, Laval, 1891

Hilbey, C., *Le socialisme et la révolution française,* typ. de Beaule & Maignand, Paris, 1er novembre 1848

Hilger, M. L., *Die Arbeitsbedingungen im französischen Arbeitsrecht. Ein Betrag zum System der französischen Arbeitverfassung,* Berlin, 1939

Histoire de l'Internationale par un bourgeois républicain (Bruxelles), A. Sagnier, Paris, 1873

Histoire des classes laborieuses en France depuis la conquête de de la Gaule par Jules César jusqu'à nos jours, Didier, Paris, 1859

Histoire des classes ouvrières et de l'industrie avant 1789, Rousseau, 2 volumes, Paris, 1900-1901

Histoire des classes ouvrières et de l'industrie en France, de 1789 à 1870, 2 volumes, Rousseau, Paris, 1903-1904

Histoire des doctrines sociales en 20 leçons, Collèges du Travail, Paris, 1936

Histoire du mouvement ouvrier en 17 leçons, Collèges du Travail, Paris, 1936

Histoire du tarif des typographes allemands (1848-1905), par le Comité central de la Fédération française des travailleurs du livre, Imprimerie Mangeot, Paris, 1906

Histoire du Travail, Sudel, Paris, 1938

Hitier, Joseph, *La dernière révolution doctrinale du socialisme; Le socialisme juridique,* (Extrait de la Revue d'économie politique), Larose & Thénin, Paris, 1906

Hivounait, Pierre, *Histoire de la corporation des anciennes talemeliers (Boulangers) à Paris du XIIIème au XVIIIème siècle (Thesis),* Larose & Thénin, Paris, 1910

Hoche, C., *La responsabilité de l'état et des communes dans les grèves d'occupation,* Sirey, Paris, 1937

Hodée, Ad., *Les jardiniers et les jardins,* Doin, Paris, 1922-1925

Hodée, Alphonse, *Maraîchers, horticulteurs, vignerons,* Doin, Paris

Hoffman, Stanley, *Le mouvement Poujade,* Colin, Paris, 1956

Holbach, Le baron, *Système social ou principes naturels de la morale et de la politique, avec un examen de l'influence du gouvernement sur les moeurs,* 2 volumes, Niogret, Paris, 1822

Hollard, H., *Lettre à messieurs les disciples de Saint-Simon sur quelques points de leur doctrine,* Delaunay, Paris, 1831

Hompesch, Comte A. de, *Paupérisme et militarisme,* s'Gravenhage, Belinfante, 1886

Honoré, F., *Les employés de commerce à Paris au point de vue social, communication au congrès annuel de la Société d'économie sociale et des Unions de la paix sociale dans la séance du 18 mai 1895,* Extrait de la Réforme sociale, Imprimerie Levé, Paris, 1896

Hoog, Georges, *Histoire du catholicisme social en France: De l'Encyclique "Rerum Novarum" à l'Encyclique ' Quadragesimo Anno",* Domat-Montchrestien, Paris, 1942

Hoog, Georges, *La coopération de production: origines et institutions,* 2 volumes, Presses Universitaires de France, Paris, 1942

Hours, A., *Essai sur la légitimité du droit de coalition. Les grèves de 1900 en France et à l'étranger,* Guillaumin & Cie, Paris, 1903

Hours, Joseph, *Petite histoire du mouvement ouvrier,* Les Editions Ouvrières, Paris, 1948

Hourzel, *Constitution sociale déduite des lois éternelles et immuables de la justice universelle,* Paris, 1849

Huber, Dr. Jhs., *Der Proletarier. Drei Vorlesungen zur Orientirung in der socialen Frage,* Lentner, Munichen, 1865

Huber, Dr. Jhs., *Socialismus und Communismus (Artikel in Bluntschli und Brater's Staatsworterbuch),* 1865

Hubert, Aloysius, L'esclavage du riche. Par un prolétaire. Publié par les soins de M. Cabet, au bureau du Populaire, February 1845, Paris

Hubert, Lesire and Ogrel, Le syndicat dans l'entreprise, Seuil, Paris, 1967

Hubert-Valleroux, P., Les associations ouvrières et les associations patronales, Encyclopédie industrielle, Gauthiers-Villars, Paris, 1899

Hubert-Valleroux, P., Le socialisme en théorie et en pratique, bureau du Comité catholique, Paris, 1900

Hughes, Clovis, Pcésies socialistes, Librairie Guyot, Paris, 1905

Hugon, C., Social France in the Seventeen Century, New York, 1911

Huguenin, Un Village bourguignon sous l'ancien régime (Gémeaux), Imprimerie de Darantière, Dijon, 1893

Hulster, J. de, Le droit de grève et sa réglementation, Medicis, Paris, 1952

Humbert, Sylvain, Les possibilistes, Rivière, Paris, 1911

Humbert, Sylvain, Histoire des partis socialistes, Riviére, Paris, 1911

Humery, R., and Joulot, A., Précis d'application pratique du salaire à prime Rowen, Payot, Paris, 1920

Huot, Abbé Pierre, Catilina et la Commune, aux bureau de "La France Nouvelle," Paris, 1872

Hureaux, Le Salut social de la nation et la victoire sociale, Librairie Générale, Paris, 1888

Huret, Jules, Enquête sur la grève et l'arbitrage obligatoire, Editions de la Revue blanche, Paris, 1901

Huret, Jules, Les grèves. Préface de M. Millerand, Ministre du Commerce. Enquête au Creusot, à Lille, à Marseille, Carmaux, Lyon, Saint-Etienne, etc. Législation comparée dans tous les pays d'Europe et d'Amérique, Editions de la Revue blanche, Paris, 1901

Ibero, C. Ibanez, de, La participation aux bénéfices: ses applications en France depuis le milieu de XIXème siècle jusqu'à nos jours, Larose & Thénin, Paris, 1914

Ide, Carter W., The Politics of French Labor, (Thesis), Harvard University, Cambridge, 1951

Idées sociales et faits sociaux, G. Blondel, A. Souchon, M. Saint-Léon, Ch. Comber, Dufourmentelle, E. Rivière: Fontemoing, Paris, 1903

Idiart, Pierre, Les Jeunes travailleurs de 15 à 25 ans dans la France d'aujourd'hui, Les Editions Ouvrières, Paris, 1964

Imbart de la Tour, Démocratie et irréligion, conférence à la Semaine Sociale d'Orléans, Imprimerie Paquet, Lyon, 1906

Imbart de la Tour, Le christianisme et la paix sociale. Discours prononcé à Lyon l'Assemblée fédérale des groupes d'études, le 26 novembre 1905, Imprimerie Paquet, Lyon, 1906

Inaudi, Jacques, *Ouvriers payés à la journée, Barême,* G. Dreyfus, Paris, 1898

Inoki, Masamichi, *Kyosanshugi No Keifu,* Mimizu Shobo, Tokyo, 1949

Inoki, Masamichi, *Tatakau Shakaiminshushugi—Kyosanshugi Tono Taiketsu,* Jitsugyo Kyosasho Kabushikigaisha, Tokyo, 1949

Institut Français d'Histoire Sociale, *Mouvements ouvriers et socialistes,* Les Editions Ouvrières, Paris

Institut National d'Etudes Démographiques, *Les Algériens en France,* Cahier No. 24, Paris

International Labour Office, *Labour-Management Cooperation in France,* Geneva, 1950

Internationales Handworterbuch der Gewerkschaftswesens (Insbesondere den Abschnitt 'Frankreich' von Bessling, Ignace, Seiten 50 ff) Berlin, 1931

Introduction à l'histoire du socialisme à Marseille par ?¡? (Oeuvre de propagande, imprimerie économique, etc.) Marseille, 1891

Isambert, Gaston, *Les idées socialistes en France de 1815 à 1848, le socialisme fondé sur la fraternité et l'union des classes,* Alcan, Paris, 1905

Isoard, Mgr., *Lettre sur l'union de la paix sociale, à M. F. Le Play, Réponse de M. Le Play,* Dentu, Paris, 1872

Jackson, J. Hampden, *Jean-Jaurès,* G. Allen & Unwin, Ltd., London, 1943

Jacoby, Dr., and Prince-Smith, *Le but du mouvement ouvrier*

Jacot, C., *L'anarchie policière (1891 à 1894). Mémoire d'un séquestré. Les dessous des affaires Ravachol et Vaillant.* Imprimerie Malverge, Paris, 1901

Jacques, Amédée, *Le christianisme et la démocratie,* Chez Gabriel, Paris, 1851

Jacques, Jean, *Vie et mort des corporations, grèves et luttes sociales sous l'ancien régime,* Spartacus, Paris, 1948

Jacques, Léon, *Les partis politiques sous la IIIème République,* Sirey, Paris, 1912

Jacques-Pontbichet, *Le contrat du travail. Etude sur les rapports juridiques du patron et de l'ouvrier, discours prononcé à l'ouverture de la conférence du stage des avocats au conseil d'Etat et à la Cour de Cassation, le 23 novembre 1895,* Imprimerie Maréchal & Montorier, Paris, 1896

Jaffe, Grace, *Le mouvement ouvrier à Paris pendant la Révolution française 1789-1791.* Presses Universitaires de France, Paris, 1924

Jager, E., *Geschichte der socialen Bewegung und des Sozialismus in Frankreich,* 2 volumes, G. van Muyden, Berlin, 1876-1890

Jagot, Henry, *Le devoir social et les universités populaires, conférence faite à la mairie d'Angers,* le 4 janvier 1902, Imprimerie Hudon frères, Angers, 1902

Jalenques, Louis, *La nouvelle loi sur les accidents. Agriculteurs, maîtres, commerçants, êtes-vous responsables des accidents survenant à vos domestiques, ouvriers, employés? Etude critique,* Imprimerie moderne, Clermont-Ferrand, 1900

Jalin, O. de, *Histoire des sociétés secrètes,* Rouff & Cie, Paris, 1904

James, Emile, *Les comités d'entreprise,* Librairie Générale de Droit et de Jurisprudence, Paris, 1945

Janet, P., *Les origines du socialisme contemporain,* G. Baillière, Paris, 1883

Jankélevitch, S., *Nature et société. Essai d'une application du point de vue finaliste aux phénomènes sociaux,* Alcan, Paris, 1906

Jannet, C., *Le socialisme d'état et la réforme sociale,* E. Plon, Nourrit et Cie, Paris, 1889

Jannet, C., *L'organisation du travail d'après F. Le Play et le mouvement social contemporain, La réforme sociale.* Société d'Economie Sociale et des Unions de la Paix Sociale, Paris, 1890

Jannet, Cl., *Les grandes époques de l'Histoire économique jusqu'à la fin du XVIème siècle,* Delhomme et Brignet, Paris, (no date)

Jany, Ch., *Evolution de l'idée syndicale. La question sociale. Solution équitable, rationnelle et pacifique,* Privat, Toulouse, 1904

Janze, baron Charles Alfred de, *Les serfs de la voie ferrée, la vérité et les compagnies,* Tolmer, Paris, 1881

Japy, Gaston, *Fédération des Jeunes de France, Cahier des travailleurs.* Imprimerie du "Petit Montbéliardais", Montbéliardais, 1907

Japy, Gaston, *Cléricalisme, socialisme et réaction,* Imprimerie du "Petit Montbéliardais," Montbéliard, 1904

Japy, Gaston, *Réalités et utopies. Les idées jaunes,* Plon, Nourrit, & Cie., Paris, 1906

Jaubert, *La protection des travailleurs par l'initiative privée,* Imprimerie Rivière, Blois, 1904

Jaulmes, Edmond, *Les Quakers français: étude historique.* Imprimerie Chastanier, Nîmes, 1898

Jaume, A., *Histoire des classes laborieuses: précédée d'un essai sur l'économie industrielle et sociale,* Imprimerie de E. Aurel, Toulon, 1852

Jaurès, Jean, *Action socialiste,* G. Bellais, Paris, 1899

Jaurès, Jean, *Le travail,* Bibliothèque ouvrière socialiste, Paris, 1901

Jaurès, Jean, *Histoire socialiste, 1789-1900,* Rouff, Paris, 1902

Jaurès, Jean, *L'Organisation socialiste de la France: L'armée nouvelle.* L. "Humanité," Paris, 1915

Jaurès, Jean, and Guesde, Jules, *Les deux méthodes* Editions de la Liberté, Paris, 1945

Jaurès, Jean, and Lafargue, Paul, *Idealisme et matérialisme dans la conception de l'histoire,* speech by Jaurès with answer by Paul Lafargue, Publications du Groupe des Etudiants Collectivistes de Paris, Paris, January 1895

Jay, Raoul, *De la personnalité civile des syndicats professionnels,* X. Drevet, Grenoble, 1888

Jay, Raoul, *Qu'est-ce que le contrat collectif du travail?* Bloud & Cie., Paris, 1908

Jean, O., *Le syndicalisme,* Action Populaire, Paris, 1922

Jellinek, Frank, *The Paris, Commune of 1871,* Gollancz, London, 1937

Joad, C. E. M., *Modern Political Theory,* The Clarendon Press, Oxford, 1923

Joanny-Bonnetain, Jean-Baptiste Benoît, *De la démocratie française et son avenir,* Joubert, Paris, 1844

Joanny-Bonnetain, Jean-Baptiste Benoît, *De la réalisation des réformes sociales démocratiques,* Joubert, Paris, 1849

Joanny-Bonnetain, Jean-Baptiste Benoît, *Politique à l'usage du peuple. Triomphe définitif de la démocratie,* Imprimerie Robert, Macon, 1848

Jobez, Alphonse, *Une préface au socialisme ou le système de Law et la chasse aux capitalistes,* Comon, Paris, 1848

Joigneaux, Pierre, *Les barbiers—perruquiers—coiffeurs, (Histoire anecdotique des professions en France depuis le XIIIème siècle jusqu'à nos jours.),* Pilout, 1842

Joigneaux, Pierre, *Organisation du travail agricole,* Guillaumin, Paris, 1848

Joire, Dr. A., *Questions industrielles, questions sociales, considérations sur l'état présent et l'avenir des classes ouvrières en France,* Masson & fils, Paris, 1870

Joll, James, *The Second International,* Praeger, New York, 1957

Jolly, *De la capacité d'acquérir des syndicats professionnels,* Paris, 1900

Joly, Albert, *Affaire Rossel. Rapport interrogatoire, audition des témoins réquisitoires. Plaidoirie complète,* A. Sagnier, Paris, 1871

Joly, H., *La démocratie a-t-elle besoin d'une élite?* Publication du comité de défense et de progrès social, No. 19, Imprimerie Levé, Paris, 1899

Jouanne, Dr., *La question sociale résolue par les colonies sociétaires agricoles-industrielles,* Deshays, Rouen, 1885

Joubert, P. Ch., and Sagnier, A., *Le contrat social de l'avenir, suivi d'un projet de constitution du peuple français,* A. Sagnier, Paris, 1871

Joughin, Jean A. T., *The Paris Commune in French Politics, 1871-1880s The History of the Amnesty of 1880,* John Hopkins University Press, Baltimore, 1955

Joughin, Jean A. T., *The Labor Movement in France, 1876-1884* (Thesis), Texas University, Austin, Texas

Jouham, E., *Les aspirations du travail. Études pratiques et critiques sur les antithèses sociales*, Amyot, Paris, 1878

Jouhaux, Léon, *Discours au comité confédéral national du 30 mars 1920*, Maison des Syndicats, Paris, 1920

Jouhaux, Léon, *La fabrication privées des armements*. Cahier du socialisme, No. 3, Paris, 1934

Jouhaux, Léon, *L'arbitrage obligatoire*, Centre Confédéral d'Education Ouvrière, Paris, 1938

Jouhaux, Léon, *La CGT, ce qu'elle est, ce qu'elle veut*, Gallimard, Paris, 1937

Jouhaux, Léon, *La CGT et le Front Populaire*, Centre Confédéral d'Education Ouvrière, Paris, 1938

Jouhaux, Léon, *Le syndicalisme et la CGT*, Documents syndicalistes, July 1948, Paris

Jouin, Henry, *Union des associations ouvrières catholiques. Congrès de Nantes. Compte-rendu de la sixième assemblée générale des directeurs d'oeuvres (25-29 août 1873)*, Plon & Cie., Paris, 1874

Jouin, Henry, *Union des associations ouvrières catholiques. Congrès de Poitiers. Compte-rendu de l'assemblée générale des directeurs d'oeuvre (26-30 août 1872)*, Bureau central de l'union, Paris, 1873

Jouiton, *Des garanties du droit de l'ouvrier victime d'un accident de travail, d'après la loi du 9 avril 1898*, Chavalier-Marescq & Cie., Paris, 1901

Journal des ouvriers, destiné à fixer leurs droits dans l'ordre social, leurs devoirs, leurs intérêts comme premiers producteurs, leurs obligations envers la société et celles de la société envers eux, Paris, 1832

Journal d'un habitant de Neuilly pendant la Commune. Le Château, les habitants, les ruines, Paris, 1871

Journault, Léon, *La liberté organisée*, Le Chevalier, Paris, 1873

Journeau, *La Fédération Française des Travailleurs du Livre*, Estienne, Paris, 1931

Jousset, Edouard, *Influence des machines sur la classe ouvrière*, Imprimerie Delmas, Bordeaux, 1903

Jouvenel, Henry de, *Pourquoi je suis syndicaliste*, Les Editions de France, Paris, 1928

Joze, V., *La ménagerie sociale. Paris-Gomorrhe (Moeurs du jour)*, Imprimerie Lepice, Maisons-Laffitte, 1898

Julliard, Jacques, *Clemenceau briseur de grèves, L'affaire de Draveil-Villeneuve-Saint Georges*, René Julliard, Paris, 1965

Julliot de la Morandière, and Bye, *Les nationalisations en France et à l'étranger*, Sirey, Paris, 1948

Juris, P., *Etudes sur le collectivisme*, Imprimerie Fournier, Marseille, 1905

Justesse, H. D., *Histoire de la Commune*, R. Dancker, Zurich, 1872

Justice sociale, Principes d'harmonie sociale; par un avocat de l'Humanité, Beaucais, Paris, 1905

Juveneton, Louis, *Manuel du petit citoyen. La liberté et ses limites*, Impr. de Crohare et Redaud, Tarbes, 1902

Kania, Ladiska, *Le bolchevisme et la religion*. Magi-Spinett, Rome, 1945

Kapi, B., *A munskaskerdes es a kereszteny erkolestan (La question ouvrière et la morale chrétienne)*, Eggenberger biz., Budapest, 1902

Katholische Sociologen in Frankreich under der Staatssocialismus. Stande-Ordnung, 1911

Kautsky, Karl, *La lutte des classes en France en 1789*. Traduit par Edouard Berth, Jacques, Paris, 1901

Kautsky, Karl, *Parlementarisme et socialisme, étude critique sur la législation directe par le peuple*. Traduit par Edouard Berth, Jacques, Paris, 1900

Kerabrun, René, *De l'organisation du travail agricole, agriculture, banques agricoles*, etc., Paris, 1848

Kerlor, P., *Considérations sur la révolution sociale, organisation de la Franc-Maçonnerie, comment lui résister*, Catel, Rennes, 1884

Keszler, *Des grèves, à propos de celle des ouvriers tailleurs (avril 1867)*, Imprimerie Goupy, Paris, 1867

Keufer, Auguste, *Les deux méthodes syndicalistes, réformisme et action directe*, edited by the French Federation of Printers, (CGT), Paris, 1905

Keufer, Auguste, *Fête de la Providence générale*, Le Prolétariat, "Revue positive internationale," Paris, 1914

Kirch, Alfred, *Le compagnonnage en France*, Pedone, Paris, 1901

Kirkaldy, Adam W., *Economics and Syndicalisme*, G. P. Putnam's Sons, New York, 1914

Kirkup, T. A., *A History of Socialism*, London, A. & C. Black, 1892

Kirkup, T. A., *An Inquiry into Socialism*, Longmans, Green & Co., London, 1887

Klein, Alexandre, *Les théories agraires du collectivisme* (Thesis), Giard & Brière, Paris, 1906

Koechlin, Heinrich, *Die Pariser Commune von 1871 in Bewusstsein ihrer Anhanger*, Don Quichotte, Verlag, Basel, 1950

Kovalesky, M., *La France économique et sociale à la veille de la Révolution; les campagnes*, Giard & Brière, Paris, 1909

Kresh and Crutchfield, *Théories et problèmes de la psychologie sociale*, Presses Universitaires de France, Paris, 1951

Kriegel, Annie, and Becker, Jean-Jacques, *1914, La guerre et le mouvement ouvrier français*, Colin, Paris, 1964

Kritsky, *L'évolution du syndicalisme en France*, Giard & Brière, Paris, 1908

Kropotkin, Peter, *The Conquest of Bread*, Chapman and Hall, London, 1913

Kropotkine, Pierre, Prince, *L'anarchie, sa philosophie, son idéal,* Les Éditions du Libertaire, Paris, no date

Kropotkine, Pierre, Prince, *Communisme et anarchie,* Editions du Groupe de Propagande par la Brochure, Paris, December, 1926

Kropotkine, Pierre, Prince, *La conquête du pain,* Tresse & Stock, Paris, 1892

Kropotkine, Pierre, Prince, *La morale anarchiste,* Imprimerie Grave, Paris, 1891

Kropotkin, Peter, *Fields, Factories, and Workshops,* T. Nelson & Sons, London, 1912

Kropotkin, Pierre, Prince, *La Grande Révolution, 1789-1793,* Stock, Paris, 1909

Kuczynski, J., *Labour Conditions in Western Europe, 1820 to 1935,* Lawrence & Wishart, London, 1935

Kulemann, Wilhelm, *Die Berufsvereine, Geschichiliche Entwicklung der Berufsorganisationen der Arbeitnehmer und Arbeitgeber aller Lander, Zweit vollig neu bearbeitete Auflage der "Gewerkschaftsbewegung", Vierter Band, England, Frankreich, Belgien, Hoiland, Luxemburg, Danemark, Schweden, Nortwegen,* Verlag von Leonhard Simion, Nf., Berlin, 1913

Kurnatowski, George, *Esquisse d'évolution solidariste,* Rivière, Paris, 1907

L'Appel Chant, par un ouvrier Saint-Simonien, No. 8 Mesnilmontant

L'Indifférentisme social et la propriété. Histoire d'un propriétaire chrétien, Extrait du Propriétaire chrétien, no. 62, juillet 1900, imprimerie Dumoulin, Paris, 1900

L'Internationale, chanson du prolétaire, imprimerie de la République des Pyrénées-Orientales Perpignan, 1893

L'Internationale, Paroles de Eugène Pottier. Musique de Degeyter, Illustration de J. Jonchère, Paris, 1871

La Barre de Nanteuil, Comte, *Le péril social. Que faire pour le conjurer en assurant à la France la prospérité et le calme,* Plon, Paris, 1889

Labarte, Jules, *Histoire des arts industriels au Moyen-Age et à l'époque de la Renaissance,* 3 volumes, A. Morel, Paris, 1872-1875

Labbé, Pierre, *Est-ce la fin de la dictature de la CGT?* Ecrits de Paris, 1948

Labbé, Pierre, *Pour un syndicalisme cohérent,* Ecrits de Paris, Paris, 1949

Labi, M., *La grande division des travailleurs, Première scission de la C.G.T. (1914-1921),* Les Editions Ouvrières, Paris, 1964

Labonde, H., and Le France, H., *Questions sociales: La rénovation du travail; aide-toi, le ciel t'aidera,* Labonde, Paris, 1885

Laborde, Alexandre de, *De l'esprit d'association dans tous les intérêts de la communauté, ou essai sur le complément du bien-être et de la richesse de la France par le complément des institutions,* 4 volumes, Gide fils, Paris, 1834

Laborie, J., *Conversation socialiste. Le mal et le remède,* Imprimerie Vicher, Aix-les-Bains (Savoie), 1907

Laboulais, Mme. Lucie, *Causeries d'un ancien ouvrier à ses jeunes camarades,* A., Labitte & C. Gallet, Paris, 1877

Laboulais, Mme. Lucie, *L'ouvrier, considérations sur le travail,* P. Dupont, Paris, 1890

Laboulaye, Charles, *Les droits des ouvriers, étude sur l'ordre dans l'industrie,* Librairie du Dictionnaire des arts et manufactures, Paris, 1873

Laboulaye, Charles Lefèvre, *Organisation du travail. De la démocratie industrielle,* Mathias, Guillaumin, Paris, 1848

Labriola, Ant., *Socialisme et philosophie; lettres à G. Sorel,* Bibliothèque socialiste internationale, Giard & Brière, Paris, 1899

Labriola, Arturo, Michels, R., Kritchewsky, B., Lagardelle, Hubert and Griffuelhes, V., *Syndicalisme et socialisme,* Rivière, Paris, 1908

Labrousse, D., *La crise de l'économie française à la fin de l'ancien régime et au début de la Révolution,* Presses Universitaires de France, Paris, 1944

Labusquière, John, *Le tiers-état et le peuple ouvrier,* Librairie des publications ouvrières, Paris, 1879

Las Cases, Comte de, *La liberté du travail et l'arbitrage obligatoire,* (Extrait de la Réforme sociale), Imprimerie Levé, Paris, 1901

Las Cases, Comte de, *Les élections et la paix sociale,* (Extrait de la Réforme sociale), Imprimerie Levé, Paris, 1904

Lacombe, E. de, *La maladie contemporaine. Examen des principaux problèmes sociaux au point de vue positiviste,* Alcan & Guillaumin, Paris, 1906

Lacoste, aîné, *Le réveil de l'homme ou l'organisation sociale,* Imprimerie Malteste & Cie., Paris, 1871

Lacoste, Robert, *Le syndicalisme français et le redressement national,* Paris, 1937

Lacoste, Robert, *Syndicalisme et économie,* Publications de l'Institut Supérieur Ouvrier, Volume XXVI, Centre Confédéral d'Education Ouvrière, Paris, 1937

Lacoudrais, *De la crise sociale considérée dans ses causes et dans son issue possible; lettre à un vice-amiral,* Charpentier, Paris, 1850

Lacour-Gayet, G., *Un utopiste inconnu. Les "Codicilles" de Louis XIII,* Emile-Paul, Paris, 1903

La Coux, Jules de, *Conséquences des grèves, conseils fraternels aux travailleurs,* Dentu, Paris, 1865

Lacroix, Fournier and Sère, *Histoire de l'imprimerie et des arts et professions qui se rattachent à la typographie, calligraphie, enluminure, parcheminerie, librairie et comprenant l'histoire des anciennes corporations et confréries,* Paris, 1851

La Farelle, F. Félix de, *Du progrès social au profit des classes populaires non indigentes, ou études philosophiques et économiques sur l'amélioration matérielle et morale du plus grand nombre,* 2 volumes, Guillaumin, Paris, 1847

Lafargue, Paul, *Aus der Geschichte des Socialismus in Frankreich (en langue russe),* St. Petersburg, 1907

Lafargue, Paul, *Cours d'économie sociale, le matérialisme économique de Karl Marx,* 3 leaflets, Oriol, Paris, 1883

Lafargue, Paul, *La charité,* Editions du Mouvement socialiste, Paris, 1904

Lafargue, Paul, *La charité chrétienne,* Bibliothèque du Parti socialiste de France, au siège du conseil central, Paris, 1905

Lafargue, Paul, *La religion du capital,* Imprimerie Dhoossche, Lille, 1907

Lafargue, Paul, *Le socialisme et la conquête des pouvoirs publics,* Imprimerie Lagrange, Lille, 1899

Lafargue, Paul, *Les socialisme et les intellectuels,* Giard & Brière, Paris, 1900

Lafargue, Paul, *Pamphlets socialistes. Le droit à la paresse; la religion du capital; l'appétit vendu; Pie IX au Paradis,* Bibliothèque socialiste internationale, Giard & Brière, Paris, 1900

Laffemas, Barthélémy de, *Les moyens de chasser la gueuserye, contraindre les fainéants, faire vivre et employer les pauvres,* Imprimerie de Jamet et P. Mettayer, Paris, 1600

Laffont, Robert, *Paris and Its People. A Social and Political History*

Lafond, Alex., *Du rôle des syndicats professionnels en vue de modérer la concurrence,* Paris, 1905

Lafond, César, *Les Utopistes, soi-disant babouvistes: réflexions par un travailleur lyonnais,* Imprimerie Boursy, Lyon, 1839

Lafosse, V., *Aux travailleurs des chemins de fer. Pour des milliers d'ouvriers,* Imprimerie Dequen, Dieppe, 1899

Lagache, J., *Du droit d'intervention des tiers dans les grèves,* (Thesis), Pedone, Paris, 1903

Lagarde, E., *La revanche de Proudhon, ou l'avenir du socialisme mutuelliste,* Jouve, Paris, 1905

Lagardelle, Hubert, *Der revolutionare Syndicalismus (en langue russe),* St. Petersburg, 1906

Lagardelle, Hubert, *La grève générale et le socialisme. Enquête internationale, opinions et documents,* Cornely & Cie, Paris, 1904

Lagardelle, Hubert, *L'évolution des syndicats ouvriers en France,* Imprimerie de l'Emancipatrice, Paris, 1901

Lagardelle, Hubert, *Les intellectuels devant le socialisme, causerie au groupe des étudiants collectivistes de Paris, le 14 décembre 1900,* 16 rue de la Sorbonne, Paris, 1901

Lagardelle, Hubert, *Le socialisme ouvrier,* Giard & Brière, Paris, 1911

Lagardelle, Hubert, *Le syndicalisme ouvrier,* Giard & Brière, Paris,

Lagardelle, Hubert, *Syndicalisme et socialisme,* Rivière, Paris, 1908

Lagardelle, Hubert, Guesde, Jules and Vaillant Edouard, *Parti socialiste et CGT, de l'interdiction à l'obligation. Discussion,* Rivière, Paris, 1908

Lagier, *Des moyens de résoudre des différends qui s'élèvent entre patrons et ouvriers,* Paris, 1876

Lagorce, J. P. C., *Les syndicats professionnels, leur évolution en France depuis 1884,* Delmas, Bordeaux, 1933

La Gouellec, H. J., *De l'idée syndicaliste,* Lafolye frères, Vannes,

Lahautière, Richard, *La loi sociale,* Revot, Paris, April 1841

Lahautière, Richard, *Les déjeuners de Pierre, Dialogues, 4 livres,* chez l'auteur, Paris, 1841

Lahautière, Richard, *Ueber das Gesellschaftliche Gestz,* Biel, 1841

Lahautière, Richard, *Kleiner Katechismus der Social-Reform,* Biel, 1841

La Hodde, Lucien de, *Histoire des sociétés secrètes et du parti républicain de 1830 à 48. Louis-Philippe et la révolution de février, portraits, scènes de conspiration, faits inconnus,* Julien Lanier & Cie, Paris, 1850

Laidler, W. H., *Socialism in Thought and Action*

Laidler, H. W., *Social-Economic Movements,* Thomas Y. Crowell Co., New York, 1944

Lajarrige, Louis, *Rapport sur la Bourse du Travail. Conseil municipal de Paris,* No. 176, 1909

La classe ouvrière et la production, Editions de la CGT, Paris, 1939

La Commune devant l'histoire. Les pillards de Neuilly, Paris, 1872

La Confédération Internationale des Syndicats Chrétiens d'Amsterdam à Lyon, Confédération Internationale des Syndicats Chrétiens, Utrecht, Holland

La défense patronale. Rapport introductif à prendre pour faire face au mouvement ouvrier actuel et monographie d'un syndicat patronal allemand, Larose & Thénin, Paris, 1898

La femme dans le socialisme collectiviste, M. J. Caplain, Paris, 1902

La grève générale, Publications du Comité de propagande de la grève générale, Imprimerie Mangeot, Paris, 1901

La grève générale, Rapport présenté au congrès anti-parlementaire, Groupe des étudiants socialistes révolutionnaires internationalistes, aux bureaux des Temps nouveaux, Paris, 1901

La grève générale, son but; ses moyens; lendemain de grève générale et attitude des partis politiques, Imprimerie Mangeot, Paris, 1901

La législation ouvrière. Réponse à M. Jaurès, Groupe d'étudiants socialistes révolutionnaires de Genève, Imprimerie Commerciale, Geneva, 1902

La lutte politique et sociale à notre époque, Office de publicité, Brussels

La médecine du travail, Les Documents juridiques, Confédération Générale du Travail-Force Ouvrière, No. 4, May 1948

L'Ami du prolétaire, Entretiens familiers sur différents sujets de morale, de politique, d'économie, d'industrie, de beaux-arts et particulièrement d'histoire générale. Ouvrage destiné à vulgariser les principes généraux du Saint-Simonisme, 2 livres, G. Biard, Paris, 1832

La misère de l'ouvrier, chanson; par un groupe de meurt-de-faim, Imprimerie Lagrange, Lille, 1901

La Nef, special issue on *Le Socialisme français, victime du Marxisme?* Volume 7, Nos. 65-66, June-July 1950

La question syndicale au congrès de Châlons, 7, 8, 9 et 10 mai 1903, Paris, 1903

La question sociale devant la Franc-maçonnerie au Convent de 1905. Etude des rapports entre le capital et le travail (Extrait du compte-rendu du Convent réimprimé par la Loge "Les Rénovateurs"), O. de Paris, Imprimerie Mangeot, Paris, 1906

La question sociale et l'apostolat de l'ouvrier. Comment tous nous pouvons travailler à l'apostolat de l'ouvrier, par un ami de l'ouvrier, C. Peters, Louvain, 1891

La scission nouvelle, Publications du groupe des étudiants socialistes révolutionnaires internationalistes de Paris, Editions de l'Humanité nouvelle, Paris, 1899

L'Avenir du travailleur, chanson socialiste, Imprimerie Lagrange, Lille, 1901

L'évolution de la mentalité patronale et de la mentalité ouvrière dans les différents pays au contact des réalités, Boulogne-sur-Seine, 1930

Lalesie, B. C., *Une organisation possible du travail*—Appel au bon sens, Paris, 1848

Lallemand, *La ligne de l'intelligence du capital et du travail,* Dubuisson & Cie., Paris, 1869

Lallemand, F., *Révolutions politiques et sociales de 1848 prédites en 1843,* Au comptoir des imprimeurs-unis, Paris, 1848

Lallier, François, *Du salaire comparé des vignerons senonais au XVIème et au XIXème siècle,* Imprimerie de Duchenin, Sens, 1867

La Loge d'Aubusson, Th. de, *La désorganisation sociale et le régime du travail, conférence prononcée le 30 mai 1904 à la salle de la Société de géographie,* Librairie des Saints-Pères, Paris, 1904

Lamartine, Alphonse de, *Discours prononcé à l'Assemblée nationale sur le droit au travail*, M. Lévy frères, Paris, 1848

Lamartine, Alphonse de, *Du droit au travail et de l'organisation du travail*, Imprimerie de Chassipollet, Mâcon, (no date)

Lamartine, Alphonse de, *J. J. Rousseau, son faux contrat social et le vrai contrat social*, Lévy frères, Paris, 1866

Lamartine, Alphonse de, *Histoire de la révolution de 1848*, 2 volumes, Meline, Cans & Cie., Brussels, 1849

Lamartine, Alphonse de, *Lettre du citoyen Lamartine au citoyen Cabet; protestation contre le communisme.* (Extrait du "Bien-Public", journal de Macon), 1847

Lamartine, Alphonse de, *L'individualisme et le communisme*, Lesloges, Paris, 1848

Lamarzelle, G. de, *Démocratie politique; démocratie sociale; démocratie chrétienne*, Société française d'imprimerie et de librairie, Paris, 1907

Lambert, Alfred, *Le mouvement social en France (1902-1904)*, Extrait de la Revue internationale de sociologie, Giard & Brière, Paris, 1904

Lambert, Alfred, *Le mouvement social en France, juin 1905 — juin 1906*, Giard & Brière, Paris, 1906

Lambert, Edouard, and Cluzel, Louis, *Conventions collectives*, Orphrys, Gap, 1950

Lambert, Emile, *Les moyens pratiques d'organiser le travail. Extrait de "L'Abeille", journal français de Berlin*, Behr, Berlin, 1846

Lambert, Emile, *Moyens pratiques d'organiser le travail sans faire concurrence à l'industrie privée*, Moreau, Paris, 1848

Lambert, Paul, *L'action syndicale et les coopératives de production contenant un avant-propos, un exposé des théories syndicalistes en matière de coopération, un projet de statuts type, actes constitutifs, règlement, etc.*, Imprimerie Hudon Frères, Angers, 1904

L'apprentissage, examen général des divers problèmes posés par l'apprentissage du point de vue de l'intérêt de la classe ouvrière, Editions de la CGT, Paris, 1924

Lamennais, F., *Du passé et de l'avenir du peuple*, Librairie de la bibliothèque nationale, Paris, 1875

Lamennais, F., *Le livre du peuple*, Société belge de librairie, Brussels, 1838

Lamennais, F., *Politique à l'usage du peuple*, Pagnerre, Paris, 1839

Lamennais, F., *Questions du travail*, Garnier frères, Paris, 1849

Lamennais and Barbet, Aug., *Projet de construction du Crédit social*, au bureau du "Peuple constituant," Paris, 1848

La mise en ordre des salaires, Ministère du travail et de la sécurité sociale, Paris, 1946

Lamouzèle, E., *Précis d'histoire du travail en France des origines à 1914*, Berger-Levrault, Paris, 1923

Lamy, Paul, *Socialisme*, Mistral, Cavaillon, 1901

Lanabère, *Les associations ouvrières, discours à l'audience solennelle de rentrée de la Cour d'appel de Chambéry, le 16 octobre 1886*, Imprimerie Châtelain, Chambéry, 1887

Landrieux, René, *Destruction du prolétariat par la propriété, Etude sur la question sociale*, Imprimerie Mangeot, Paris, 1907

Lanessan, J. L. de, *La concurrence sociale et les devoirs sociaux*, Alcan, Paris, 1904

Lanessan, J. L. de, *La lutte pour l'existence et l'évolution des sociétés*, Alcan, Paris, 1904

Lang, T., *Le socialisme et les revendications ouvrières en France*, Lyon, 1894

Lange, G., *Loi sur les retraites ouvrières et paysannes*, Larose & Thénin, Paris, 1910

Lange, Jean-Marie, *Aux sources du socialisme français*, Dillen, Issoudun, 1947

Langlais, Jacques, *La république sociale. Lettres à un électeur de la Sarthe, Choisnet*, Sable, 1850

Langlois, Amédée Jérôme, *L'homme et la révolution, huit études dédiées à P. J. Proudhon*, 2 volumes, Germer Baillère, Paris, 1867

Langlois, Henri G., *Une étape de l'évolution sociale. Le contrat de travail*, Pichon & Durand-Auzias, Paris, 1907

Lanjalley, Paul and Corriez, Paul, *Histoire de la révolution du 18 mars*, A. Lacroix, Verboeckhoven & Cie, Paris, 1871

Lannes de Montebello, M., *L'armée, la question sociale, l'ordre public, conférence faite à la salle des capucins*, Imprimerie Rinny, Paris, 1891

Lanoie, P., *La conférence des jaunes, discours*, Boulogne-sur-mer, 1903

Lanoir, Paul, *Les émeutes du Nord. Les causes et les faits de la grève imposée à nos camarades des industries textiles par les meneurs*

La Noue, Comte de, *Coup d'oeil sur la question sociale*, Imprimerie Desrosiers, Moulins, 1878

Lantz, H., *La mission du syndicalisme*, Institut d'études corporatives et sociales, Paris, 1943

La Perrandière, R. de, *Notes sur l'époque révolutionnaire, la lettre de Dieu*, Germain & Grassin, Angers, 1905

Lapeyre, Paul, *Ce qu'est le syndicalisme révolutionnaire*, Edition de la Confédération Générale du Travail Syndicaliste Révolutionnaire, Paris, March 1937

Lapeyre, Paul, *Le catholicisme social, le gallicanisme et le tiers-ordre franciscain*, Extrait du XXème siècle. 3 volumes, Poussielgue, Paris, 1899-1901

Laplaigne, H., *Etude sociale*. Extrait de la Revue internationale de sociologie, Giard & Brière, Paris, 1901

Laplanche, J., *Guerre au cléricalisme. Les martyrs de la Commune et leurs bourreaux*, Paris, 1882

Laporte, Marie-Magdeleine, *Les allocations familiales dans le commerce et l'industrie en droit français et étranger*, Dalloz, Paris, 1938

La réforme de l'enseignement (école unique) et l'éducation ouvrière, Editions de la CGT, Paris, 1931

Lardennoys, Jean, *La question sociale. La déclaration des droits de l'homme au congrès des peuples*, J. Baillière & H. Messager, Paris, 1884

Larègle, H. de, *Ouvrières du passé et ouvrières de demain*, Editions de la Revue catholique et royaliste, Paris, 1908

La Rive, Th. de, *La question sociale, discours prononcé au cercle d'ouvriers d'Annecy, le 28 janvier 1883*, Aubry, Annecy, 1883

La Rive, Th. de, *Le péril social et le devoir actuel*, H. Trembley, Geneva, 1889

Larmandie, L. de, *La lutte pour l'existence, conférence faite à Nérac, le 24 décembre 1882*, Imprimerie Dutilh, Nérac, 1884

Laroque, Pierre, *Les conventions collectives de travail, Rapport au Conseil Economique*, Imprimerie Nationale, Paris, 1934

Laroque, Pierre, *Les rapports entre patrons et ouvriers; leur évolution en France depuis le XVIIIème siècle; leur organisation contemporaine en France et à l'étranger*, Aubier, Paris, 1938

Laroque, Pierre, *Réflexions sur le problème social. Evolution ou révolution?* Editions sociales françaises, Paris, 1953

La Sagra, Don Ramon de, *Aphorisme sociaux*, Péricron, Brussels, 1848

La Sagra, Don Ramon de, *La vérité à tous. Aux socialistes*, (Article publié dans "L'Assemblée nationale"), Imprimerie Maudry, Paris, 1849

La Sagra, Don Ramon de, *Le mal et le remède. Aphorismes sociaux, Profession de foi*, Baillière, Paris, 1859

La Sagra, Don Ramon de, *Le problème de l'organisation du travail devant l'Académie des sciences morales et politiques*, au bureau de la Société de l'industrie fraternelle, Paris, 1848

La Sagra, Don Ramon de, *Mon contingent à l'Académie. Sur les conditions de l'ordre et des réformes sociales*, Capelle, Paris, 1849

La Sagra, Don Ramon de, *Organisation du travail. Question préliminaire à l'examen de ce problème*, Ledoyen, Paris, 1848

La Sagra, Don Ramon de, *Résumé de los estudios sociales*, Madrid, 1844

La Sagra, Don Ramon de, *Révolution économique. Causes et moyens*, Paris, 1849

La Sagra, Don Ramon de, *Science sociale, Idées préliminaires*, Capelle, Paris, 1848

La Saussaye, R. de, *De l'extinction du paupérisme et de l'avenir du travail dans les sociétés modernes*, Paris, 1870, Guillaumin

La sécurité sociale en France, Notes documentaires et études, No. 450, 451 and 487, Secrétariat d'Etat à la Présidence du Conseil et l'information, Paris, 1946

Lasne, P. G., *La religion et la monarchie devant la science. Organisation rationnelle des institutions démocratiques; solution du problème social*, Guérin, Paris, 1882

Lasry, C., *Lutte contre le chômage et finances publiques, 1929-1937*, R. Pichon & R. Durand-Auzias, Paris, 1938

Lassalle, Ferdinand, *Capital et travail ou M. Bastiat-Schulze (de Delitzsch). Première traduction française avec une notice sur le développement du socialisme en France et en Allemagne et sur la vie de Ferdinand Lassalle, par Benoît Malon*, Dervaux, Paris, 1881

La Serre, Henri, *L'évolution ou réplique aux idées modernes matérialistes*, Imprimerie Hamain, Boulogne-sur-Mer, 1906

Lasserre, A., *La situation des ouvriers de l'Industrie textile dans la région lilloise sous la monarchie de Juillet*, Jaunin, Lausanne, 1952

Lasserre, Georges, *Histoire du syndicalisme ouvrier* (cours dactylographié professé à l'Institut d'Etudes Politiques de l'Université de Paris), Paris, 1948-1950

Lasserre, P. G., *Sorel, Théoricien de l'Impérialisme. Ses idées, son action*, L'artisan du livre, Paris, 1928

Laterrade, A., *Le socialisme pratique, appel à l'union du radicalisme et du socialisme, Exposé de la doctrine*, P. V. Stock, Paris, 1901

Latour, Comte Gustave de, *Du mouvement social*, Lecoffre, Paris, 1848

La tour, E. de, *M. Le Play et les ouvriers européens*, Mame & fils, Tours, 1880

La Tour du Pin, La Charce de, *Vers un ordre social chrétien. Jalons de route (1882-1907). Etudes sociales et politiques*, Société française d'imprimerie et de librairie, Paris, 1907

Latteux, A., *Les syndicats professionnels devant la loi du 21 mars 1884*, Rousseau, Paris, 1902

Laufenfurger, H., *Methoden der Krisenabwehr und der Konjunkturpolitik in Frankreich, Kieler Vortrage, gehalten am Institut für Weltwirtschaft an der Universität Kiel*, Jena, 1936

Laufer, René, *L'organisation physiologique du travail*, Editions de la nouvelle revue, Paris, 1907

Launay, Robert, *Les pères de la démocratie*, Perrin & Cie., Paris, 1903

La vérité sur la grève des mineurs, edited by the Confédération Générale du Travail, Paris, no date

Launay, Maurice, *Etude sur les unions de syndicats agricoles*, Larose, Thénin, Paris, 1900

Laur, F., *Essais de socialisme expérimental: la mine aux mineurs,* Dentu, Paris, 1887

Laurat, Lucien, *Conférences sur les nationalisations et le plan,* Publications de l'Institut Supérieur Ouvrier, Centre Confédéral d'Education Ouvrière, Paris, 1935

Laurat, Lucien, *La crise économique mondiale,* Publications de l'Institut Superieur Ouvrier, Volume X, Centre Confédéral d'Education Ouvrière, Paris, 1935

Laure, *Révolution, dernière chance de la France,* Presses Universitaires de France, Paris, 1956

Laurent, B., *Poste et postiers,* Doin, Paris

Laurent, Charles, *Le syndicalisme des fonctionnaires,* Paris, 1928

Laurent, E., *Impressions de grève,* Charles-Lavauzelle, Paris, 1905

Laurent, E., *Le paupérisme et les associations de prévoyance,* Guilliaumin, Paris, 1865

Laurent, F., *Le communisme catholique,* Imprimerie de Guyot, Brussels, 1859

Laurent, Marcel, *L'épicerie,* Doin, Paris

Laurin, T., *Les instituteurs et le syndicalisme (amicales et syndicats d'instituteurs),* Rivière, Paris, 1908

Lauzel, Maurice, *Manuel du coopérateur socialiste,* Bibliothèque socialiste, Société nouvelle de librairie et d'éditions, Série 1, No. 1, Paris, 1901

Lavau, G., *Partis politiques et réalités sociales,* Paris

Laveleye, Auguste de, *Du travail à donner aux classes ouvrières considéré comme moyen de gouverner,* Guillaumin, Paris, 1841

Laveleye, Emile de, *Le gouvernement dans la démocratie,* 2 volumes, Alcan, Paris, 1891

Lavergne, and Henry, P., *Le chômage, causes, conséquences, remèdes,* Rivière, Paris

Lavergne, Bernard, *La révolution coopérative,* Presses Universitaires de France, Paris, 1949

Lavergne, Bernard, *Le problème des nationalisations,* Presses Universitaires de France, Paris, 1945

Lavergne, Bernard, *Le socialisme coopératif, exposé des faits et doctrines,* Presses Universitaires de France, Paris, 1955

Lavollée, R., *Etude de morale sociale, Lectures et conférences,* Guillaumin, Paris, 1897

Lavroff, Pierre, *Biographie publiée par les Etudiants socialistes révolutionnaires internationalistes de Paris,* Paris, 1900

Lavroff, Pierre, *La propagande socialiste, son rôle et ses formes. Conférence faite à la société ouvrière russe à Paris le 15 janvier 1887,* Paris, 1888

Lavy, Aîmé, *L'oeuvre de Millerand. Un ministre socialiste (1899-1902),* Société nouvelle, Paris, 1902

Laye, de, *Eléments de morale sociale,* Les manuels syndicaux, Spes, Paris, no date

Laye, D., *Histoire complète des grèves de Decazeville sous la date lugubre du 26 février 1886, qui ont fait tant de bruit en France, et celles de partout ailleurs: Charleroi, Wignehies, Gand, en Belgique, en Angleterre, en Italie, en Amérique du Sud et en Espagne,* Imprimerie Boulissière, Toulouse, 1887

Lazitch, Branko, *Les partis communistes d'Europe,* Les Iles d'Or, Paris, 1956

Le Bastier, Jules, *Egalisation sociale, ou théories d'une révolution normale fondée sur l'exercice régulier des facultés de l'homme en communauté,* Dessart, Paris, 1840

Leblanc, *De la France, de l'Europe et de l'influence des sociétés secrètes,* Imprimerie Barbier, Paris, 1831

Le blanchissage, Doin, Paris

Leblond, Marius, *La société française sous la troisième république,* Alcan, Paris, 1905

Le Bon, G., *La démocratie et le travail,* Paris, 1910

Le Bon, G., *Philosophie du syndicalisme,* Opinion, 1909

Le Bourre, Raymond, *Le syndicalisme dans la 5ème République,* Calmann-Lévy, Paris, 1959

Lebreuil, L., *De la marche des idées depuis la révolution française,* Dufay, Paris, 1841

Lebrun, *Le salaire devenu associé. La mine aux mineurs. Société civile anonyme des mineurs du Giers. L'émancipation du travailleur par l'association coopérative de production,* Paris, 1893

Lebrun, A. F., *Les idées et les voeux d'un jeune plébéien,* Paris, 1840

Lebuy, Jules, *Le travail,* Société française d'imprimerie et de librairie, Paris, 1903

Lechartier, G., *L'anarchie, conférence faite aux ouvriers, dans la salle de l'Union sociale de Popincourt, le 12 mai 1900,* Conrad, Paris, 1900

Lechevalier, Jules, *Qu'est-ce que l'organisation du travail? 1. livr., introduction scientifique et historique,* Imprimerie de N. Chaix, Paris, 1848

Lechevalier, Jules, *Qui donc organisera le travail? Les travailleurs eux-mêmes. Organisons-nous. Discours,* Imprimerie de Plon frères, Paris, 1848

Lechopie, A., *La liberté d'association et les professions libérales,* Marchal, Billard et Cie, Paris, 1885

Le Clairon socialiste, élections législatives de 1902, Imprimerie Lefèbvre, Paris, 1902

Leclercq, H., *La propagande révolutionnaire, juillet-décembre 1790,* Imprimerie et Librairie Letouzey et Ane, Paris, 1931

Lecoeur, Auguste, *L'autocritique attendue,* Editions Girault, Paris, 1955

Lecoeur, Auguste, *Le Partisan*, Flammarion, Paris, 1963

Lecolle, G., *Les associations agricoles. Syndicats, coopératives, mutualités et les nouvelles lois sociales agricoles*, J. B. Baillière & fils, Paris, 1912

Lecomte, A., *Les associations agricoles, professionnelles et mutuelles (sociétés; comices; syndicats; coopératives; caisses de crédit; assurances mutuelles)*, Laveur, Paris, 1907

Le Comte, F. H., *Les luttes pour la vie, Louis Deval*, Société française d'imprimerie et de librairie, Paris, 1908

Le contrat de travail, Rapport de M. Perreau, Imprimerie Gout & Cie., Orléans, 1908

Le contrat du travail, Examen du projet de loi du gouvernement sur le contrat individuel et la convention collective. Rapports de MM. Perreau et Fagot. Compte-rendu des discussions. Voeux adoptés, Larose & Thénin, Paris, 1907

Lecordier, Gaston, *Syndicaliste chrétien . . . pourquoi? La réponse d'un catholique*, Laboureur & Cie., Issoudun, Paris, 1945

Lecordier, Gaston (abbé) *Le monde rural en marche*, Editions I. G. C. (Imprimerie Générale du Centre), Saint-Etienne, 1954

Le dimanche et la question sociale, ou quelques obstacles à l'observation dans une cité ouvrière, Imprimerie Veuve Guy & Cie., Alençon, 1904

Le dossier de la Commune devant les conseils de guerre, Paris, 1871

Le droit au capital, ou testament du XIXème siècle par le Solitaire, Paris, 1886

Le droit au travail au Luxembourg et à l'Assemblée Nationale, par MM. Lamartine, Thiers, Louis Blanc, Dufaure, Duvergier de auranne, de Tocqueville, Wolowski, Ledru-Rollin, etc . . . etc. . . . , avec une introduction par Emile de Girardin, 2 volumes, Michel Lévy frères, Paris, 1849

Le droit syndical, Confédération Générale du Travail—Force Ouvrière, Librairie syndical, Paris, no date

Leduc, V., *Le marxisme, est-il dépassé?* Editions Raison d'être, Paris, 1946

Lefaure, Amèdée, *Le socialisme pendant la révolution (1789-1798)*, Lacroix Verboeckhoven & Cie., Paris, 1867

Lefèvre, *La bijouterie*, Doin, Paris

Lefèvre, Charles Eugène, *Evolution historique des associations professionnelles dans l'industrie et le commerce en France*, Imprimerie H. Jouve, Paris, 1894

Lefort, J., *L'assurance contre le chômage à l'étranger et en France*, 2 volume, Fontemoing, Paris, 1913

Lefort, J., *Les caisses de retraite ouvrières*, Fontemoing, Paris, 1906

Lefort, J., *Salaires et revenus dans, la Généralité de Rouen au XVIIIème siècle, comparés avec les dépenses de l'alimentation, du logement, du chauffage et de l'éclairage, communication faite au Congrès des Sociétés savantes en 1886*, Rouen, 1887

Lefranc, E. and G., *Le syndicalisme devant le problème des loisirs*, Centre Confédéral d'Education Ouvrière, Paris, 1937

Lefranc, Georges, *Histoires des doctrines sociales dans l'Europe contemporaine*, Aubier, Paris, 1960

Lefranc, Georges, *Histoire du Front Populaire, (1934-1938)*, Payot, Paris, 1965.

Lefranc, Georges, *Histoire du mouvement syndical en France*, Librairie syndicale, Paris, 1937

Lefranc, Georges, *Histoire du travail et des travailleurs*, Flammarion, Paris, 1957

Lefranc, Georges, *Juin 1936, "l'explosion sociale" du Front Populaire*, Julliard, Paris, 1966.

Lefranc, Georges, *L'éducation ouvrière et les tâches nouvelles du syndicalisme*, Presse et Travail, Paris, 1955

Lefranc, Georges, *La crise du syndicalisme ouvrier en France*, Presse et travail, Paris, 1954

Lefranc, Georges, *Le Front Populaire, (1934-1938)*, Presses Universitaires de France, Paris, 1965.

Lefranc, Georges, *Le mouvement socialiste sous la Troisième République (1875-1940)*, Payot, Paris, 1963.

Lefranc, Georges, *Le mouvement syndical de la libération aux événements de mai-juin 1968*, Payot, Paris, 1969

Lefranc, Georges, *Le Syndicalisme en France*, (5th edition), Presses Universitaires de France, Paris, 1966.

Lefranc, Georges, *Les expériences syndicales en France de 1939 à 1950*, Aubier, Paris, 1950

Lefranc, Georges, *Les expériences syndicales internationales des origines à nos jours*, Aubier, Paris, 1952

Lefranc, Georges, and Bouglé, C., *Histoire du travail et de la civilisation*, Sudel, Paris, 1938

Lefranc, Georges, and Poliser, R., *Bilan social d'une décennie*, SED, Paris, 1961

Lefranc, Marcel, *La grève de Montceau (19 janvier—6 mai 1901), ses causes et ses conséquences*, Imprimerie Coussat, Moulins, 1901

Lefranc, Marcel, *Les syndicats indépendants du Creusot et de Montceau. Avec des lettres-préface de Mangematin et Burtin*, Comité de défense du progrès social, Paris, 1902

Lefrançais, E., *Etude sur le mouvement communiste à Paris, en 1871*, Imprimerie G. Guillaume fils, Neuchâtel, 1871

Legitimus, H., *La lutte*, Parti socialiste francais, Fédération Autonome de la Guadeloupe, Imprimerie Clair, Paris, 1901

Legrand, *Etude historique sur les corporations d'arts et métiers comprenant l'histoire des communautés et confréries de marchands et artisans jusqu'à leur abolition en France en 1791,* Paris, 1875

Legrand, Adrien, *Les voies et moyens du progrès social, d'après MM. Paul Deschanel, Waldeck-Rousseau, J. Jaurès,* Imprimerie Lefèbvre-Durocq, Lille, 1901

Le Hir, Jean Louis, *Harmonies sociales,* Hugot, Paris, 1848

Lehuerou, *Histoire des institutions Carolingiennes,* Joubert, Paris, 1843

Lehuerou, *Histoire des Institutions Mérovingiennes,* Paris, 1842, Joubert

Leighton, John, *Paris Under the Commune, or the Seventy Three Days of the Second Siege.* Bradbury, Evans & Co., London, 1871

Le Machiavel populaire, ou journal de la théorie des révolutions et de l'assemblée civique, Paris, 1791

Lejeune, Charles, *Critique socialiste,* Imprimerie Jacquin, Poligny, 1907

Le Leonais, L., *Harmonies sociales,* Delloye, Paris, 1844

Leleu, abbé, *Etudes sociales. La société chrétienne* (Extrait de l'Association catholique), Rondelet & Cie., Paris, 1900

Lelut, L. F., *Petit traité de l'égalite,* Paris, 1858, A. Durand

Le Lièvre, Charles, *Le travail et l'association,* Lecoffre fils & Cie., Paris, 1868

Le Livret, c'est le servage, publié par la démocratie pacifique, Librairie sociétaire, Paris, 1847

Lemaire, *Les droits du peuple,* La Commune, Paris, 1871

Lemaire, E., *Le socialisme et le parti radical,* Imprimerie Deslis frères, Tours, 1902

Lemarchand, G., *Etude sur les lois du travail, présentée au nom de la loge Union socialiste, Grand Orient de France,* Imprimerie Mangeot, Paris, 1904

Lemarchand, G., *Les syndicats professionnels et les associations,* Phadier, Paris, 1905

Lemercier, Vicomte, Anatole, *Etudes sur les associations ouvrières,* Adrien Leclerc & Cie., Paris, 1857

Lemonnier, Charles, *La question sociale. Rapport présenté au congrès de Lausanne, le 27 septembre 1871,* Cherbuliez, Paris, 1871

Lemoyne, N. R. D., *Associations par phalanges agricoles industrielles. Ensemble du système. Notions élémentaires et pratiques sur la théorie sociétaire, notamment sur la constitution de l'autorité, le quadruple produit, le travail attrayant, etc. etc.,* Cailian-Goeury, Paris, 1835

Lemoyne, N. R. D., *Idées d'organisation sociale. Généralités sur les classes et les choses, qui sont organisées dans la société actuelle et les choses inorganisées. Exposé d'un système de garanties commerciales. Préludes à l'organisation du travail et de la subsistance,* Capelle, March 1848

Lemoyne, N. R. D., *Progrès et association—Calculs agronomiques et considérations sociales—Problème de l'extinction de la mendicité résolu au moyen de l'agriculture sociétaire,* Carilian-Goeury, Paris, 1838

L'Empire et le socialisme. Amyot, Paris, 1872

Le Sillon vers la démocratie, imprimerie Régimbal, Saint-Flour, 1907

Le Socialisme, Encyclopédie populaire illustrée du XXème siècle, imprimerie Dupont, Paris, 1900

Le Socialisme, Un mot de bon sens à mes compatriotes de Ceyresieu, imprimerie générale, Chambery, 1903

Le Socialisme prétendu rationnel; par T., imprimerie Veuve Enard, Saint-Claude, 1900

Le Socialisme et la religion, ou gare aux cloches si les rouges viennent, Paris, 1849

Le Socialiste, le plus inamovible et le plus rusé, c'est le serpent, ou Réfutation de quelques erreurs de M. Jules Favre, député socialiste, par un prêtre catholique et amovible, (La préface est signée J.M.J.), imprimerie de Marc-Aurel, Paris, 1850

Le Solitaire, *Le droit au capital ou testament du XIXème siècle,* Paris, 1886

Le Solitaire, *Qu'est-ce que la démocratie? C'est la désorganisation sociale!* Alcan Lévy, Paris, 1884

Le statut du fermage et du métayage. Les interventions de Waldeck Rochet, Felix Garcia, Hubert Rufé et Daniel Guillaume, Parti Communiste Français, Paris, no date

Le syndicalisme chrétien en France, Notes documentaires et études, No. 420, Secrétariat d'état à la Présidence du Conseil et l'Information, Paris

Le syndicalisme français et la C.G.T., Ministère de l'Information, *Le syndicalisme international,* Ministère de l'Information, Paris, 1946

Le syndicalisme ouvrier français: Pendant la guerre—pendant l'Occupation—Après la Libération, supplement to the second number of *Travail et Liberté.* December 1947

L'Encyclique, lettre à Léon XIII, par un socialiste, Paris

L'Encyclique "Rerum Novarum" et l'action sociale catholique, Jacques Godenne, Liège, 1894

Leneveux, Henri Charles, *Les grèves,* Pagnerre, Paris, 1865

Lénine, V. I., *La maladie infantile du communisme (Le "Communisme de gauche"), Essai de vulgarisation de la stratégie et de la tactique marxistes,* Editions sociales, Paris, 1946

Lénine, V. I., *Léninism*, volume I, Moscow, Cooperative Publishing Society of Foreign Workers, 1934 (Contains Stalin's "Report to the 14th Conference of the Russian Communist Party", May 9, 1925)

Le Nordez, Ernest, *La vérité—sur la grève des mineurs du bassin houiller de la Loire*, Imprimerie Bénévent, Saint-Etienne, 1869

Lenormand, L., *Fausse route: la question du travail*, 1911

Léo XIII, Papst, *Lettre encyclique en date du 15 mai 1891 de la condition des ouvriers (Rerum Novarum). Texte latin et traduction française officielle*, Poussielgue, Paris, 1891

Leone, Enrico, *Il sindicalismo*, Sandron, Milan, 1910

Léotard, Eugène, *Essai sur la condition des Barbares établis dans l'Empire romain au IVème siecle*, F. Vieweg, Paris, 1873

Lepage, C., *Le mal social, ses causes, son remède, suivi d'une analyse psychologique du peuple français à notre fin de siècle*, Audiger, Dreux, 1896

Lepage, E., *L'évolution sociale, l'existence des classes laborieuses assurées au moyen d'un système de république aristocratique*, Librairie populaire, Orléans, 1886

Le Parquier, E., *Ouvriers et patrons dans la seconde moitié du Pâtissier XVIIIème siècle*, Imprimerie Albert Laine, Paris, 1933

Le Pâtissier en colère sur les boulangers et les taverniers, en vers burlesques, Paris, 1649

Lepelletier, Dr. Almère, *Système social complet. Ses applications pratiques à l'individu, à la famille, à la société dans l'intérèt du bien-être, du bonheur et de la civilisation des peuples*, 2 volumes, Guillaumin & Cie., Paris, 1855-1856

Lepinay, Miron de, *Misère (la) des garçons boulangers de la ville et faubourgs de Paris*, Paris, 1715

Lepinay, Miron de, *Misères (les) de ce monde, ou complainte facétieuse sur les apprentissages de différents arts et métiers de la ville et faubourgs de Paris, précédées de l'Histoire du Bonhomme Misère*, London, Paris, 1783

Le plan de la C.F.T.C., Spes, Paris, no date

Le Play, Frédéric, *La méthode sociale (Abrégé des Ouvriers européens), ouvrage destiné aux classes dirigeantes, qui selon la tradition des grandes races, doivent se préparer, par des voyages méthodiques, à remplir dignement des devoirs qu'impose la direction des foyers domestiques, des ateliers de travail ruraux et manufacturiers, des voisinages, du gouvernement local et des grands intérêts nationaux*, Dentu, Paris, 1879

Le Play, Frédéric, *La réforme sociale en France, déduite de, l'observation comparée des peuples européens*, Dentu, Paris, 1889

Le Play, Frédéric, *L'école de la paix sociale, son histoire, sa méthode et sa doctrine*, Mame, Tours, 1882

Le Play, Frédéric, *Le programme des unions de la paix sociale avec une introduction de M. J. A. Munro Buttler Johnstone*, A. Mame, Tours, 1876

Le Play, Frédéric, *Les ouvriers européens, Etudes sur les travaux, la vie domestique et la condition morale des populations ouvrières de l'Europe, précédés d'un exposé de la méthode d'observation*, 6 volumes, A. Mame et fils, 1877-1879, Tours

Le Play, Frédéric, *L'organisation du travail selon la coutume des ateliers et la loi du décalogue, avec un précis d'observations comparées sur la distinction du bien et du mal dans le régime du travail, les causes du mal actuel et les moyens de réforme, les objections et les réponses, les difficultés et les solutions*, Mame & fils, Tours, 1877

Le premier banquet des associations ouvrières. Discours prononcés avenue de Saint-Mandé, le 19 septembre 1869, au journal "Le Travail", Paris, 1869

Le premier pas à faire, ou le cri de l'indigence sur un moyen de donner au pain un prix à la portée du pauvre, 1789

Lepreux, Jules, *La corporation des serruriers de Valenciennes*

Lepreux, Jules, *Les corps de métiers de la ville de Valenciennes*

Le procès des anarchistes devant la police correctionnelle et la Cour d'appel de Lyon, Imprimerie nouvelle, Lyon,

Le programme d'action gouvernementale élaboré sur l'initiative de la CGT par les partis et organisations démocratiques, Le Peuple, Paris, no date

Le programme socialiste français, Auch, 1898

Le projet d'intéressement des travailleurs à la production, Editions Travail et Liberté, Paris, 1952

Lequien, Félix, *Aux ouvriers, Bonheur ou misère*, Tolsa, Paris, 1872

Lequien, Félix, *L'Internationale et l'ouvrier*, Tolsa, Paris, 1873

L'ère des difficultés par un républicain socialiste, Lyon, 1880

Lermina, J., *Histoire de la misère ou le prolétariat à travers les âges*, Decembre—Alonier, Paris, 1869

Lerolle, *La liberté des associations. Résumé complet de la conférénce faite à Alençon, X le 9 février 1901*, Imprimerie Herpin, Alençon, 1901

Leroudier, *L'ouvrier en soie*, Doin, Paris

Le Rousseau, Julien, *De l'organisation de la démocratie*, Capelle, Paris, 1850

Leroux, Joseph, *Etude sur le mouvement corporatif*, (Thesis), Arthur Rousseau, Paris, 1897

Lerous, Jules, *Aux ouvriers typographes. De la nécessité de fonder une association ayant pour but de rendre les ouvriers propriétaires des instruments de travail*, Imprimerie Herhan, Paris, 1833

Leroux, Pierre, *Comment délivrer la France de la tyrannie? Ou la constitution qui convient aujourd'hui à la France*, Tome II, L'Espérance, Paris

Leroux, Pierre, *De l'égalité suivi d'aphorismes sur la doctrine de l'Humanité,* Sandré, Paris, 1848

Leroux, Pierre, *Discours du citoyen Pierre Leroux, représentant du peuple, etc. sur la fixation des heures de travail,* Sandré, Paris, 1848

Leroux, Pierre, *Doctrine de l'Humanité. Solution pacifique du problème du prolétariat,* Imprimerie Leroux, Boussac, 1848

Leroux, Pierre, *Le carrosse de M. Aguado, ou si ce sont les riches qui payent les pauvres,* Sandré, Paris, 1848

Leroux, Pierre, *Malthus et les économistes, ou il y aura-t-il toujours des pauvres?,* Sandré, Paris, 1849

Leroux, Pierre, *Projet d'une constitution démocratique et sociale, fondée sur la loi même de la vie, et donnant, par une organisation véritable de l'état, la possibilité de détruire à jamais la monarchie, l'aristocratie, l'anarchie, et le moyen infaillible d'organiser le travail national sans blesser la liberté,* Sandré, Paris, 1848

Leroux, Pierre, Ed., *Revue sociale, ou solution pacifique du problème du prolétariat, 1846-1850,* Paris

Le Roy, *De la situation actuelle des employés de commerce. Nécessité d'une association à Bayonne,* Lasserre,, Bayonne, 1897

Leroy, abbé Louis, *Quel sera l'avenir de l'humanité? Problème social proposé et discuté par F. F.; traduit de l'italien par l'abbé Leroy,* Mary-Beauchène, 1862

Le Roy, Achille, *La revanche du prolétariat,* (Bibliothèque socialiste internationale), A. Leroy, Paris, 1885

Leroy, H. J., *Pages sociales,* Publications de l'action populaire, "Action populaire," Reims, 1906

Leroy, Maxime, *La coutume ouvrière,* 2 volumes, Giard & Brière, Paris, 1913

Leroy, Maxime, *Le code civil et le droit nouveau,* Bibliothèque socialiste, No. 22, Société nouvelle, Paris, 1904

Leroy, Maxime, *Histoire des idées sociales en France,* 3 volumes, Gallimard, Paris, 1946

Leroy, Maxime, *Syndicats et services publics,* Colin, Paris, 1909

Leroy, Maxime, *Les précurseurs français du socialisme, de Condorcet à Proudhon, Textes réunis et présentés par Maxime Leroy,* Éditions du Temps présent, Paris, 1948

Leroy, Maxime, *Histoire des idées sociales en France. I. De Montesquieu à Robespierre. II. De Babeuf à Tocqueville. III. D'Auguste Comte à Proudhon.* Gallimard, Paris, 1946, 1950, 1954

Leroy, Maxime, *Les techniques nouvelles du syndicalisme,* Garnier, Paris, 1921

Leroy, Maxime, *Les tendances du pouvoir et de la liberté en France au XXème siècle,* Sirey, Paris, 1937

Leroy, Maxime, *Les transformations de la puissance publique: les syndicats de fonctionnaires, Etudes économiques et sociales,* Giard & Brière, Paris, 1907

Leroy-Beaulieu, Anatole, *Christianisme et démocratie. Christianisme et socialisme. Science et religion. Etudes pour le temps présent,* Bloud & Cie., Paris, 1905

Leroy-Beaulieu, Paul, *Collectivisme agraire et nationalisation,* Jacquin, Impremerie de Basançon

Leroy-Beaulieu, Paul, *Essai sur la répartition des richesses et sur la tendance à une moindre inégalité des conditions,* Guillaumin, Paris, 1888

Leroy-Beaulieu, Paul, *Le collectivisme, examen critique du nouveau socialisme,* Guillaumin, Paris, 1903

Leroy-Beaulieu, Paul, *La question ouvrière au XIXème siècle,* Paris, 1881, Charpentier

Leroy-Beaulieu, Paul, *Le travail des femmes au XIXème siècle,* Charpentier, Paris, 1873

Les amis des ouvriers, par l'auteur de la vie de B. Pierre Fourier, Mame & fils, Tours, 1881

Les associations ouvrières et la caisse centrale populaire, Paris, 1883

Les associations professionnelles ouvrières, Office du Travail, Ministère du commerce, 4 volumes, Paris, 1899-1904

Les associations professionnelles ouvrières typographiques (Paris, Lyon, Marseille, Bordeaux, fédération nationale, fédération internationale), Imprimerie nationale, Paris, 1900

Les céramistes, Doin, Paris

Les communistes et les syndicats, Résolutions du 6ème exécutif de l'Internationale Communiste et du VIIème congrès du Parti Communiste Français, foreword by Benoît Frachon, Bureau d'editions, Paris, 1934

Les congés payés, Conféćération Générale du Travail—Force Ouvrière, Librairie Syndicale, Paris, no date

Les conventions collectives, Petite bibliothèque du militant syndicaliste, No. 2, Centre Confédéral d'Education Ouvrière, Paris, 1935

Les conventions des compagnies houillères du Nord, du Pas-de-Calais et de la Loire avec leurs ouvriers en 1908, Paris, 1908

Les coopératives ouvrières de production, Confédération Générale des sociétés ouvrières de production, Paris, no date

Les délégués du personnel, Confédération Générale du Travail — Force Ouvrière, Paris, no date

Les droits du travail, Association du travail et du capital, Herluison, Orléans, 1872

Les forains, Doin, Paris

Les Francs-Maçons et la Commune de Paris, du rôle qu'a joué la Franc-Maçonnerie pendant la guerre civile. Interventions, démarches, résolutions, fédération, Paris, 1871

Les grèves depuis 1896 jusqu'en 1903, Guillaumin & Cie., Paris, 1905

Les grèves politiques de novembre-décembre 1947, les premières grandes manoeuvres russo-communistes en France, Editions de la République Ouvrière, Paris, 1948

Les industries de la laine, Doin, Paris

Les industries du coton, Doin, Paris

Les monuments de Paris après l'oeuvre de la Commune, Paris, 1871

Les problèmes d'ensemble du fascisme, Publications de l'Institut Supérieur Ouvrier, Volume V, Centre Confédéral d'Education Ouvrière, Paris, 1934

Les problèmes généraux de la nationalisation et le plan de la CGT, Publications de l'Institut Supérieur Ouvrière, Volume XV, Centre Confédéral d'Education Ouvrière, Paris, 1936

Les problèmes de la main d'oeuvre française et étrangère et du placement, Editions de la Confédération Générale du Travail, Paris, 1925

Les républicains rouges devant le peuple. Aux électeurs, Boitar, Paris, 1848

Les résolutions adoptées par le XXVIIème congrès de la CGT, Préface par Henri Raynaud, Confédération Générale du Travail, Paris, 1948

Les responsables de la scission démasqués, Confédération Générale du Travail, Paris, no date

Les rouges et les jaunes. La noire âme de Lanoir. Un jugement de Magnand en faveur des syndicats ouvriers, Fédération des bourses du travail de France et des colonies, Mangeot, Paris, 1902

Lescanne, N., *Socialisme, son but — ses moyens,* typ. D. Père, Beauvais, 1893

Les scissions prétendues dans l'Internationale. Circulaire privée du conseil général de l'association internationale des travailleurs, Geneva, 1872

Les socialistes. Satire par un ouvrier, A. C., Paris, 1852

Lespinasse, René Leblanc de, *Les métiers et corporations de la ville de Paris,* du XIXème au XVIIIème siècle, Imprimerie nationale, Paris, 1879

Lespinasse-Langeac, *Journal de l'anarchie, de la terreur et du despotisme,* 3 volumes, Paris, 1821

Les tàches actuelles du syndicalisme, Publications de l'Institut Supérieur Ouvrier, Volume XXXIV, Centre Confédéral d'Education Ouvrier, Paris, 1938

Lestelle, Louis, *Etude sur le familistère de Guise, son fondateur J. B. A. Godin,* Rousseau, Paris, 1904

Lester, Richard A., and Shister, Joseph, *Insights into Labor Issues,* Macmillan Co., New York, 1948

Les travailleurs des chemins de fer et le parti ouvrier français; par un cheminot du P.O.F., Bibliothèque du parti ouvrier français, 7, rue Rodier, Paris, 1902

Letainturier-Fradin, G., *Le devoir social et ses conséquences*, Imprimerie Prudhomme, Châteaudun, 1901

Letellier, Gabrielle, Perret, Zuber, Jean and Dauphin-Meunier, *Le chômage en France de 1930 à 1936*. Sirey, Paris, 1938

Le Theuff, Louis, *Histoire de la Bourse du Travail de Paris*, (Thesis), Rousseau, Paris, 1902

Le Tolstoisme et l'anarchisme, rapport présenté au congrès ouvrier révolutionnaire international par le groupe des étudiants socialistes révolutionnaires internationalistes de Paris, éditions de l'Humanité nouvelle, Paris, 1900

Lettre à la bourgeoisie. *Le comité de la commune révolutionnaire: Félix Pyat, Boichot, pour Caussidière absent: Rougé suppléant*, London, February 24, 1854

Lettre à Messieurs Quinet et Michelet, par des prolétaires, Paris, 1845

Lettre d'un vieux gourdin aux electeurs socialistes, Paris, 1848

Le Vagre, Jehan, *Organisation de la propagande révolutionnaire*, Publications du groupe des 5ème arrondissements, Paris, 1883

Levard, Georges, *Chances et périls du syndicalisme chrétien*, Fayard, Paris, 1955

Levasnier, Gabriel, *Du rétablissement des corporations ouvrières*, H. Oudin frères, Poitiers, 1878

Levasseur, Emile, *Bibliographie de l'histoire des classes ouvrières en France jusqu'en 1789*, Extraits des Séances et travaux de l'Académie des Sciences Morales et politiques, T.C.L., CLVIII, CLIX, Paris, 1903

Levasseur, Emile, *Comparaison du travail à la main et à la machine*, Chamerot & Renouard, Paris, 1900

Levasseur, Emile, *Histoire des classes ouvrières en France depuis la conquête de la Gaule par Jules César jusqu'à la révolution*, Guillaumin & Cie., Paris, 1859

Levasseur, Emile, *Histoire des classes ouvrières en France depuis 1789 jusqu'à nos jours*, Hachette & Cie., Paris, 1867

Levasseur, Emile, *Histoire des classes ouvrières et de l'industrie en France de 1789 à 1870*, 2 volumes, Rousseau, Paris, 1903

Levasseur, Emile, *Questions ouvrières et industrielles en France sous la IIIème République*, Rousseau, Paris, 1907

Levasseur, Emile, *Rapport au nom du Jury sur le concours du Musée social pour la participation aux bénéfices*, Paris, 1897

Les allocations familiales, Ministère du Travail et de la Securité Sociale, February 26, 1946, Paris

Les anarchistes et l'activité syndicale, le syndicalisme, moyen d'action, Fédération Anarchiste, Paris, no date

Les anarchistes et le promlème social, Fédération Anarchiste, Paris, no date

Les Applications sociales de la solidarité. Leçons professées a l'Ecole des hautes etudes sociales par M. M. Budin, Charles Gide, H. Monod, etc. Préface de Léon Bourgeois, Bibliothèque générale des Sciences sociales, Alcan, Paris, 1904

Les Associations ouvrières de production de France à l'Exposition universelle internationale de Saint-Louis (Etats-Unis d'Amérique), imprimerie Mangeot, Paris, 1904

Les Associations professionnelles ouvrières typographiques (Paris, Lyons, Marseille, Bordeaux, Fédération nationale, Fédération internationale), Imprimerie Nationale, Paris, 1900

Les communistes et les syndicats, publication officielle du Parti Communiste Francais, Paris, 1932

Les Ouvriers européens, épilogue général. But, plan et premier spécimen d'une collection intitulée: La question sociale au XIXème siècle, d'apres les enseignements de l'histoire universelle et l'observation des peuples contemporains, par une société d'auteurs indépendants les uns des autres, réunis seulement par la communauté du but et du plan, publiée par le comité de la Bibliothèque sociale, A. Mame et fils, Tours, 1879

Les Paysans et le suffrage universel, études sociales et politiques, par D. R., Gaittet, 1869

Les Révolutions, plus ça change, plus ç'est la même chose, Dentu, Paris, 1871

Les Royalistes et les questions ouvrières, Librairie Nationale, Paris, 1901

Les Séances officielles de l'Internationale à Paris, pendant le siège et pendant la Commune, Lachaud, Paris, 1872

Lévi, Michel, *Le coût de la vie,* Seuil, Paris, 1967

Levine, L., *The Labor Movement in France; a Study in Revolutionary Syndicalism,* Columbia University Studies in History, Economics and Public Law, XLVI, No. 3, New York, 1912

Lewis, Arthur D., *Syndicalism and the General Strike,* T. Fischer Unwin, London, 1912

Lexis, W., *Gewerkvereine und Unternehmerverbande in Frankreich,* Leipzig, Duncker und Humblot, 1879

Ley, H., *L'artisanat—entité corporative,* 1938, Paris, Dunod

Leynadier, *Le citoyen, République française!!! Histoire des mémorables journées de février 1848, écrite d'après les documents officiels fournis par le gouvernement provisoire,* au bureau de la Librairie historique, Paris, 1848

Lhomme, Jean, *Capitalisme et économie dirigée dans la France contemporaine,* Librairie Générale de Droit et de Jurisprudence, Paris, 1942

L'Huillier, Fernand, *La lutte ouvrière à la fin du Second Empire*, Colin, Paris, 1958

Lhuillier, M., *Arrivons au but: vote des lois par le peuple; plus de révolution, progrès continu, révision et conciliation. Sécurité.—Confiance—Crédit public.—Travail à tous.—Echange immédiat des produits.—Chômage et faillite supprimés*. Librairie de la Propagande Démocratique et Sociale Européenne, Paris, 1851

Liadières, M., *1848-1830, dix mois et dix-huit ans*, Common, Paris, 1849

Liberté, égalité ou la mort. Les souvenirs et les espérances d'un démocrate, dédiés au représentant du peuple français, Drouet, par Lepetit

Liborel, Paul, *De la grève dans ses rapports avec le droit*, Larose & Thénin, Paris, 1894

Libre-mont, P., *Passé, Présent. Avenir. Pamphlet socialiste*, Lévy jeune, Paris, 1849

Lichtenberger, André, *Le socialisme au XVIIIème siècle*, Alcan, Paris, 1895

Lichtenberger, André, *Le socialisme et la Révolution française. Etudes sur les idées socialistes en France de 1789 a 1796*, Alcan, Paris, 1899

Lichtenberger, Maurice, *L'assistance par la terre. Colonies agricoles et jardins ouvriers. Rapport présenté le 26 avril 1904 à la commission d'action morale et sociale*, Aberlen & Cie., Vals-les-Bains, 1904

Lie, Haakon, *De Kommunistike Dekkorganisajoner*, Fram Forlag, Oslo, 1955

Liégeois, Jules, *Origines et théories économiques de l'association internationale des travailleurs*, Imprimerie Sordoillet & fils, Nancy, 1872

Ligier, Simon, *L'adulte des milieux ouvriers, Essai de psychologie sociale*, Les Editions Ouvrières, Paris, 1951

Ligou, Daniel, *Histoire du Socialisme en France, 1871-1961*, Presses Universitaires de France, Paris, 1962

Lionnet, Jean, *Un éveque social: Ketteler. Préface de Mgr. Touchet, évèque d'Orléans*, Les Grands Hommes de l'Eglise au XIXème siècle, VII, Beduchand, Paris, 1903

Lissagaray, *Histoire de la Commune en 1871*, Librairie du Travail, Paris, 1929

Litter, Etienne, *En grève, drame ouvrier*, Mazeron frères, Nevers, 1905

Livret d'ouvrier du Sieur Louis Contable, Paris, 1841

Lizeray, Henri, *Réponse aux collectivistes à propos du problème de population*, Drouin, Paris, 1881

Lockwood, H. D., *Tools and the Man. A Comparative Study of the French Working-Man and English Chartists in the Literature of 1830-1848,* Columbia University Studies in English and Comparative Literature, Columbia University, New York, 1927

Locomotive du progrès. Brûlot attaché a la quèque des Renards irrités de Loyola et de leurs suppôts. De la réforme sociale et religieuse, Paris, 1848

L'oeuvre de Léon Blum, Albin Michel, Paris, 1954

Lombois, Marcel, *La loi du 24 juin 1919 sur la durée du travail dans les usines, conséquences économiques, sociales et financières,* Marquant, Lille, 1926

Longuet, Jean, *La politique internationale du marxisme, Karl Marx et la France,* Alcan, Paris, 1918

L'opinion du monde du travail sur les conditions de vie économique et sociale d'après les travaux de l'Institut de l'Institut Français d'Opinion Publique, Hommes et Techniques, Paris, 1948

Lorch, *Les congés payés en France,* Rivière, Paris, 1938

L'organisation socialiste et ouvrière en Europe, Amérique et Asie, par le Secrétariat Socialiste International, Brussels, 1904

Lorin, Henri, *Le mouvement syndical ouvrier et les catholiques sociaux (réunion intime de Fribourg),* Imprimerie Rivière, Blois, 1903

Lorin, Henri, *L'organisation professionnelle et le code du travail. Etudes sur les principes du catholicisme social,* Bloud & Cie., Paris, 1907

Lorris, Jean, *Le socialisme à la portée de tous. Jean Lorris. Les vérités de Pierre Mathurin (I) Ouvrier et paysan,* Editions de l'imprimerie ouvrière, Vendôme, 1908

Lorwin, Lewis L., *The International Labor Movement,* Harper & Brothers, New York, 1953

Lorwin, Lewis L., *The Labor Movement in France, a Study in Revolutionary Syndicalism,* Columbia University, New York, 1912

Lorwin, Val R., *The French Labor Movement,* Harvard University Press, Cambridge, 1954

Lorwin, Val R., *Trade Unions in France,* (Thesis), Cornell University, 1953

Louandre, C., *Les idées subversives de notre temps, 1830 à 1871. (Les anti-cléricaux et les nihilistes, Saint-Simon, Les néo-jacobins),* Paris, 1872

Loubere, Leo A., *Louis Blanc, His Life and His Contributions to the Rise of French Jacobin-Socialism,* Northwestern University Press, Evanston, Illinois, 1961

Louandre, C. L., *De l'alimentation publique sous l'ancienne monarchie française,* Imprimerie de P. Dupont, Paris, 1864

Louée, Alfred, *Taillandiers et dinandiers,* Doin, Paris

Louée, G., *Comparason entre l'action syndicale agricole et l'action syndicale forestière. Syndicats forestiers*, Imprimerie Jacquin, Besançon, 1905

Louis, Louis, *La batellerie*, Doin, Paris

Louis, Maurice, *La secrétariat du peuple*, Préface de Michel Joly, Imprimerie Monce, Reims, 1898

Louis, Paul, *Histoire de la classe ouvrière en France de la Révolution à nos jours; la condition matérielle des travailleurs; les salaires et le coût de la vie*, Rivière, Paris, 1927

Louis, Paul, *Histoire du mouvement syndical en Europe*, Alcan, Paris, 1922

Louis, Paul, *Histoire du mouvement syndical en France*, 2 volumes Valois, Paris, 1947

Louis, Paul, *Histoire du socialisme en France*, Rivière, Paris, 1946

Louis, Paul, *La condition ouvrière depuis cent ans*, Presses Universitaires de France, Paris, 1950

Louis, Paul, *L'avenir du socialisme*, Fasquelle, Paris, 1905

Louis, Paul, *Le Parti socialiste en France*, Quillet, Paris, 1912

Louis, Paul, *Le syndicalisme contre l'état*, Paris, 1910

Louis, Paul, *Le syndicalisme européen*, Alcan, Paris, 1914

Louis, Paul, *Le syndicalisme français d'Amiens à St. Etienne*, Alcan, Paris, 1924

Louis, Paul, *Les étapes du socialisme*, Fasquelle, Paris, 1903

Louis, Paul, *L'ouvrier devant l'état*, Paris, Alcan, 1904

Loutchisky, J., *L'état des classes agricoles en France à la veille de la Révolution*, H. Champion, Paris, 1911

Louvet, Louis, *Curiosités de l'économie politique (Utopies - Communisme - Socialisme - Saint-Simonisme - Misère)*, A. Delahays, Paris, 1861

L'ouvrier tel qu'il était, tel qu'il est et tel qu'il pourrait être. Question sociale, Fischbacher, Paris, 1879

Lowell, E. J., *The Eve of the French Revolution*, Houghton, Boston, 1892

Loyson, Hyacinthe, *L'athéisme contemporain. Discours prononcé à la Chaux-de-Fonds*, Fischbacher, Paris, 1907

Lozovsky, A., *La grève est un combat. Essai d'application de la science militaire à la stratégie des grèves*, Petite Bibliothèque de l'Internationale Rouge, XXXI, Paris, 1931

Lozovsky, A., *Le Marxisme révolutionnaire et le mouvement syndical*, 1933

Lozovsky, A., *Marx and the Trade Unions*, People's Publishing House, Ltd., Bombay, 1948 (particularly Chapter V)

Luce, Siméon, *Histoire de la Jacquerie*, A. Durand, Paris, 1859

Luchaire, Achille, *Les communes françaises à l'époque des Capétiens directs*, Hachette, Paris, 1890

Luethy, Herbert, *France Against Herself, a Perceptive Study of France's Past, her Politics, and her Unending Crises*, Praeger, New York, 1956

Lugan, A., *Etudes sociales sur l'Evangile. L'Evangile et la personne humaine*, Lethielleux, Paris, 1904

Lugan, A., *L'enseignement social de Jésus*, Bloud, Paris, 1908

Lugand, J., *L'immigration des ouvriers étrangers en France et les enseignements de la guerre*, Martinet, Paris, 1919

Luquet, *Les coiffeurs*, Doin, Paris

Luthi, C., *Die Sozialdemokraten in der französischen Revolution*, Bern, 1899

Lutte de la classe, chanson en patois, Imprimerie Lagrange, Lille, 1900

Mabilleau, L., *La mutualité française*, Imprimerie de G. Delmas, Bordeaux, 1904

Mably, abbé Gabriel Bonnot, *Théories sociales et politiques, avec une introduction et des notes par Paul Rochery*, Sandré, Paris, 1849

Machereau, *Qu'est-ce qu'un travailleur? (Religion Saint-Simonienne)*, Imprimerie de Everat, Paris, 1822

McConagha, W. A., *Development of the Labor Movement in Great Britain, France, and Germany*, The University of North Carolina Press, Chapel Hill, 1942

Madre, de, *Oeuvres et associations, leur existence et leur avenir*, Hachette & Cie., Paris, 1873

McKay, Donald C., *The United States and France*, Harvard University Press, Cambridge, 1951

MacDonald, J. Ramsay, *Syndicalism, a Critical Examination*, Constable & Co., London, 1912

Mackay, John Henry, *Les anarchistes, moeurs de la fin du XIXème siècle*, Stock, Paris, 1903

Macquart, Emile, *Les revendications ouvrières et la justice, conférence faite à Reims à la Bourse du Travail, le 25 mars 1903*, Guillaumin & Cie., Paris, 1904

Maes, Raoul, *Etude sur la participation aux bénéfices appliqués aux ouvriers de l'industrie et aux ouvriers agricoles* (Thesis), Imprimerie de A. Dugas, Nantes, 1910

Magnat, Edmond, *La société nouvelle. Petit aperçu de la question économique au point de vue socialiste*, Imprimerie ouvrière, Oyonnax, (Ain), 1906

Maillard, Firmin, *Histoire des journaux publiés à Paris pendant le siège et pendant la Commune, 4 septembre 1870*, E. Dentu, Paris, 1871

Maisonabe, E., *La doctrine socialiste*, Poussielgue, Paris, 1900

Maisonneuve, Léon, *Pecqueur et Vidal, contribution à l'histoire du collectivisme en France*, Rousseau, Paris, 1898

Maisonneuve, Toubeau de, *Les anciennes corporations ouvrières à Bourges. Cayer des renseignements et ordonnances de plusieurs estats et méstiers de personnes demourantes en la ville et faulbourgs de Bourges, 1561 à 1633 publié d'après l'original conservé aux archives de la mairie*, Bourges, 1881

Maitre, Léon, *Les confréres bretonnes, leur origine, leur rôle, leurs usages et leur influence sur les moeurs du moyen age,* Imprimerie de V. Forest et E. Grimand, Nantes, 1876

Maitron, Jean *Histoire du mouvement anarchiste en France (1880-1914),* Société Universitaire d'Editions et de Librairie, Paris, 1952

Maitron, Jean, *De la Bastille au Mont Valérien,* Les Editions Ouvrières, Paris, 1957

Maitron, Jean, *Delesalle,* Les Editions Ouvrières, Paris, 1952

Maitron, *Jean, Ravachol et les anarchistes,* René Julliard, Paris, 1964

Major, J. Russell, *The Deputies to the Estates General in Renaissance France*

Major, J. Russell, *Representative Institutions in Renaissance France, 1421-1559.*

Malapert, *Etude sur l'Internationale et les coalitions,* Le Chevalier, 1872

Malardier, Pierre, *Aux ouvriers. La coopération et la politique,* A. Le Chevaliery, Paris, 1867

Malato, Charles, *La Grande grève,* Librairie des publications populaires, Paris, 1905

Malato, Charles, *Les classes sociales au point de vue de l'évolution géologique,* Giard & Brière, Paris, 1907

Malato, Charles, *Les forains,* Doin, Paris, 1922-1925

Malato, Charles, *L'homme nouveau,* Bibliothèque sociologique, No. 21, Paris, 1898

Malon, Benoît, *Exposé des écoles socialistes françaises. Suivi d'un aperçu sur le collectivisme international,* Le Chevalier, Paris, 1872

Malon, Benoît, *Histoire du socialisme depuis les temps les plus reculés jusqu'à nos jours; avec gravures,* 2 volumes, Derveaux, Paris, 1882-1883

Malon, Benoît, *La morale socialiste,* A la revue socialiste, Paris, 1887

Malon, Benoît, *La question sociale. Histoire critique de l'économie politique,* Ajani et Berra, Lugano, 1876

Malon, Benoît, *La troisième défaite du prolétariat français,* G. Guillaume fils, Neuchâtel, 1871

Malon, Benoît, *Le nouveau parti. Tome I: Le parti ouvrier et ses principes, précédé d'une préface de Jules Vallée. Tome II: Le parti ouvrier et sa politique,* Derveaux, Paris, 1882

Malon, Benoît, *Le parti ouvrier en France,* Derveaux, Paris, 1882

Malon, Benoît, *Le socialisme intégral,* 2 volumes, Alcan, Paris, 1891

Malon, Benoît, *Le socialisme réformiste,* à la Revue socialiste, Paris, 1885

Malon, Benoît, *Manuel d'economie sociale. I. partie: Histoire de l'économie politique depuis les Athéniens jusqu'à nos jours. II. partie Exposé des lois économiques et des phénomènes sociaux (Oeuvres complètes de Benoît Malon)*, Derveaux, Paris, 1883

Malphettes, *L'église et le socialisme. Les catholiques sociaux et les socialistes, conférence donnée à Carmaux, le 19 avril 1903*, Imprimerie Amalric, Albi, 1903

Man, Henri de, *Le socialisme constructif, translated by C. C. Herbert*, Alcan, Paris, 1933

Han, Henri de, *Pour un plan d'action*, Cahiers de Révolution Constructive, No. 1, Paris, 1933

Mandar, Th., *Des insurrections, ouvrage philosophique et politique sur les rapports, des insurrections avec la liberté et la prospérité des empires*, Masson, Paris, 1793—an II

Manifeste de la Ligue sociale, Paris, 1848

Manifeste des sociétés secrètes, Paris, 1848

Manifeste et programme des socialistes garantistes, Librairie des sciences sociales, Paris, 1876

Mannequin, Th., *La question sociale et la science; par un volontaire de la science*, Imprimerie Jeunet, Amiens, 1888

Mannequin, Th., *Le problème démocratique ou la politique du sens commun*, Paris, 1870

Manuel, F. E., *The New World of Henri Saint-Simon*, Harvard University Press, Cambridge, 1956

Manuel social-chrétien, rédigé par la Commission d'études sociales du diocèse de Soissons, Maison de la Bonne Presse, Paris, 1895

Manvey, Raymond, *La défense des huit heures*, Librairie du Journal "Le Peuple",

Manzuth, Xavier, *Le paysan socialiste. Journal et maximes d'un vieux rural*, Imprimerie Guelte & Levesque, Saint-Maixent, 1874

Marabuto, Paul, *Les partis politiques et les mouvements sociaux sous la IVème République. Historique, organisation, doctrine activité*, Sirey, Paris, no date

Marat, *La correspondance de Marat, recueillie et annotée par Charles Vellay, L'élite de la Révolution*, Fasquelle, Paris, 1908

Marbot, abbé, *Le socialisme et les conférences populaires, conférence donnée le 14 novembre 1883, avec l'allocution de l'abbé Bourcier*, Librairie de la prédication contemporaine, Paris, 1884

Marbot, abbé, *Le socialisme et les conférences populaires. Le souffle vital d'un peuple et la question sociale. Conférences de 1883 et 1884, précédées des allocutions de l'abbé Bourcier*, Robert & Makaire, Aix, 1885

Marc, Alexandre, *Avènement de la France ouvrière*, Editions des Portes de France, Porrentruy, Switzerland, 1945

Marcaggi, Vincent, *Les origines de la Déclaration des droits de l'homme de 1789*, Rousseau, Paris, 1904

Marchal, André, *L'action ouvrière et la transformation du régime capitaliste*, Librairie Générale de Droit et de Jurisprudence, Paris, 1943

Marchal, André, *Le mouvement syndical avant, pendant, et après la guerre*, L.S.R., Paris, 1926

Marchal, André *Le mouvement syndical en France*, Bourrelier, Paris, 1945

Marchal, Charles, *Christianisme et socialisme*, études historiques, Dentu, Paris, 1850

Marchal, Charles, *P. J. Proudhon et Pierre Leroux, Révélations édifiantes*, Dentu, Paris, 1850

Marchal, Jean, *Deux essais sur le marxisme*, Editions M. Th. Genin, Librairie de Médicis, Paris, 1955

Marchand, abbé, *Le Credo révolutionnaire, I. Les origines; II. Les erreurs; III. Les conséquences*, Cattier, Tours, 1904

Marchand, Charles, *Aux socialistes, pour leur prouver que la vraie solution, du problème social ne se trouve que dans la révelation divine, et que Jésus-Christ est le révélateur définitif*, (Extrait de la Revue du XIXème siècle), 1845

Marchand, Charles, *La colonisation agricole, moyen unique de consolider la république*, Paris, 1848

Marchal, André, *Le mouvement syndical en France*, Bourrelière, Paris, 1945

Marchand, R., *Manuel révolutionnaire élémentaire*, Imprimerie Roux, Vaison, 1903

Marchand, Victor, *Triade philosophique. Le socialisme sans politique; l'Evangile sans miracles; la morale sans dogmes*, Imprimerie Arrault & Cie., Tours, 1901

Marcieu, Gaston de, *Les syndicats catholiques du commerce et de l'industrie*, Editions de la Vie Universitaire, Paris, 1921

Marcus, John T., *Neutralism and Nationalism in France*, Bookman Associates New York, 1958

Marforio, *Les escharpes rouges. Souvenirs de la Commune*, A. Laporte, Paris, 1872

Margry, Pierre, *De la démocratie en France. Réponse à M. Guizot*, Laisne, Paris, 1849

Marguy, Yves, *Problème du travail*, Domat-Montchrestien, Paris, no date

Maria, L., *Socialiste et paysan. Du but, des moyens et de leur légitimité*, Librairie des publications populaires, Paris, 1879

Maria, L., *Socialiste et paysan. Coup d'oeil général*, Librairie des publications populaires, Paris, 1879

Marie, Joseph, *Le socialisme de Pecqueur*, (Thesis), Rousseau, Paris, 1906

Marie, M., *Les questions sociales; Socialisme, institutions charitables, famille, propriété*, Paris, 1869

Marie-Cardine, Robert, *L'application de la loi de huit heures en France et les derniers décrets sur la matière*, (Thesis), Imprimerie E. Pouchin-Perre, Eu, 1923

Marion, Noel-Francois-Marcel, *Etat des classes rurales au XVIIIème siècle, dans la généralité de Bordeaux*, A. Picard et fils, Paris, 1902

Mariotte, L., *Des conséquences de l'établissement du suffrage universel en France*, Letouzey et Ane, Paris, 1888

Maritz, J. J., *Etudes sur l'organisation de l'industrie et du travail*, Imprimerie Veuve Berger-Levrault, Paris, Strasburg, 1848

Marken, J. C. van, *La coopération et la classe ouvrière. Discours prononcé à l'ouverture du 3ème congrès de l'Alliance coopérative internationale, tenu à Delft, du 14 au 17 septembre 1897*, Delft

Marken, J. C. Van, *L'organisation sociale dans l'industrie*, Delft

Markovic, Milan P., *La doctrine sociale de Duguit, ses idées sur le syndicalisme et la représentation professionnelle*, Editions P. Bossuet, Paris, 1933

Marot, *Démonstration du socialisme par le droit naturel*, Paris, 1890

Maroussem, Pierre du, and Planteau, Robert, *La question ouvrière*, Rousseau, Paris, 1891

Marpaux, A., *L'évolution naturelle et l'évolution sociale*, Imprimerie Carré, Dijon, 1894

Marquand, H. A., *Organized Labour in Four Continents*, Longmans, London, 1939

Marquet, *Notice historique sur la fondation de la société de l'union des travailleurs du Tour-de-France*, Imprimerie Aupetit, Châteauroux, 1883

Marriott, J. A. R., *The French Revolution of 1848 in its Economic Aspects*, 2 volumes, Oxford, 1913

Marriott, J. A. R., *Syndicalism*, Duckworth, London, 1920

Marriott, J. A. R., *The Right to Work: an Essay Introductory to the Economic History of the French Revolution of 1848*, Oxford, Clarendon Press, 1919

Martel, Comte M. de, *Etude sur Fouché et sur le communisme dans la pratique en 1793*, E. Lachaud, Paris, 1873

Martin, Germain, *La grande industrie sous le règne de Louis XIV*, Paris, 1889

Martin, Germain, *La grande industrie sous le règne de Louis XV*, A. Fontemoing, Paris, 1900

Martin, Germain, *Les associations ouvrières au XVIIIème siècle (1700-1792)*, Rousseau, Paris, 1900

Martin, Germain, *Les papeteries d'Annonay*, Imprimerie de P. Jacquin, Besançon, 1897

Martin, Germain, and Martenot, Paul, *Contributions à l'histoire des classes rurales en France au XIXème siècle. La Côte d'Or. Etude d'économie,* Bibliothèque du Musée social, Rousseau, Paris, 1909

Martin, Henri, *Critiques sociales: programmes et réformes, moeurs et codes, prévoyance et travail, (1905-1906),* Paris, 1908

Martin, Th., Henri, *Le mal social et ses remèdes prétendus. Etudes critiques en faveur du vrai remède,* Didier & Cie., Paris, 1872

Martin Saint-Léon, Etienne, *Histoire des corporations de métiers depuis leurs origines jusqu'à leur suppression en 1791, suivie d'une étude sur l'évolution de l'idée corporative au XIXème siècle et sur les syndicats professionnels,* Guillaumin, Paris, 1897

Martin Saint-Léon, Etienne, *La révision de la loi du 21 mars 1884 sur les syndicats professionnels et le projet Waldeck-Rousseau Millerand,* (Extrait de l'Association Catholique), Vitté, Paris, 1904

Martin Saint-Léon, Etienne, *Le compagnonnage, son histoire, ses coutumes, ses règlements et ses rites,* Colin, Paris, 1901

Martin Saint-Léon, Etienne, *Le syndicalisme révolutionnaire et la Confédération Générale du Travail. Cours donné à la quatrième session de la Semaine sociale de France (Amiens 4-10 août 1907),* Imprimerie Vitté, Lyon, 1908

Martin Saint-Léon, Etienne, *Les anciennes corporations de métiers et les syndicats professionnels,* Guillaumin & Cie., Paris, 1899

Martin Saint-Léon, Etienne, *Les deux CGT, syndicalisme et communisme,* Plon-Nourrit, Paris, 1923

Martin Saint-Léon, Etienne, *L'organisation professionnelle,* Foutemoing, Paris, 1903

Martin Saint-Léon, Etienne, *L'organisation professionnelle de l'avenir,* Vitté, Paris, 1905

Martin Saint-Léon, Etienne, *Syndicalisme ouvrier et syndicalisme agricole,* Payot, Paris, 1920

Martin Saint-Léon, Etienne, *Syndicalisme ouvrier et syndicalisme patronal,* Semana de conferencias sociales, Mimesa de Los Rias, Madrid, 1924

Martinat, René, *Le repos du samedi après-midi dans l'industrie,* Rousseau, Paris, 1911

Martineau, E., *Le fondement du collectivisme,* Guillaumin, Paris, 1894

Martineau, E., *Liberté et socialisme. Réponse à M. Jaurès, Extrait du Monde économique,* Imprimerie Davy, Paris, 1899

Martinet, *Culture prolétarienne,* Librarie du travail, Paris, 1936

Martschouck, *La grande couture,* Doin, Paris

Marty, André *La révolte de la Mer Noire,* Les Editions Sociales, Paris, 1949

Marty-Rollan, E., *Comment fut élaboré la Charte d'Amiens, Histoire syndicale,* Editions de la CGT, Paris no date
Marx, Karl, *Capital,* Kerr edition, Random House, New York
Marx, Karl, *La Commune de Paris, Traduction et préface de Charles Longuet,* Jacques, Paris, 1901
Marx, Karl, *La France socialiste,* Fetscherin & Chuit, Paris, 1886
Marx, Karl, *Les classes sociales en France,* Les Editions Sociales, Paris, 1946
Marx, Karl, *Les luttes de classes en France,* Les Editions Sociales, Paris, 1947
Marx, Karl, *Misère de la philosophie,* Giard & Brière, Paris, 1896
Marx, Karl, and Engels, Fr., *Le manifeste communiste. I. Traduction nouvelle par Charles Andler, avec les articles de F. Engels dans la Réforme (1847-1848),* Bellais, Paris, 1901
Marx, Karl, and Engels, Fr., *Manifeste du parti communiste. Nouvelle édition française, autorisée, avec les préfaces des auteurs aux éditions allemandes. Traduction de Laura Lafargue, revue par Fr. Engels,* Giard & Brière, Paris, 1901
Mason, Edward S., *The Paris Commune: An Episode in the History of the Socialist Movement,* New York, 1930
Masse, *Le socialisme de Pecqueur,* Rousseau, Paris, 1906
Masse, D., *Législation du travail et lois ouvrières,* Berger-Levrault, Paris, 1909
Massé, Pierre, *Les travailleurs de la route,* Doin, Paris
Massias, Baron, *De la souveraineté du peuple,* Firmin-Didot frères, Paris, 1833
Massot, Marcelin, *Aux oppresseurs* (Vers.), Imprimerie Charre, Bourg-Saint-Andéol, 1899
Massy, J. Robert, *Association internationale des travailleurs, son origine, son organisation, ses moyens d'action, son but et son rôle dans les insurrections. Conférence publique faite à Orléans, salle de l'institut, le 10 novembre 1871,* Herluison, Orléans, 1871
Masurel, Gustave, *Pour l'organisation sociale. Le parti ouvrier contre l'alliance opportune-cléricale,* Chansonette, Imprimerie Lagrange, Lille, 1897
Matagrin, *Les produits chimiques,* Doin, Paris, 1922-1925
Matagrin, Q., *L'Industrie des produits chimiques et les travailleurs,* Doin, Paris, 1925
Mater, André, *Le socialisme conservateur ou municipal,* Collection des doctrines politiques, Giard & Brière, Paris, 1909
Mathiez, Albert, *La question sociale pendant la Révolution française,* Cornely & Cie., Paris, 1905
Matillon, R. E., *Les syndicats ouvriers dans l'agriculture,* Giard & Brière, Paris, 1908
Matrat, *L'avenir de l'ouvrier, travail et prévoyance, exposé des moyens de se garantir de la misère,* Guillaumin, Paris, 1884

Mattabon, J. A., *Etudes socialistes. Du communisme. Les Icariens.* Vialat, Paris, 1849

Matthews, Ronald, *The Death of the Fourth Republic,* Praeger, New York, 1956

Matuvu, *Le sort de l'ouvrier, chanson nouvelle en patois de Lille,* Imprimerie Lagrange, Lille, 1900

Mauco, G., *Les migrations ouvrières en France au début du XIXème siècle, d'après les rapports des préfets de l'Empire de 1808 à 1813,* A. Lesot, 1932

Maucomble, P., *Les illusions socialistes,* Dentu, Paris, 1895

Maudet, S., *Le parti socialiste et la Confédération Générale du Travail, Moniteur des intérêts matériels,* 1907

Mauger, Charles, *Les débuts du socialisme marxiste en France,* (Thésis), Société générale d'impression, Paris, 1908

Maugras, J., *Dissertation sur les principes fondamentaux de l'association humaine, à* Paris, an IV, les marchands de nouveautés

Maumus, P., *Le despotisme jacobin. Lettres d'un libéral,* Plon-Nourrit & Cie., Paris, 1906

Mauras, Charles, *Libéralisme et libertés. Démocratie et peuple,* Imprimerie Levé, Paris, 1906

Maurin, Georges, *Les syndicats agricoles et la crise sociale* (Extrait de la Revue du Midi), Seguin, Carpentras, 1898

Maxence, Jean-Pierre, *Histoire de dix ans, 1927-1937,* Gallimard, Paris, 1939

May, André, *Les origines du syndicalisme révolutionnaire; évolution des tendances du mouvement ouvrier (1871-1906),* Jouvé & Cie., Paris, 1913

Mazade, A. de, *Sous le drapeau rouge (poésies). Episode de la Commune de 1871. Tiré du roman anglais de Miss Braddon: "Under the Red Flag,"* 1884, Imprimerie Chaix, Paris, 1907

Mazaroz, J. Paul, *Etudes sur l'ouvrier des villes,* E. Lacroix, Paris, 1862

Mazaroz, J. Paul, *Histoire de la corporation des orfèvres français,* E. Dentu, Paris, 1875

Mazaroz, J. Paul, *Histoire des corporations françaises d'arts et métiers,* G. Baillière, Paris, 1878

Mazaroz, J. Paul, *La corporation professionnelle et ses conséquences dans la société actuelle (Concours Péreire pour l'établissement du socialisme pratique; 2. mémoire,* chez l'auteur, Paris, Décembre 6, 1880

Mazaroz, J. Paul, *La revanche de la France par le travail, les besoins et les intérêts organisés. Causes et conséquences de la grève du Faubourg Saint-Antoine d'Octobre et novembre 1882, suivi d'un projet d'organisation pour développer les débouchés des produits français et les apprentissages,* chez l'auteur, Paris, December 6, 1882

Mazaroz, J. Paul, *Question sociale: Solution, établissement de la société de réforme électorale pour éclairer le suffrage universel par les réunions électorales mixtes composées de moitié patrons et moitié ouvriers avec organes de publicité,* chez l'auteur, Paris, 1884

Mazaroz, J. Paul, *Un cri d'alarme à propos de la crise. Adresse à la Commission des 44. Banques syndicales pour favoriser le relèvement de l'agriculture et de l'industrie par le crédit à bon marché,* chez l'auteur, Paris, July 14, 1884

Mazeaud, Henri, *Principes de réforme sociale,* Sirey, Paris, 1945

Mazel, Benjamin, *Code de l'association, offrant par l'ordonnance et la combinaison de 49 articles, renfermés dans 9 chapitres et un seul titre, toutes les garanties de bien-être que puisse désirer et comporter chaque individu qui entre dans l'association,* Bohaire, Paris, 1839

Mazel, Benjamin, *Code social,* Veuve Camoin, Marseille, 1843

Mazel, Benjamin, *Théorie du mouvement social, Livre I* (seul publié), Gabon, Paris, 1823

Mazeron, C., *Etude sur le communisme; dédiée aux classes ouvrières de la France,* Imprimerie Herbin, Montluçon, 1881

Mazure, P. Adolphe, *Spiritualisme et progrès social. Esquisses du temps présent,* Delloye, Paris, 1835

McCloy, Shelby T., *The Humanitarian Movement in 18th Century France,* University of Kentucky Press, Lexington, Kentucky, 1965

McKay, Donald, *The National Workshops,* Rieder, Paris, 1933

McPherson, William H., and Meyers, Frederic, *The French Labor Courts: Judgment by Peers,* Institute of Labor and Industrial Relations, University of Illinois, Urbana, Illinois, 1966

Meek, Ronald L., *Studies in the Labour Theory of Value,* International Publishers, New York, 1956

Meeus, Comte Ferdinand, *Les banques populaires. Un mot sur les associations ouvrières,* Goemare, Brussels, 1864

Meier, Viktor, *Das Neue Yugoslavische Wirtschaftsystem,* Polygraphischer Verlag, Zurich, 1956

Meininger, *La charpente,* Doin, Paris

Meister, J. H., *Des premiers principes du système social, appliqués à la révolution présente,* 1790, Nice; Guerbart, Paris

Mellor, W., *Direct Action,* L. Parsons, New Era Series, Volume 8, London, 1920

Mémoire présenté par la fédération jurassienne de l'Association internationale des travailleurs à toutes les fédérations de l'Internationale, au siège du Comité fédéral jurassien, Souvillier, 1873

Menendez de la Pola, D. José, *Breve refutació de los falsos principios económicos de la Internacional. Memoria compuesta de tres diálogos destinados à la clases obreras, (laureada con el accessit),* Madr.d, 1874

Mennevée, *Les élections de mai 1936 et le Ministère Léon Blum,* Les Documents politiques, Paris, 1936

Mentalité chrétienne; mentalité socialiste; par C. E. S., La Vie catholique, Paris, 1901

Meny, G., *Le travail à bon marché, Enquêtes sociales,* Bloud & Cie., Paris, 1907

Meny, G., *Le travail à domicile, ses misères. Les remèdes,* Rivière, Paris, 1910

Meny, G., *Nos petits marmitons. Le jeune boucher à Paris. Le chiffonnier de Paris. Pour nos blanchisseuses. Le salaire des bonnes occasions,* 48 rue de Venise, Reims, 1905, 1906, 1907

Meny, G., *Professions et métiers,* Gabaldo, Paris

Meny, G., *Un coin populeux de Paris,* Bloud & Cie., Paris

Mercillon, H., *La rémunération des employés,* Colin, Paris, 1955

Meric, Victor, *Comment on fera la Révolution,* Petite Bibliothèque des Hommes du Jour, Paris, 1910

Meric, Victor, *Les hommes de la révolution, Gracchus Babeuf,* Librairie du progrès, Paris, 1907

Meric, Victor, *Les hommes de la révolution, Marat,* Librairie du progrès, Paris, 1908

Merimee, Prosper, *Essai sur la guerre sociale,* Imprimerie F. Didot, Paris, 1841

Merleau-Ponty, Maurice, *Les aventures de la dialectique,* Gallimard, Paris, 1955

Merlin, Roger, *Le métayage de la participation aux bénéfices. Ouvriers de l'industrie; ouvriers agricoles; pêche maritime,* Rousseau, Paris, 1898

Merlin, Roger, *Les associations ouvrières et patronales; syndicats professionnels et agricoles; sociétés coopératives de consommation, de production, d'épargne et de crédit, de construction; mutualité d'assistance et d'assurance,* Bibliothèque du Musée social, Rousseau, Paris, 1899

Merlin, Roger, *Les organisations professionnelles et ouvrières,* Rousseau, Paris, 1905

Merlin, Yves, *Les conflits collectifs de travail pendant la guerre (1914-1918),* (Thesis), University of Paris, Imprimerie du "Nord Maritime," Dunkirk, 1938

Merma, *Les services de santé,* Doin, Paris

Mermeix, *Le syndicalisme contre le socialisme, Origine et développement de la Confédération du Travail,* Société d'Editions Littéraires, Paris, no date

Mermeix, *La France socialiste. Notes d'histoire contemporaine,* F. Fetcherin & Chuit, Paris, 1886

Mermeix, *Le socialisme. Définitions. Explications. Objections. Exposé du pour et du contre*, Ollendorff, Paris, 1906

Mermillod, Mgr. Gaspard, *Second discours prononcé sur les ouvriers au XIXème siècle, prononcé en faveur de la société pour l'amélioration et l'encouragement des publications populaires dans la chapelle de l'Oratoire le 16 mars 1868*, Lesort, Paris, 1868

Mermillod, Mgr. Gaspard, *L'église et les ouvriers au XIXème siècle; discours prononcé à Sainte-Clotilde, en faveur du cercle des jeunes ouvriers, le 23 février 1868*, Lesort, Paris, 1868

Mermillod, Mgr. Gaspard, *La question ouvrière*, Palme, Paris, 1890

Merson, Ernest, *De la situation des classes ouvrières en France*, Guillaumin, Paris, 1849

Merson, Ernest, *Du droit au travail*, Garnier frères, Paris, 1848

Merson, Ernest, *Le communisme. Réfutation de l'Utopie icarienne*, Garnier frères, Paris, 1848

Messieurs les capitulards et les citoyens communards. Parallèle entre Napoléon III, Emile Judas Olivier, Bazaine, Trochu, Jules Favre, etc. et les hommes de la Commune par M. Thiers. Brochure autorisée dans le pays de l'armée admirable, par Rocher, Geneva

Metraux and Mead, *Themes in French Culture*, Stanford University Press, Stanford, 1954

Meunier, Mgr., *Discours sur l'action sociale de l'Evangile, prononcé au congrès catholique de l'Evangile, à Paris, le 23 novembre 1904*, Imprimerie Odieuvre, Évreux, 1904

Meyers, Frederic, *The Role of Collective Bargaining in France: The Case of Unemployment Insurance*, Institute of Industrial Relations, University of California, Los Angeles, California, 1965

Meynaud and Salah Bey, *Le syndicalisme africain*, Payot, Paris, 1963

Meynaud, Jean, *Les Groupes de pression en France*, Colin, Paris, 1958

Meynaud, Jean, *Nouvelles Etudes sur les groupes de pression en France*, Colin, Paris, 1962

Micaud, Charles A., *The French Right and Nazi Germany, 1933-1939*, Duke University Press, Durham, 1943

Michel, Andrée, *Les Travailleurs Algériens en France*, Centre National de Recherche Scientifique, Paris, 1956

Michel, Henry, *L'idée de l'état. Essai critique sur l'histoire des théories sociales et politiques en France depuis la révolution*, Hachette & Cie., Paris, 1898

Michel, H., and Guetzévitch, Mirkine, *Les idées politiques et sociales dans la Résistance*, Collection Esprit de la Résistance, Presses Universitaires de France, Paris, 1954

Michel, Jules, *Le devoir social au temps présent,* (Extrait de la Réforme sociale), Imprimerie Levé, Paris, 1900

Michel, Marcel Victor, *A Comparison Between the Recent Experiments in Labor Management Cooperation at the Factory Level in the United States, Great Britain, France and Belgium,* (Thesis), University of Kentucky, 1950

Michiels, A., *Les anabaptistes des Vosges,* Poulet-Malassis, Paris, 1860

Milhaud, Albert, *Histoire du radicalisme,* Sepi, Paris, 1951

Milhaud, Albert, *La lutte des classes à travers l'histoire et la politique,* Librairie Scientifique et Philosophique, Paris, 1910

Milhaud, Edgar, *L'action socialiste municipale,* Paris, 1911

Milhaud, Edgar, *La tactique socialiste et les décisions des congrès internationaux,* Bibliothèque socialiste. No. 30 and 31, Bellais, Paris, 1905

Milhaud, Edgar, *Le Congrès Socialiste de Stuttgart,* Bellais, Paris, 1899

Milhaud, Edgar, *Pour l'union socialiste. Le congrès socialiste de Stuttgart. Avec une préface de J. Jaurès,* Paris, 1899

Millerand, Alexandre, *La grève et l'organisation ouvrière,* Association pour la protection des travailleurs, Alcan, Paris, 1906

Millerand, Alexandre, *Le socialisme réformiste français,* Bibliothèque socialiste, Bellais, Paris, 1903

Millerand, Alexandre, *Travail et travailleurs,* Fasquelle, Paris, 1908

Millet, *Jouhaux eet la C.G.T.,* Denoël, Paris, 1937

Mingasson, Simon, *Essai sur les questions sociales du paupérisme, des disettes et famines, et de la propriété du travail, dit droit au travail,* Ledoyen, Paris, 1856

Minie-Pacha, *Du travail des ouvriers, étude d'une organisation rationelle,* Librairie centrale des publications populaires, Paris, 1879

Ministère du Travail et de la Prévoyance Sociale, *Enquête sur la réduction de la durée du travail le samedi,* Imprimerie Nationale, Paris, 1913

Ministère du Travail et de la Prévoyance Sociale, *Travaux préparatoires de la loi du 23 avril 1919 sur la journée de huit heures,* Imprimerie Nationale, Paris, 1919

Miral, Du R., *De la propriété et du communisme,* Paris, 1847

Mirveaux, L., *De la question sociale,* Giard & Brière, Paris, 1901

Mirveaux, L., *Essai sur la question sociale,* Paris, 1888

Mitrany, David, *Marx Against the Peasants,* Chapel Hill, 1952

Mismer, Ch., *Le credo du XXème siècle. Principes de la reconstruction sociale,* Librairie internationale, Paris, 1872

Mission actuelle des ouvriers, Dentu, Paris, 1882

Missol, Dr. Léon, *La famine de 1573. Episode de l'histoire de Villefranche,* Lyon, 1873

Mitchel, Gaston, *Le Journal des Deux Mondes pendant le siège de Paris,* Paris, 1871

Moch, Gaston, *L'armée d'une démocratie,* éditions de la Revue blanche, Paris, 1899

Moch, Jules, *Confrontations,* Paris, 1956

Moch, Jules, *Le communisme et la France. Discours prononcé à l'Assemblée Nationale le 16 novembre 1948,* Société Parisienne d'Imprimerie, Paris, 1948

Mocquard, Ferdinand, *Renseignements pratiques sur les conseils de prud'hommes,* Imprimerie Wattier frères, Paris, 1896

Modeste, Victor, *Lettre au Pape Léon XIII à propos de son encyclique sur la question sociale,* Guillaumin, Paris, 1891

Mohler, Edmond, *Sur l'amélioration du sort du travailleur. De l'association des ouvriers. Nécessité d'une nouvelle enquête industrielle, et modèle de statuts pour une caisse de secours et de retraites,* Imprimerie Silbermann, Strasburg, 1849

Molinari, G. de, *Le mouvement socialiste et les réunions publiques avant la révolution du 4 septembre 1870; suivi de la pacification des rapports du capital et du travail,* Garnier frères, Paris, 1872

Molinari, G. de, *Les clubs rouges pendant le siège de Paris,* Garnier frères, Paris, 1871

Molinie, Hector, *Capital et travail devant les partis radicaux. Préfaces de Adolphe Carnot et Fernand Dubief,* Imprimerie Buisine et Dessaint, Coulommiers, 1908

Molinie, J. A., *De Mirabeau à Paul Deroulède,* Imprimerie P. Tequi, Paris, 1906

Monanges, Maurice, *Les associations ouvrières en France depuis 1789,* Imprimerie A. Herbin, Montluçon, 1897

Monatte, Pierre, *Où va la CGT? Lettre d'un ancien à quelques jeunes syndiqués sans galons,* Entreprise de presse, May 1946, Paris

Monatte, Pierre, *Trois scissions syndicales,* Les Editions Ouvrières, Paris, 1958

Monfalcon, J. B., *Code moral des ouvriers, ou traité des devoirs et des droits des classes laborieuses,* Pelagaud, Paris and Lyon, 1835

Monmousseau, Gaston, *La dictature du prolétariat,* Paris, 1922

Monmousseau, Gaston, *Le contrôle syndical,* Editions C.G.T.V. Paris, 1922

Monmousseau, Gaston, *Le syndicalisme devant la révolution,* Paris, 1922

Monnerot, Jules, *Sociologie du communisme,* Gallimard, Paris, 1949

Monnier, Henri, *Le Paradis socialiste et le Ciel,* Fischbacher, Paris, 1907

Monod, Wilfred, *A la recherche d'une société nouvelle.* Aberlen & Cie., Vals-les-Bains, 1901

Montaiglon, Anatole de, *Etat des gages des ouvriers italiens employés par Charles VIII.*

Montaigu, Charles Jehan de Buillant de, *Organisation du travail et du commerce,* Guillaumin, Paris, 1848

Monteil, A., *Histoire de l'industrie française et des gens de métiers,* 2 volumes, P. Dupont, Paris, 1872

Monteil, A. Alexis, *Histoire des Français des divers états aux cinq derniers siècles,* 5 volumes, V. Lecou, 1853

Mont-Gilbert, *Des Jacobins et des sociétés populaires dans un gouvernement républicain,* An troisième de la république, no publisher given

Montheuil, *Héros et martyrs de la liberté, Préface de M. Léon Bourgeois,* Picard & Kaan, Paris, 1906

Montllor, M. J., and Nathan, Roger, *Le Plan Marshall et l'Economie française, Le point de vue américain,* Les Echos, Conference given at the Club-Echos, Paris, July 1, 1948

Montlosier, M. de, *De la nécessité d'une contre-révolution en France, pour rétablir les finances, la religion, les moeurs, la monarchie et la liberté,* privately printed, London, 1791

Montreuil, Jean, (Georges Lefranc), *Histoire du mouvement ouvrier en France des origines à nos jours,* Aubier, Paris, 1947

Montuclard, M., *La Dynamique des comités d'entreprise,* Comité National de Recherches Scientifiques, Paris, 1964

Moon, Parker T., *The Labor Problem and the Social Catholic Movement in France,* The Macmillan Co., New York, 1921

Morand, *Les anciennes corporations des arts et métiers de Chambéry,* Chambéry

Morange, Georges, *Les idées communistes dans les sociétés secrètes et dans la presse sous la monarchie de juillet* (Thesis), Giard & Brière, Paris, 1905

Morazé, C. *La France bourgeoise, XVIII-XXème siècles,* Colin, Paris, 1956

Morazé, Charles, *Les Français et la République,* Colin, Paris, 1956

Morazé, Charles, *The French and the Republic,* Cornell University Press, Ithaca, 1960

Moreau, A., *L'oeuvre sociale du P. L. M.,* 1927

Moreau de Jonnes, *Etat économique et social de la France, de Henri IV à Louis XIV,* Reinwald, Paris, 1867

Moreau, Georges, *Le syndicalisme, les mouvements politiques et l'évolution économique,* Rivière, Paris, 1925

Morel, A., *Le code social, manuel du citoyen français,* Le Chevalier, Paris, 1871

Morel, Eugène, *La production et les huit heures. Enquête auprès des industriels, des hommes politiques, économistes et militants ouvriers, Préface de Léon Jouhaux,* Editions de la Confédération Générale du Travail, Paris, no date

Morel, J. J., *Que vais-je devenir quand je serai vieux? ou la base du socialisme positif,* Imprimerie nouvelle, Lyon, 1884

Morès, *Le crédit ouvrier et la grève de l'Urbaine,* Pochy, Paris, 1892

Morillon, Charles de, *Le droit de grève et le contrat de travail,* Imprimerie régionale, Dijon, 1905

Morin, Georges, *Histoire critique de la Commune. Le comité central. La Commune. La Commune au point de vue socialiste, La Commune au point de vue politique,* Librairie internationale, Paris, 1871

Morin, Louis, *Essai sur la police des compagnons imprimeurs sous l'ancien régime,* Imprimerie de L. Sézanne, Lyon, 1898

Morin, T., *Essai sur l'organisation du travail et l'avenir des classes laborieuses,* Imprimerie de E. Marc-Aurel, Paris, 1845

Morisson, Paul, *La question sociale,* Imprimerie Boisserie, Bergera, 1881

Morosti, *La vérité sur la propriété et le travail, Les problèmes du paupérisme,* A. Ghio, Paris, 1887

Mortillet, Gabriel, *Politique et socialisme* (7 numbers of this brochure appeared), à la Propagande démocratique et sociale, Paris, 1849

Mossé, Robert, *Les salaires,* Rivière, Paris, 1952

Mouilleseaux, Louis, *Le socialisme communautaire; Les idées sociales,* Pierre Charron, Paris, 1944

Moureau, Jules, *Le salaire et les associations coopératives. Etude économique, suivie d'une description du familistère de Guise (Aisne),* Guillaumin & Cie., Paris, 1866

Mousseaux, M. Gougenot de, *Des prolétaires, nécessité et moyens d'améliorer leur sort,* Mellier frères, Paris, 1846

Moyssau, V. C., *Code résumé des devoirs sociaux,* Paris, 1884

Muelenaere, Robert de, *La grève—le contrat de travail,* Larose & Thénin, Paris, 1909

Mueller, Iris W., *John Stuart Mill and French Thought*

Muiron, J., *Sur la base sociale et les procédés industriels. Aperçus indiquant le complément nécessaire de l'économie politique,* Paris, 1824

Muleman, *Travailleurs, exproprions la municipalité; chanson,* Imprimerie Dhoossche, Lille, 1908

Muller, Richard, *Die freie Gewerkschaftsbewegung in Frankreich, mit besonderer Berucksichtigung der Zeit von 1918-1938,* Selbstr. des Verjassers, Unions druckerei, Lucerne, 1941

Mullois, Abbé J.-I., *Confiance; il y aura du pain pour tous. Au peuple,* Vives, Paris, 1854

Mullois, *Livre des classes ouvrières et des classes souffrantes,* Bibliothèque de tout le monde, Paris, 1874

Mun, Comte Albert de, *L'organisation professionnelle (grèves, arbitrage et syndicats), discours prononcé le 29 avril, au diner des Unions de la paix sociale,* (Extrait de la Réforme sociale), Imprimerie Levé, Paris, 1901

Mun, Comte Albert de, *Socialistes et catholiques,* Paris, 1878

Mun, Comte Albert de, and Orry, A. M., *Le secret de la paix sociale,*

Murat, Auguste, *Le corporatisme,* Les publications techniques, Fontenay-aux-Roses, 1944

Nadaud, Martin, *Discours à l'Assemblée législative, 1849-1851. Questions ouvrières en Angleterre et en France,* Imprimerie de C. Dumont, Paris, 1884

Nadaud, Martin, *Les sociétés ouvrières,* Librairie de la Bibliothèque démocratique, Paris, 1873

Naef, Eugen, *Zur Geschichte des französischen Syndikalismus Geistige Krafte der freien franzosischen Gewerkschaftsbewegung under erste Halfte des Zwanzigstens Jahrhunderts,* Europa Verlag, Zurich, 1913

Napias, H., *Les revendications ouvrières au point de vue de l'hygiène,* Paris, 1890

Naquet, A., *La Anarquia y el Colectivisme,* Traduction de C. Rodriguez Avecilla, F. Sempere, Valencia

Naquet, A., *Notre devoir social,* Paris

Naquet, A., *Temps futurs. Socialisme; anarchie,* Stock, Paris, 1900

Nast, Marcel, *Législation industrielle. Des conventions collectives relatives à l'organisation du travail,* Rousseau, Paris, 1908

Naudet, abbé, *La démocratie et les démocrates chrétiens,* Librairie Briguet, Paris and Lyon, 1900

Naudet, abbé, *Notre devoir social, Questions pratiques de morale individuelle et sociale,* Flammarion, Paris, 1899

Naudier, Fernand, *Le socialisme et la révolution sociale,* Alcan, Paris, 1894

Naurois, Claude, *Dieu contre Dieu?* Editions Saint-Paul, Fribourg, 1956

Navel, Georges, *Parcours,* Gallimard, Paris, 1950

Navel, Georges, *Travaux,* Stock, Paris, 1945

Naville, *La vie du travail et ses problèmes,* Colin, Paris, 1954

Naville, Pierre, *Psychologie, Marxisme, Matérialisme,* Rivière, Paris, 1946

Neel, J. E., *Les progrès de l'athéisme et la responsabilité des chrétiens, conférence donnée dans le temple d'Alais, le 1er avril 1900,* (Extrait de la Revue chrétienne), Imprimerie Bernin, Dole, 1900

Nettlau, M., *La responsabilité et la solidarité dans la lutte ouvrière,* "Temps Nouveaux," Paris, 1903

Neumann, Robert G., *French Political Parties since the Liberation and Social Groups Supporting Each,* (Thesis), University of California, Los Angeles, 1952

Nicolas, Auguste, *Du protestantisme et de toutes les hérésies dans leurs rapports avec le socialisme (spécialement de l'examen d'un récit de M. Guizot)*, Vaton, Paris, 1869

Nicolas, Auguste, *L'état sans dieu, mal social de la France*, Vaton, Paris, 1873

Nicolas, Maurice, *Avec Pierre Poujade sur les routes de France*, Les Editions de l'Equinoxe, Les Sables d'Olonne, (Vendée), 1955

Nicolle, Marcel, *Les communautés de laboureurs dans l'ancien droit* (Thesis), Librairie Nourry, Dijon, 1902

Nicollet, B., *Des grèves ouvrières de leurs causes et effets, et des moyens de les prévenir*, chez l'auteur, Grenoble, 1869

Ni Dieu, Ni Maître, aux bureaux des Temps Nouveaux, Paris, 1903

Niebyl, Karl, *Studies in the Classical Theories of Money*, Columbia University Press, New York, 1946

Nihil sine deo. *Le socialisme, l'église, l'armée, ou dialogues entre le père Peinard et MM. Le Bon et Le Sage. Premier dialogue: le collectivisme peut-il s'établir sans le concours de la religion catholique?* Imprimerie Clochez, Amiens, 1901

Ni monarchisme, ni république, mais association volontaire de tous les français sensés et honnêtes par la constitution réellement démocratique, de feu M. Ch. de F. . . ., *suivie de quelques rêveries, économiques et sociales*, Paris, 1872

Nivet, Henry, *Principes, terrains et moyens de la propagande socialiste*, Editions du Socialiste de Seine-et-Oise, Paris, 1903

Noël, Léon, *Rapports sur la situation des classes agricoles, présenté au congrès de Lille, en novembre 1894*, Imprimerie des Orphelins, Calais, 1896

Noguès, abbé, Jules L. M., *Les moeurs d'autrefois en Saintonge et en Aunis*, Secrétariat de la Commission des Arts, Saintes, 1891

Noilles, Guillaume, *Aux anarchistes Au bord de l'abîme ou la vérité à tous. Poème lyrique, didactique, satirique; présentant le tableau historique, philosophique et critique du mouvement et des idées révolutionnaires depuis 1789 jusqu'en 1850 et formant le meilleur cours d'économie politique*, Paris, 1851

Noiret, Charles, *Lettres aux travailleurs*, Imprimerie de C. Bloquel, Rouen, 1840 and 1841

Nordey, Claude, *Syndicalisme ancien et syndicalisme nouveau*, Presses Universitaires de France, Paris, 1943

Noland, Aaron, *The Founding of the French Socialist Party (1893-1905)*, Harvard University Press, Cambridge, 1956

Norman, C. H., *The Class War in Europe, 1918-1936*, Blue Moon Booklets, 1937

Normanby, Marquis, *Une année de révolution d'après un journal tenu à Paris en 1848*, 2 volumes, Plon, Paris, 1848

Normand, Louis, *De l'évolution sociale par la famille,* Imprimerie Schneider, Lyon, 1905

North, Paul, *Projets de réforme sociale,* Imprimerie cannoise, Cannes, 1896

Notes sur la journée de huit heures dans les établissements industriels de l'Etat, Publications du Ministère du travail, Berger-Levrault & Cie., Paris-Nancy, 1907

Notice historique sur la fondation de la société de l'union des travailleurs du Tour-de-France, Imprimerie Boussez, Tours, 1900

Nougarède de Fayet, *Du socialisme et des associations entre ouvriers. Mesures à prendre à l'égard des ouvriers,* Amyot, Paris, 1849

Nourrisson, Paul, *Histoire de la liberté d'association en France depuis 1789,* 2 volumes, Larose & Thénin, Paris, 1920

Noust, René, *De l'artisan à l'ouvrier syndiqué,* Institut Confédéral d'Etudes et de Formation Syndicale, C.F.T.C., Paris, 1939

Nouvion-Jacquet, A., *De quelques lois spéciales au louage de travail. L'ouvrier devant le conseil de prud'hommes,* Larose & Thénin, Paris, 1898

Novicow, J., *Le problème de la misère et les phénomènes économiques naturels,* Alcan, Paris, 1908

Noyelle, Henri, *Utopie libérale, chimère socialiste, économie dirigée,* Sirey, Paris, 1933

Obstacles que rencontre la famille ouvrière dans le développement de sa vie propre, Union nationale des associations familiales, Paris, 1951

Ocampo, Armand, *Le combat social; l'éternelle antithèse,* Ollendorff, Paris, 1885

Octors, A., *L'oeuvre sociale de la Révolution française,* Fontemoing, Paris, 1901

Office du travail, *Associations professionnelles ouvrières,* Berger-Levrault & Cie., Paris, 1905

Office du travail, *Les associations ouvrières de production,* Berger-Levrault & Cie., Paris, 1898

Office du travail, *Les associations professionnelles ouvrières. Tome I. Agriculture; Mines; Alimentation; Produits chimiques; Industries polygraphiques,* Imprimerie Nationale, Paris, 1899

Ogg, Frederic A., *Economic Development of Modern Europe,* The Macmillan Co., New York, 1917

Olphe-Galliard, G., *L'organisation des forces ouvrières,* Giard & Brière, Paris, 1911

Onéal, James, *Sabotage; or Socialim vs. Syndicalism, a Critical Study of Theories and Methods,* The Rip-Saw Publishing Company, St. Louis, Missouri, 1913

Orano, Paolo, *Il patriarchi del socialismo. Platone — Gesu — Munzer — Morus — Campanella — Morelly — Mably — Rousseau — Brissot de Warville — Babeuf — Buonarotti — Owen — Saint-Simon — Fourier — Cabet — Leroux — Proudhon — Pisacane — Blanc — Marx — Engels — Lassalle — Malon*, L. Mongini, Rome, 1904

Ordre — Famille — Propriété, La conspiration des Brassards sous la Commune par un officier en mission, Paris, 1871

Orry, A. M., *Le secret de la paix sociale, étude dédiée au Comte A. de Mun*, Librairie de l'Oeuvre de Saint Paul, Paris, 1887

Orth, S. P., *Socialism and Democracy in Europe*, New York, 1913

Ostrogorski, M., *La démocratie et l'organisation des partis politiques*, 2 volumes Calmann-Lévy, Paris, 1903

Oualid, and Picquenard, *Salaires et tarifs, histoire économique et sociale de la guerre mondiale*, Presses Universitaires de France, Paris, 1928

Ouin-Lacroix, abbé, Charles, *Histoire des anciennes corporations d'arts et métiers et des confréries religieuses de la capitale de la Normandie*, Imprimerie de Lecointe frères, Rouen, 1850

Où va le syndicalisme ouvrier? Chronique sociale de France, 1949

Ouvriers et paysans, edited by the Conseil Economique du Travail, CGT, Paris, 1939

Overbergh, C. V., *La grève générale*, Hirsch et Thron, Brussels, 1913

Oyon, A., *Une véritable cité ouvrière. Le familistère de Guise; étude*, Librairie des sciences sociales, Paris,

Ozanam, M., *Les origines du socialisme*, Imprimerie de Vrayet de Surcy, Paris, 1848

Padover, Saul, *French Institutions, Values and Politics*, Stanford University Press, Stanford, 1954

Pages-Duport, A., *Journées de juin. Récit complet des évènements des 23, 24, 25, 26 et des jours suivants*, Th. Pirat, & fils, Paris, 1848

Paget, Amédée, *Introduction à l'étude de la science sociale, précédée d'un coup d'oeil général sur l'état de la science sociale et sur les systèmes de Fourier, d'Owen et de l'école Saint-Simonienne*, au bureau de la Phalange, Paris, 1838

Paillart, C., *Rapport sur le projet de loi de M. Millerand, Ministre du Commerce, concernant l'arbitrage et la grève obligatoires*, Paillart, Abbeville, 1900

Pain et liberté, Les producteurs, les consommateurs, l'exportation, la situation financière, la famine, l'Internationale, Puget, Orléans, 1883

Paix et travail. Progrès et conservation. Messieurs: Alphonse de Lamartine, Victor Hugo, Michel Chevalier, M. Vincard, Paris, 1841

Pajot, Casimir, *Socialistes? Pourquoi pas?* Comité de défense et de progrès social, 54, rue de Seine, Paris, 1901-1902

Palante, G., *Combat pour l'individu,* Alcan, Paris, 1904

Palle, J., *La fin des grèves, vade-mecum du patron et de l'ouvrier,* Le Chevalier, Paris, 1872

Paquet, Just., *Institutions provinciales, communales et Corporations,* Imprimerie de Béthune et Plon, Paris, 1835

Paraf, Mathilde, *La dentelle et la broderie,* Doin, Paris, 1927

Paraf, Pierre, *Les métiers du théâtre,* Doin, Paris, 1923

Paraf, Pierre, *Le syndicalisme pendant et après la guerre,* Editions de la vie universitaire, Paris, 1923

Pareto, Vilfredo, *Les systèmes socialistes,* Giard & Brière, Paris, 1902

Parias, L.-H., (ed.), *Histoire générale du travail,* 4 volumes, Nouvelle librairie de France, Paris, 1960, 1961

Paris en feu, L'agonie de la Commune, Brussels, 1871

Pariset, E., *Histoire de la fabrique lyonnaise, Etude sur le régime social et économique de l'industrie de la soie à Lyon, depuis le XVIème siècle,* A Rey, Lyon, 1901

Pariset, E., *Les industries de la soie, sériculture, filature, histoire et statistique,* Imprimerie de Pitrat aîné, Lyon, 1890

Paris monarchique et Paris républicain, ou une page de l'histoire de la misère et du travail, par l'auteur du Bilan de la France (Perreymond), (La Phalange, année XVIII, Tome IX, 1849; année XIX, tome X, 1849), Librairie sociétaire, Paris, 1849

Parkes, H. B., *Marxism—an Autopsy*

Parodi, *Essai sur la structure des salaires ouvriers dans l'industrie de la région marseillaise,* La Pensée universelle, Aix-en-Provence, 1958

Parseval, de, *Principes de l'organisation du travail,* Editions de la "Revue catholique et royaliste," Paris, 1907

Parsons, Léon, *Le cas Millerand et la décision du congrès socialiste de Paris,* Société libre d'édition des gens de lettres, Paris, 1900

Pascal, G. de, *L'église et la question sociale, Etude sur l'Encyclique de la condition des ouvriers,* Lethielleux, Paris, 1891

Pasquier, Albert, *Les doctrines sociales en France: Vingt and d'évolution, 1930-1950,* Librairie Générale de Droit et de Jurisprudence, Paris, 1950

Passay, E., *Discussion du projet de loi relatif à la création des syndicats professionnels,* Imprimerie du Journal Officiel, Paris, 1883

Passy, Frédéric, *La solidarité du capital et du travail. Conférence sur les intérêts et les devoirs réciproques des patrons et des ouvriers, faite le 14 avril 1874 à la mairie du 1er arrondissement de Paris, (Forme le tome 29 de la "Bibliothèque Franklin"),* Sandoz & Fischbacher, Paris, 1875

Passy, Frédéric, *Les machines et leur influence sur le développement de l'Humanité,* Hachette & Cie., Paris, 1886

Passy, Hyppolite Philibert, *Des causes de l'inégalité des richesses,* Firmin Didot, & Cie., Paris, 1881

Pataud, Emile, and Pouget, Emile, *Comment nous ferons la révolution,* Editions de la guerre sociale, Paris, 1911

Pataud, Emile, and Pouget, Emile, *Syndicalism and the Cooperative Commonwealth,* The New International Publishing Co., Oxford, 1913

Patoux, *Le socialisme, Ce qu'il est,* Savaete, Paris, 1906

Paul-Boncour, Joseph, *Le fédéralisme économique, Etude sur les rapports de l'individu et des groupements professionnels,* Alcan, Paris, 1900

Paultre, P., *La débâcle du collectivisme. Lettres à M. Virgilii,* Collection études sociales, Imprimerie Vallière, Nevers, 1900

Pauwels, Henri, *Le syndicalisme et la colonie,* Editions de la C.S.C., Brussels, 1946

Passama, Paul, *L'intégration du travail, Formes nouvelles de concentration industrielle,* Larose & Thénin, Paris, 1910

Pawlowsky, Auguste, *La Confédération Générale du Travail, ses origines, son organisation, ses tendances, ses moyens d'action et son avenir,* Alcan, Paris, 1910

Pawlowsky, Auguste, *Les syndicats féminins et les syndicats mixtes en France,* Alcan, Paris, 1912

Pawlowsky, Auguste, *Les syndicats jaunes,* Alcan, Paris, 1911

Pêchenard, L., *L'église et la question sociale,* Extrait de l'Association catholique, Vitté, Paris and Lyon, 1903

Pedoya, général, *L'armée évolue: I. Discipline; Antimilitarisme; Antipatriotisme,* Chapelet & Cie., Paris, 1908

Pedron, E., *Chansons socialistes. Avec gravures, musique et portrait,* Librairie du "Parti socialiste," Paris, 1906, and Imprimerie ouvrière, Lille, 1906

Peixotto, Jessica, *The French Revolution and Modern French Socialism: A Comparative Study of the Principles of the French Revolution and the doctrines of Modern French Socialism,* Crowell & Co., New York, 1901

Pelissonier, Georges, *Etude sur le socialisme agraire en France,* Venot, Paris, 1902

Pellarin, Charles, *Allocutions d'un socialiste. La responsabilité individuelle,* Capelle, Paris, 1847

Pellarin, Charles, *La paix sociale, fin de l'hostilité entre le pauvre et le riche,* Imprimerie Toinen & Cie., Saint-Germain, 1872

Pellarin, Charles, *La question du travail,* Librairie des Sciences Sociales, Paris, 1878

Pellenc, F., *Du repos hebdomadaire. Loi du 13 juillet 1906 établissant le repos hebdomadaire en faveur des employés et ouvriers. Du rôle des syndicats professionnels dans l'application de la loi,* (Thesis), Rousseau, Paris, 1909

Pellenc, Marcel, *Erreurs et avenir des nationalisations*, Conference given at the Club-Echos, Paris, March 13, 1948, Les Echos, No. 57, Paris

Pelletan, Camille, *Histoire des trois journées de février 1848*, L. Colas, Paris, 1848

Pelletan, Camille, *Les associations ouvrières dans le passé*, Librairie de la Bibliothèque ouvrière, Paris, 1873

Pelloutier, Fernand, *Histoire des Bourses du travail*, Alfred Costes, Paris, 1946

Pelloutier, Fernand, *La vie ouvrière en France*, Schneicher, Paris, 1902

Pelloutier, Fernand, *Le congrès général du parti socialiste français (3-8 decembre 1899), précédé d'une lettre aux anarchistes*, Bibliothèque sociologique, Stock, Paris, 1900

Pemjean, Lucien, *Le drapeau rouge*, Paris, 1881

Pemjean, Lucien, *Propos socialistes; le socialisme expérimental*, Carbillet, Paris, 1881

Pemjean, Lucien, *Propos socialistes. Plus de frontières*, Librairie socialiste internationale, Paris, 1884

Penouil, M., *Les cadres et leur revenu*, Librairie de Medicis, Paris, 1957

Pequignot, L., *Frédéric Le Play et l'école de la paix sociale*, Jacquin, Besançon, 1888

Perdreau, Pierre, *Vers l'organisation agraire par le syndicalisme, L'union du centre-est des syndicats agricoles et viticoles*, Imprimerie des Orphelins d'Auteuil, Paris, 1929

Père Duchêne. *Histoire biographique, anecdotique et bibliographique du Père Duchêne, avec portraits, vignettes et fac-similé*, Paris, 1871

Périn, Charles, *Les économistes, les socialistes et le christianisme*, Jacques Lecoffre & Guillaumin & Cie., Paris, 1849

Perlman, Selig, *A Theory of the Labor Movement*, Kelley, New York, 1949

Perlman, Selig, *History of Trade Unionism in the United States*, Kelley, New York, 1950

Peronnet, Charles, *La conciliation et l'arbitrage en matière de conflits entre patrons et ouvriers ou employés*, Larose & Thénin, Paris, 1896

Perraud, Raymond, *Les associations d'individus. Recherches d'individualisme normal*, Rousseau, Paris, 1904

Perreymond, *Le bilan de la France, ou la misère et le travail*, Librairie sociétaire, Paris, 1849

Perrin, André, *Les grèves politiques de novembre-décembre 1947*, Collection des Cahiers de la République Moderne, Nos. 5 and 6, Paris, 1948

Perrin, Jean, *La main-d'oeuvre étrangère dans les entreprises du bâtiment et de la main-d'oeuvre en France*, Presses Universitires de France, Paris, 1925

Perrot, Joseph, *Nos utopies politiques et socialistes devant le sens commun, ou nos Cahiers en 1889,* A. Ghio, Paris, 1889

Perrot, Joseph, *Notions de sociologie et de morale. Solution du problème social; définition de la liberté et de l'égalité; mouvement parallèle de richesse et de misère; nécessité de la liquidation sociale,* etc. Dentu, Paris, 1885

Perroux, François, *Capitalisme et communauté de travail,* Sirey, Paris, 1938

Perroux, François, *L'artisanat dans le capitalisme moderne,* J. Lesfauries, Paris, 1938

Perroux, François, *La technique du capitalisme,* J. Lesfauries, Paris, 1939

Perroux, François, *Les nationalisations,* Domat-Montchrestien, Paris, 1945

Perroux, François, *Syndicalisme et capitalisme,* Gaillon, Paris, 1938

Peterson, Wallace C., *The Welfare State in France,* University of Nebraska Press, Lincoln (Nebraska), 1960

Persil, Raoul, *Alexandre Millerand,* S.E.F.I., Paris, 1949

Petit, Alexis, *La concurrence. Les machines et les ouvriers. Les associations. (Religion Saint-Simon),* Mesnilmontant, No. 16, Imprimerie de Everat, Paris, no date

Petit, Arsène, *Les assurances. L'art de s'assurer contre les accidents du travail,* Hetzel & Cie., Paris, 1897

Petit, Eugène, *La réforme de l'inspection du travail en France. Compte-rendu des discussions. Voeux adoptés,* Alcan, Paris, 1909

Petit, Eugène, *Rapport sur la réforme de L'inspection du travail en France, présenté à la section française de l'Association Internationale pour la protection des travailleurs,* Imprimerie Gout & Cie., Orléans, 1908

Petitcolas, Louis, *La législation sociale de la Révolution. Législation d'assistance (1789-1799),* (Thesis), Rousseau, Paris, 1909

Petitfils, *Un socialiste-révolutionnaire au commencement du XVIIème siècle; Jean Meslier* (Thesis), Giard & Brière, Paris, 1905

Petrie, John, *The Worker Priests: A Collective Documentation,* (translated from the French by John Petrie), Macmillan, New York, 1956

Peuple et bourgeoisie. *Suite de cauchemars, songes et rêveries positivo-socialistes,* Garnier frères, Paris, 1870

Peyron, *Les questions sociales,* Béziers, 1884

Philip, André, *Henri de Man et la crise doctrinale du socialisme,* Gambier, Paris, 1928

Philip, André, "France", *Organized Labor in Four Continents,* H. A. Marquand, editor, Longmans and Green, New York, 1939

Philip, André, *La démocratie industrielle,* Presses Universitaires de France, Paris, 1955

Philip, André, *Le renouvellement des conventions collectives de travail: Leçons des expériences,* Centre Confédéral d'Education Ouvrière, Paris, 1937

Philip, André, *Le socialisme trahi,* Plon, Paris, 1957

Philip, André, *Trade-unionisme et syndicalisme,* Aubier, Paris, 1936

Philip, André, *Les socialistes,* Seuil, Paris, 1967

Philippe, A., *L'évolution sociale par la dissolution, la révision et une Constitution nouvelle,* Bibliothèque indépendante, Paris, 1907

Phocq, Ph., *Plus de prolétaires, tous capitalistes; considérations sur la question minière,* Chaiz, Paris, 1886

Piat, R. P. Stéphane J., *Jules Zirnheld, président de la C.F.T.C.,* Bonne Presse, Paris, 1948

Pic, Paul, *Les assurances sociales en France et à l'étranger,,* Alcan, Paris, 1913

Pic, Paul, *Traité élémentaire de législation industrielle; Les lois ouvrières,* Rousseau, Paris, 1910

Pic, Paul, *La protection légale des travailleurs et le droit international ouvrier,* Alcan, Paris, 1909

Picard, Roger, *Le commerce et l'industrie d'après les cahiers de 1789,* Rivière, Paris

Picard, Roger, *Le contrôle ouvrier sur la gestion des entreprises,* Rivière, Paris, 1922

Picard, Roger, *Le mouvement syndical durant la guerre,* Dotation Carnegie, Fontenay-aux-Roses, 1927, and Presses Universitaires de France, Paris, 1928

Picard, Roger, *La philosophie sociale de Renouvier,* Rivière, Paris, 1908

Picard, Roger, *Le salaire et ses compléments: Allocations familiales, Assurances sociales,* Rivière, Paris, 1917

Picard, Roger, *Les cahiers de 1789 au point de vue industriel et commercial,* Rivière, Paris, 1910

Picard, Roger, *Les grèves et la guerre, Rapport au Comité National d'Etudes Politiques et Sociales,* Imprimerie de Lang et Blanchog, Paris, 1917

Picart, Achille, *Les métiers accessoires du bâtiment,* Doin, Paris

Piche, Louis, *Etude sur la question sociale,* Fao, Toulon, 1889

Pickles, Dorothy, *France: The Fourth Republic,* Methuen, London, 1955

Pickney, David H., *Nationalized Industries in France, 1800-1950,* (Thesis), University of Missouri, St. Louis, 1951

Picot, G., *Socialisme, radicalisme et anarchie,* Sancerre, Paris, 1894

Picot, Noël, *Mystères du suffrage universel,* Imprimerie de Gerdes, Paris, 1850

Picot, Robert, *Le repos du dimanche dans une démocratie,* Imprimerie Leprêtre, Rouen, 1902

Picot, G., *Socialisme et devoir social*, (Extrait du Compte-Rendu de l'Académie des sciences morales et politiques), Picard, Paris, 1891

Pidoux, André, *Une législation socialiste en Franche-Comté au XVIème siècle, conférence faite à la Société de Saint-Thomas d'Aquin, le 21 janvier 1903*, (Extrait des Annales Franc-Comtoises), Imprimerie Veuve Jacquin, Besançon, 1903

Pierron, J., *La théorie du salaire chez les socialistes français*, Sirey, Paris, 1936

Pigasse, Jules, *Le syndicat professionnel: son histoire, son but, conférence donnée le 8 mars 1903, à la première assemblée du syndicat professionnel des ouvriers mineurs et similaires des mines de Carmaux*, Imprimerie Almaric, Albi, 1903

Pigasse, Jules, *Syndicats et coopératives, conférence donnée au syndicat professionnel des ouvriers mineurs et similaires des houillères de Carmaux, le 18 septembre 1904*, Imprimerie coopérative du Sud-est, Albi, 1904

Pillet, abbé, *Les associations catholiques ouvrières. Rapport sur le congrès de Poitiers (26-30août 1872)*, Imprimerie Puthod, Chambéry, 1873

Pinot, Robert, *Les oeuvres sociales des industries métallurgiques*, Colin, Paris, 1924

Piou, Jacques, *Un programme social; discours prononcé à Pau, le 13 octobre 1903*, (Extrait de "L'Action libérale populaire"), Imprimerie Levé, Paris, 1903

Pipkin, Charles W., *The Idea of Social Justice. A Study of Legislation and Administration and the Labor Movement in England and France between 1900 and 1926*, New York, Macmillan, 1927

Pipkin, Charles W., *Social Politics and Modern Democracies*, 2 volumes, Macmillan, New York, 1931

Pippi, Félix, *De la notion de salaire individuel à la notion de salaire social*, R. Pichon et R. Durand-Auzias, Paris, 1966

Pirou, Gaëtan, *Economie libérale et économie dirigée*, Société d'édition d'enseignement supérieur, Paris, 1947

Pirou, Gaetan, *Essais sur le corporatisme: néo-libéralisme, néo-corporatisme, néo-socialisme*, Sirey, Paris, 1939

Pirou, Gaëtan, *Les doctrines économiques en France depuis 1870*, Colin, Paris, 1925

Pitou, Aimé, *Le socialisme à l'atelier, aux champs*, Imprimerie nouvelle, Epinal, 1906

Pittie, Marcel, *Du salaire à la tâche et du marchandage*, (Thesis), Rousseau, Paris, 1899

Plamenatz, John, *The Revolutionary Movement in France, 1815-1871*, London, 1952

Plancat, *Des droits de l'ouvrier dans le contrat d'assurances collectives contre les accidents*, Toulouse, 1893

Planeix, *Questions religieuses et sociales du temps présent*, Lethielleux, Paris, 1905

Planques, J., *Les grèves et coalitions dans le personnel des chemins de fer*, Imprimerie du Sud-Ouest, Toulouse, 1911

Platz, H., *Geistige Kampfe im modernen Frankreich*, J. Kosel und F. Pustet, Munich, 1922

Plumyère and Lasierra, *Les Fascismes francais*, Seuil, Paris, 1963

Plytas, Th., *L'organisation ouvrière et le contrat collectif de travail (essai d'étude économique)*, Rousseau, Paris, 1903

Poésies révolutionnaires et contre-révolutionnaires, ou recueil classé par époques, des hymnes, chants guerriers, chansons républicaines, odes, satires, cantiques des missionaires, etc. les plus remarquables qui ont paru depuis 30 ans, 2 volumes, Paris, 1821

Poincelot, Achille, *Le salut des travailleurs*, Masagana, Paris, 1848

Poinsard, Léon, *La production, le travail et le problème social dans tous les pays au début du XXème siècle*, Alcan, Paris, 1907

Poinsot, M. C., *Littérature sociale*, Paris, 1907

Poinsot and Normandy, *Anarchistes, pièce sociale en trois actes*, Editions de la Revue Vox, Paris, 1904

Politizer, Georges, *Les principes élémentaires de philosophie*, Les Editions Sociales, Paris, 1946

Pollio, *L'Internationale noire*, Le Chevalier, Paris, 1872

Pompéry, Edouard de, *Le dernier mot du socialisme rationnel*, Reinwald, Paris, 1893

Pompéry, Edouard de, *Appel aux socialistes de toutes nuances. Extinction du paupérisme; conséquence du travail-fonction*, Cerf, Paris, 1883

Pompéry, Edouard de, *La question sociale dans les réunions publiques, revendications du prolétariat*, Degroce-Cadot, Paris, 1869

Poncelin, Albert, *Le prolétarisme, civilisation nouvelle et rénovation de la société*, Livre I, Chez l'auteur, Paris, 1845

Poncet, *Réponse communiste-icarienne à la Tribune Lyonnaise*, Imprimerie Bajat, La Guillotière, 1845

Pont, abbé, *Du paupérisme et des révolutions*, Imprimerie Thomas, Alençon, 1874

Ponteil, Félix, *Napoléon Ier et l'organisation autoritaire de la France*, A. Colin, Paris, 1956

Ponthière, Ch. de, *Organisation sociale: charité, justice, propriété*, (Extrait de l'Association catholique), Rondelet & Cie., Paris, 1899

Porte, Anton de, *The European Policy of France*, (Thesis), University of Chicago, Chicago, Illinois

Possony, Stefan T., *A Century of Conflict, Communist Techniques of World Revolution (1848-1950)*. Henry Regnery Co., Chicago, 1953

Potier, Edmond, *La tonnellerie*, Doin, Paris

Potter, Agathon de, *Coup d'oeil sur la question des ouvriers, évoqué à son tribunal par la révolution française de 1848,* Brussels, 1848

Pouget, Emile, *Die Gewerkschaft,* Zurich, 1907

Pouget, Emile, *La Confédération Générale du Travail,* Rivière, Paris, 1908

Pouget, Emile, *Le parti du travail,* Paris, 1910

Pouget, Emile, *Le sabotage,* Bibliothèque du mouvement prolétarien, Rivière, Paris, no date

Pouget, Emile, *L'organisation du surmenage, le système Taylor,* Rivière, Paris, 1914

Poujade, Pierre, *J'ai choisi le combat,* Société générale des Editions et des Publications, Saint-Céré, 1955

Poulot, Denis, *Question sociale: le Sublime ou le Travailleur comme il est en 1870 et ce qu'il peut être,* A. Lacroix, Verboeckhoven & Cie. Paris, 1872

Pourquoi nous sommes collectivistes, Imprimerie Dhoossche Lille, 1908

Pourrat, Henri, *L'Homme à la bêche, Histoire du Paysan,* Flammarion, Paris, 1940

Prache, Gaston, *Cambrésis, Terre coopérative,* Presses Universitaires de France, Paris, 1963

Prampain, R. P. Edouard, *Souvenirs de Vaugirard, Mon journal pendant le siège et pendant la Commune, 1870-1871,* Victor Lecoffre, Paris, 1888

Pravieux, Jules, *Le rêve socialiste,* Imprimerie Vallière, Nevers, 1906

Préaudeau, M. de, *Michel Bakounine, le collectivisme dans l'Internationale, 1868-1876,* Rivière, Paris, 1911

Prélot, *L'évolution politique du socialisme français,* Spec, Paris, 1939

Premier mai, Petite bibliothèque du militant syndicaliste, No. 7, Centre Confédéral d'Education Ouvrière, Paris, 1936

Pressensé, Edmond de, *La ruine sociale; réponse à M. Proudhon: Ni matérialisme, ni jésuitisme,* Decloux, Paris, 1852

Preveraud, Edmond, *L'église et le peuple. Etudes sur la liberté, l'égalité, la fraternité et la propriété,* Palme, Paris, 1872

Prévôt, Gabriel Ellen, *Le socialisme aux champs. Avec un article-préface de Jean-Jaurès,* Imprimerie coopérative toulousaine, Toulouse, 1906

Prévôt, René, *Die Entstenhung der sog. "gelben" Syndikate. Ein Beitrag zum Franzosischen Koalitionswesen,* Freistatt, 1905

Primbault, H., *Le socialisme dans les campagnes,* Extrait de la Revue de Lille, Sueur-Charruey, Paris, 1902

Principes du droit politique mis en opposition avec ceux de J. J. Rousseau sur Le "Contract Social", Leipzig, 1801

Principes d'une alliance politique ayant pour but de mettre fin à la lutte du gouvernement contre les partis, et d'opposer à l'esprit révolutionnaire l'initiative du progrès social, (Revue du progrès social, livr. VI), Everat imprimeur, Paris

Problèmes du syndicalisme ouvrier international, Confédération Française des Travailleurs Chrétiens, Paris, 1945

Pourrat, Henri, *L'Homme à la bêche, Histoire du Paysan,* Flammarion, Paris, 1940

Procès de l'Association Internationale des Travailleurs, Bureau de Paris, Le Chevalier, Paris, 1868

Procès des insurgés des 23, 24, 25 et 26 juin 1848. Devant les conseils de guerre de la première division militaire avec un exposé de l'insurrection et le portrait des principaux accusés. Publié par les sténographes de l'Assemblé Nationale. Revue par un avocat à la Cour d'appel. Ière section, contenant les causes soumises au 1er Conseil de guerre, Giraud & Cie., Paris, 1848

Programme d'action ouvrière et d'organisation professionnelle adopté par le 21ème Congrès National de la Confédération Française des Travailleurs Chrétiens, Paris, 1945

Programme socialiste. Mémoire présenté au Congrès jurassien de 1880 par la Fédération ouvrière du district de Courtelary, Geneva, 1880

Projets de la République rouge. Extrait de la Gazette des Tribunaux du 1er mai 1849, Paris, 1849

Proles, C., *La vérité sur Révolution du 18 mars 1871,* Imprimerie Paumard, Paris, 1902

Prolo, Jacques, *Les anarchistes,* Rivière, Paris, 1912

Prolo, Jean, *L'avenir du prolétaire, chanson,* Imprimerie Lagrange, Lille, 1899

Prost, Antoine, *Les Effectifs de la C.G.T. à l'époque du Front Populaire, 1934-1939,* Fondation Nationale des Sciences Politiques, Paris, 1963

Prost, Antoine, *La C.G.T. à l'époque du Front Populaire,* Colin, Paris, 1964

Protot, Eugène, *Les manifestes de la Commune révolutionnaire contre le Premier Mai,* Imprimerie Hue, Paris, 1895

Protestation des ouvriers de Paris contre le duel, les bastilles, le monopole de la presse et la peine de la mort, à Cabet, July 1, 1848

Proudhon, Pierre J., *De la capacité politique des classes ouvrières,* Rivière, Paris, 1924

Proudhon, Pierre J., *Du principe fédératif et de la nécessité de reconstituer le parti de la révolution,* Dentu, Paris, 1863

Proudhon, Pierre J., *Idées révolutionnaires,* Garnier frères, Paris, 1849

Proudhon, Pierre J., *La révolution sociale démontrée par le Coup d'Etat du 2 décembre,* Riessling, Brussels, 1852

Proudhon, Pierre J., *La soluzione del problema sociale. Che cos' e la proprieta?—Psicologia della rivoluzione (Saggi di filosofia social, 1)*, Nerbini, Florence, 1903

Proudhon, Pierre J., *Le droit au travail et le droit de propriété*, Garnier frères, Paris, 1850

Proudhon, Pierre J., *Psicologia della rivoluzione (Saggi di filosofia sociale,* vol. 3)*, Nerbine, Florence, 1904

Proudhon, Pierre J., *Système des contradictions économiques, ou philosophie de la misère*, Guillaumin, Paris, 1846

Proudhon, Pierre J., *Candidature. Aux électeurs catholiques*, Imprimerie de Beaule et Maignand, Paris, 1849

Proudhon's Solution of the Social Problem, including commentary and exposition by Charles A. Dana and William B. Greene, edited with introduction by Henry Cohen, Vanguard Press, New York, no date.

Prouteau, Henri, *Les occupations d'usines en Italie et en France*, Librairie technique et économique, Paris, 1937

Provensal, Henri, *Les problèmes sociaux. L'habitation salubre et à bon marché dans Paris*, Conseil Municipal de Paris, No. 28, Paris, 1910

Puech, Jules L., *La vie et l'oeuvre de Flora Tristan*, Rivière, Paris, 1937

Puech, Jules L., *Le Proudhonisme dans l'Association internationale des travailleurs*, Alcan, Paris, 1907

Puech, Jules L., *Plus de grèves! La paix sociale par la participation de l'ouvrier aux bénéfices de son travail*, Imprimerie Achard, Marseille, 1901

Pundt, Alfred G., *The Rise of the French Working Classes*, Pennsylvania State University, 1954

Pyat, Félix, *Le droit au travail: discours prononcé à l'Assemblée Nationale*, Séance du 2 novembre 1848, Imprimerie de Lange-Lévy, Paris, no date

Quelques mots sur l'Association internationale des travailleurs, Lahure, Paris, 1870

Quelques mots sur les souffrances des classes ouvrières, leurs causes et leurs remèdes, par M. D., Lyon, 1879

Quelques mots sur les grèves et les coalitions, par Léon V., Imprimerie Dubuisson, Paris, 1878

Questions économiques et sociales. Ligue des intérêts du travail, du progrès et de la paix sociale. Aux députés élus en 1885, par un "ancien ouvrier", Imprimerie Michels, Paris, 1886

Qu'est-ce que le peuple? Etude sur son droit de souveraineté et sur l'exercice de son droit par M. G., Paris, 1852

Question électorale et sociale. Le renouvellement de mai 1900. Le cri d'alarme, Imprimerie Briès, Bordeaux, 1899

Question sociale. Le sublime ou le travailleur comme il est en 1870 et ce qu'il peut être, par D. P., Paris, 1870

Question sociale. Quelques mots sur le travail et son organisation, par A. G., Imprimerie Mandet, Godefroy & Cie., Le Havre, 1880

Queval, Jean, *Communauté d'entreprise,* Librairie Arthème Fayard, Paris, 1945

Quoist, Michel, *La ville et l'homme,* Les Editions Ouvrières, Paris, 1952

Rabani, Emile, *L'anarchie scientifique,* Giard & Brière, Paris, 1907

Rabier, Jacques, *La participation ouvrière,* Domat-Montchrestien, Paris, 1945

Raff, Herbert, *Constantin Pecqueur,* Gresberger, Zurich, 1959

Raffalovich, A., *Trusts, cartels et syndicats (Notes et documents),* Guillaumin & Cie., Paris, 1903

Raillard, Célestin, *Pierre Leroux et ses oeuvres (L'homme; le philosophe; le socialiste),* Imprimerie Langlois & Cie., Châteauroux, 1899

Ramou and Monod, *Le mal social et son remède,* Imprimerie Berthoud, Dijon, 1905

Ranvier, *Questions sociales et patriotiques. L'internationalisme allemand et l'internationalisme français; le patriotisme; le socialisme et le rétablissement des anciennes corporations ouvrières françaises,* Imprimerie Mangeot, Paris, 1899

Rappoport, *Comment nous sommes socialistes,* Quillet, Paris, 1912

Rappoport, *La révolution sociale,* Quillet, Paris, 1912

Rappoport, Ch., *La philosophie sociale de Pierre Lawroff,* chez l'auteur, Paris, no date

Rappoport, Ch., *Socialisme du gouvernement et socialisme révolutionnaire,* Préface d'E. Vaillant, Bibliothèque du P. O. F., Paris, 1902

Rapport moral présenté au XXIIème Congrès National de la CFTC. 8, 9, 10, juin 1946 par Maurice Bouladoux, Confédération Française des Travailleurs Chrétiens, Paris, 1945

Rapport préparatoire d'enquête sur la réforme de l'entreprise, présenté par J. Brodier, Confédération Française des Travailleurs Chrétiens, Paris, 1945

Rapport sur l'Association Internationale des Travailleurs, Société républicaine du progrès social et politique, Garnier frères, Paris, 1872

Rapport sur les nationalisations présenté au 21ème Congrès National de la CFTC, 15-18 septembre 1945, Confédération Française des Travailleurs Chrétiens

Rapport sur les réformes à apporter aux relations du capital au travail pour assurer à toute personnalité la juste somme d'indépendance à laquelle elle a droit, par Fr. X, Mangeot, Paris, 1902

Rapports aux Congrès: ouvrier de Marseille (1879); libertaire de Paris (1900); national corporatif de Bourges (1904); de la Libre Pensée de Paris (1905), Librairie de Régénération, Paris, 1906

Raspail, François Vincent, *Almanach démocratique et social de l'ami du peuple pour 1849 et 1850 par F. V. Raspail, représentant du peuple*, 2 volumes, chez l'editeur, Paris 1849-1850

Raspail, François Vincent, *Réformes sociales (Articles publiés en 1835 dans le Réformateur)*, Paris

Rathery, *Histoire des Etats généraux*, Imprimerie de Cosse et N. Delamotte, Paris, 1845

Raudot, Claude-Marie, *La France avant la Révolution; son état politique et social*, chez les principaux libraires, Paris, 1841

Ravold, J. B., *Le peuple en Lorraine sous l'ancien régime*, Imprimerie nouvelle, Lunéville, 1882

Raynaud, Barthélémy, *La participation aux bénéfices dans l'industrie et le commerce. Composition d'économie politique faite en sept heures, le 9 octobre 1906, Agrégation des Facultés de Droit*, Rousseau, Paris, 1906

Raynaud, Barthélemy, *Le contrat collectif de travail* (Thesis), Rousseau, Paris, 1903

Reboud, L., *Essai sur la notion du chômage structural dans les pays de capitalisme évolué*, Dalloz, Paris, 1964

Reclus, Elisée, *L'évolution, la révolution et l'idéal anarchique*, P. V. Stock, Paris, 1898

Remond, René, *La droite en France*, Aubier, Paris, 1964

Remond, René, *Les catholiques, le communisme et les crises (1929-1939)*, Paris

Renault, Charles *Histoire des grèves*, Guillaumin, Paris 1887

Rety, Marius, *La grève des couturières, (Chanson)*, Imprimerie Hayard, Paris, 1901

Révolutions de Paris. Dédiées à la nation et au district des petits Augustins. Publiées par le sieur Prudhomme à l'époque du 17 juillet 1789, 17 volumes, Paris, 1790-1893

Rey, Achille, *L'évolution économique et le socialisme. Exposé de quelques points de la doctrine socialiste*, Imprimerie David, Avignon, 1901

Rey, Joseph, *Des bases de l'ordre social*, 2 volumes, Videcoq, Paris 1837

Reybaud, L., *Jérôme Paturot, oder der Kampf um Stellung in der Gesselschaft. Aus Franzosischen*, 2 Bde. Stuttgart, 1845

Reybaud, Louis, *Etudes sur le régime des manufactures. Condition des ouvrières en soie*, Michel Lévy frères, Paris, 1859

Reynaud, J.-D., *Les Syndicats en France*, Colin, Paris, 1963

Reynier, J., *La crise ouvrière; travail et capital; dédié aux chambres syndicales*, chez l'auteur, Lyon, 1879

Rhis, Charles, *La Commune de Paris, Sa structure et ses doctrines, (1871)*, Librairie E. Droz, Geneva, 1955

Ribbe, Charles de, *La corporation des perruquiers et coiffeurs de dames à Marseille, il y a un siècle*, Imprimerie de Martel Ainé, Montpellier, 1869

Ribbe, Ch. de, *Les corporations ouvrières de l'ancien régime en Provence*, Imprimerie de Illy, Aix, 1865

Ribbe, Charles de, *Les familles et la société en France avant la Révolution*, Mame, Tours, 1879

Ribbe, Ch. de, *Une famille au XVIème siècle: document original*, Mame, Tours, 1879

Ribbe, Ch. de, *Une famille rurale au XVIIème siècle*, 1882

Ribot, *L'Utilité des caisses de crédit immobilier pour favoriser l'accession de la propriété aux ouvriers. Conférence faite à la Société industrielle, d'Amiens, le 23 juin 1909*, Imprimerie Jeunet, Amiens, 1909

Ribot, P., *Du rôle social des idées chrétiennes, suivi d'un exposé critique des doctrines sociales de M. Le Play*, 2 volumes, Plon & Cie., Paris, 1878

Ribot, Paul, *Philosophie de la société; étude sur notre organisation nationale, suivie d'un exposé des principales idées émises dans les réunions publiques et les différents congrès tenus à l'étranger*, Didier & Cie., Paris, 1869

Ricard, Emile, *La souveraineté individuelle*, Imprimerie Marc Ducloux & Cie., Paris, 1850

Richard, Achille, *Essai sur la coopération de main-d'oeuvre (L'organisation collective du travail)*, Guillaumin & Cie., Paris, 1904

Richard, Albert, *Le sens du conflit socialiste*, Parti ouvrier socialiste révolutionnaire U.F.C., Groupe central du Vème arrondissement, Paris, 1901

Richard, Albert, *Le socialisme à propos des élections législatives de 1869*, Imprimerie Regard, Lyon, 1869

Richard, Albert, *Manuel socialiste*, Publications du parti ouvrier socialiste révolutionnaire, Union fédérative du centre, Société nouvelle de librairie et d'éditions, Paris, 1900

Richard, Gaston, *Le socialisme et la science sociale*, Alcan, Paris, 1899

Richemond, de, *La grève des mines, causeries sur l'histoire naturelle locale*, Lemarie, Saint-Jean d'Angely, 1869

Rienzi, Kol. H. van, *Socialisme et liberté*, Giard & Brière, Paris, 1898

Rigal, Eugène, *Va-t-on simplifier la fiscalité? Sera-t-elle plus équitable?* Les Echos, Lecture given at the Club-Echos, Paris, February 8, 1947

Rigaudias-Weiss, Hilde, *Les enquêtes ouvrières en France, entre 1830 et 1848*, Alcan, Paris, 1936

Rimailho, Emile, *Deux hommes parlent du travail,* Grasset, Paris, 1939

Rimailho, F. L. E., *Contribution à l'étude d'une organisation équitable du travail. Par l'application d'une méthode précise d'établissement des prix de revient, le profit de l'ouvrier devient partie intégrante du profit de l'entreprise,* Grasset, Paris, 1939

Rimbert, Pierre, *Le socialisme,* Presses Universitaires de France, Paris, 1950

Rioux, Lucien, *Le Syndicalisme,* Buchet-Chastel-Corréa, Paris, 1960

Rist, Charles, *Réglementation légale de la journée de travail de l'ouvrier adulte en France,* Larose, Paris, 1898

Rivero, J., and Savatier, J., *Droit du travail,* Presses Universitaires de France, Paris, 1960

Rives, Paul, *La corvée de joie, Notes sur les loisirs ouvriers,* Presses Universitaires de France, Paris, 1924

Rivière, Emmanuel, *Syndicats et commissions mixtes,* V. Lecoffre, Paris, 1904

Robert, *Nouveau programme du socialisme,* Paris, 1903

Robert, A., *Observations sur le socialisme d'état,* Larose & Thénin, Paris, 1906

Robert, Charles, *La question sociale,* Bellais, Paris, 1873

Robert, L., *Les deux apprentis, ou travail et paresse,* Ardant & Cie., Limoges, 1895

Robert-Dutertre, F. M., *Le chant des laboureurs,* Imprimerie Crestey, Ernée (Mayenne), 1907

Robiou, Felix, *Les classes populaires en France au moyen-âge,* C. Dounioul, Paris, 1875

Rocha, M., *Travail et salaire à travers la scolastique,* Desclée, De Brouwer, Paris, 1933

Rochefort, Henri, *Un coin du voile, Aperçu des évènements de Paris,* New York, 1874

Rocquigny, Comte de, *La coopération de production dans l'agriculture; syndicats et sociétés coopératives agricoles; mission de l'Office du travail; résumé du rapport de mission,* Guillaumin & Cie., Paris, 1896

Rodet, Y., *L'immigration des travailleurs étrangers en France, au point de vue du droit public,* Librairie du Montparnasse, Paris

Rodrigues, Olinde, *Organisation du travail et des banques—Association du travail et du capital; Moyen de réalisation. Deux placards signés O. Rodrigues et affichés sur les murs de Paris en mars 1848*

Rodrigues, Olinde, *Poésies sociales des ouvriers, réunies et publiées par O. Rodrigues,* Paulin, Paris, 1841

Roker, R., *Anarcho-syndicalism,* Secker & Warburg, London, 1938

Rollet, Henri, *Action sociale des catholiques en France (1871-1901)*, (Thesis), Boivin, Paris, 1947

Rollet, Henri, *Avenir du Comité d'entreprise*, Paillard, Paris, 1948

Rollet, Henri, *Sur le chantier social*, Chronique sociale de France, Paris, 1955

Romains, *A la lumière des enseignements de l'Eglise, le syndicalisme en France*, Union des secrétaires sociaux, Région du Nord, Lille, 1945

Romieu, A., *Le spectre rouge en 1852*, Ledoyen, Paris, 1851

Rondot, Natalis, *L'ancien régime du travail à Lyon, du XVIème au XVIIème siècle*, Lyon, 1897, A. Rey

Rondot, Natalis., *Les potiers de terre italiens à Lyon, au XVIème siècle*, Imprimerie de A. Rey, Lyon, 1892

Roschach, *Statuts des corps de métiers*, Toulouse

Rosengarten, Adolphe G., Jr., *The French Working Classes Against the General Staff Before the First World War*, University of Pennsylvania, 1955

Rosmer, Alfred, *Le mouvement ouvrier pendant la guerre, De l'union sacrée à Zimmerwald*, Librairie du Travail, Paris, 1936

Rossi, A., *Le pacte germano-soviétique, l'histoire et le mythe, Essais et Témoignages*, Collection de la Revue *Preuves*, Paris, 1954

Rossi, A., *Les communistes français pendant la drôle de guerre*. Les Iles d'Or, Paris, 1951

Rossi, A., *Physiologie du parti communiste français*, Editions Self, Paris, 1948

Rossignol, Fernand, *Pour connaître la pensée de G. Sorel*, Bordas, Paris, 1948

Rossignol, S., *De l'avenir de l'ouvrier ou considérations sur l'amélioration du sort des travailleurs*, Imprimerie Bautruche, Paris, 1848

Rostand, Eugène, *Les solutions socialistes et le fonctionnarisme*, 54 rue de Seine, Paris, 1896

Roth, J., *Le salut individuel et le salut social*, (Extrait de la Revue chrétienne), Imprimerie Girardi-Audebert, Dôle-du-Jura, 1902

Rotot, Edouard, *Le syndicalisme et l'état, Editions* "Les Problèmes Syndicalistes," Cahiers No. 1, Paris (?), no date

Roubaud, A., *Extrait de la réorganisation sociale, d'après laquelle il n'y aura plus sur la terre de malheureux, d'esclaves et de tyrans*, Peyri, Avignon, 1849

Roubaud, Emile, *L'organisation du travail. Les employés du commerce et de l'industrie. La réforme des usages marseillais. Mémoire présenté au conseil des études du foyer du peuple, dans sa séance du 20 juillet 1901*, Librairie Aubertin & Rolle, Marseille, 1901

Rouchot, *Histoire du communisme et du socialisme,* Paris, 1889

Rouffiac, J., *Souvenirs historiques sur le siège de Paris et le commencement de la Commune. Journées des 18, 19, 20 et 21 mars 1871,* Imprimerie de G. Binard, Paris, 1873

Rougeron, *Marx Dormoy, 1881-1941,* Editions S.F.I.O., Montluçon

Rougier, J. C., Paul, *Les associations ouvrières; etude sur leur passé, leur présent, leurs conditions de progrès,* Guillaumin & Cie., Paris, 1864

Roulliet, Antony, *Des associations coopératives et de consommation,* P. Dupont, Paris, 1876

Rouquet, J., *Traité de l'Inspection du Travail,* Coulet et fils, Montpellier, 1902

Rous, Jean, *Troisième Force?* Editions de la Pensée Socialiste, Paris, 1947

Rousseau, Louis, *Croisade du XIXème siècle. Appel à la piété catholique à l'effet de reconstituer la science sociale sur une base chrétienne; suivi de l'exposé critique des théories phalanstériennes,* Debecourt, Paris, 1841

Rousseaux, avec M. Bicant, *Aux travailleurs. Réfutation des principes de M. Louis Blanc, sur l'organisation du travail,* Martinon, Paris, 1848

Roussel, Felix, *La grève générale et le syndicat Guérard,* (Extrait de la Revue politique et parlementaire, novembre 1898), bureaux de la Revue politique et parlementaire, Paris, 1898

Roussel, Napoléon, *Encore l'égalité. Quelques mots aux travailleurs,* Imprimerie Gauthier & Cie., Nice, 1872

Roussel, Napoléon, *Les grèves. Quelques mots aux travailleurs,* Imprimerie Gauthier & Cie., Nice, 1872

Rousselet, Pierre, *Les sabbats des anarchistes, ou les Jacobins au désespoir,* Imprimerie de l'auteur, Paris, no date

Roustang, Guy, *La seconde société industrielle,* Les Editions Ouvrières, Paris, 1967

Rouvin, Charles, *Les sophismes sociaux,* Delahaye, Paris, 1873

Roux, *Cuirs et peaux,* Doin, Paris

Roux, Marquis M. de, *Origines et fondation de la Troisième République,* B. Grasset, Paris, 1933

Roux, Robert, *Le travail dans les prisons et en particulier dans les maisons centrales,* Rousseau, Paris, 1903

Roux, Xavier, *Les associations ouvrières,* la Société Bibliographique, Librairie de Paris, Paris, 1876

Roux, Xavier, *Les utopies et les réalités de la question sociale, précédées d'une lettre de M. F. Le Play (datée le 1er février 1876),* Joseph Albanel, Paris, 1876

Rouzier, J. C. P., *Les associations ouvrières. Etude sur leur passé, leur présent, leur conditions de progrès,* Paris and Lyon, 1864

Rovel, Henri, *Association du capital et du travail. Suppression des grèves,* Imprimerie coopérative de l'Est, Nancy, 1900

Rovel, Henri, *Pour l'humanité et la patrie, suppression de la misère. Jean Praxtel, Roman et étude sociale,* E. Plon, Nourrit et Cie., Paris, 1897

Rozy, Henry, *Le travail, le capital et leur accord,* Guillaumin & Cie., Paris, 1871

Ruch, Archbishop, *La doctrine sociale de l'Eglise,* Bonne Presse, Paris, 1931

Rude, Fernand, *Le mouvement ouvrier à Lyon de 1827 à 1832,* Domat-Montchrestien, Paris, 1944

Russell, Bertrand, *Proposed Roads to Freedom,* Henry Holt & Co., Inc., New York, 1919

Russell, Bertrand, *Roads to Freedom: Socialism, Anarchism and Syndicalism,* 3rd edition, Allen & Unwin, London, 1966

Sabatier, Camille, *Le morcellisme. Avec une introduction par Maurice Faure, Collection des doctrines politiques,* Giard & Brière, Paris, 1907

Sabatier, Camille, *Le système morcelliste du rachat du commerce par les coopératives de consommation,* Edition de la "Revue de la Solidarité Sociale," Paris, 1908

Saboulin, Humbert de, *La question sociale ou la propriété individuelle contre les communistes et les pillards,* Crespin, Marseille, 1872

Sadoul, Victor, *Le parti socialiste, sa force et son avenir. Préface de M. Paul Degouy,* Paris, 1899

Sageret, Jules, *La doctrine du syndicalisme intellectuel,* Editions du Producteur, Paris, 1921

Sageret, Jules, *Le syndicalisme intellectuel, son rôle politique et social,* Plon-Nourrit & Cie., Paris, 1922

Sagnac, P., *La législation civile de la Révolution française, 1789-1804; essai d'histoire sociale,* Hachette, Paris, 1898

Sagnier, André, *Entre deux barricades. I. Drapeau rouge et drapeau tricolore. La Commune sous la Commune. III. Sentinelles, prenez garde à vous!,* Imprimerie de Wattier, Paris, 1886

Saint-Auban, Emile de, *L'idée sociale au théâtre,* Stock, Paris, 1895

Saint-Férréol, A., *Le propriétariat ou la propriété du sol, des instruments du travail aux travailleurs par la réforme agraire et ouvrière,* 2 volumes, Giard & Brière, Paris, 1901

Saint-Férréol, A., *La réforme ouvrière et agraire en action,* Giard, Paris, 1898

Saint-Jouan, *Un anarchiste au régiment, Digues sociales,* Flammarion, Paris, 1903

Saintin, *Bourgeois et prolétaires, ou l'organisation du travail,* Imprimerie Hérise, Melun, 1872

Saint-Laurens, Louis, *Les syndicats et la répression des infractions professionnelles,* Rivière, Paris, 1910

Saint-Mesmin, E. Menu de, *L'ouvrier autrefois et aujourd'hui,* L. Hachette, Paris, 1866

Saint-Rémy, Marie de, *Les dieux des anarchistes,* Complet en 12 volumes, Durville, Paris, 1899

Saint-Simon, Henri, *Du contrat social par H. St.-Simon, suite des travaux ayant pour object de fonder le système industriel,* imprimé chez Laurens aîné, rue du Pot-de-fer, No. 14, Paris, April 1822

Saint-Simon, Henri, *Du système industriel,* Antoine-Augustin Renouard, Paris, 1821

Saint-Simon, Henri, *Henri Saint-Simon à MM. les ouvriers,* (Extrait du "Système Industriel")

Saint-Simon, Henri, *L'industrie, ou discussions politiques, morales et philosophiques, dans intérêt de tous les hommes livrés à des travaux utiles et indépendants, avec cette épigraphe: Tout par l'industrie, tout pour elle. Prospectus,* Imprimé chez Cellot, Paris, April 1817

Saive, A., *L'avenir de l'ouvrier, dédié à la classe ouvrière et placé sous sa protection,* Imprimerie Bailly, Paris, 1842

Salaires et coût de l'existence à diverses époques jusqu'en 1910. Statistique générale de la France, Ministère du travail et de la prévoyance sociale, Imprimerie Nationale, Paris, 1911

Sambuc, *Le socialisme de Fourier* (Thesis), Larose & Thénin Paris, 1900

Sanborn, Alvan Francis, *Paris and the Social Revolution. A study of the Revolutionary Elements in the Various Classes of Parisian Society,* Hutchinson, London, 1905

Sangnier, M., *Le syndicalisme devant la république,* Barnagaud, Paris, 1908

Sangnier, Marc, *La lutte pour la démocratie,* Perrin & Cie., Paris, 1908

Sangnier, Marc, *L'esprit démocratique,* Perrin & Cie., Paris, 1905

Sans, Emile (de l'Ariège), *Paris et la Commune,* Lahure & Cie., Paris, 1871

Santonastaso, Giuseppe, *Il Socialismo francese da Saint-Simon a Proudhom,* Edizioni Leonardo, Casa Editrice, G. C. Sansoni, Florence, 1954

Saposs, David J., *The Labor Movement in Postwar France,* Columbia University Press, New York, 1931

Sarcey, Francisque, *Le siège de Paris, impressions et souvenirs,* E. Lachaud, Paris, 1871

Sarda y Salvani, *Le mal social, ses causes, ses remèdes. Mélanges et controverses sur les principales questions religieuses et sociales du temps présent,* 2 volumes, Lethielleux, Paris, 1890

Saripolos, Nicolas, *La démocratie et l'élection proportionnelle (étude historique, juridique et politique),* Arthur Rousseau, Paris, 1899

Sarrauste de Menthière, Elie, *Les accidents des ouvriers agricoles* (Thesis), Rousseau, Paris, 1903

Sarraute, Joseph, *Socialisme d'opposition, socialisme de gouvernement et lutte de classes,* Jacques & Cie., Paris, 1901

Sarrazin, Jacques, *Un cercle d'ouvriers,* Haton, Paris, 1873

Sarrepont, *Guerre des communeux de la Commune,* Paris, 1871

Sartre, J. P., Rousset, David, and Rosenthal, Gérard, *Entretiens sur la politique,* Gallimard, Paris, 1949

Saulais, S., *Le vrai socialisme; ou l'union du capitalisme et du travail (leurs rôles et droits respectifs dans la grande famille du prolétariat),* Masquin, Paris, 1882

Sauriac, Xavier, *Catéchisme du prolétariat,* Imprimerie nationale, Paris, 1882

Sauriac, Xavier, *Réforme sociale ou catéchisme du prolétaire,* 1884

Sauriac, Xavier, *Un système d'organisation sociale,* Balitout, Paris, 1883

Saussois, E. Du, *Jésus—ouvrier et la question sociale,* Paris

Saussois du Jonc, du, *Question des grèves et conseils aux ouvriers,* Imprimerie Walder, Paris, 1870

Sauty, F., *Nos démocrates chrétiens,* Vic et Amat, Paris, 1905

Sauvy and Depoid, *Salaires et pouvoir d'achat des ouvriers et des fonctionnaires entre les deux guerres,* Institut national d'études du travail et d'orientation professionnelle, Paris, 1940

Sauzet, Marc, *Situation des ouvriers dans l'assurance-accidents collective contractée par le patron,* F. Pichon, Paris, 1886

Savineau, Lucien, *Economie sociale. Les existences problématiques (la loi naturelle du travail),* Imprimerie administrative, Melun, 1901

Savoie, A., *Meunerie, boulangerie, pâtisserie,* Doin, Paris, 1922

Sayous, André E., *Les grèves de Marseille en 1904,* Fédération des industriels et commerçants, Paris, 1904

Scansa-Lanza, L., *Essai de solution du problème social par les magasins généraux,* Alcan, Paris, 1907

Scelle, Georges, *Le droit ouvrier,* Colin, Paris, 1929

Schaffle, A. E., *La quintessence du socialisme. Traduction de Benoît Malon, revue et corrigée,* Bibliothèque socialiste, Bellais, Paris, 1904

Schargel, Abraham, *French Trade Unions: Unity and Schism,* (Thesis), Columbia University, New York, 1949

Schatz, A., *L'individualisme économique et social. Ses doctrines—son évolution—ses formes contemporaines,* Colin, Paris, 1907

Schiffman, *La formule, essai de solution de la question sociale,* Jouve, Paris, 1888

Schirmacher, Kaethe, *La spécialisation du travail par nationalités à Paris,* Rousseau, Paris, 1908

Schloesing, Henri, *La concentration capitaliste et la socialisation des grandes industries d'après un livre récent. Conférences faites en 1904 à la Faculté des sciences de Marseille.* (Extrait de la "Revue du christianisme social"), Imprimerie Aberlen & Cie., Vals-les-Bains, 1906

Schloss, D., *Les Modes de rémunération du travail,* préface de Charles Rist, Giard et Brière, Paris, 1902

Schmidt, Charles, *Des atelier nationaux aux barricades de juin* Presses Universitaires de France, Paris, 1948

Schmidt, Charles, *Les Fouriéristes en 1848,* Félix Armand, Paris, 1948

Schmitz, Herm. Jos., *Französische Gesellschaftsprobleme,* Verlag Dr. Wederkind und Co., Berlin, 1907

Schmitz de Moulin, *Mohamed Adil Les Chevaliers de la Lumière. Pas de races! Pas de classes! Tous frères,* Librairie Ficker, Paris, 1905

Schmidt, Charles, *Les journées de juin 1848,* Hachette, Paris, 1926

Schoonheydt, Jules, *Les conseils de prudhommes. Congrès national de la petite bourgeoisie,* Liège, 1905

Schrijvers, Jos., *Les trois grande écoles d'économie politique: École libérale, école socialiste et l'École catholique,* J. de Meesters, Roulers, 1907

Schumpeter, Joseph A., *Capitalism, Socialism, and Democracy,* 2nd edition, Harper Brothers, New York, 1947

Schure, E., *Précurseurs et révoltés,* Perrin, Paris, 1904

Schutzenberger, Frédéric, *Les lois de l'ordre social,* 2 volumes, Joubert et Hingray, Paris, 1849-1850

Schwarz, Salomon, *Lénine et le mouvement syndical,* Editions "Nouveau Prométhée", Paris, 1935

Schweitzer, J. B. von, *Die gewer Kshaftsfrage Weltgeist Bucker,* Berlin, 1928

Scott, J. W., *Syndicalism and Philosophical Realism, A Study in the Correlation of Contemporary Social Tendencies,* A. & C. Black, Ltd., London, 1919

Sebastiani, Vicomte Horace, *La question du repos hebdomadaire dans l'industrie,* Rousseau, Paris, 1904

Sébillot, P., *Légendes et curiosités des métiers,* E. Flammarion, 20 parties en 1 volume, Paris, 1894-1895

Sée, Henri, *Etude sur les classes serviles en Champagne du XIème au XIVème siècle,* Imprimerie de Daupeley-Ouverneur, Nogent-le-Rotrou, 1895

Sée, Henri, *Histoire économique de la France, le Moyen-Age et l'Ancien Régime,* Colin, Paris, 1948

Sée, Henri, *Les classes rurales et le régime domanial en France au Moyen-Age,* Giard & Brière, Paris, 1901

Sée, Henri, *Quelques aperçus sur la condition de la classe ouvrière et sur le mouvement ouvrier en France de 1815 à 1848,* Rivière, Paris, 1925

Segrétain, E. A., *Socialisme catholique, (Laval, Feille-Grandpré),* Lecoffre, Paris, 1849

Seiler, Edouard, *Die Entwicklung berufsstandischer Ideen in der katholisch-sozialen Bewegung Frankreichs,* Druckerei A. G. Gebr. Leeman, Zurich, 1935

Seilhac, Léon de, *La grève des docks de Marseille*, Musée social, Paris, 1901

Seilhac, Léon de, *La grève de Fresseneviers*, Bibliothèque du Musée Social, Rousseau, Paris, 1907

Seilhac, Léon de, *La grève des tullistes de Calais*, Musée social, Paris, 1901

Seilhac, Léon de, *L'évolution du parti syndical en France*, Rousseau, Paris, 1899

Seilhac, Léon de, *Le congrès d'entente socialiste tenu à Paris du 3 au 8 décembre 1899*, Paris, 1900

Seilhac, Léon de, *Le lock-out de Verviers*, Bibliothèque du Musée social, Rousseau, Paris, 1907

Seilhac, Léon de, *Le monde socialiste. Les partis socialistes politiques; les congrès socialistes politiques; les diverses formules du collectivisme*, Lecoffre, Paris, 1904

Seilhac, Léon de, *Les congrès ouvriers en France (1876-1897)*, Bibliothèque du Musée social, Colin, Paris, 1899

Seilhac, Léon de, *Les grèves*, Bibliothèque d'économie sociale, Lecoffre, Paris, 1903

Seilhac, Léon de, *Les progrès du machinisme et l'hostilité ouvrière*, Rousseau, Paris, 1909

Seilhac, Léon de, *Les unions mixtes des patrons et des ouvriers pour la défense du travail*, Bibliothèque du Musée social, Rousseau, Paris, 1908

Seilhac, Léon de, *Une enquête sociale*, La grève de Carmaux et la Verrerie d'Albi, Perrin, Paris, 1897

Sellier, F., and Tiano, A., *Economie du travail*, Presses Universitaires de France, Paris, 1962

Sellier, Francois, *Stratégie de la lutte sociale. France 1936-1960*, Les Editions Ouvrières, Paris, 1961

Selsam, Howard, *Sozialismus und Ethik*, Dietz-Verlag, Berlin, 1955

Sempe, *Catéchisme du travailleur*, Madre, Paris, 1873

Sempe, *Grèves et grévistes*, Madre, Paris, 1870

Sempronius, *Histoire de la Commune de Paris en 1871*, Décembre-Alonnier, Paris

Senchet, Emilien, *Liberté du travail et solidarité vitale*, Giard & Brière, Paris, 1903

Serandon, De, and Cognat, Marius, *Le socialisme, ses formes diverses, ses illusions, conférence (19 décembre 1883)*, Blanc & Bernard, Marseille, 1884

Sergent, Alain, and Harmel, Claude, *Histoire de l'anarchie*, Le Portulan, Paris, 1949

Serre, Philippe, *Les atteintes à la notion traditionelle de l'état, essai sur les théories du syndicalisme*, Presses Universitaires de France, Paris, 1925

Sers, A. de, *Question du travail. Associations populaires*. Imprimerie Douladoure, Toulouse, 1849

Servé, Jean, *Le syndicalisme agricole, unité paysanne et pluralité syndicale*, Spes, Paris, 1945

Severac, Jean-Baptiste, *Le mouvement syndical*, Encyclopédie socialiste, Quillet, Paris, no date

Shaheen, S., *Communist Theory of Self-Determination*

Shaper, W., *Albert Thomas, Trente ans de réformisme social*, Presses Universitaires de France, Paris, no date

Sicard, P., *Ouvriers. Travail. Salaire. Fausses idées. Sots préjugés. Quelques vérités*, Imprimerie coopérative La Laborieuse, Nîmes, 1910

Sicre, Jérôme, *Egalité sociale*, Librairie du Progrès, Paris, 1882

Siegfried, André, *Tableau des partis politiques en France*, Grasset, Paris, 1930

Siegfried, Jules, *La misère, son histoire, ses causes et ses remèdes*, Germer-Baillière, & Cie., Paris, 1879

Sieyès, Comte Emm. Jos., *Qu'est-ce que le tiers-état?*, 1789

Sigg, Jean, *Die direckte Action*, Bern, 1908

Sigogne, Emile, *Socialisme et monarchie; Essai de synthèse sociale*, Alcan, Paris, 1906

Simiand, F., *Le salaire, l'évolution sociale et la monnaie*, Alcan, Paris, 1932

Simiand, François, *Le salaire des ouvriers des mines de charbon en France*, Société Nouvelle, Paris, 1907

Simiand, François, *Les fluctuations économiques à longue période et la crise mondiale*, Alcan, Paris, 1932

Simon, C. G., *De la démocratie et la décentralisation en France*, Ducloux, Paris, 1849

Simon, C. G., *Etude historique et morale sur le compagnonnage et sur quelques autres associations d'ouvriers, depuis leur origine jusqu'à nos jours*, Capelle, Paris, 1853

Simon, Comte, *Un Versaillais prisonnier de la Commune du 8 au 28 mai. Montmartre—la Conciergerie—Mazas*, Paris, 1871

Simon, Jules, *L'ouvrière*, Hachette & Cie., Paris, 1891

Simon, Jules, *Le travail*, Librairie internationale, Paris, 1866

Simon, Yves R., *The Road to Vichy*, Sheed & Ward, New York, 1942

Simples pensées d'un travailleur sur la question sociale, Librairie des sciences, Paris, 1871

Sincère, L., *Essai d'un code des lois sociales destinées à préparer l'avènement d'une société républicaine basée sur la liberté, L'égalité, la fraternité*, Imprimerie Deschesnes, Angers, 1907

Sirech, abbé, *Un féminisme pratique, ou l'ouvrière lyonnaise moralisée par la mutualité entre femmes*, Lyon, 1900

Siren, Joseph, *Le socialisme dualiste*, chez l'auteur, Saint-Georges-d'Espéranche (Isère), 1902

Six mois de drapeau rouges à Lyon. Préface de Pontmartin, Le drapeau rouge—La chasse aux jésuites. Réunions publiques. Emeutes, Lyon, 1871

Skelton, O. D., *Socialism: a Critical Analysis,* Houghton, Mifflin Co., Boston, 1911

Smitte, Achille, *L'ordre et le progrès au XIXème siècle. Recherches sur les causes qui ont produit l'esprit révolutionnaire et sur les moyens d'y remédier,* Dentu, Paris, 1858

Snowden, P., *Socialism and syndicalism,* London, 1913

Socialisme conservateur, Essai de fraternité chrétienne et pratique par deux soldats (L'avertissement est signé: G. de Leyssac et E. H. de la Pierre), Dentu, Paris, 1851

Socialisme et patriotisme; par G . . . . Imprimerie Thuillier, Paris, 1906

Socialisme pratique, Histoire d'une association ouvrière, 1870-1878, Paris, 1878

Société positiviste, Rapport . . . par la commission chargée d'examiner la question du travail, 1850

Soisy, *Histoire de la Commune,* Paris, 1880

Soloweitschick, L., *Un prolétariat méconnu. Etude sur la situation sociale et économique des ouvriers juifs,* Alcan, Paris, 1898

Solvay, E., and Anseele, E., *Lettres sur le productivisme et le collectivisme,* H. Lamertin, Brussels, 1900

Somogyi, B., *Godin Janos es a Guise-i Familisterium (A. J. Godin et le familistère de Guise),* Iparosck olvasotara, Lampel R. Budapest, 1904

Sonolet, Hector, *Principe de population et socialisme (histoire des doctrines de la population depuis le principe de population de Malthus jusqu'à nos jours),* (Thesis), Rousseau, Paris, 1907

Soreau, *Questions prolétariennes sous la Terreur,* A. Picard, Paris, 1939

Soreau, E., *Ouvriers et paysans de 1789 à 1792,* Belles-Lettres, Paris, 1936

Sorel, A., *L'Europe et la Révolution francaise,* 9 vols., E. Plon, Nourrit & Cie., Paris, 1885-1911

Sorel, Georges, *Degenerazione capitalistica e degenerazione socialista. Edizione originale a cura di P. Bonfante,* Pachioni, Sraffa, 2 volumes, Sandron, Palermo, 1907

Sorel, Georges, *Introduction à l'économie moderne,* Bibliothèque d'études socialistes, XIII, Paris, 1903

Sorel, Georges, *L'avenir socialiste des syndicats,* Jacques, Paris, 1901

Sorel, Georges, *La décomposition du marxisme,* Rivière, Paris, 1908

Sorel, Georges, *L'evoluzione del socialismo in Francia,* Torino, 1899

Sorel, Georges, *Matériaux d'une théorie du prolétariat,* Rivière, Paris, 1921

Sorel, Georges, *Réflexions sur la violence,* Pages Libres, Paris, 1908

Sorel, Georges, *Syndicalisme et socialisme,* Bibliothèque du Mouvement Socialiste, Rivière, Paris, 1908

Sorgue, *Socialisme ministériel,* 132, rue Montmartre, Paris, 1900

Sorgue, *L'unité révolutionnaire,* Imprimerie Jacques, Paris, 1901

Soubise, Louis, *Le Marxisme après Marx (1956-1965). Quatre marxistes dissidents français.* Préface de François Châtelet, Aubier Montaigne, Paris, 1967

Souche, E. P., *Le christianisme et l'action sociale,* Imprimerie Coueslant, Cahors, 1900

Soule, Gustave, *Les coalitions commerciales et industrielles; étude économique et juridique* (Thesis), Imprimerie St. Cyprien, Toulouse, 1905

Soulié, Michel, *La vie politique d'Edouard Herriot,* Colin, Paris, 1962

Soulier, H., *Des origines et l'état social de la nation française,* Giard & Brière, Paris, 1898

Souvestre, Emile, *Confessions d'un ouvrier,* Michel-Lévy frères, Paris, 1851

Soux, Hil., *La révolution sociale par la révolution intellectuelle,* Brasseur, Paris, 1885

Spargo, John, *Syndicalism, Industrial Unionism and Socialism,* B. W. Huebsch, New York, 1914

Spire, Alfred, *Inventaire des socialismes français contemporains,* Librairie de Médicis, Paris, no date

Spitzer, Alan B., *The Revolutionary Theories of Louis Auguste Blanqui,* Columbia University Press, New York, 1957

Spriel, Henri, Dupont-White, *Etude sur les origines du socialisme d'état en France,* Giard & Brière, Paris, 1901

Spyropoulos, Georges, *La liberté syndicale,* Préface de Paul Durand, (Thesis), Librairie Générale de Droit et de Jurisprudence, Paris, 1956

Spyropoulos, Georges, *L'Administration des oeuvres sociales par les comités d'entreprise,* Librairie générale de droit, Paris, 1961

Spyropoulos, Georges, *Le Droit des conventions collectives dans les pays de la communauté européenne du charbon et de l'acier,* Éditions de l'Epargne, Paris, 1959.

Stammhammer, J., *Bibliographie des Sozialismus und Communismus,* 3 volumes, G. Fischer, Jena, 1893-1909

Statistique des grèves et des recours à la conciliation et à l'arbitrage survenus pendant l'année 1904, Ministère du Commerce, Berger-Levrault & Cie., Paris, 1904

Statistique des grèves et des recours à la conciliation et à l'arbitrage survenus pendant l'année 1904, Ministére du Commerce, Berger-Levrault & Cie., Paris, 1905

Statistique des grèves et des recours à la conciliation et à l'arbitrage survenus pendant l'année 1905, Ministère du Commerce, Berger-Levrault & Cie, Paris, 1906

Statistique des grèves et des recours à la conciliation et à l'arbitrage survenus pendant l'année 1906, Ministère du Commerce, Berger-Levrault & Cie., Paris, 1907

Statistique des grèves de 1890 à 1899, Ministère du Commerce, Imprimerie nationale, Paris, 1900

Statistique des grèves pendant l'année 1900, Ministère du Commerce, Imprimerie nationale, Paris, 1901

Statistique des grèves pendant l'année 1901, Ministère du Commerce, Imprimerie nationale, Paris, 1902

Statistique des grèves pendant l'année 1902, Ministère du Commerce, Imprimerie nationale, Paris, 1903

Statistique des grèves pendant l'année 1903, Ministère du Commerce, Imprimerie nationale, Paris, 1904

Statistique des grèves pendant l'année 1904, Ministère du Commerce, Imprimerie nationale, Paris, 1905

Statistique des grèves pendant l'année 1905, Ministère du Commerce, Imprimerie nationale, Paris, 1906

Statistique des grèves pendant l'année 1906, Ministère du Commerce, Imprimerie nationale, Paris, 1907

Statuts modifiés du XXVIème Congrès National, 8—12 avril 1946, Confédération Générale du Travail, Paris, no date

Steele, H., *The working classes in France,* Twentieth Century Press, London, 1905

Stéfane-Pol, *Autour de Robespierre. Le Conventionnal Lebas, d'après des documents inédits et les mémoires de sa veuve. Préface de Victorien Sardou,* Flammarion, Paris, 1901

Stein, Lorenz von, *The History of the Social Movement in France, 1789-1850,* The Bedminister Press, Totowa, New Jersey, 1964

Stein, Ludwig, *La question sociale au point de vue philosophique,* Alcan, Paris, 1900

Stemler, O., *Des syndicats professionnels,* L. Larose et Forcel, Paris, 1887

Stéphan, J. F., *Liberté, égalité, fraternité; traduit par A. de Greban,* Paris, 1876

Stéphan, J. F., and Piat, J., O.F.M., *Jules Zirnheld, Président de la C. F. T. C.,* Bonne Presse, Paris, 1949

Stern, Daniel, *Essai sur la liberté considérée comme principe et fin de l'activité humaine,* Michel-Lévy, Paris, 1863

Sterza, A., *La question sociale,* Desclée, Lefebvre & Cie., Rome, 1901

Stewart, Niel, *Blanqui,* Paris, 1939

Stiegler, Gaston, *Diamantaires et lapidaires,* Doin, Paris

Stilting, A. J., *Mouvement gréviste aux Pays-Bas en 1903: grèves des chemins de fer et législation,* J. L. Beijers, Utrecht, 1904

Stocquart, E., *Le contrat de travail,* E. Bruylant, Brussels, 1895

Stolz, Georges, *Le Fédéralisme syndical international,* Centre Confédéral d'Education ouvrière, Paris, 1937

Stopin, Raoul, *De la protection des travailleurs contre la maladie par les sociétés de secours mutuels et l'assurance obligatoire.* (Thesis), Rousseau, Paris, 1906

Strada, J. Gabriel, *Robespierre et la révolution de l'humanité,* au Temple de la religion et de la science, Paris, 1899

Strauss, L., *De la conciliation et de l'arbitrage dans les conflits industriels en France,* Paris, 1898

Strauss, P., *Les fondateurs de la République, Souvenirs,* La Renaissance du Livre, Paris, 1934

Strauss, V., *L'extension universitaire de Bruxelles. Les doctrines sociales au XIXème siècle, critique du cours de M. E. van der Velde,* Antwerp, 1893

Strohl, Ivan, and Fagnot, *La réglementation hebdomadaire de la durée du travail. Le repos du samedi. Rapports présentés à l'Association nationale française pour la protection légale des travailleurs dans les séances des 27 février et 27 mars 1903,* Alan, Paris, no date

Sturmthal, Adolf, *Contemporary Collective Bargaining in Seven Countries*

Sturmthal, Adolf, *The Tragedy of European Labor,* Columbia University Press, New York, 1943

Sturmthal, Adolf, *Unity and Diversity in European Labor: an Introduction to Contemporary Labor Movements,* Free Press, Glencoe, Illinois, 1953

Sturmthal, Adolph, *Workers' Councils: A Study of Workplace Organization on Both Sides of the Iron Curtain,* Harvard University Press, Cambridge, 1964

Sudré, Alfred, *Histoire du communisme, ou Réfutation historique des utopies socialistes,* Victor Lecou, Paris, 1849

Svet, Philippe, *Comités d'entreprise et délégués du personnel, Constitution, Fonctionnement pratique,* (2nd édition), Librairies Techniques, Paris, 1967

Syndicats industriels et Chambres des fabricants français. Extrait de l'Annuaire encyclopédique, Imprimerie Carion, Paris, 1868

Syndiqué, sois un syndicaliste, Confédération Générale du Travail— Force Ouvrière, Librairie Syndicale, Paris, no date

Syndiqué, sois un syndicaliste, Petite Bibliothèque du Militant Syndicaliste, No. 1, Centre Confédéral d'Education Ouvrière, Paris, 1936

Tableaux de l'économie française de 1910 à 1934, Institut scientifique des recherches économiques et sociales, Paris, no date

Tailhade, H., *La Pâque socialiste d'Emile Veyrin, conférence faite au Nouveau-Théatre, le 15 avril 1899,* Stock, Paris, 1899

Taillefert, H., *L'église catholique et l'anarchie,* Collon, Vichy, 1905

Tanon, L., *Evolution du droit et la conscience sociale,* Alcan, Paris, 1900

Tarbe, Prosper, *Travail et salaire,* Brissart-Person, Reims (circa 1840)

Tarbouriech, Ernest, *Des assurances contre les accidents du travail, assurance collective et de responsabilité civile,* Marchal-Billard, Paris, 1889

Tarbouriech, Ernest, *Essai sur la propriété,* Bibliothèque socialiste internationale, Giard & Brière, Paris, 1904

Tarbouriech, Ernest, *La cité future. Essai d'une utopie scientifique,* Bibliothèque des recherches sociales, No. 7, Stock, Paris, 1902

Tarde, Gabriel, *La logique sociale,* Alcan, Paris, 1898

Tarde, Gabriel, *Les lois sociales,* Alcan, Paris, 1899

Tarle, Eugen, *Studien Zur Geschichte der Arbeitklasse in Frankreich ahrend der Revolution, Die arbeiter der nationalen manufakturen (1789-1799) nach Urkunden der französischen archive.* Duncker, Leipsig, 1908

Tartaret, E., ed., *Exposition universelle de 1867. Commission ouvrière de 1867: recueil des procès-verbaux des assemblées générales des délégués,* Imprimeries de Augros, Paris, 1868

Tavarille, *La dotation syndicale, Solution de la question sociale,* Berger-Levrault-René, Paris, 1920

Taylor, F. W., *Essai sur l'organisation du travail dans les usines,* Imprimerie Burdin & Cie., Angers, 1907

Taylor, G. R. S., *Leaders of Socialism, Past and Present,* London, 1910

Taylor, O. R., *The Fourth Republic of France: Constitution and Political Parties,* Royal Institute of International Affairs, London, 1951

Tchaguine, B., *Le développement du marxisme après la Commune de Paris, (1871-1895).* Editions sociales, Paris, 1954

Tchernoff, J., *Associations et sociétés secrètes sous la deuxième République (1848-1851),* Alcan, Paris, 1905

Tchernoff, J., *Le parti républicain au coup d'Etat et sous le Second Empire,* Pedone, Paris, 1906

Tchernoff, J., *Le parti républicain sous la monarchie de Juillet,* Pedone, Paris, 1901

Tchernoff, J., *Louis Blanc,* Bibliothèque socialiste, No. 26, Imprimerie Bellais, Paris, 1904

Telliez, *Associations ouvrières,* Imprimerie Danel, Lille, 1869

Tenaille, A., *L'Internationale, son but, son danger,* Dentu, Paris, 1880

Téry, Gustave, *Jean-Jaurès,* Juven, Paris, 1907

Tessier, Gaston, *L'âme du syndicalisme,* Spes, Paris, 1956

Tessier, Gaston, *Le syndicalisme chrétien en 1945,* Editions de la Confédération Française des Travailleurs Chrétiens, Paris, no date

Tessier, Gaston, *Un progrès social: La journée de huit heures,* Spes, Paris, no date

Teste, Paul, *Le socialisme,* Imprimerie Pauvert, Paris, 1907

Testut, Oscar, *Association internationale des travailleurs,* Imprimerie Vingtrinier, Lyon, 1871

Testut, Oscar, *Le livre bleu de l'Internationale. Rapports et documents officiels lus au congrès de Lausanne, Bruxelles et Bâle par le conseil général de Londres et les délégués de toutes les sections de l'Internationale,* Lachaud, Paris, 1872

Testut, Oscar, *L'Internationale et le Jacobinisme au ban de l'Europe,* Lachaud, Paris, 1872

Testut, Oscar, *L'Internationale (Son origine; son but; son caractère; ses principes; ses tendances; son organisation; ses moyens d'action, ses ressources; son rôle dans les grèves, ses statuts; ses congrès, son développement.) Tableau de la situation actuelle de l'Internationale en France, en Europe et en Amérique,* Lachaud, Paris, 1871

Testut, Oscar, *L'Internationale, son rôle depuis le 4 septembre. Instructions données par le conseil général à ses correspondants en France. Agissements du conseil fédéral des sections parisiennes. Ses émissaires parcourent les départements. Les menées révolutionnaires de l'Internationale. Ses exploits à Paris, Lyon, Marseille,* Lachaud, Paris, 1871

Têtard, *Essais sur Jean Jaurès,* Centre d'apprentissage de l'imprimerie, Colombes, 1959

Theate, *Les unions professionnelles (Extrait de la "Revue pratique des Sociétés civiles et commerciales"),* Imprimerie J. van Linthout, Louvain, 1899

Theimer, Walter, *Der Marxismus. Lehre, Wirkung, Kritik,* Bern, 1950

Thellier de Poncheville, *L'ouvrier aux siècles passés; jugement de Louis Blanc; l'oeuvre révolutionnaire jugée par Proudhon: les révolutionnaires politiques etc.; conférence du 11 novembre 1883; sur les questions ouvrières,* Imprimerie Laroche Arras, 1884

Themanlys, L. M., *Misère et charité: Essai de synthèse sociale,* Société française d'imprimerie et de librairie, Paris, 1903

Théodelphe, J., *Aux ouvriers citoyens,* Desloges, Paris, 1848

Théodelphe, J., *Un ministère de l'organisation du travail,* Desloges, Paris, 1848

Thêtard, A., *De l'association du travail et du capital,* Garnier frères, Paris, 1872

Thévenez, René, *Les ouvriers des chemins de fer et la législation du travail,* (Thesis) Giard & Brière, Paris, 1897

Thibout, Georges, *La doctrine babouviste,* Rousseau, Paris, 1903

Thiers, Louis Adolphe, *Discours dans "Le droit au travail au Luxembourg", et à l'Assemblée nationale avec une introduction par Emile Girardin,* 2 volumes, Paris, 1849

Thiers, Louis Adolphe, *Discours prononcé à l'Assemblée nationale sur le droit au travail,* Lévy frères, Paris, 1848

Thiers, Louis Adolphe, *Du communisme,* Paulin & Lheureux, Paris, 1849

Thirifocq, L. F., *Amnistie! Plus d'état de siège!! Appel aux franc-maçons de tous orients, en France et dans le monde entier,* Brussels, 1872

Thirion, E., *Les aventures de Ludovic Bonenfant en pays collectiviste,* Vignon, Senlis, 1902

Thirion, E., *Neustria, Utopie individualiste,* Fischbacher, Paris, 1901

Thomas, Albert, *Babeuf, La doctrine des Egaux,* Cornely, Paris, 1906

Thomas, Albert, *Histoire anecdotique du travail,* Société universitaire d'éditions de librairie, Paris, 1930

Thomas, Albert, *La Politique socialiste,* Rivière, Paris, 1913

Thomas, Edith, *Pauline Roland, socialisme et féminisme au XIXème siècle,* Rivière, Paris, 1956

Thomas, Félix, *Pierre Leroux: sa vie, son oeuvre, sa doctrine. Contribution à l'histoire des idées au XIXème siècle,* Bibliothèque de philosophie contemporaine, Alcan, Paris, 1904

Thomsen, *Le meuble,* Doin, Paris

Thomson, David, *Democracy in France: The Third and Fourth Republics,* Oxford, University Press, London, 1952

Thorel, Guy, *Chronologie du mouvement syndical ouvrier en France, 1791-1946,* Editions du Temps Présent, Paris, 1947

Thorez, Maurice, *Das Frankreich der Volksfront und seine Mission in der Welt,* Strasburg, 1937

Thorez, Maurice, *Fils du peuple,* Editions Sociales, Paris, 1950

Thorez, Maurice, *France of the People's Front,* Workers' Library Publishers, New York, 1938

Thorez, Maurice, *Le statut général des fonctionnaires,* CDLP, Paris, 1946

Thorez, Maurice, *Une politique de grandeur française,* Editions sociales, Paris, 1945

Thorillon, A. J., *Idées ou bases d'une nouvelle déclaration des droits de l'homme et d'une nouvelle constitution pour la république française,* Paris, 1790

Thormann, Gérard, *Christian Trade Unionism in France, A History of the C.F.T.C.,* (Thesis), University of Colorado, Boulder, (Colorado), 1951

Thoulon, Edouard, *La responsabilité des accidents dont les ouvriers sont victimes dans leur travail,* Rousseau, Paris, 1898

Thouret, *Projet de déclaration des droits de l'homme en société,* Baudoin, Versailles, 1789

Thury, *La question sociale, considérée dans son principe, le point de vue religieux, Communication faite à la Société d'étudiants à Genève le 10 novembre 1899,* Fischbacher, Paris. 1900

Tiano, A., *L'action syndicale ouvrière et la théorie économique du salaire*, Genin, Paris, 1958

Tiano, A., *Le traitement des fonctionnaires, 1930-1957*, Genin, Paris, 1958

Tiano, André, Rocard, Michel, Lesire Ogrel, Hubert, *Expériences françaises d'action syndicale ouvrière; I. L'action des syndicats ouvriers de la Régie Renault 1945-1955; II. La négociation de la convention collective des industries métallurgiques du territoire de Belfort; III. Les organisations syndicales ouvrières au Conseil Economique*, Les Editions Ouvrières, Paris, 1956

Tiger, Abbé, J., *Platon et la question sociale, Extrait des Annales de philosophie chrétienne*, Roger & Chernoviz, Paris, 1898

Tilgher, A., *Le travail dans les moeurs et dans les doctrines; histoire de l'idée du travail dans la civilisation occidentale*, Alcan, Paris, 1931

Tisne, Adolphe, *L'unité syndicale* (Thesis), H. Cazer, Toulouse, 1935

Tobler, Max, *Der revolutionäre Syndikalismus*, Zurich, 1919

Todorovitch, D. B., *Le droit syndical et les doctrines syndicalistes, Etude juridique et sociologique*, Librairie Technique et économique, Paris, 1934

Tonim (pseudonym for L. Minot), *La question sociale et le congrès ouvrier de Paris. (Conditions rationnelles de l'ordre économique, social et politique. Etat de la capacité et politique du prolétariat)*. Marie Blanc, Paris, 1877

Toubeau, *Le prolétariat agricole en France depuis 1789 d'après les documents officiels*, Imprimerie Cerf & fils, Versailles, 1882

Touchard, M. R., *La journée de huit heures dans les industries de la métallurgie et du travail des métaux*, Association des Syndicats Métallurgiques Patronaux de la Loire, Imprimerie Théolier, Saint-Etienne, 1925

Touchet, Monseigneur, *L'action de l'Eglise sur l'évolution sociale; discours*, O. Lethielleux, Paris, 1906

Toulgoet, A., *Masques et visages ou les socialistes et leurs adversaires en face de la constitution. Pamphlet*, Garnier frères, Paris, 1848

Touraine, Alain, *L'évolution du travail ouvier aux usines Renault*, Centre national de recherches scientifiques, Paris, 1955

Touraine, Alain, *La conscience ouvrière*, Seuil, Paris, 1966

Tournier, Gaston, *Mémoires d'un jeune ouvrier*, Berger-Levrault & Cie., Nancy, 1906

Tournoux, J. R., *L'Histoire secrète*, Plon, Paris, 1962

Toussaint, A., *Collectivisme et communisme devant la doctrine catholique*, Bloud, Paris, 1901

Toussenel, A., *Travail et fainéantise, programme démocratique*, Imprimerie Desoye, Paris, 1849

Tranchent, Charles, *Essai sur l'organisation du travail en Poitou, du XIème siècle à révolution, par M. P. Boissonnade. Rapport presenté au comité des travaux historiques et scientifique,* 1903, Imprimeries nationale, Paris, 1905

Travail et capital. *L'Internationale et le christianisme (par l'abbé . . .),* Librairie du XIXème siècle, Paris, 1872

Travaillons! Le travail est un trésor, par B. R. B., Imprimerie Lievens, Saint-Maur, 1899

Travaux du deuxième congrès du christianisme social et les solidarités, réunis à Rouen, les 22 et 23 octobre 1901, Aberlen & Cie., Vals-les-Bains, 1902

Treizième congrès national des ouvriers métallurgistes, Paris, septembre 1907, Compte-rendu de la gestion du Comité fédéral depuis le 1er mai 1905 au 1er juin 1907, Imprimerie Ouvrière du Centre, Paris, 1907

Trente-huitième Congrès national SFIO, 29, 30, 31 août et 1er septembre 1946: Comptes rendus, Paris, 1946

Tridon, A., *The New Unionism,* New York, 1913

Tribout, Jules, *Anarchie sociale, ou la loi du plus fort,* Imprimerie Desoye, Paris, 1849

Tristan, Mm. Flora, *Le tour de France, état actuel de la classe ouvrière sous l'aspect moral, intellectuel et matériel,* Paris, 1845

Tristan, Mm. Flora, *Mephis ou le Prolétaire, roman philosophique et social,* 2 volumes, Paris, 1838

Tristan, Mme. Flora, *Union ouvrière,* Imprimerie Worms, Paris

Troisième procès de l'Association internationale des travailleurs. Première et deuxième commission du bureau de Paris, suivie des statuts et réglements de l'association, Imprimerie Barthélémy & Cie., Paris, 1870

Trombert, Albert, *La participation aux bénéfices en France d'après une enquête récente, rapport presenté au congrès de l'Alliance coopérative internationale de 1902,* Publications de la Sociéte pour l'étude de la participation aux bénéfices, Chaix, Paris, 1902

Trotskii, Lev, *Communism and Syndicalisme: on the Trade Union Question,* Communist league of America (opposition), New York, 1931

Trotskii, Lev, *Wohin geht Frankreich?,* Antwerp, 1936

Trotsky, Léon, *Le mouvement communiste en France (1919-1939). Textes choisis et présentés par Pierre Broué.* Editions de Minuit, Paris, 1967

Trotsky, *Journal d'exil. 1935,* Gallimard, Paris, 1960

Trottet, Jean-Pierre, *De la question sociale, ou des conditions de la paix intérieure,* Ducloux, Paris, 1849

Trouessart, Edmond, *Du mouvement social et réformiste,* Hurtau, Paris, 1871

Tufferd, Frédéric, *Un programme social,* Bibliothèque internationale, Bouriaud, Paris, 1887

Turgard, B., *Aux socialistes. Le nocher, la source et le vieillard,* Fable, Imprimerie Soupe, Paris, 1848

Turinaz, Monseigneur, *Trois fléaux de la classe ouvrière. La violation de la loi du dimanche, l'alcool et la mauvaise tenue des ménages ouvriers,* Nancy, 1900

Turland, Albert, *Le socialisme en action. Petite histoire populaire de la Commune, précédée d'un historique des mouvements communalistes sous la féodalité et sous la Révolution, préface par Amilcare Cipriani,* Imprimerie de l'Union typographique, Saint-Etienne, 1905

Turmann, Max, *Le développement du catholicisme social depuis l'Encyclique "Rerum novarum" (15 mai 1891). Idées directrices et caractères généraux,* Bibliothèque générale des sciences sociales, Alcan, Paris, 1900

Turmann, Max, *Le syndicalisme chrétien en France,* Valois, Paris, 1929

Turmann, Max, *L'oeuvre des catholiques sociaux en France depuis l'Encyclique "Rerum novarum", (Réunion intime de Fribourg),* Imprimerie Rivière, Blois, 1903

Turquan, Victor, *Statistiques des syndicats professionnels,* Imprimerie de J. Bertero, Rome, 1892

Tynna, de la, *Nomenclature des métiers et professions exercées à Paris au commencement du XIVème siècle, d'après le livre de la taille de 1313,* (circa 1817)

Ubaudi, Pierre, *Idées émises dans le but de l'organisation sociale,* Imprimerie Wittersheim, Paris, 1848

Ugène, *Du syndicalisme chez les postiers, étude parue dans le "Journal des Postes, télégraphes et téléphones",* (L'avant-propos est signé J.L.P.), Paton, Troyes, 1908

Uhry, J., *Les grèves en France et leur solution, Préface par Aristide Briand,* Editions du mouvement socialiste, Paris, 1903

Un mode d'assistance par le travail, efficace et moralisateur. Causerie sur les jardins ouvriers, Imprimerie Yvert & Tellier, Amiens, 1902

Union centrale des travailleurs métallurgistes de Montluçon. Historique; Rôle et but; Oeuvre accomplie, Imprimerie ouvrière du Centre, Bourges, 1904

Union des associations ouvrières catholiques. Congrès de Mans. Compte-rendu de la onzième assemblée générale des directeurs d'oeuvres, 17 au 23 octobre 1881, Imprimerie Saint-Cyprien, Toulouse, 1883

Unité syndicale ou unité d'action, Recueil des textes et des documents relatifs aux débats engagés autour du problème de l'unité syndicable et du pluralisme, Confédération Française des Travailleurs Chrétiens, Paris, no date

Un nouveau prétendant. Justification et réhabilitation de M. Proudhon et de tous le parti socialiste, fusion des partis. Aperçu physiologique et philosophique sur la constitution de l'homme et de la société, cause de destruction et reconstruction par l'antithèse. République et monarchie ou le gouvernement définitif et suprême de la raison à tous ceux qui ont des yeux pour voir et des oreilles pour entendre, Garnier frères, Paris, 1850

Un saint comme il le faut, ou la question sociale simplifiée par Saint Antoine de Padoue, Imprimerie de l'Union typographique, Dijon, 1895

Une enquête sur la question sociale et le travail national, Dubuisson & Cie, Paris, 1884

Vacherot, Etienne, *La démocratie,* (cette édition à été saisie par la police) Van Meenen & Cie., Brussels, 1869

Vaille, Eugène, *La coalition ouvrière et les grèves, étude historique,* Chevalier-Maresq & Cie., Paris, 1901

Vaisse, Jean-Louis, *Manifeste socialiste,* Extrait du Quatrième Etat, Fournier, Toulouse, 1884

Valais, G., *La réforme politique,* Paris, 1922

Valais, G., *Vers les Etats-Généraux,* Paris, 1929

Valaray, E., *Etudes sur les mouvements populaires et en particulier sur ceux de Paris,* Paris, 1874

Valder, Louis, *La crise sociale,* Madre, Paris, 1868

Valdour, J., *La vie ouvrière.* Observations vécues, Giard & Brière, Paris, 1909

Valdour, J., *Le désordre ouvrier. La révolution en marche,* Sorlot, Paris, 1937

Valdour, Jacques, *La doctrine corporative,* Rousseau, Paris, 1929

Valdour, Jacques, *La vie ouvrière. Les puissance de désordre. Vers la Révolution,* Nouvelles Editions latines, Paris, 1934

Valdour, Jacques, *Organisation corporative de la société et de la profession,* Rousseau, Paris, 1935

Valdour, Jacques, *Sous la griffe de Moscou; ouvriers de Paris,* Flammarion, Paris, 1929

Valentino, Dr., *Accidents de travail et blessures de guerre,* Imprimerie de Y. Cadoret, Bordeaux, 1917

Valiani, Leo, *Histoire du socialisme au XXème siècle,* Nagel, Paris, 1948

Vallée, Aline, *Le consentement dans le contrat de travail,* Rousseau, Paris, 1930

Vallein, V., *Le moyen-âge ou aperçu de la condition des populations, principalement dans les XIème, XIIème et XIIIème siècles,* Saintes, 1855

Vallet, Maurice, *L'esprit révolutionnaire,* Imprimerie du "Courrier de la Vienne", Poitiers, 1908

Valois, G., *L'état syndical et la représentation corporative,* Nouvelle Librairie Nationale, Paris, 1927

Valvis, Georges, *L'état syndical et la représentation corporative,* Librairie Valois, Paris, 1927

Valois, Georges, *Proudhon, père du socialisme français,* Denoël, Paris, 1943

Valois, Georges, *Technique de la révolution syndicale,* Editions Liberté, Paris, 1935

Valori, Roland, *Lettres électorales. Le capital et le travail. L'instruction publique,* Imprimerie de Cosse, Paris, 1849

Valton, E., *Droit social. La famille, les associations, l'Etat, l'Eglise; leur organisation et leurs rapports mutuels,* Lethielleux, Paris, 1906

Van der Esch, Patricia, *La deuxième Internationale, 1889-1923, Préface de Georges Bourgin,* Rivière, Paris, 1957

Vandervelde, Emil, *Cours sur l'évolution industrielle,* Leçons I-VI, Université libre de Bruxelles, H. Lamertin, Brussels, 1894-1895

Vandervelde, Emil, *Essais socialistes,* Alcan, Paris, 1906

Vandervelde, Emil, *L'alcoolisme et les conditions du travail chez l'ouvrier. Discours prononcé au septième congrès international contre l'abus des boissons alcooliques* (session de Paris, 1899), rue de Latran, Paris, 1900

Vandervelde, Emil, *L'exode rural et le retour aux champs,* Alcan, Paris, 1903

Vandervelde, Emil, *Le collectivisme et l'évolution industrielle,* Bibliothèque socialiste, No. 2-4, Bellais, Paris, 1900

Vandervelde, Emil, *Le socialisme agraire ou le collectivisme et l'évolution sociale,* Collection des doctrines politiques, X, Giard & Brière, Paris, 1908

Vandervelde, Emil, *Les facteurs économiques de l'alcoolisme, conférence faite à Lille à l'Assemblée générale de 1901, de l'Union française anti-alcoolique,* 5, rue de Latran, Paris, 1902

Vanlaer, Maurice, *Démocratie et socialisme,* (Extrait de la Revue de Lille), Sueur-Paris, 1900

Vannoz, L., *De l'extension aux ouvriers agricoles de la loi du 9 avril 1898 sur les accidents du travail,* Pedone, Paris, 1906

Vansteenberghe, Victor, *Le mouvement social catholique depuis l'encyclique Rerum novarum (15 mai 1891); A propos d'un livre récent. Travaux présentés à la conférence d'études religieuses (Extrait de la Revue de Lille),* Librairie Sueur-Charruey, Paris, 1901

Var, Robert du, *Histoire de la classe ouvrière depuis l'esclavage jusqu'au prolétaire de nos jours ou histoire générale des révolutions depuis l'antiquité jusqu'à nos jours,* 4 volumes, Paris, 1845-1849

Varache, Fernand, *Matérialisme; Naturalisme; Socialisme,* Imprimerie Moderne, Valenciennes, 1901

Vardroit, Antoine, *Les oeuvres démocratiques; chansons,* Imprimerie Lagrange, Lille, 1901

Varennes, Claude, *Le destin de Marcel Déat,* Editions Janmaray, Paris, 1948

Varlet, J., *Paul Lafargue, théoricien du marxisme,* Editions sociales internationales, Paris, 1934

Varlez, Louis, Picquenard, Charles, d'Arcis, Alfassa, Georges and Lazard, Max, *Le placement public à Paris, Situation actuelle et projets de réforme,* Association française pour la lutte contre le chômage, Rivière, Paris, 1913

Vassart, Albert, *La stratégie des grèves,* Paris, 1926

Vaussard, Maurice, *L'histoire de la démocratie chrétienne,* Editions du Seuil, Paris, 1956

Vavasseur, A., *Coup d'oeil sur les anciennes corporations d'arts et métiers,* Paris, 1869

Vavasseur, *Sociétés, syndicats, associations devant la justice, Seize ans de jurisprudence, (1883-1899),* Foutemoing, Paris, 1900

Veillon, Jean, *Le sweating system et la houille blanche* (Thesis), Larose & Thénin, Paris, 1904

Velna, Jean de, *Politique ouvrière de mouvement coopératif,* Rousseau, Paris, 1910

Venuat, Jules, *La lutte pour la vie. Coup d'oeil sur la procédure à notre époque,* Imprimerie Nouvian, Senlis, 1899

Verdier, Firmin, *Le mouvement coopératif et le socialisme* (Thesis), Bibliothèque des soirées en famille, Paris, 1903

Verdier, R., *La vie clandestine du parti socialiste,* Editions de la Liberté, Paris, 1944

Verdin, Ed., *La fondation du syndicat des employés du commerce et de l'industrie, (1887-1891)—Les origines du syndicalisme chrétien en France,* Spes, Paris, 1929

Verecque, Charles, *Dictionnaire du socialisme,* Giard & Brière, Paris, 1911

Verecque, Charles, *Trois années de participation socialiste à un gouvernement bourgeois,* Bibliothèque du parti socialiste de France, Paris, 1904

Verger, Jules, *Ses ouvriers, sa maîtrise ... une famille,* chez l'auteur, Paris, 1937

Verges, *Plus de pauvres. La misère et la société moderne. Dotation des familles—dotation des pauvres. Equilibre du crédit public,* L. Dentu, Paris, 1858

Verges d'Esboeufs, *La question sociale résolue,* Geneva, 1873

Vergnolle, Henri G., *Supprimons le chômage. L'équipement national par la monnaie auxiliaire amortissable,* Rivière, Paris, 1936

Verhelle, *Peuples, chantons "L'Internationale"!,* Imprimerie Lagrange, Lille, 1900

Vermorel, Auguste, *Le parti socialiste,* Librairie internationale, Paris, 1870

Verneuil, C., *Les candidats ouvriers aux élections,* Imprimerie Ducourtieux, Limoges, 1902

Vernon, Eugène, *La liberté et les associations ouvrières* Maisonville & fils, Grenoble, 1864

Verret, *Principes de la morale sociale,* Poussielgue, Paris, 1905

Verrier, *Le meilleur des socialismes pratiques. Le socialisme phalanstérien,* Privat, Toulouse, 1905

Vers la Révolution communautaire—Les journées du Mont-Dore (10-14 avril 1943), Séquaner, Paris, 1943

Vesinier, P., *Histoire de la Commune de Paris,* Chapman & Hall, London, 1871

Veuillot, Eugène, *Les conclusions du socialisme,* Garnier frères, Paris, 1849

Veuillot, François, *L'union catholique du personnel des chemins de fer,* Lecoffre, Paris, 1904

Veuillot, Louis, *Dialogues socialistes. L'esclave Vindex, le lendemain de la victoire, la légalité, épilogue,* Palme, Paris, 1872

Veyrin, Emile, *La Pâque Socialiste; pièce en cinq actes, en prose,* Stock, Paris, 1905

Vial, Jean, *La coutume chapelière, Histoire du mouvement ouvrier chrétien dans la chapellerie,* Domat-Montchrestien, Paris, 1941

Viallet, Léon, *Renaissance (Solution du problème social; Solution des intérêts généraux; Solution des intérêts financiers; Abolition des guerres; Etablissement de la paix; Augmentation de la prospérité),* Imprimerie Girard, La Mure ((Isère), 1903

Vidal, Françoise, *De la répartition des richesses, ou de la justice contenant l'examen critique des théories exposées, soit par les économistes, soit par les socialistes,* Capelle, Paris, 1846

Vidal, François, *Vivre en travaillant. Projets, voies et moyens de réformes sociales,* Capelle, Paris, 1848

Vidal, J., *Le mouvement ouvrier français de la Commune à la guerre mondiale, aperçu historique, Préface d'André* Marty, Bureau d'Editions, Paris, 1934

Vidalenc, Georges, *The French Trade Union Movement, Past and Present,* International Confederation of Free Trade Unions, Monograph No. 1, Brussels, 1953

Vienne, A., and Wauters, A., *La réforme du réformisme,* L'Eglantine, Brussels, 1926

Viénot, André, *Pierre Viénot (1897-1944),* Lahure, Paris, 1949

Vigano, *La vraie mine d'or de l'ouvrier, ou la coopération, traité de M. Chambers,* Paris, 1865

Vigie, Aman, *Economie sociale. Etude sur l'extinction du paupér-isme et de la mendicité, sur les syndicats, les grèves, l'influ-ence sociale des machines,* Achard, Marseille, 1886

Vignaud, J., *Les amis du peuple,* Fasquelle, Paris, 1903

Vignaux, Paul, *Traditionalisme et syndicalisme,* Editions de la Maison Française, New York, 1943

Vignaux, P., *La Participation ouvrière à la gestion des entreprises en France et a l'Étranger,* (mimeographed), course given in 1952 at the Ecole nationale d'administration

Viguer, A., *Le repos du dimanche. La loi du 13 juillet 1906, Les difficultés d'application,* Rousseau, Paris, 1909

Villain, *La Charte au Travail et l'organisation économique et sociale de la profession,* Spes, Paris, 1942

Villard, A., *Histoire du prolétariat ancien et moderne,* Guillaumin & Cie., Paris, 1882

Villedieu, *La Commune de Paris,* Paris, 1871

Villedieu, Eugème, *L'association coopérative,* Imprimerie Poure fils, Privas, 1869

Villedieu, Eugène, *La politique pour les travailleurs et la politique du passé,* Guillaumir & Cie., Paris, 1869

Villegardelle, François, *Accords des intérêts et des partis ou l'indus-trie sociétaire,* Gazay, Bordeaux, 1836

Villegardelle, François, *Accord des intérêts dans l'association et besoin des communes avec une notice sur Charles Fourier,* Capelle, Paris, 1848

Villegardelle, François, *Histoire des idées sociales avant la Révolu-tion française, ou les socialistes modernes devancés et dé-passés par les anciens penseurs et philosophies avec textes à l'appui,* Capelle, Paris, 1846

Villeneuve, Charles, *Épîtres au peuple: Ordre et travail, (en vers),* Imprimerie Poussielgue, Paris, 1848

Villeneuve, Charles, *L'anarchie et le comité de salut public en 1793,* Charavay, Paris, 1885

Villermé, *Tableau de l'état physique et moral des ouvrières em-ployées dans les manufactures de coton, de laine, et de soie,* 2 volumes, Renouard, Paris, 1840

Villermé, Louis René, *Des associations ouvrières,* Collection des petits traités publiés par l'Académie des sciences morales et politiques, Paulin, Pagnerre & F. Didot, Paris, 1849

Villermé, Louis René, *Du droit au travail et du droit à l'assistance,* (Extrait du Journal des Economistes), Guillaumin, Paris, 1849

Villermé, Louis René, *Sur les cités ouvrières,* (Journal des Econo-mistes, April 1850) J. B. Baillière, Paris, 1850

Villetard, Edmond, *Histoire de l'Internationale,* Garnier frères, Paris, 1871

Villey, Achille, *Le droit de coalition* (Thesis), Imprimerie Valin, Caen, 1903

Villey, E., *Les périls de la démocratie française,* Plon, Paris, 1910

Villey, Etienne, *L'organisation professionnelle des employeurs dans l'industrie française: état, activités, tendances,* Alcan, Paris, 1923

Villiers, *Paris sauvé,* Paris, 1871

Vincard, Pierre aîné, *Histoire du travail et des travailleurs en France,* 3 volumes, Pierre Vincard, Paris, 1845-1847

Vincard, Pierre aîné, *Les ouvriers de Paris, étude de moeurs, types et caractères, travail, salaires, dangers, etc.,* Michel, Paris, 1850

Vincent, Marius, *Etude sociale sur une grève au pays des houillères,* Imprimerie Geneste, Lyon, 1900

Vinde, Victor, *Eine Grossmacht fallt? Frankreichs Weg vom Kriegsausbruch zur nationale Revolution,* Zurich and New York, 1942

Vingtras, J., *Socialisme et patriotisme. Préface de Jules Guesde,* Imprimerie Lagrange, Lille, 1900

Virieu, de, *Les associations ouvrières. Participation des ouvriers aux bénéfices du patron,* Baratier frères & Dardelet, Paris, 1874

Virmaître, *La Commune à Paris,* Paris, 1871

Virtomnius, *Les nouvelles transactions sociales, religieuses et scientifiques,* Tome I, (Tome II n'a pas paru), Bosange père, Paris, 1832

Visages du syndicalisme, Centre Confédéral d'Education Ouvrière, Paris, 1937

Viviani, René, *République; Travail. Discours prononcé à la Chambre des députés et au Sénat,* "La Raison", Paris, 1907

Viviani, René, Milhaud, Edgar, Briand, Aristide and Jaurès, Jean, *L'action du parti socialiste au Parlement et dans le pays. Discours au banquet socialiste de Paris du 28 mai 1902,* Imprimerie Maugras, Paris, 1902

Vliebergh, Em., *L'agriculture et la loi sur la réparation des accidents du travail,* J. B. Istas, Louvain, 1906

Voirin, Michel, *Les organes des caisses de sécurité sociale et leurs pouvoirs,* Librairie Générale de Droit et de Jurisprudence, Paris, 1961

Voisin, Jules, *Essai sur la question sociale, l'organisation du travail et du capital,* Dentu, Paris, 1872

Voisin, Jules, *La question ouvrière ou question sociale,* Vincent, Cognac, 1884

Voisins, L. T., *Le droit au travail et à l'existence, expliqué par un ouvrier qui a vécu dans toutes les classes de la société, n'a été qu'à l'école du travail et est arrivé à l'âge de 42 ans,* Paris, 1849

Voisins, L. T., *L'opulence et la misère soulagées avec le vote universel: Plus de révolutions et bien-être général,* Paris, 1849

Voisins, L. T., *Le positif; réforme des abus. Réflexions d'un ouvrier, après sa journée, appelant l'attention des hommes de bien sur les vices que la société possède et pour tâcher de les détruire*, Paris, 1849

Voisins, L. T., *Sujet historique d'amélioration pour la société, proposé à la suite de la révolution de février 1848*, Paris, 1849

Vornéa, Serban, *Le socialisation*, Presses Universitaires de France, Paris, 1950

Vral, abbé André, *Les pages de l'ouvrier. Catholique et syndicaliste, conférence donnée devant les membres de l'Union des syndicats de Melun, le 20 juin 1908. Préface du camarade R. Bedaux*, Société d'édition populaire "La Pensée," Paris, 1908

Vuillemin, E., *La grève d'Anzin*, Imprimerie de L. Danel, Lille, 1884

Vulliez, J., *Un ancêtre du socialisme: Fourier et sa doctrine, discours prononcé à l'audience solennelle de rentrée de la Cour d'appel d'Aix, le 6 octobre 1901*, Imprimerie Pourcel, Aix, 1901

Waddington, Charles, *Le socialisme français contemporain*, Paris, 1895

Waldeck, Rochet, *Le parti communiste et la question paysanne*, Paris, 1949

Waldeck-Rousseau, *Conférence sur les syndicats professionnels, faite à Roubaix le 30 avril 1898, au siège de l'Association nationale républicaine*, Davy, Paris, 1898

Waldeck-Rousseau, *L'Etat et la liberté. Série 1 (1879-1883)*, Fasquelle, Paris, 1906

Waldeck-Rousseau, *Questions sociales*, Fasquelle, Paris, 1900

Walling, W. E., *Socialism As It Is*, New York, 1912

Wallon, *Les partageux; dialogues à la portée de tous. (Conseils contre le socialisme)*, Garnier frères, Paris, 1849

Wallon, H., *La révolution du 31 mai et le fédéralisme en 1793, ou la France vaincue par la Commune de Paris*, 2 volumes, Hachette, Paris, 1886

Wallon, J., *Le positivisme ou la foi d'un athée*, Douniol, Paris, 1858

Walras, Léon, *L'économie politique et la justice: examen critique et réfutation des doctrines économiques de M. P. J. Proudhon, précédés d'une introduction à l'étude de la question sociale*, Guillaumin & Cie., Paris, 1860

Walter, Gérard, *Histoire du parti communiste français*, Somogy, Paris, 1948

Wanner, Jean, *L'idée de décadence dans la pensée de George Sorel*, F. Roth, Lausanne, 1943

Wapler, Dominique, *Les Cahiers du Bolchévisme pendant la campagne 1939-1940, Molotov, Dimitrov, Thorez, Marty*. Editions Wapler, Paris, 1952

Ward, James, *Louis Blanc on the Working Classes; with Corrected Notes and a Refutation of his Destructive Plans*, Bentley, London, 1848

Warin, Robert, *Les syndicats jaunes, histoire du mouvement jaune,* Imprimerie H. Jouve, Paris, 1908

Warner, Charles K., *The Winegrowers of France and the Government Since 1875,* Columbia University Press, New York, 1961

Warschauer, Otto, *Geschichte des Socialismus und Communismus im 19 Jahrhundert,* K. Hoffmann, Berlin, no date

Watbled, Ernest, *Une solution du problème social,* Imprimerie Pagnerre, Orléans, 1851

Waxweiler, Emile, *L'évolution de l'idée d'association des salaires aux profits,* Rivière, Paris, 1909

Webb, Sidney and Béatrice, *Examen de la doctrine syndicaliste,* Cahiers du Socialiste, No. 14-15, Paris, 1912

Weber, E., *Histoire de l'Action Française,* Stork, Paris, 1963

Wehrle, *Discours prononcé le 5 avril 1894 pour la fête patronale des associations ouvrières catholiques de France,* Mersch, Paris, 1894

Weil, R., *Le chômage de la jeunesse intellectuelle diplomée,* Sirey, Paris, 1937

Weil, Simone, *Ecrits historiques et politiques,* Gallimard, Paris, 1960

Weil, Simone, *La condition ouvrière,* Gallimard, Paris, 1951

Weil, Simone, *L'enracinement,* Gallimard, Paris, 1949

Weill, Georges, *Histoire du catholicisme libéral en France, 1828-1908,* Alcan, Paris, 1909

Weill, Georges, *Histoire du mouvement social en France, 1852-1924,* Alcan, Paris, 1924

Weisbord, Albert, *The Conquest of Power,* 2 volumes, Covici, Friede, New York, 1937

Weiss, Ch., *Histoire des refugiés protestants en France*

Welfling, Albert, *La solution du problème social,* Imprimerie ouvrière "La Gutenberg", Viroflay, 1906

Wergeland, Agnès M., *History of the Working Classes in France; a Review of Levasseur's Histoire des classes ouvrières et de l'industrie avant 1789,* The University of Chicago Press, Chicago, 1916

Werth, Alexander, *France in Ferment,* Harper & Brothers, London, no date

Werth, Alexander, *France, 1940-1955,* R. Hale, London, 1956

Werth, Alexander, *The Strange Story of Pierre Mendès-France,* Abelard-Schuman, New York and London, 1958

Werth, Alexander, *The Twilight of France,* Harpers, New York, 1942

Wilbois, J., *Joie au travail et réformes de structure,* Bloud & Gay, Paris, 1939

Wilbois, J., *La nouvelle organisation du travail,* Bloud & Gay, Paris, 1937

Willard, *Le travail collectif en France, ses intérêts, ses besoins,* Paris, 1891

Willard, Claude, *Le mouvement socialiste en France (1893-1905),* *Les Guesdistes,* Editions Sociales, Paris, 1965

Willard, Claude, *Socialisme et Communisme français,* Colin, Paris, 1967

Williams, Philip, *Politics in Postwar France,* Longmans, London, 1954

Wilshire, Henry Gaylord, *Syndicalism: What it is,* Twentieth Century Press, Ltd., London, 1912

Winterer, Pfr., *Le socialisme international. Coup d'oeil sur le mouvement socialiste de 1885 à 1890,* Lecoffre, Paris, 1890

Wirz, J. Paul, *Des revolutionäre! Syndikalismus in Frankreich,* Girsberger, Zurich, 1931

Witt, E., *Saint-Simon et le système industriel,* (Thesis), Larose & Thénin, Paris, 1902

Wohl, Robert, *French Communism in the Making, 1914-1924,* Stanford University Press, 1966

Wolowski, *De l'organisation du travail,* Paulin, Paris, 1844

Wolowski, *La liquidation sociale (et observations sur cet article par Joseph Garnier),* Journal des Economistes, April 1870, Guillaumin & Cie., Paris

Woodcock, Georges, *Pierre-Joseph Proudhon,* Macmillan, New York, 1956

Woog, C., and Bardon-Damarzid, M., *L'indemnisation des accidentés du travail, Lois du 9 avril 1898—ler juillet 1938 et textes spéciaux,* Les Editions des Presses Modernes, Paris, 1939

Wright, Gordon, *The Reshaping of French Democracy,* Methuen, London, 1950

Wronski, Hoene, *Adresse aux nations civilisées sur leur sinistre désordre révolutionnaire,* Imprimerie de F. Didot frères, Paris, 1848

Wu Sheng-Wu, *Le conflit des tendances dans le syndicalisme français contemporain, 1918-1922,* L. Rodstein, Paris, 1932

Yanoski, *De l'abolition de l'esclavage ancien au moyen-âge et de sa transformation en servitude de la glèbe,* Paris, 1860

Yvert, Comte, *L'indifférentisme social et la propriété; histoire d'un propriétaire chrétien,* Dumoulin, Paris, 1884

Zaccone, Pierre, *Histoire de l'Internationale et de la plupart des associations ouvrières affiliées. Début de l'Internationale, ses progrès, son influence, ses ressources, les grèves, etc. (70 livraisons de 8 pp.),* Bunel, Paris, 1871

Zévaès, A., *Au temps du Seize-Mai,* Editions des Portiques, Paris, 1932

Zévaès, A., *Le socialisme en France depuis 1871,* E. Fasquelle, Paris, 1871

Zévaès, Alexandre, *De l'introduction du marxisme en France,* Rivière, Paris, 1947
Zévaès, Alexandre, *Jules Guesde,* Rivière, Paris, 1928
Zévaès, Alexandre, *Le parti socialiste de 1904 à 1923,* Rivière, Paris, 1947
Zévaès, Alexandre, *Les grands manifestes du socialisme français au XIXème siècle,* Société nouvelle d'imprimerie et édition, Paris, 1934
Zévaès, Alexandre, *Les Guesdistes,* Rivière, Paris, 1911
Zévaès, Alexandre, *Le syndicalisme contemporain,* Librairie scientifique et philosophique, Paris, no date
Zirnheld, Jules, *Cinquante Années de syndicalisme chrétien,* Spes, Paris, 1937.
Zolla, D., *La grève; les salaires et le contrat de travail. Préface de M. Anatole Leroy-Beaulieu,* Giard & Brière, Paris, 1908
Zolla, D., *Le socialisme rural et l'impôt sur le revenu,* Imprimerie Jacquin, Besançon, 1905
Zyromski, Jean, *Sur le chemin de l'unité,* Nouveau Prométhée, Paris, 1936

ARTICLES

Adler, Georg, "Louis Napoleon als Staatssocialist", *Die Zukunft,* Bd/18, 1897

"Affaire des charpentiers, plaidoyer en faveur des ouvriers accusés du délit de coalition," *Journal La France,* August 23, 1845

Ajam, Maurice, "Les idées de l'Anarchie", *Revue politique et parlementaire,* September 1906

Alavaill, Just., "De la propriété individuelle dans le collectivisme", *Revue socialiste,* July 1897

Alfassa, Georges, "La durée du travail et l'Association nationale française pour la protection légale des travailleurs", *Revue politique d'économie sociale,* 1905

Alfassa, Maurice, "L'association internationale pour la protection légale des travailleurs", *Revue politique et parlementaire,* 1904

Almond, Gabriel A., "Resistance and Political Parties", *Political Science Quarterly,* LXVII, March 1947, p. 30

Andrieux, Louis, "La Commune à Lyon", *Revue des Deux Mondes,* August 15, 1905

Ansiaux, Maurice, "Une enquête sociale: Le travail de nuit des ouvrières," *Réforme sociale,* XV, 1898

Antonelli, E., "Actions de travail et sociétés à participation ouvrière", *Revue économique internationale,* February 1911

Appleton, J., "Le contrat collectif de travail. La capacité syndicale et la jurisprudence", *Questions pratiques de la Législation ouvrière,* May 1908

Aron, R., "Social Structures and the Ruling Class," *British Journal of Sociology,* March 1950

Artaud, A., "Le congrès socialiste de Rouen," *Revue populaire d'économie sociale,* 1905

"Associations ouvrières", *Le Nouveau Monde,* first year, No. 10

Auburtin, F., "L'école de la paix sociale, sa vie, ses oeuvres," *Réforme sociale,* No. 31, 1907

Auburtin, F., "La méthode de Frédéric Le Play", *Quinzaine,* June 1906

Audiganne, A., "De l'agitation industrielle et de l'organisation du travail", *Revue des Deux Mondes,* March 1, 1846

Aulard, A., "Les origines du socialisme français", *Revue de Paris,* August 1899

Aurin, F., "Die französische Arbeiterausstande der Jahre 1893-1897", *Archiv f. sociale Gesetzgebung,* Bd. 13, 1899

191

Aussy, Legrand d', "Mémoire sur l'ancienne législation de la France, comprenant la loi Salique, la loi des Wisigoths et la loi des Bourguignons, 1799", *Mémoires de l'Institut National des Sciences et Arts, Sciences morales et politiques*, Tome III, p. 382, 1801

Avril, Pierre, "Un magistrat socialiste sous Louis-Philippe. Joseph Rey de Grenoble et sa correspondance saint-simonienne," *Revue politique et parlementaire*, June 1907

Babeau, Albert, "Une grève sous la Régence", *Revue de sociologie*, Tome I, pp. 16-23

Bailhache, J., "Monographe d'une famille d'ouvriers parisiens; (un type d'ouvrier anarchiste)", *La Science Sociale*, 20ème année, 2ème période, 14ème fascicule, 1905

Bakounine, Michel, "La Commune de Paris et la notion de l'état", *Le Travailleur*, 1878

Barbe, "Histoire des mines de Rancie", *Annuaire de l'Ariège*, 1834

Bardoux, J., "Le mouvement coopératif en France d'après les récents congrès des associations ouvrières de production, *Revue politique et parlementaire*, 1901

Barthou, Louis, "Des atteintes à la liberté du travail", *La Nouvelle Revue*, 1901

Barthou, Louis, "Le syndicat obligatoire", *La Nouvelle Revue*, 1901

Basly, Emile, "Les huit heures dans les mines françaises", *Documents du Progrès*, November 1908

Bastiat, Frédéric, "Un économiste à M. de Lamartine à l'occasion de son écrit intitulé: Du droit au travail", *Journal des économistes*, February 1845

Batbie, Anselme, "La question de salaires et des grèves", *Revue des Deux Mondes*, June 15, 1867

Batbie, Anselme, "Les coalitions", *Revue critique*, 1864

Baude, J. J., "Les ateliers nationaux", *Revue des Deux Mondes*, 1848

Baude, J. J., "Les ouvriers", *Revue des Deux Mondes*, May 1, 1848

Baudrillart, Henri, "Communisme", *Dictionnaire de l'Economie Politique*, 1853

Baudrillart, Henri, "Des rapports du travail et du capital", *Journal des économistes*, March 1853

Baudrillart, Henri, "Les idées économiques et sociales de la révolution", *Journal des économistes*, December 1866

Baudrillart, Henri, "Le congrès des ouvrières à Genève", *Journal des économistes*, November 1866

Bauer, Arthur, "Les partis et les classes", *Revue internationale de sociologie*, année 15, 1907

Beard, Charles A., "A Socialist History of France", *Political Science Quarterly*, Volume 21, 1906

Beaubois, Gabriel, "L'Etat, les partis et le syndicalisme", *Mouvement socialiste*, September 1907

Beaubois, Gabriel, "Le mouvement ouvrier à Limoges", *Mouvement socialiste*, September 1907

Beaubois, Gabriel, "Les employés de l'Etat et le socialisme", *Mouvement socialiste*, No. 152, 1905

Beaudoux, Eugène, and Lambert, Henry, "Le droit commun d'association", *Revue des Deux Mondes*, August 15, 1907

Beaumont, "La grève des tailleurs et l'industrie du vêtement sur mesure à Paris", *Journal des économistes*, 1855

Beauregard, Paul, "Le patronage devant le syndicalisme et la coopération", *Réforme sociale*, July 1907

Beck, G., "Congrès coopératif", *Mouvement socialiste*, volume 12, 1904

Beesly, E., "Le positivisme et la classe ouvrière", *Revue occidentale*, 1878

Beik, Paul W., "Evidence Concerning the Distribution of Wealth in France", *Political Science Quarterly*, LVI, 1941

Bellec, "La vie du coopérateur militant", *Avenir social*, March 1904

Bellet, Daniel, "Du repos hebdomadaire au salaire minimum", *Journal des économistes*, April 1908

Bellet, Daniel, "Les expériences communistes ou collectivistes et leurs insuccès", *Écho de l'Industrie*, 1907

Bellet, Daniel, "Les infiltrations socialistes et l'assurance obligatoire des marins", *Journal des économistes*, February 1900

Bellet, Daniel, "Que peut-on attendre de la participation aux bénéfices?", *Écho de l'industrie*, 1906

Bellom, M., "La nouvelle législation sur les retraites ouvrières et paysannes", *Revue économique internationale*, October 1912

Bellom, M., "La question des retraites ouvrières en France", *Journal des économistes*, April 1910

Bellom, M., "The Present State of Working-Class Pensions in France", *Economic Journal*, December 1909

Benet, Jacques, "Du compagnonnage au syndicalisme", *La revue universelle*, No. 68, Paris, 1944

Benoist, Charles, "L'anarchie provoquée", *Revue des Deux Mondes*, October 15, 1907

Benoist, Charles, "Le code du travail", *Réforme sociale*, 1906

Benoist, Charles, "Le congrès de Liège et le catholicisme social", *Journal des économistes*, October 1890

Beraud, J. P. M., "Associations et grèves", *L'Association*, No. 13

Berlioz, Johanny, "Le louche business de la Fédération Américaine du Travail", *Servir la France*, February-March 1947

Bernard, François, "Les conditions du travail et les grèves récentes à Marseille", *Journal des économistes*, March 1884 (also printed by Guillaumin, Paris, 1884)

Bernard, Jean, "The Order of the Companions", *International Labour Review*, August 1953, pp. 118-34

Bernot, Lucien, and Clément, Pierre, "Lutte ouvrière", *Esprit*, Volume 19, July-August 1951, p. 179

Berth, Edouard, "Anarchisme individualiste. Marxisme orthodoxe. Syndicalisme révolutionnaire", *Mouvement socialiste*, No. 154, 1905

Berth, Edouard, "Catholicisme social et socialisme", *Mouvement socialiste*, 1903

Berth, Edouard, "De l'utopie à la science", *Revue socialiste*, 1901

Berth, Edouard, "De l'utopie du professeur Manger", *Mouvement socialiste*, No. 136, 1904

Berth, Edouard, "La politique anticléricale et le socialisme", *Cahiers de la Quinzaine*, September 1903

Berth, Edouard, "La politique anticléricale et le socialisme", *Revue socialiste*, 1902

Berth, Edouard, "Politique et socialisme", *Mouvement socialiste*, No. 132, 1904

Berth, Edouard, "Socialisme ou étatisme?", *Mouvement socialiste*, No. 111, 1903

Bertheault, "Les ouvriers des forges de Montataire et leurs budgets domestiques", *Bulletin de la Société d'économie sociale et des unions de la paix sociale*, 2ème série, tome I, livre 1 et 2, 1886

Berthélémy, H., "Les syndicats de fonctionnaires", *Revue de Paris*, 1906

Berthon, J., "Les Militants de la C.F.T.C.," *Sociologie du Travail*, No. 2, 1962.

Bertrand, Louis, "Comment je devins socialiste", *L'avenir social*, March 1954

Bertrand, Louis, "La suppression du travail à pièce et à forfait", *Revue socialiste*, 1891

Bertrand, Louis, "Politique socialiste pratique. La participation au pouvoir", *Revue socialiste*, August 1907

Bettelheim, C., "Economic and Social Policy in France", *International Labour Review*, LIV, October 1956

Bietry, Pierre, "Les jaunes et les questions sociales", *Réforme sociale*, January 1907

Blamon, E., "Le mouvement social en France et en Europe", *Revue socialiste*, July 1887

Blanc, Hyppolite, "Le compagnon des corporations de métiers et l'organisation ouvrière du XIIIème au XVIIIème siècle", *Association catholique*, November 15, 1883

Blanc, Louis, "Durée des heures de travail dans les usines et manufactures", *Discours politiques*, March 28, 1881

Blanc, Louis, "Exposition ouvrière", *Discours politiques*, November 10, 1828

Blanc, Louis, "Proposition de la création d'un ministère du travail et du progrès", *Discours politiques*, May 10, 1848

Blanc, Paul, "La véritable association ouvrière", *L'Association,* No. 1

Blanc, Paul, "Le droit naturel de coalition", *L'Association,* No. 11

Blanqui aîné, Jérôme Adolphe, "Rapport sur la situation des classes ouvrières en 1848", *Journal des économistes,* December 1848

Blanqui aîné, Jérôme Ado.phe, "Sur la situation des classes ouvrières en 1848 à Lyon et à Saint-Etienne", *Journal des Economistes,* March 1849

Bloch, Joseph, "Les théories anarchistes et leurs rapports avec le communisme", *Humanité nouvelle,* March 1899

Blondeau, René, "Le repos du dimanche au Conseil supérieur du travail", *Réforme sociale,* année 25, 1905

Blondel, G., "L'activité industrielle et l'évolution sociale de la France", *Réforme sociale,* November 1907

Blondel, G., "Le congrès des syndicats agricoles", *Réforme sociale,* année 20, 1900

Blondel, G. "Trois congrès récents (Marseille, Milan, Fribourg)", *Réforme sociale,* December 1906

Blum, Léon, "Notes de doctrine", *Revue socialiste,* July 1946

Boeck, G., "Congrès coopératif", *Mouvement socialiste,* No. 134, 1904

Boilley, R., "Le prolétariat agricole devant l'impôt", *Revue socialiste,* January 1887

Boissard, A., "La collaboration des syndicats avec l'inspection du travail", *Bulletin des oeuvres sociales de Tournai,* 1908

Boissieu, M. de, "La formation sociale au patronage. Observations de Lepelletier", *Réforme sociale,* September 1911

Bonnassieux, Pierre, "La question des grèves sous l'ancien régime. La grève de Lyon en 1744", *Revue générale d'administration,* 1882

Bonneff, Léon and Maurice, "Les travailleurs du bâtiment", *Grande revue,* February-March 1910

Bonneff, Léon and Maurice, "Les travailleurs du feu", *Nouvelle revue,* October 1906

Bonnier, Ch., "Union révolutionnaire et division réformiste", *Mouvement socialiste,* No. 136, 1904

Bontemps, Charles Auguste, "Ce qu'il faut dire", *L'esprit libertaire,* Editions du Centre Elisée Reclus, Paris, July 30, 1946

Borde, Frédéric, "Les dernières grèves et leur signification". *Revue socialiste,* No. 7, 1880

Barde, Frédéric, "Socialisme agraire", *Philosophie de l'avenir,* December 1894

Bordeaux, "Les confréries de charité", *Bulletin de la Société des antiquaires de Normandie,* Tome III

Bothereau, Robert, "French Labor's Story", *The American Federationist,* February 1954

Bouchor, Maurice, "La muse et l'ouvrier", *Revue socialiste,* November 15, 1899

Boudon, "Prix et salaires à Amiens au XVème siècle", *Mémoires de l'Académie des sciences, des lettres et des arts d'Amiens,* Tome XL, 1894

Bouffet, Félix, "Les grèves agricoles du midi, leurs causes et leurs remèdes", *Réforme sociale,* année 25, 1905

Bouglé, Charles, "Les rapports du solidérisme et du socialisme", *Revue bleue,* May 16, 1905

Boulenger, Marcel, "Le droit de la grève", *Revue bleue,* 1907

Bouloc, E., "Le droit de grève et le contrat de travail", *Réforme sociale,* 1903

Bourdeau, J., "La démocratie industrielle. Les grèves et les syndicats", *Revue des Deux Mondes,* December 15, 1899

Bourdeau, J., "Revue du mouvement socialiste", *Revue politique et parlementaire,* 1902, 1903

Bourdet, Claude, "The Battle for Post-War France", *Harpers' Magazine,* CXLVI, April 1948

Bourgin, "L'agriculture, la classe paysanne et la révolution francaise (1789-An IV)", *Revue d'histoire des doctrines économiques,* Volume IV, 1911

Bourquelot, P., "Industrie et métiers de Provins", *Bibliothèque de l'Ecole des Chartes,* 4ème série, Tome II

Boyer, H., "Colbert et la manufacture. La liberté du travail et de l'échange", *Mémoires de la Société historique, littéraire, artistique et scientifique du Cher,* 4ème série, 1er volume

Boyve, A. de, "Les étapes de la coopération", *L'avenir social,* 1905

Boyve, A. de, "L'industrie coopérative", *L'avenir social,* 1905

Brants, Victor, "L'état légal du contrat collectif du travail", *Revue pratique du droit industriel,* 1905

Bricourt, Pierre de, "L'avenir des syndicats agricoles", *Association catholique,* November 1908

Bricourt, Pierre de, "Les syndicats jaunes", *Association catholique,* 1906

Briquet, R., "La grève et le contrat de travail", *Revue socialiste,* June 1904

Briquet, R., "La grève générale des mineurs français", *Mouvement socialiste,* Nos. 111-112

Briquet, R., "La politique anticléricale", *Mouvement socialiste,* No. 120, 1903

Briquet, R., "La politique syndicale du ministère Combes", *Mouvement socialiste,* No. 120

Briquet, R., "Le congrès des Jeunes Gardes socialistes", *Mouvement socialiste,* No. 126, 1903

Briquet, R., "Les 14ème congrès international des mineurs", *Mouvement socialiste,* No. 123, 1903

Briquet, R., Le 13ème congrès international des mineurs" *Mouvement socialiste,* No. 97, 1902

Briquet, R., "Le travail des femmes en France", *Mouvement socialiste,* No. 102, 1902

Briquet, R., "Les syndicats des travailleurs municipaux et la juris-prudence", *Mouvement socialiste*, No. 124, 1903

Briquet, R., "Liberté syndicale et liberté d'association", *Mouvement socialiste*, No. 91, 1902

Briquet, R., "Syndicats de propriétaires et syndicat obligatoire", *Mouvement socialiste*, No. 87, 1902

Brooks, J. G., "The Problem of Syndicalism", *American Economic Review*, Supplement, March 1914

Brouckere, G. de, "L'organisation des femmes socialistes", *Mouvement socialiste*, No. 150, 1905

Brouckere, G. de, "Un congrès municipal socialiste en France", *L'avenir social*, February 1904

Brown, Irving, "Europe's Unions Today", *The American Federationist*, March 1953

Brown, Irving, "What's Happening Across the Ocean?", *The American Federationist*, September 1953

Brunau, L., "La misère à Paris", *Revue du socialisme rationnel*, January 1904

Brunhes, Henriette-Jean, "La protection légale du travail à domicile", *Association catholique*, 1er semestre, 1904

Brunschvieg, "Le travail de nuit des enfants dans les verreries", *Christianisme social*, April 1911

Brutails, J. A., "Etude sur l'esclavage en Roussillon du XIIIème au XVIIIème siècle", *Revue de Rozière*, Paris, 1886

Bulletin d'Action du Comité des Huit Heures Union syndicale de Reims, Année 1, No. 1, June 3, 1905

Buisson, Etienne, "Le parti socialiste et le syndicalisme", *Revue socialiste*, July 1907

Buisson, Etienne, "Les assurances contre les accidents", *Revue socialiste*, November 1907

Buisson, Etienne, "Sur les coopératives socialistes", *Mouvement socialiste*, No. 120, 1903

Bureau, Paul, "Ce qu'on peut attendre du contrat collectif", *Réforme sociale*, April-May 1911

Bureau, Paul, "Le problème de la détermination du salaire et la solution collectiviste", *Science sociale*, 1902

Bureau, Paul, "Le règne de l'anarchie dans les relations entre employeurs et employés. Les grèves d'Elbeuf", *Science sociale*, 1901

Bureau, Paul, "L'organisation syndicale ouvrière. La nouvelle forme du contrat de travail en présence de l'autorité patronale et de la concurrence", *Science sociale*, 1902

Byrnes, Robert F., "The French Priest-Workers", *Foreign Affairs*, March 1955

Cabouat, J., "La réforme des syndicats professionnels", *Revue politique et parlementaire*, tome 41, 1905

Cabouat, J., "Syndicats et coopérations", *Revue internationale de sociologie*, IX, 1901

Cahen, Georges, "Misères sociales: l'ouvrière en chambre à Paris; les réformes nécessaires", *Revue bleue,* May 19 and June 16, 1906

Cailleux, Ed., "Le contrat collectif de louage de travail", *Annales des sciences politiques,* July 1904

Cailleux, Ed., "Le contrat collectif de travail", *Annales des sciences politiques,* 1904

Calippe, C., "Les moines et le mouvement social", *Le Monde,* October 15, 1894

Callender, Harold, "France Reconverts in France's Ways", *The New York Times Magazine,* January 1, 1956

"Capital et travail, d'après une lettre pastorale de Mgr. Bonomelli", par C. J., *Réforme sociale,* année XI, 1891

Cazajeux, J., "La question ouvrière dans les lettres pastorales des évêques catholiques", *Réforme sociale,* année XI, 1891

Cazajeux, J., "L'encyclique du pape Léon XIII sur la condition des ouvriers", *Réforme sociale,* année XI, 1891

Cazajeux, J., "Le socialisme chrétien aux congrès de Liège et d'Angers", *Réforme sociale,* année X, 1890

Cazajeux, J., "Les enseignements pontificaux et les vues nouvelles de la science économique sur l'organisation du travail", Société d'Economie Sociale et des Unions de la Paix Sociale, *Réforme sociale,* 1890

Cernesson, Joseph, "Les associations ouvrières de production", *Revue des Deux Mondes,* July 1, 1911

Cetty, H., "Une paroisse ouvrière organisée", *L'Association Catholique,* October-November 1898

Chastaing, L., "Les coopératives de production en France", *Monde économique,* 1904

Chatelain, Emile, "Une grève de demain", *Revue socialiste,* March 1907

Chatelain, Emile, "Un sophisme de Bastiat", *Questions pratiques de législation ouvrière,* August-September 1906

Chaudey, Gustave, "Les grèves", *L'Association,* No. 10

Chaudey, Gustave, "Les principes essentiels de l'association ouvrière", *L'Association,* No. 3

Chaudey, Gustave, "Réflexions sur le projet de loi: De l'apport en capital et en travail", *L'Association,* No. 7

Chaumont, M., "Grèves, syndicalisme et attitudes ouvrières", *Sociologie du travail,* No. 2, 1962.

Cherbuliez, A. E., "Des associations ouvrières", *Journal des économistes,* November 1860

Cherbuliez, A. E., "Les associations coopératives et le salariat", *Journal des Economistes,* November 1866

Chevalier, M., "La liberté du travail. Discours d'ouverture du cours d'économie politique du Collège de France, 22 décembre 1847", *Journal des économistes,* January 1848

Chevalier, M., "Le capital dans ses rapports avec le progrès industriel et social et avec l'amélioration du sort des ouvriers", *Journal des économistes*, January 1870

Chevalier, M., "Des conditions de la paix sociale", *Revue des Deux Mondes*, April 1, 1850

Chevalier, M., "Les questions politiques et sociales. L'assistance et la prévoyance publiques", *Revue des Deux Mondes*, March 15, 1850

Chirac, A., "La loi des crises sociales", *Revue socialiste*, June 1887

Christen, E., "Le rôle de l'altruisme dans l'évolution sociale", *Revue du christianisme pratique*, No. 4, 1895

Cilleuls, A. des, "La statistique des grèves en 1899 et 1900", *Réforme sociale*, 1902

Cilleuls, A. des, "Sur les origines du socialisme", *Réforme sociale*, 1902

Claes, V., "Du contrat collectif de travail", *Bulletin de la chambre syndicale d'imprimeurs*, 1909

Claes, J., "Le 1er congrès des bourses du travail", *Mouvement socialiste*, No. 103, 1902

Claparède, René, "La république chrétienne", *Revue de christianisme social*, May 1899

Claverie, Maurice, "Le congrès corporatif de Toulouse", *Revue socialiste*, November 1897

Clemenceau, Georges, "Discours sur le collectivisme, sur le programme gouvernemental, etc.", *Journal officiel*, 18 and 19 of June 1906

Clément, H., "Associations ouvrières et associations patronales", *Réforme sociale*, année 19, 1889

Clément, H., "Les questions sociales et les discours de rentrée de 1896", *Réforme sociale*, February 1897

Clément, H., "Sophismes socialistes", *Réforme sociale*, 1903

Clément, Joseph, "La grève des omnibus parisiens," *Journal des économistes*, June 1891

Clermont-Tonnerre, de, "Cercles d'études et patronages ruraux. Rapport, Observations de Béchaux", *Réforme sociale*, September 1911

Clough, Shepard B., "Economic Planning in a Capitalist Society: France from Monnet to Hirsh", *Political Science Quarterly*, Volume LXXI, No. 4, December 1956, pp. 539-552

Cochut, Andrée, "Du sort des classes souffrantes", *Revue des Deux Mondes*, August 15, 1839

Cochut, Andrée, "Le travail et les ouvriers—Du sort des classes laborieuses", *Revue des Deux Mondes*, October 1, 1842

Colins, "Organisation du travail", *Philosophie de l'Avenir*, August-October 1894

Colliez, A., "La classe ouvrière et la défense nationale", *Revue politique et parlementaire*, August 1906

Collinet, Michel, "Masses et militants. I. Quelques aspects de l'évolution des minorités agissantes au syndicalisme de masse. II. La bureaucratie et la crise actuelle du syndicalisme ouvrier français." *Revue d'histoire économique et sociale,* No. 1 (1951) and No. 2 (1950), pp. 200-211 and 65-73

Collinet, Michel, "Productivity and Wages in France", *Free Labour World,* September 1951, volume 2, No. 15, pp. 12-16 and October 1951, volume 2, No. 16, pp. 12-16

Collinet, Michel, "The Structure of the Employee Classes in France during the Last Fifty Years", *International Labour Review,* March 1953, pp. 211-35

Colonjon, F. de, "De l'association en France (Aperçu général)". *Annales de l'Ecole Libre des Sciences Politiques,* July 15, 1894

Colton, Joël, "The French Socialist Party", *Yale Review,* Spring 1954

Combes de Lestrade, "La participation des ouvriers aux bénéfices", *Le correspondant,* November 1906

"Communisme et religion: ce que l'on ne vous a pas dit", *Bulletin de l'Association d'Etudes et d'Informations Politiques Internationales,* Supplément of June 1-15, 1951

Comny, P., de, "L'alimentation ouvrière", *Réforme économique,* October 1906

Compère-Morel, "La grève d'Ourscamp", *Mouvement socialiste,* No. 109, 1902

"Condition du salarié français", *Réalités,* January 1950 and 1956

"Conscience prolétarienne", *Esprit,* Volume 19, July-August 1951, pp. 153-156

Contenson, L. de, "Les syndicats professionnels et les nouveaux projets de loi", *La Quinzaine,* January 1, 1904

Coquelin, Charles, L'organisation du travail. La liberté", *Journal des économistes,* April 1848

Cornelissen, Chr., "Congrès général du parti socialiste français", *Humanité nouvelle,* February 1900

Cornu, P., "Grèves de flotteurs sur l'Yonne aux dix-huitième et dix-neuvième siècles", *Les Cahiers Nivernais du Centre,* Nevers, 1911

Coulanges, Fustel de, "L'alleu et le domaine rural pendant la période mérovingienne", *Histoire des institutions politiques de l'ancienne France,* Tome IV, Paris, 1899

Coulazou, J., "Les questions sociales et le Syllabus", *Socialisme catholique,* August 1894

Crepon, T., "Le droit d'association", *Revue des Deux Mondes,* January, 15, 1901

Curtius, F. Donker, "Un conflit dans le monde du travail à Amsterdam", *Revue d'économie politique,* June 1907

Curvillier, Armand, "Buchez et les origines de l'association ouvrière de production", *Revue d'économie politique,* 1914

Cuvillier, Armand, "Les antagonismes de classes dans la littérature sociale française de Saint-Simon a 1848", *International Review of Social History,* I, pt. 3, 1956

Cuvillier, Armand, "Les doctrines économiques et sociales en 1840 d'après le journal de l'Atelier", *Revue d'Histoire Economique et Sociale,* Paris, 1922

D. M. P., "Trend in French Politiques", *The World Today,* December 1947

Dace, Jean, "L'unité socialiste révolutionnaire", *Mouvement socialiste,* December 1, 1901

Darmester, Madame, "The Workmen of Paris, 1390-1890", *Fortnightly Review,* July 1890

"Das Millerandische Strikegesetz", *Neue Zeit,* Jhrg. 19, 1900-1901

Daude-Bancel, A., "Les coopératives de consommation en France", *Revue socialiste,* February 1911

Davis, Melton S., "French Labor", *Fortnightly,* CLXXIX, Autumn 1947

Dayot, Armand, "L'insurrection communaliste du 18 mars 1871. Les responsabilités", *La Revue (Ancienne Revue des Revues),* October 1, 1901

Decurtius, C., "Lettre sur le repos dominical et la journée normale de travail", *Association catholique,* October 1895

Dédé, E., "La mutualité et le principe de liberté ou d'obligation pour l'assurance ouvrière", *Réforme sociale,* 1903

Degoix, Paul, "Les grèves et la question ouvrière", *Journal des Economistes,* August 1878

Deguy, Christiane, "Syndicalisme chrétien . . . Pourquoi? La réponse d'une protestante", *Servir,* Paris, 1946

Dehon, L., "Le rose de la richesse dans la vie sociale", *Association catholique,* July 1897

Dehon, L., "Un congrès social ecclésiastique à Saint-Quentin", *Association catholique,* October 1895

Delaire, A., "Le centenaire de F. Le Play", *Réforme sociale,* 1906

Delamotte, Y., "Conflit industriel et participation ouvrière," *Sociologie du travail,* No. 1, 1959.

Delamotte, Y., "Le recours ouvrier: réflexions sur la signification psychologique des règles juridiques", *Sociologie de travail,* No. 2, 1961.

Delaporte, J., "Le renversement de la loi des salaires par le socialisme rationnel", *Revue socialiste,* No. 9, 1880

Delbet, E., "Les bases sociales d'après Auguste Comte", *Revue internationale de sociologie,* January 1899

Delcourt-Haillot, "Comment former des syndicats jaunes", *Réforme sociale,* 1902

Delcourt-Haillot, "Le programme des mineurs jaunes", *Réforme sociale,* 1902

Delcourt-Haillot, "Les revendications des mineurs; la journée de huit heures; la retraite des mineurs; le minimum de salaire; le referendum et la grève générale", *Réforme sociale*, 1901

Delcourt-Haillot, "Les revendications des mineurs jaunes", *Réforme sociale*, 1902

Delcourt-Haillot, "Rouges et jaunes dans la dernière grève", *Réforme sociale*, Paris, 1902

Delearde, A., "Hygiène sociale: comment doit se nourrir l'ouvrier", *Aide sociale*, April 1910

Delfour, "Les idées jaunes", *L'Univers catholique*, 1906

Dell, Robert, "New Directions in France", *Current History*, XLIX, January 1947

Delon, "Essai de propagande socialiste dans les campagnes", *Revue socialiste*, July 1896

Demolins, Edmond, "L'état actuel de la science sociale", *Science sociale*, February 1906

Demolins, Edmond, "Les problèmes sociaux de l'industrie minière, comment les résoudre", *Science sociale*, April 1906

Demolins, Edmond, "Règlementation ou liberté d'apprendre l'enseignement des faits: l'organisation du travail", *Science sociale*, 19ème année, 2ème période, 4ème fascicule, 1904

Demolins, Edmond, "Répertoire des repercussions sociales. I. Le travail. II. Les diverses formes de la propriété. III. La famille. IV. Le mode de l'existence. V. Phases de l'existence. VI. Le patronage. VII. Les auxiliaires du patronage. VIII. Les associations libres. IX. Les associations forcées. X. Expansion de la race", *Science sociale*, November-December 1907

Denais, Joseph, "La corporation des maîtres menuisiers et charpentiers de la ville d'Angers", *Revue historique, littéraire archéologique de l'Anjou*, 1877

Denis, Pierre, "La solidarité et l'individualisme", *Revue socialiste*, June 1895

Dennison, "Comment on devient un chrétien social: Georges Herron", *Revue de christianisme social*, March 1900

"De l'intervention de la police dans les meetings socialistes", *Revue occidentale*, 1886

"Des associations coopératives", *Revue occidentale*, 1880

"Des associations ouvrières et des associations en général. Rapport de Lefebvre-Durufle. Propos de MM. Nadaux, Morellet, etc. Rapport de M. L. Faucher", *Journal des économistes*, March 1850

"Des ouvriers et des machines en France", *Revue britannique*, Tome I

Descamps, D., "Le problème de la richesse", *Revue socialiste*, April 1897

Deschamps, Ferdinand, "Dissolution du socialisme marxiste", *Revue sociale catholique*, June-September 1899

Deschanel, Paul, "L'oeuvre sociale de la troisième République", *Revue politique et parlementaire,* March 1910

"Des coalitions d'ouvriers et de leur influence sur la richesse sociale", *Revue britannique,* série IV, t. XV

Descours, Paul, "Recent social legislation in France", *Positivist Review,* 1910

Desmoulins, Auguste, "The Paris Workmen and the Commune", *Fortnightly Review,* 1871

Dessart, A., "Rouges ou jaunes", *Paix sociale,* 1906

Deville, Gabriel, "L'affaire Dreyfus et le parti socialiste", *Devenir social,* November 1898

Deviolaine, G., "Du progrès du socialisme chez les paysans", *Réforme sociale,* 1903

"Die Pariser Zukunftsstaatsdebatte", *Vorwarts,* Nr. 143, 1906

Divernesse, "La loi sur les accidents du travail en danger", *Revue socialiste,* April 1908

Divernesse, "Une contre-enquête sur les blessés du travail", *Revue socialiste,* May, June 1908

"Documents de l'Internationale. I. Extrait du rapport de décembre 1905. II. Aux travailleurs de tous les pays", *Avenir social,* 1906

Dody, J., "Du recrutement des gouvernants dans le système collectiviste", *Revue internationale de sociologie,* 1904

Dody, J., "L'individualisme et le collectivisme en face des grèves", *Revue internationale de sociologie,* année 13, 1905

Doin, Paul, "Les syndicats agricoles et le projet de loi déposé par le ministre de l'agriculture", *Réforme sociale,* No. 76, February 16, 1909

Dolléans, Edouard, "La loi d'intégration du travail", *Revue d'économie politique,* XVI, 1902

Dolléans, Edouard, "La Révolution et le droit ouvrier", *Mouvement socialiste,* No. 121, 1903

Dolléans, Edouard, "Le caractère religieux du socialisme", *Revue d'économie politique,* année 20, 1906

Dolléans, Edouard, "L'idée du juste salaire", *Mouvement socialiste,* 1904

Douais, abbé, "Le pseudo-baptême et les pseudo-serments des Compagnons du Devoir à Toulouse, en 1651", *Mémoires de l'Académie des sciences, inscriptions et belles-lettres de Toulouse,* Tome IX

Domergue, J., "Le code du travail", *Réforme économique,* 15, rue du Louvre, Paris, September 7 and 21, and October 5, 1906

Domergue, J., "Proudhon et le féminisme", *La Quinzaine,* 1902

Domergue, J., "Une nouvelle prétention des théoriciens de la grève", *Réforme sociale,* March 1907

Dormoy, Pierre, "Politique radicale ou action socialiste", *Mouvement socialiste,* No. 149, 1905

Dramas, B., "A propos du programme de Tours", *Réforme sociale,* 1902

Dramas, B., "Le socialisme et l'église", *Réforme sociale,* 1903

Dramas, B., "L'opera di Millerand", *Critica sociale,* 1902

Dramas, Paul, "Coopérative et petite production", *Revue socialiste,* 1901

Dramas, Paul, "La petite production", *Revue socialiste,* 1901

Dramas, Paul, "Les conditions de travail et les décrets Millerand du 10 août 1899", *Revue socialiste,* September 1903

Dreyfus, J., "Pour l'assurance sociale: L'office socialiste et ses premiers résultats", *Revue socialiste,* June 1911

Dru, Gaston, "L'organisation révolutionnaire en France", *La Paix sociale,* 1906

Dubief, F., "Le syndicalisme en France", *Revue économique internationale,* January 1911

Dubreuilh, L., "Action socialiste", *Mouvement socialiste,* No. 131, 1903

Dubreuilh, L., "Après le congrès de Reims", *Mouvement socialiste,* No. 130, 1903

Dubreuilh, L., "Das Wachstum unserer französischen Bundespartei". *Neue Zeit,* Jhrg. 26, 1907/08

Dubreuilh, L., "Encore le cas Millerand", *Mouvement socialiste,* No. 133, 1904

Dubreuilh, L., "Les sociétés françaises et le congrès de Reims", *Mouvement socialiste*

Dubreuilh, L., "L'unité interfédérale", *Mouvement socialiste,* No. 123, 1903

Dubreuilh, L., "L'unité révolutionnaire", *Mouvement socialiste,* No. 124, 1903

Dubuisson, Paul, "Le congrès ouvrier socialiste révolutionnaire de la région du centre", *Revue occidentale,* 1880

Dubuisson, Paul, "La morale matérialiste", *Revue occidentale,* 1883

Dubuisson, Paul, "Le matérialisme contemporain", *Revue occidentale,* 1879

Duchez, L., "The General Confederation of Labor", *International Sociological Review,* March 1910

Dufourmantelle, Maurice, "Mouvement social: France 1900-1902", *Revue internationale de sociologie,* 1902

Dufourmantelle, Maurice, "Les syndicats ouvriers, leur rôle et leur action; syndicats de combats, syndicats de travail", *Réforme sociale,* 1902

Dulac, Albert, "Syndicalisme et coopération chez les ruraux. La loi du 29 décembre 1906", *Revue politique et parlementaire,* June 1907

Dulot, Charles, "Les tendances actuelles du mouvement syndical en France", *Revue internationale du travail,* May 1923

Duport, Emile, "Le syndicat agricole et son action sociale", *Réforme sociale,* 1904

Dupuynode, Gustave, "Les revendications ouvrières", *Journal des économistes*, August 1890

Durand, E., "La solidarité", *Enseignement chrétien*, IV, 1905

Durand, P., "Droit du travail et sociologie industrielle," *Sociologie du travail*, No. 1, 1960.

Durieu, L., "Le congrès des jeunes gardes socialistes", *Mouvement socialiste*, No. 103, 1902

Duveryrier, Charles, "Moyen de donner du travail aux ouvriers et la paix à tout le monde", *Le Globe*, February 21, 1832

Ehrmann, Henry W., "French Labor Goes Left", *Foreign Affairs Quarterly*, April 1947

Ehrmann, Henry W., "Political Forces in Present-Day France", *Social Research*, volume 15, No. 2, June 1948, pp. 146-169

Ehrmann, Henry W., "Recent Writings on the French Labor Movement", *Journal of Modern History*, Volume 122, No. 2, June 1950

Ehrmann, Henry W., "The French Peasant and Communism", *American Political Science Review*, Volume 26, No. 1

Eichtal, Eugène d', "La théorie du salaire—L'économie politique et le socialisme", *Revue des Deux Mondes*, October 1, 1888

Eichtal, Eugène d', "Le projet de loi sur l'arbitrage et la grève obligatoire", *Revue politique et parlementaire*, 1901

Eichtal, Eugène d', "Les idées socialistes en France de 1815 à 1848", *Journal des Savants*, January 1906

Eichtal, Eugène d', "L'unité socialiste", *Revue politique et parlementaire*, VI, 1900

Eichtal, Eugène d', "Présent et avenir du syndicalisme", *Revue politique et parlementaire*, Paris, 1913

Einaudi, Mario, "Communism in Western Europe: Its Strength and Vulnerability", *Yale Review*, December 1951, volume LXI, No. 2

Ellen-Prévôt, Gabriel, "Le socialisme aux champs (chronique agraire)", *Revue socialiste*, September 1904

Embry, Aimé, "Les Rouges et les Noirs", *Revue socialiste*, April 1907

Emery, Charles, "Les insectes sociaux et la société humaine", *Revue d'économie politique*, XV, 1901

Enfantin, Prosper, "Organisation industrielle", *Le Globe*, April 25, 1832

Engerand, F., "La faillite de la grève générale", *Le correspondant*, May 10, 1903

Englander, Dr., "Der Socialismus in Frankreich seit des Februar-Revolution: Proudhon", *Deutsche Monatschrift*, 1850 und 1851

Erboville, J., "L'idée de justice et sa valeur sociale", *Revue socialiste*, November, December 1906 and January 1907

Escard, François, "Comment travaillait Le Play, souvenirs personnels", *Réforme sociale*, année 26, 1907

Escard, Paul, "La méthode de Le Play, jugée par un économiste anglais", *Réforme sociale*, February 1, 1900

Espitalie Lafeyrade, "Les conférences et les corporations à Nantes sous l'ancien régime", *Association catholique*, Tome XIII, 1881

"Etwas Uber Louis Blanc", *Neue Zeit*, Jhrg. 17, 1899

Fages, C., "Le socialisme 'intégral' et la presse socialiste", *Mouvement socialiste*, No. 158, 1905

Fages, C., "Unité morale, union des classes", *Mouvement socialiste*, No. 148, 1905

Fagniez, G., "Le syndicalisme ouvrier: Les syndicats à esprit professionnel", *Réforme sociale*, 1904

Fagniez, G., "Les syndicats professionnels: leur capacité légale et leur avenir", *Réforme sociale*, 1904

Fairon, E., "La question ouvrière au XVIIIème siècle dans la vallée de la Vesdre", *Chronique de la Société verviétoire d'archéologie et d'histoire*, 1906

Farelle, de la, "De l'état passé et du présent de la classe ouvrière à Nîmes", *Mémoires de l'Académie du Gard*, 1863

Faucher, Léon, "L'organisation du travail et l'impôt", *Revue des Deux Mondes*, April 1 and 15, 1848

Fauvety, Charles, "La question sociale insoluble par la capitalisation individuelle", *L'Association*, No. 36

Fèbre, Lucien, "Proudhon et le syndicalisme contemporain", *Revue de synthèse historique*, 1909

Ferneuil, Th., "La conférence de M. Millerand sur les conflits sociaux et l'arbitrage", *Revue politique et parlementaire*, May 1911

Ferri-Pisani, Pierre, "The Political Problems of the Free French Labor Movement", *Monthly Labor Review*, November 1953

Festy, Octave, "Les associations ouvrières encouragées par la IIème République", *Comité des travaux historiques, Section d'histoire moderne et contemporaine, leaflet No. 4*, Rieder, Paris, 1915

Festy, Octave, "Chronique de questions ouvrières", *Annales des sciences politiques*, 1904

Festy, Octave, "Dix années de l'histoire corporative des ouvriers tailleurs d'habits, 1830-1840", *Revue d'histoire des doctrines économiques et sociales*, 1912

Festy, Octave, "Le mouvement ouvrier à Paris en 1840", *Revue des sciences politiques*, 1913

Festy, Octave, "Procès-verbaux du conseil d'encouragement pour les associations ouvrières", *Comité des travaux historiques, Section d'histoire moderne, leaflet No. 5*, Rieder, Paris, 1917

Festy, Octave, "Sismondi et la condition des ouvriers français de son temps", *Revue d'économie politique*, 1918

Festy, Octave, "La société philanthropique et les sociétés de secours mutuels", *Revue d'histoire moderne et contemporaine*, 1911

Fidao, J. E., "Judaisme et socialisme (La loi et ses prophètes)", *La Quinzaine*, February 1, 1903

Fidao, J. E., "Pierre Leroux et son oeuvre", *Revue des Deux Mondes*, May 15, 1906

Fidao, J. E., "Socialisme réformiste et catholicisme social", *L'Association catholique*, May 15, 1903

Finance, J., "Le congrès ouvrier de Marseille", *Revue occidentale*, 1880

Finance, J., "Le congrès ouvrier du Hâvre", *Revue occidentale*, 1881

Finance, J., "Opinion du Cercle des prolétaires positivistes sur les caisses de retraites", *Revue occidentale*, 1880

Fix, Théodore, "Situation des classes ouvrières", *Journal des économistes*, December 1844, November and December 1845

Flottard, E., "Les associations ouvrières en 1848", *L'Association*, No. 31

Focillon, A., "La mission léguée par F. Le Play à l'école de la paix sociale", *Bulletin de la société d'économie sociale et des unions de la paix sociale*, 2ème série, Tome I, livre 1 et 2

Foerster, R. F., "The French Old-Age Insurance Law of 1910", *Quarterly Journal of Economics*, August 1910

Follin, Léon, "Autarchie et individualisme", *Journal des économistes*, March 1900

Fontenay, R. de, "Influence des machines et en général des moyens perfectionnés de production sur la condition des classes ouvrières", *Journal des économistes*, February and March 1886

Fontenay, R. de, "La question ouvrière et le collectivisme", *Journal des économistes*, January and March 1886

Fontenay, R. de, "Une formule communiste", *Journal des économistes*, June 1890

Forbes, J., "La liberté du travail et la question ouvrière depuis un siècle", *Société d'économie sociale et des unions de la paix sociale, La réforme sociale*, 1890

Forcade, E., "La guerre du socialisme. I. La philosophie révolutionnaire et sociale, MM. de Lamennais et Proudhon. L'Economie politique révolutionnaire et sociale", *Revue des Deux Mondes*, December 1 and 15, 1848

"Force Ouvrière and European Integration", *Free Labour World*, January 1954

Forel, A., "Le socialisme et l'alcool", *Avenir social*, 1906

Forsythe, E. J., "Collective Bargaining in Western Europe", *Labor Law Journal*, November 1963

Foubert, L., "Essai de critique socialiste de la liberté", *Revue socialiste*, February 15, 1900

Foucart, P., "La République et le prolétariat", *Revue occidentale*, 1881

Fouillée, Alfred, "La déclaration socialiste des droits", *Revue des Deux Mondes*", August 15, 1908

Fouillée, Alfred, "La question morale est-elle une question sociale?",
     Revue des Deux Mondes, July 15, 1900
Fouillée, Alfred, "La théorie de l'état et le rôle de l'idée de contrat
     dans la science sociale contemporaine", *Revue des Deux
     Mondes,* April 15, 1879
Fouillée, Alfred, "Le progrès social en France", *Revue des Deux
     Mondes,* June 15, 1899
Fouillée, Alfred, "Le travail et le collectivisme matérialiste", *Re-
     vue des Deux Mondes,* May 1, 1900
Fourastie, J., "L'évolution du niveau de vie des classes ouvrières",
     Revue économique, November 1950, pp. 467-497
Fournel, H., "Politique industrielle", *Le Globe,* Volume III, No. 6
Fournel, H., "Sur le degré des ouvriers, (Rapport aux Pères Su-
     prêmes sur la situation et les travaux de la famille)", *Le
     Globe,* Volume II, No. 5
Fournier, E., "La misère des apprentis imprimeurs appliquée par
     détail à chaque fonction de ce pénible état", *Variétés his-
     toriques et littéraires,* 1856
Fournier, Marcel, "Essai sur les formes et les effets de l'affranchis-
     sement dans le droit gallo-franc", *Bibliothèque de l'Ecole
     des Hautes Etudes,* Paris, 1885
Fournière, Eugène, "Association et initiative privée", *Réforme so-
     cialiste,* 1904
Fournière, Eugène, "Charles Longuet", *Socialistische Monatshefte,*
     Jhrg. 7, 1903
Fournière, Eugène, "Cinq conférences sur le syndicat", *Revue so-
     cialiste,* No. 249, 1905
Fournière, Eugène, "Die französische Socialdemorkratie und die
     kommenden Wahlen", *Socialistische Monatshefte,* Jhrg. 10,
     1906
Fournière, Eugène, "Die socialistischen Minister", *Socialistische
     Monatshefte,* Jhrg. 11, 1907
Fournière, Eugène, "Die Stellung der Socialisten in franzosischen
     Parlament", *Sozialistische Monatshefte,* Jhrg. 10, 1906
Fournière, Eugène, "Economie politique et sciences sociales", *Re-
     vue des revues,* June 1900
Fournière, Eugène, "Geht die französische Sozialdemokratie einer
     Krise entgegen?", *Socialist Monatshefte,* Jhrg. 11, 1907
Fournière, Eugène, "La loi de 1900 et le travail à domicile", *Revue
     socialiste,* January 1905
Fournière, Eugène, "La rémunération du travail", *Revue So-
     cialiste,* 1904
Fournière, Eugène, "La crise de croissance du socialisme français",
     Revue socialiste, October 15, 1899
Fournière, Eugène, "La crise révolutionnaire du socialisme fran-
     çais", *Revue socialiste,* No. 246 and 247, 1905
Fournière, Eugène, "La déclaration des 'Dix-huit'", *Revue so-
     cialiste,* November 1907

Fournière, Eugène, "Le programme politique du parti", *Revue socialiste, August* 1906

Fournière, Eugène, "Les conditions de l'association moderne", *Revue socialiste,* February 1906

Fournière, Eugène, "Les systèmes socialistes. (de Saint-Simon à Proudhon. La femme émancipée), *Revue socialiste,* 1903

Fournière, Eugène, "Le rêve de Père Davant", *Revue socialiste,* July 15-October 15, 1899

Fournière, Eugène, "L'état socialiste", *Revue socialiste,* January and February 1887

Fournière, Eugène, "L'évolution du contrat collectif de travail", *Revue socialiste,* 1905

Fournière, Eugène, "L'exploitation capitaliste du domaine national", *Revue socialiste,* March 1907

Fournière, Eugène, "Liberté", *Revue socialiste,* December 1896

Fournière, Eugène, "L'ouvrier mineur", *Revue socialiste,* August 1886

Fournière, Eugène, "Meline et le contrat collectif", *Revue socialiste,* October 1904

Fournière, Eugène, "Philosophie sociale", *Revue socialiste,* December 1886, January and February 1887

Fournière, Eugène, "Méline et le contrat collectif", *Revue socialiste, liste,* July 1911

France, H. de, "Les cercles d'études sociales dans les patronages catholiques. Observations de Béchaux", *Réforme sociale,* September 1911

Francois, G., "La banque populaire de Menton", *Journal des économistes,* June 1901

Frederic, "De l'unité sociale et de l'unité politique", *Revue indépendante,* December 1844

"French Trade Unions and Their Membership", *Ambassade de France, Service de Presse et d'Information,* November 1949

"French Worker", *Fortune,* December 1948, pp. 102-107

Frisch-Gautier, J., "Les fonctions des délégués du personnel d'après une expérience vécue en 1951-1952," *Revue française de sociologie*

Fristot, P. P., "A propos de grèves et de syndicats", *Etudes religieuses, philosophiques et littéraires,* tome 60, 1893

Fristot, P. P., "La marche en avant du socialisme à la Chambre des Deputés", *Etudes religieuses, philosophiques et littéraires,* February 15, 1895

Funck-Brentano, Th., "Positivisme et socialisme", *Nouvelle revue,* April 1, 1894

Funck-Brentano, Th., "Les classes dirigeantes en présence des questions sociales", *Association catholique,* 1894

Fuess, John C., "World Labor and American Foreign Policy", *Yale Review,* Spring 1954

Fuster, E., "Opinions socialistes sur la réforme des assurances sociales", *Annales du Musée social,* 1909

Fuster, E., "Participation aux bénéfices et ouvriers actionnaires", *Aide sociale,* 1909

Garreau, L., "Moyen-Age et Anarchisme", *Humanité nouvelle,* January 1900

Gattelier, M. de, "Un apôtre des syndicats agricoles: Emile Duport", *Association catholique,* December 1906

Gaultier, Paul, "La réforme sociale", *Revue bleue,* February 1910

Gaumont, Jean, "Faut-il faire l'unité cooperative?", *Revue socialiste,* February 1911

Garaudy, Roger, "Les tâches et les méthodes de notre propagande", *Cahiers du Communisme.* Volume 21, pp. 175-176, February 1951

Gautier, Armand, "Le Play et sa méthode de recherche et de démonstration de la valeur des principes sociaux", *Réforme sociale,* 1906

Géniaux, Charles, "Le communisme rural en France", *La Revue,* May 15, 1906

Gérard, Adam, "Histoire politique et idéologique de la C.F.T.C.", 1945-1958, *Fondation Nationale des Sciences Politiques,* Paris, no date

Gerlach, H. v., "Die französische Socialdemokratie", *Die Hilfe,* Nr. 18, 1905

Ghio, Paul, "Histoire d'une grève", *Journal des Economistes,* February 1903

Gibon, A., "La liberté du travail et les grèves", *La Réforme sociale,* 1888

Gide, Charles, "La dottrina anarchica", *Riforma sociale,* 1894

Gide, Charles, "Le catholicisme social", *Revue du christianisme pratique,* No. 4-5, 1894

Gide, Charles, "Un nouveau socialiste chrétien, (Prof. Herron)", *Revue du christianisme social,* January 1899

Gigot, A., "La défense patronale en cas de grèves", *Réforme sociale,* June 1907

Gigot, Albert, "Le contrat collectif du travail", *Correspondant,* January 1907

Goblot, Edmond, "Les classes de la société", *Revue d'économie politique,* XIII, 1899

Goblot, Edmond, "Sur la théorie physiologique de l'association", *Revue philosophique,* November 1898

Godart, Justin, "Les évènements de novembre 1831 à Lyon", *Révolution de 1848,* December 1932-February 1933

Gonnard, Philippe, "Les passementiers de Saint-Etienne en 1833", *Revue d'histoire de Lyon,* 1907

Giraud, P., "Défendons l'unité syndicale", *La revue socialiste,* December 1946

Goguel, François, "Géographie des 'Elections sociales' en 1950-1951", *Revue française des sciences politiques*, pp. 246-271, April-June 1953

Goguel, François, "Géographie des élections du 17 juin 1951", *Esprit*, Volume 19, pp. 343-364, September 1951

Goguel, François, "Géographie du Referendum du 13 octobre et des élections du 10 novembre 1946", *Esprit*, Volume 15, pp. 237-264, February 1947

Gounelle, Elie, "La conversion et la question sociale", *Revue du christianisme pratique*, No. 5, 1895

Gounelle, Elie, "La repentance sociale", *Revue du christianisme pratique*, No. 6, 1894

Gounelle, Elie, "Ni indivicualisme, ni collectivisme", *Revue du christianisme pratique*, No. 6, 1895

Gounelle, Elie, and others, "La lutte sociale contre les ennemis de la jeunesse", *Revue du christianisme social*, May 1896

Granet, Marie, "La répartition des terres en France; Légende et réalité", *Revue socialiste*, nouvelle série, No. 34, January-February 1950

Grange, H., "Turgot et Necker devant le problème des salaires", *Annales d'histoire de la Révolution française*, January-March 1957

Graziadei, Conte Antonio, 'La théorie du profit. Réponse à Jean-Jaurès", *Mouvement socialiste*, II, August 15, 1900

Graziadei, Conte Antonio, "Sindacalismo e sindacalisti", *Avanti*, September 26, 1906

Graziadei, Conte Antonio, "Verso il Congresso nazionale", *Avanti*, No. 3527, September 23, 1906

Grenier, Fernand, "The French Communist Party in the Battle", *Labour Monthly*, XXIV-XXV, April 1943

Grenier, Paul, "M. le Premier Président Fabrequettes et la question ouvrière", *Revue socialiste*, April 1896

"Grève partielle dans le personnel d'une maison pratiquant la participation aux bénéfices", *Bulletin de la participation aux bénéfices*, 1905

Griffuelhes, Victor, "La grève d'Hennebont", *Humanité nouvelle*, 1903

Griffuelhes, Victor, "La 3ème conférence internationale des syndicats ouvriers", *Mouvement socialiste*, No. 127, 1903

Griffuelhes, Victor, "Le due concezioni del sindacalismo", *Il Divenire sociale*, 1905

Griffuelhes, Victor, "Le mouvement des ouvriers résiniers des Landes", *Mouvement socialiste*, June 1907

Griffuelhes, Victor, "Le syndicalisme français et l'Internationale syndicale", *Mouvement socialiste*, November 1907

Groupe pratique d'études sociales, "Coopérative du travail et d'alimentation", *Mutualité — Solidarité*, Bulletin mensuel, Imprimerie Colbert, Marseille, Année 1, No. 1, October 1898

Groussier, A., "Contrôle de la durée du travail", *Revue syndicale,* August 1908

Grunberg, C., "Jean Meslier, un précurseur oublié du socialisme contemporain", *Revue d'économie politique,* 1888

Grunberg, C., "Quelques contributions à l'histoire du développment du socialisme moderne. François Boissel", *Revue d'économie politique,* année V, 1891

Grunebaum-Ballin, "La participation des organisations professionnelles à l'exercice du pouvoir législatif", *Revue politique et parlementaire,* January 1920

Gruner, E., "Les houillères françaises", *Revue Politique et Parlementaire,* Paris, 1906

Guenard, G., "L'assurance contre le chômage et la fédération des travailleurs du livre", *Mouvement socialiste,* No. 96, 97, 1902

Gueneau, "La législation restrictive du travail des enfants; loi du 22 mars 1841", *Revue d'histoire économique,* 1927

Guérin, U., "Idées avancées; idées rétrogrades", *Réforme sociale,* 1894

Guesde, Jules, "La propriété collective et le congrès de Marseille", *La Revue socialiste,* 1880

Guesde, Jules, "Lettre au Pape Léon XIII", *Etudes socialistes,* No. 1, 1903

Guesde, Jules, "Liberté, propriété, travail", *Etudes socialistes,* No. 4, 1903

Guieysse, Ch. "Les problèmes de la propriété et la ristourne dans les coopératives socialistes", *Mouvement socialiste,* No. 112, 1903

Guigui, A., "Social Problem", *International Labour Review,* pp. 480-483, May 1953

Guiheneuf, R., "Essai sur une méthode d'analyse du comportement du groupe syndical", *Revue économique,* May 1952

Gurvitch, Georges, "Social Structure of Pre-war France", *American Journal of Sociology,* volume 48, pp. 535, ff., (1943)

Guyot, Yves, "La police du travail", *Journal des économistes,* May 1911

Guyot, Yves, "La vraie et la fausse coopération", *Journal des économistes,* February 1899

Guyot, Yves, "Le collectivisme futur et le socialisme présent", *Journal des Economistes,* July 1906

Guyot, Yves, "Le contrat collectif de travail", *Revue économique internationale,* Année 4, tome 3, 1907

Guyot, Yves, "Les préjugés socialistes", *Bulletin commercial du travail industriel,* September-October 1895

Guérin, U., "Le familistère de Guise et de la papeterie coopérative d'Angoulême", *Réforme sociale, année* XI, 1891

Guyot, Yves, "La banqueroute du socialisme scientifique", *Journal des économistes,* February, May 1907

Hachin, J., "Le contrat collectif de travail jugé après l'expérience", *Mouvement social,* November 1910

Haillot, D., "Les revendications des mineurs jaunes", *Réforme sociale,* 1902

Halbwachs, Maurice, "La psychologie de l'ouvrier moderne, d'après Bernstein", *Revue socialiste,* January 1905

Halbwachs, Maurice, "La science et l'action sociale, d'après Bernstein", *Revue socialiste,* No. 245, 1905

Halbwachs, Maurice, "La ville capitaliste, d'après Sombart", *Revue d'economie politique,* année 19, 1905

Hamelet, Maurice, "Le contrat de travail. L'avant-projet de la commission du travail", *Bulletin de la Fédération des industries françaises,* February 1908

Hamon, A., "Congrès général des organisations socialistes françaises", *Humanité nouvelle,* January 1900

Hamon, A., "Études psychologiques. La psychologie de l'anarchiste socialiste", *Société nouvelle,* April 1895

Hamon, A., "Lo stato psichico particolare dell' anarchia", *Riforma sociale,* 1895

Hamon, A., "The March of Socialism in France", *Free Review,* No. 5, 1895

Hanotieau, V., "Caisses ouvrières d'épargne et de prêt", *Revue sociale catholique,* September 1899

Harmel, L., "Discours de clôture de l'assemblée générale des cercles catholiques d'ouvriers sur l'action sociale catholique", *Association catholique,* July 1895

Harmel, L., "La démocratie dans l'usine", *Démocratie chrétienne,* April 8, 1903

Harrison, Fr., "Der Französische Arbeitcongress", *Schmoller's Jahrbuch f. Gesetzgebung,* N. F. Bd. 2, 1878

Harrison, Fr., "The Emancipation of Women", *Fortnightly Review,* October 1891

Harrison, Fr., "The Fall of the Commune", *Fortnightly Review,* 1871

Harrison, Fr., "The Revolution of the Commune", *Fortnightly Review,* 1870

Harrison, Fr., "What the Revolution of 1789 did", *Fortnightly Review,* June 1889

Harrison, Fr. and Finance, J., "Le congrès ouvrier de Lyon", *Revue occidentale,* 1878

Hauck, Henry, "French Workers Resist", *Entente,* September 1942

Hauser, Ernest O., "Will France Be Stabbed in the Back Again?", *The Saturday Evening Post,* July 28, 1951

Hauser, H., "Histoire sociale de la France au XVIème siècle, l'Edit de 1581", *Revue des cours et conférences*

Hauser, H., "Les coalitions ouvrières et patronales de 1830 à 1848", *Revue socialiste,* 1901

Hauser, H., "Les origines du capitalisme moderne", *Revue d'écono-mie politique*, XVI, March, April

Haussonville, d', "Socialisme d'Etat et socialisme chrétien", *Revue des Deux Mondes*, Imprimerie Motteroz, Paris, 1890

Hayward, J. E. S., "Interest Groups and Incomes Policy in France", *British Journal of Industrial Relations*, Vol. IV, No. 2, July 1966

Hayem, Julien, "Le contrat collectif de travail", *Revue interna-tionale du Commerce*, September 1910

Hayem, Julien, "Les grèves et le contrat de travail. Des moyens de réprimer le syndicalisme révolutionnaire", *Revue interna-tionale du Commerce*, December 1909

Hélie, F. A., "Les idées du bien et du juste", *Revue de la science nouvelle*, August 1894

Hélie, F. A., "Le socialisme et la science", *Revue de la science nou-velle*, July-September 1894

Hennebicq, Léon, "Les accidents du travail et l'industrie maritime", *Revue des accidents du travail*, 1906

Henry, Charles, "L'union pour l'action morale et le socialisme", *Revue socialiste*, July 1897

Henry-Léon, "Quelle est la véritable définition de l'individual-isme?", *Journal des économistes*, April 1899

Héritier, Louis, "Jean-Paul Marat avant 1789", *Revue socialiste*, October 1895

Hermansart, Pagart d', "Les anciennes communautés d'arts et métiers à Saint-Omer", *Mémoires de la Société des anti-quaires de la Morinie*, Tomes XVI and XVII, Saint-Omer, 1879-1880

Herron, G. D., "Opportunity of the Church in the Present Social Crisis", *Arena*, December 1895

Hitchman, Francis, "Social Aspects of the Revolution of 1789", *The National Review*, May 1886

Hitchman, Francis, "The French Revolutionary Calendar", *Na-tional Review*, August 1889

Hitier, Joseph, "La crise de la main-d'oeuvre agricole en France", *Revue politique et parlementaire*, April 10, 1914

Hitier, Joseph, "La dernière évolution doctrinale du socialisme: Le socialisme juridique", *Revue d'économie politique*, XX, 1906

Hitier, Joseph, "La main-d'oeuvre polonaise et l'agriculture fran-çaise", *Revue d'économie politique*, February 1911

Hoffman, J., "Elections sociales et élections politiques", *Revue française des sciences politiques*, April-June 1953, p. 288

Honoré, "Salaires minimum pour les ouvrières à domicile", *Journal des correspondances*, October 1905

Hern, J. E., "Travail et capital", *L'Association*, No. 5

"Hours of Work and Holidays with Pay in France", *International Labour Review*, December 1948, pp. 785-9

Huart, A., "La paix dans l'industrie par la commercialisation du travail", *Revue pour les Français*, February 1910

Hubert-Valleroux, "De la capacité civile des syndicats professionnels", *Réforme sociale*, XVIII, 1898

Hubert-Valleroux, "Des préjugés contre la liberté d'association à propos d'un récent congrès", *Réforme sociale*, 1899

Hubert-Valleroux, "La réforme de la législation sur les syndicats professionnels", *Réforme sociale*, November 1900

Hubert-Valleroux, "Le contrat collectif de travail", *Revue catholique des Institutions et du Droit*, July 1908

Hubert-Valleroux, "Les associations professionnelles: l'idéal et la pratique", *Réforme sociale*, February 16, 1908

Hubert-Valleroux, "Un projet de loi sur les associations sans but lucratif", *Réforme sociale*, Annee 19, 1899

Hubner, Alexander Graf, "Die Pariser Kommune (Mai 1871) Nach eigene Erlebnissen", *Deutsche Rundschau*, December 1905

Hubner, Alexander Graf, "Le siège de Paris. La Commune", *Correspondant* March-April 1907

Hughes, Jean, "La grève", *Cahiers de la Quinzaine*, 6ème de la 3ème série, 8, rue de la Sorbonne, Paris, 1902

Hyndman, H. M., "La crise socialiste en Europe", *Mouvement socialiste*, October 1901

Imbart de la Tour, "Le Play et le christianisme", *Réforme sociale*, No. 30, 1907

Isaac, Auguste, "Conciliation et arbitrage dans les conflits du travail", *Bulletin de la Fédération des Industries françaises*, July 1911

Jacobsen, R., "Le IIème congrès international des travailleurs des transports", *Mouvement socialiste*, No. 105, 1902

Janet, Paul, "La philosophie de Pierre Leroux", *Revue des Deux Mondes*, April 15, May 15, 1899

Jannet, Cl., "L'école Le Play, conférence faite à Genève", *Réforme sociale*, ii, 1890

Jannet, Cl., "Le péril social" *Correspondant*, December 10, 1893

Jaray, G. Louis, "Le socialisme municipal: socialistes et interventionnistes", *Annales des sciences politiques*, 1903

Jaurès, Jean, "Action politique et action syndicale", *Revue socialiste*, 1904

Jaurès, Jean, "Discours critiquant le programme du cabinet Sarrien, sur le collectivisme, les grèves", *Journal Officiel*, June 12, 13, 14, 15, 19 and 20, 1907

Jaurès, Jean, "L'action socialiste", *Revue socialiste*, June 1904

Jaurés, Jean, "La réglementation des grèves et l'arbitrage obligatoire", *Revue socialiste*, 1901

Jaurès, Jean, "Le programme socialiste, discours", *Revue socialiste*, 1903

Jaurès, Jean, "Le programme socialiste, les organisations ouvrières et l'action internationale", *Revue socialiste*, April 1904

Jaurés, Jean, "L'impôt sur le revenu", *Revue socialiste,* volume 40, 1904

Jaurés, Jean, "Organisation sociale", *Revue socialiste,* June 1895

Jaurés, Jean, "Organisation socialiste. L'Etat socialiste et les fonctionnaires", *Revue socialiste,* April 1895, May 1896

Jay, Raoul, "Der kollective Arbeitsvertag im Gesetzentwurf der franzosischen Regierung", *Sociale Praxis,* September 19, 1907

Jay, Raoul, "Le contrat collectif du travail", *Revue d'économie politique,* 1907

Joly, Henry, "Auguste Comte et Frédéric Le Play", *Réforme sociale,* année 20, 1900

Joly, Henry, "Science sociale et réforme sociale", *Réforme sociale,* November 1, 1897

Jouvenel, Henry de, "Lamartine et le droit au travail", *La nouvelle revue,* July 15, 1903

Julian, "Agricole Moureau: son influence sur le mouvement social et révolutionnaire de la ville de Beaucaire", *Revue du Midi,* November 1905

Jullemin, J., "Les syndicats ouvriers et les salaires", *Economie appliquée,* pp. 261-336, April-September 1952

Jullien, H., "Statistique des coopératives de consommation en France", *Mouvement socialiste,* No. 115, 1903

Justinien, Laurent, "Catholicisme social et démocratie chrétienne", *Association catholique,* February 1899

Kaskeline, Egon, "How the Nazis Run France", *Christian Science Monitor, (Weekly Magazine),* September 13, 20, and 27, 1941

Kelso, Maxwell R., "The French Labor Movement During the Last Years of the Second Empire", *Essays in the History of Modern Europe,* D. C. McKay, ed., 1936

Kelso, Maxwell R., "The Inception of the Modern French Labor Movement (1871-1879): a Reappraisal", *Journal of Modern History,* Volume 8, No. 2, pp. 173-193, June 1936

Kerallain, René de, "La démocratie", *Réforme sociale,* année 19, 1899

Kerallain, René de, "Les retraites ouvrières et le socialisme", *Réforme sociale,* December 1906, January and February 1907

Kerr, Walter, "French Labor Divided", *Foreign Affairs,* pp. 96-103, October 1948

Kestenberg, Leo, "Benoît Malon. Eine Biographische Skizze", *Deutsche Worte,* Jhrg. 20, 1900

Keufer, Auguste, "Le congrès du parti ouvrier socialiste révolutionnaire; son programme", *Revue occidentale,* 1887

Keufer, Auguste, "Le due concezioni del sindacalismo", *Divenire sociale,* 1905

Keufer, Auguste, "Le huitième congrès du parti ouvrier", *Revue occidentale,* 1888

Keufer, Auguste, "Le syndicalisme réformiste", *Mouvement social-iste*, No. 146, 1905

Keufer, Auguste, "Rapports des délégués du cercle des prolétaires positivistes au congrès du parti ouvrier", *Revue occidentale*, 1888

Kissinger, Henry A , "Reflections on American Diplomacy", *Foreign Affairs*, pp. 37-56, October 1956

Koulischer, J., "La grande industrie au XVIIIème siècle", *Annales d'Histoire Economique et Sociale*, January 15, 1913

Kevalesky, Maxime, "Organisation corporative et naissance de la liberté du travail", *Revue internationale de sociologie*, année 17, 1909

Labrousse, Ernest, "Géographie du socialisme", *Revue socialiste*, nouvelle série, No. 2, pp. 137-148, June 1946

Lefebvre, G., "La place de la Révolution dans l'histoire agraire de la France", *Annales d'histoire économique et sociale*, Volume 1, pp. 506-523, October 15, 1929

Labriola, Arturo, "Syndicalisme et socialisme", *Mouvement social-iste*, VIII, 1906

"La classe ouvrière et les intellectuels", *Messager de la révolution russe*, No. 2, March 1902

Lacroye, A., "La grève de Vizille", *Mouvement socialiste*, No. 158, 1905

Lafargue, René, "Le Play et Michel Chevalier", *Réforme sociale*, No. 49, January 1, 1908

Lafargue, Paul, "Der allgemeine Strike der Pariser Omnibus und Tramwaydiensteten", *Neue Zeit*, 9. Jhrg. 1890-1891

Lafargue, Paul, "Die socialistische Bewegung in Frankreich von 1876-1890", *Neue Zeit*, 1890

Lafargue, Paul, "Le crédit ouvrier", *Revue socialiste*, No. 4, 1880

Lafargue, Paul, "Le parti ouvrier et l'alimentation publique", *Revue socialiste*, No. 2, 1880

"La Fédération des coopératives socialistes du Nord, par D.V.". *Mouvement socialiste*, No. 131, 1903

Lafond, André, "Force Ouvrière Forges Ahead", *The American Federationist*, February 1953

Lafond, André, "Free Labor Has Come of Age", *The American Federationist*, December 1953

Lafront, E., "Le second congrès national des bûcherons", *Mouvement socialiste* No. 130, 1903

Lafront, E., "Les résultats du congrès de Saint-Etienne", *Mouvement Socialiste*, No. 134, 1904

Lagardelle, Hubert, "Action de parti et lutte de classe", *Mouvement socialiste*, No. 149, 1905

Lagardelle, Hubert, "A propos du congrès de Tours", *Mouvement socialiste*, No. 81, 1902

Lagardelle, Hubert, "Das Erwachen des landlichen Proletariats in Frankreich", *Neue Zeit*, Jhrg. 22, 1904

Lagardelle, Hubert, "Démocratie et lutte de classe", *Mouvement socialiste*, No. 91, 1902

Lagardelle, Hubert, "Démocratie politique et organisation économique", *Mouvement socialiste*, No. 94/95, 1902

Lagardelle, Hubert, "Der französische Sozialismus und der Pariser Kongress", *Neue Zeit*, Jhrg. 18, 1899/1900

Lagardelle, Hubert, "Die Ausstande in Frankreich", *Neue Zeit*, Jhrg. 19, 1900-1901

Lagardelle, Hubert, "Die gegenwartige Lage des französischen Sozialismus", *Neue Zeit*, Jhrg. 22, 1903

Lagardelle, Hubert, "Die Strikes in Frankreich in Jahre 1900", *Neue Zeit*, Jhrg. 20,

Lagardelle, Hubert, "Die syndikalistische Bewegung in Frankreich", *Archiv f. Socialwizz.* Bd. 26, 1908

Lagardelle, Hubert, "Generalstreik und Sozialismus Internationale Enquete

Lagardelle, Hubert, "Illusions tenaces", *Mouvement socialiste*, 1907

Lagardelle, Hubert, "Karl Marx; commémoration", *Mouvement socialiste*, No. 116-117, 1903

Lagardelle, Hubert, "La comédie de Bordeaux", *Mouvement socialiste*, No. 118, 1903

Lagardelle, Hubert, "La confédération du travail et le parti socialiste", *Mouvement socialiste*, October 1907

Lagardelle, Hubert, "La situazione socialista in Francia", *Divenire sociale*, 16 gennaio 1906

Lagardelle, Hubert, "Les intellectuels devant le socialisme, causerie faite au groupe des étudiants collectivistes de Paris, le 14 décembre 1900", *Cahiers de la Quinzaine*, 4ème cahier de la 2ème serie, Paris, 1901

Lagardelle, Hubert, "Les intellectuels et le socialisme ouvrier", *Mouvement socialiste*, 1907

Lagardelle, Hubert, "Les mots et les faits", *Mouvement socialiste*, No. 82, 1902

Lagardelle, Hubert, "L'évolution des syndicats ouvriers en France, de l'interdiction à l'obligation", Paris, 1901

Lagardelle, Hubert, "L'évolution du socialisme français et les intellectuels", *Mouvement socialiste*, April, May 1907

Lagardelle, Hubert, "L'idée de partie et le socialisme", *Mouvement socialiste*, October 1906

Lagardelle, Hubert, "L'unité socialiste", *Mouvement socialiste*, No. 147, 1905

Lagardelle, Hubert, "Mannheim, Rome, Amiens", *Mouvement socialiste*, October 1906

Lagardelle, Hubert, "Ministérialisme et socialisme", *Mouvement socialiste*, No. 88, 1902

Lagardelle, Hubert, "Socialisme et programme minimum", *Mouvement socialiste*, No. 87, 1902

Lagardelle, Hubert, "Socialisme ou démocratie", *Mouvement socialiste*, No. 86, 1902

"La grève des mineurs, Documents, par A. V.", *Revue socialiste*, 1902

"La grève générale et le socialisme, Enquête internationale; opinions et documents", *Mouvement socialiste*, No. 137-140, 1904

"La Guerre en Extrême-orient et le prolétariat", *Avenir social*, 1904

Lahalle, D., and Lowit-Fratellini, N., "Les attitudes ouvrières en face du progrès technique et de la productivité," *Cahiers d'étude de l'automation et des sociétés industrielles*, No. 3, 1963

Lahalle, D., "Problèmes du syndicalisme ouvrier. Observations faites au cours d'une enquête sociologique dans l'industrie textile du Nord," *Revue française de sociologie*, April-June 1962

Lair, Maurice, "Frédéric Le Play", *Annales des sciences politiques*, September 1906

Lair, Maurice, "Le mouvement syndical dans l'agriculture française", *Revue économique internationale*, Tome 5, 1908

Lair, Maurice, "Les grèves d'ouvriers agricoles dans le midi de la France", *Annales des sciences politiques*, May 1905

Lamarzelle, G. de, "Démocratie et égalité", *Correspondant*, July 1906

Lame-Fleury, E., "De la société moderne, d'après une publication récente de M. Clemenceau, La mêlée sociale", *Journal des économistes*, June 1895

Lame-Fleury, E., "Une association ouvrière en 1843", *Journal des économistes*, November 1860, October 1861

"La mutualité et les retraites ouvrières, par C. M.", *Réforme sociale*, 1906

Lamy, Etienne, "Le Second Empire et les ouvriers", *Revue de Paris*, May 1 and 15, 1894

Landrieu, M., "Les syndicats jaunes", *Mouvement socialiste*, No. 80, 1902

Landrieu, Phil., "Du congrès d'Amiens au congrès de Sotteville", *Mouvement socialiste*, No. 124, 1903

Landrieu, Phil., "Le deuxième congrès des coopératives socialistes", *Mouvement socialiste*, November 1, 1901

Landrieu, Phil., "Les fédérations régionales des coopératives 1. En province. 2. La fédération parisienne", *Mouvement socialiste*, No. 88/89, 1902

Landry, Adolphe, "La question de l'héritage et le socialisme", *Revue socialiste*, January 1906

Landry, H., "Un système nouveau de socialisme scientifique", *Revue socialiste*, September 1906

Langeron, J. M., "Grèves et coopérations", *Réforme sociale*, March 1899

Langeron, J. M., "Le travail manuel dans l'éducation des enfants", *Réforme sociale*, December 1, 1897

Lapeyre, Paul, "Jésus-Christ et la réforme sociale", *Soc. catholique*, July 1894

"La population comme moteur de l'évolution sociale: discussion dans la Société de Sociologie de Paris", *Revue internationale de sociologie*, 1902

Laporte, E., "Du marchandage, ou travail à la pièce", *Revue occidentale*, 1879

Laporte, E., "Le congrès ouvrier de Reims", *Revue occidentale*, 1882

La Ralleye, L. de, "L'Eglise et le socialisme dans les deux mondes" *Revue du monde catholique*, August-September 1894

Laribe, "Les grèves agricoles dans le midi", *Revue politique et Parlementaire*, volume 40, 1904

"La réunion du bureau socialiste international", *Avenir social*, 1904

Larminier, J., "La loi du 21 mars 1884 et les travailleurs municipaux. Les syndicats des ouvriers égoutiers de Paris", *Mouvement socialiste*, No. 150, 1905

"La science sociale, Résumé du système de Colins", *Question sociale*, 1894

Laterrade, A., "La définition du socialisme", *Revue socialiste*, January 1899

Laterrade, A., "Un essai de République mutualiste", *Revue socialiste*, June 1896

Lauche, J., "La bourse du travail de Paris", *Revue syndicaliste*, 1905

Laurat, Lucien, "La pénétration du marxisme en France", *La Nef*, June-July 1950

Laurin, M. T., "Le socialisme dans l'Aîne (France)", *Mouvement socialiste*, VII, 1905

Laurin, M. T., "Les idées socialistes des institutions et les amicales", *Mouvement socialiste*, VII, 1905

Laurin, M. T., "Les instituteurs et les bourses du travail", *Mouvement socialiste*, February 1908,

Lauzel, Maurice, "Le congrès des amicales", *Revue socialiste*, No. 249, 1905

Laveleye, Emile de, "Communism", *Contemporary Review*, March 1890

Laveleye, Emile de, "Correspondance avec Agathon de Potter", *Philosophie de l'Avenir sur la question sociale*, 1878 and 1879

Laveleye, Emile de, "Grandeur et décadence de l'Internationale", *Revue des Deux Mondes*, March 15, 1880

Laveleye, Emile de, "L'apôtre de la destruction universelle-Bakounine de l'Internationale", *Revue des Deux Mondes*, June 1, 1880

Laveleye, Paul de, "Les conflits du travail et du capital dans la participation aux bénéfices", *L'Industrie*, No. 47, 1906

Lavergne, L. de, "Le libéralisme socialiste, les écrits de M. Proudhon", *Revue des Deux Mondes*, June 15, 1848

Lavergne, L. de, "Les réformateurs et les socialistes. L'abbé de Saint-Pierre et ses projets de réforme", *Revue des Deux Mondes*, February 1, 1869

Laveysoière, "Le rôle des syndicats", *Documents des Progrès*, December 1909

Lavi, Maurice, "Les grèves des ouvrières agricoles dans le midi de la France", *Annales des sciences politiques*, May-June 1905

Lavolles, C., "La liberté du travail et les lois ouvrières", *Journal des Économistes*, November 1903

Lavollee, R., "La Babel socialiste", *Correspondant*, October 1906

Lavroff, Pierre, "Le progrès: théorie et pratique", *Devenir social*, No. 3, 1895

Lavy, Aimé, "Les conditions du travail dans les travaux publics", *Revue socialiste*, January 1899

Lazareff, G., "La classe ouvrière et la classe capitaliste", *Revue socialiste*, May 1907

Leblond, Marius, "Art et socialisme", *Revue socialiste*, 1902

Leblond, Marius, "La décadence de la noblesse devant la démocratie", *Revue socialiste*, 1903

Leblond, Marius, "L'anarchiste dans le roman français", *Revue socialiste*, 1903

Leblond, Marius, "Le prolétariat français aux colonies", *La Revue*, 1901

Leblond, Marius, "Les poèmes socialistes de Leconte de Lisle", *Revue socialiste*, November 1901

Leblond, Marius, "Le roman socialiste contemporain", *Revue socialiste*, 1902

Leblond, Marius, "Le roman socialiste de 1895 à 1900", *Revue socialiste*, 1902

Leblond, Marius, "L'idéal du socialisme et son élaboration au XIXème siècle", *Revue socialiste*, 1902

Leblond, Marius, "L'idéal socialiste de Leconte de Lisle", *Revue socialiste*, 1902

Leblond, Marius, "Notes sur George Sand socialiste", *Revue socialiste*, July 1904

Le Bras, Gabriel, "Mesure de la vitalité sociale du catholicisme en France", *Cahiers internationaux de sociologie*, VIII, pp. 3-39, 1950

Lebrun, Mme. P., "La situation de l'ouvrière isolée", *Réforme sociale*, année 26, 1907

"Le bulletin de santé du P. C. français", *Réalités*, No. 135, p. 34, April 1957

"Le bureau socialiste international, compte-rendu de la réunion des 4 et 5 mars 1906", *Avenir social*, 1906

Lechevalier, Jules, "De l'association et des divers moyens pour la réaliser", *Revue du progrès social,* 4 livr.

Lechevalier, Jules, "Situation et avenir social de la France", *Revue du progrès social,* 1 livr.

"Le congrès des syndicats agricoles de Périgueux et les questions féminines", *Réforme sociale,* 1905

Leconte, Charles, "Patriotisme et socialisme", *Revue socialiste,* 1905

Lecoq, "La répression des atteintes à la liberté du travail", *Association catholique,* April 15, 1903

Le Cour Grandmaison, "A propos d'une grève récente", *Association catholique,* February 1899

Lecourt, G. R., "The Right to Strike in France, Some Recent Decisions of the Courts", *International Labour Review,* March 1954

"Le droit de grève doit-il être réglementé?" *Combat,* December 22-28, 1948, Paris

Leduc, G., "Les manifestations récentes de la doctrine sociale du Saint-Siège", *Revue d'économie politique,* January 1932

Lefèvre, "Des coalitions d'ouvriers et de leurs effets", *Journal des économistes,* April 1864

"Le syndicalisme libre face aux problèmes internationaux", *Synthèses,* special issue, July 1951, No. 62

Lefèvre, abbé, "Les écoles avant la Révolution", *Mémoires du Vexin,* Tome X, Gisors, 1886

Lefèvre, Robert, "Le problème de l'épuration syndicaliste", *Revue syndicaliste,* July 1949

Lefort, J., "De la condition économique et juridique des caisses syndicales d'assurance contre le chômage", *Revue générale du droit,* August 1911

Lefort, J., "L'association internationale des travailleurs", *Journal des économistes,* April 1911

Lefranc, Georges, "Contribution à l'histoire du socialisme en France dans les dernières années du XIXème siècle: Léon Blum, Lucien Herr et Lavron", *Information Historique,* September-October 1960

Lefranc, Georges, "Première rencontre avec Paul Faure: 24 janvier 1924", *République Libre,* December 9, 1960

Lefranc, Georges, "La CGT et l'arbitrage", *Esprit,* July 1, 1938

Lefranc, Georges, "La CGT et le problème de la représentation", *Esprit,* March 1, 1939

Lefranc, Georges, "La presse syndicale ouvrière", *Cahiers de la Presse,* July-September 1934, Sirey, Paris, 1939

Lefranc, Georges, "La révolution et les ouvrières", *Révolution française* (article in) Paris, 1939

Lefranc, Georges, *Le droit de regard des salariés dans les entreprises (contrôle ouvrier). Le problème des techniciens dans l'économie dirigée, pp.* 27-35, Plans du Travail, Abbaye de Pontigny, October 23-24, 1937, Brussels, 1938

Lefranc, Georges, and E., *Les Ecoles ouvrières: buts, méthodes, résultats. rapport présenté au Congrès international des losirs de Bruxelles juin 1935, reproduit dans les "Loisirs du Travailleur,"* Etudes et Documents du B.I.T., série G, No. 14, Genève, 1936

Lefranc, Georges, "Les origines de l'idée de nationalisation industrielle en France (1919-1920)", *Information Historique,* September-October 1960

Lefranc, Georges, *Travail maudit ou travail souverain,* Conférence aux Rencontres internationales de Genève, Septembre 1959, (in "Le Travail et l'Homme), La Baconnière, Neuchâtel, 1960

Legien, Carl, "La crise économique et les syndicats", *Mouvement socialiste,* No. 124, 1903

Legien, Carl, "La crise économique et les syndicats", *Mouvement socialiste,* No. 124, 1903

Legien, Carl, "Les syndicats ouvriers en 1902", *Mouvement socialiste,* No. 131, 1903

Lens, Sidney, "Labor Unions and Politics in Britain and France", *Foreign Policy Reports,* November 1, 1950, Volume 26, No. 12

Lens Sidney, "Labor Movement Developments in France, 1944-1949", *Monthly Labor Review,* July 1949, Volume 69, No. 1

Lens, Sidney, "Will France Face the Facts?", *The Economist,* March 8, 1952, Volume CLXII, No. 5663

"Léon Jouhaux (1879-1954)", *Free Labour World,* May 1954

"Le Lock-out général de l'industrie textile à Verviers, septembre-novembre 1906", *Revue du travail,* Brussels, 1907

"Le Lock-out de Verviers", *Journal des Economistes,* November 1906

Lemaire, "Salaire au XVIème siècle", *Bulletin de la Société d'archéologie, sciences, lettres et arts du département de Seine-et-Marne,* Tome VI, 1869-1872

Lemire, abbé, "Discours sur la question sociale", *Association catholique,* December 15, 1894

Lenoir, R., "La grève des mouleurs en France", *Mouvement socialiste,* No. 158, 1905

Lensch, Paul, "Der Fall Delcasse und die Parteipresse", *Neue Zeit,* Jhrg. 24, 1905-1906

Léon, Henry, "Le solidarisme, la science économique et les doctrines sociales", *Journal des économistes,* May 1897

Leriche, J., "Les travailleurs immigrés", *Revue de l'action populaire,* pp. 188-210, March 1950

Lerolle, "Le socialisme réformiste", *Revue de la jeunesse catholique,* April 1903

Lerolle, "La crise du patriotisme et la lutte des classes", *Association catholique,* February 1906

Leroux, "Revue sociale, ou solution pacifique du prolétariat", *Revue mensuelle,* 3 volumes, 1845-1847

Leroux, "Revue sociale, ou solution pacifique du prolétariat", *Revue mensuelle,* 3 volumes, 1845-1847

Leroy, Maxime, "L'organisation ouvrière", *Revue de Paris,* 1905

Leroy, Maxime, "Trois lois ouvrières", *Revue bleue,* April 26, 1902

Leroy-Beaulieu, Paul, "De la nécéssité de préciser le droit de grève", *Bulletin du Commerce central du travail industriel,* September 1895

Leroy-Beaulieu, Paul, "Le ministère radical-Socialiste et socialiste", *Economiste français,* 1906

Leroy-Beaulieu, Paul, "Le rôle de la bourgeoisie dans la production", *Revue des Deux Mondes,* July 15, 1870

Leroy-Beaulieu, Paul, "Le socialisme et les grèves", *Revue des Deux Mondes,* March 1, 1870

Leroy-Beaulieu, Paul, "Le syndicalisme—La Confédération Générale du Travail—La théorie de la Violence", *Revue des Deux Mondes,* August 1, 1908

Leroy-Beaulieu, Paul, "Les aspirations des ouvriers et leurs projets de réforme sociale. Rapports de la délégation ouvrière française à l'exposition de Vienne", *Revue des Deux Mondes,* July 1, 1875

Leroy-Beaulieu, Paul, "Les systèmes d'association et la participation aux bénéfices", *Revue des Deux Mondes,* May 15, 1870

"Le socialisme et les accidents de mine", *Bulletin commercial central du travail industriel,* September 1895

"Le socialisme et l'agriculture", *Réforme sociale,* July 1, 1895

"Les Accords du type Renault," *Revue Internationale du Travail,*

"Les applications de la participation aux bénéfices", *Bulletin de la participation aux bénéfices,* 1910

"Les communistes anglais et français", *Revue britannique,* série VI, tome XV, 1848

"Les partis ouvriers en France, par B. M.", *Revue socialiste,* No. 5, 1880

"Les revendications ouvrières en France", *Sociologie catholique,* September 1894

"Les secrétariats ouvriers permanents en Allemagne", *Journal du Correspondant,* February 1906

"Les socialistes et les profits du capital dans l'industrie", *Réforme sociale,* 1894

Lestelley, H. de, "Le contrat du travail et le juste salaire", *Revue catholique des institutions et du droit,* 1894

"Les systèmes socialistes de Saint-Simon à Proudhon", *Revue socialiste,* 1903

"Les rapports entre les salaires des assurés sociaux et le montant des prestations qui ont été servies en 1951", *Revue Française du Travail,* pp. 43-93, February 1953

Letaconnaux, J., "Le régime de la corvée en Bretagne au XVIIIème siècle", *Annales de la Bretagne,* Tome 21-23, Rennes, 1906-1908

"Lettre pastorale au sujet d'une grève", *Bulletin des oeuvres sociales de Tournay,* 1907

Levasseur, Emile, "De la condition matérielle de la classe ouvrière depuis quinze ans", *Journal des économistes,* November 1866

Levasseur, Emile, "De la condition morale de la classe ouvrière depuis quinze ans", *Journal des économistes,* February 1867

Levasseur, Emile, "Histoire des classes ouvrières et de l'industrie en France avant 1789", *Journal des économistes,* December 1900

Levasseur, Emile, "Histoire des classes ouvrières et de l'industrie française sous la troisième république", *Revue internationale du commerce, de l'industrie et de la banque,* 1905

Levasseur, Emile, "La machine et l'ouvrier", *Journal des économistes,* November 1908

Levasseur, Emile, "Le mouvement des idées sociales et économiques de 1789-1870", *Revue politique et parlementaire,* 1904

Levasseur, Emile, "Le socialisme à l'oeuvre", *Revue politique et parlementaire,* October 1907

Levasseur, Emile, "Les périodes de l'histoire des classes ouvrières en France", *Revue internationale de sociologie,* IX, 1901

Levasseur, Emile, "Les associations professionnelles", *Revue économique internationale,* année 3, Tome 4, 1906

Levasseur, Emile, "Patrons et ouvriers au XVIIIème siècle", *Journal des économistes,* July, September 1865

Levasseur, Emile, "Questions ouvrières et industrielles en France depuis 1870", *Annales des sciences politiques,* No. 2, March 1907

Levoux, Eugène, "La participation aux bénéfices", *Monde économique,* March 1907

Lévy, Emmanuel, "Le contrat collectif de travail", *Revue sociale,* July 1906

Lévy-Bruhl, R., "Une enquête par sondage sur l'emploi", *Bulletin mensuel de statistique,* Quarterly supplement, January-March 1951

Lichtenberger, André, "La question ouvrière et le mouvement philosophique au XVIIIème siècle", *Revue d'histoire moderne et contemporaine,* Tome 3, No. 1, May-June 1901

Ligeon, Fernand, "La grève de la Ruhr", *Revue sociale catholique,* 1906

Limousin, Charles M., "Coup d'oeil sur l'Internationale", *Journal des économistes,* April 1875

Limousin, Charles M., "Economie politique et socialisme", *Journal des économistes*, August 1887

Limousin, Charles M., "La concurrence des syndicats", *Journal des économistes*, May 1902

Limousin, Charles M., "La question des syndicats", *Economie internationale*, June 23, 1894

Limousin, Charles M., "L'agitation collectiviste révolutionnaire", *Journal des économistes*, September 1880

Limousin, Charles M., "Le deuxième congrès d'ouvriers français tenu à Lyon du 28 janvier au 8 février 1878", *Journal des économistes*, March 1878

Limousin, Charles M., "Le familistère de Guise", *Journal des économistes*, September 1881

Limousin, Charles M., "Le positivisme d'Auguste Comte est-il scientifique?", *Journal des économistes*, November 1899

Limousin, Charles M., "Le problème de la monnaie. La question sociale et la question de la monnaie", *Revue d'économie politique*, XVI, 1902 and XVII, 1903

Limousin, Charles M., "Le septième congrès de l'Internationale", *Journal des économistes*, November 1874

Limousin, Charles M., "Le socialisme devant la sociologie", *Revue d'économie politique*, XV, 1901

Limousin, Charles M., "Le IIIème congrès d'ouvriers français tenu à Marseille du 21 au 31 octobre 1879", *Journal de économistes*, December 1879

Limousin, Charles M., "Peut-on être socialiste et économiste?", *Economie internationale*, June 16, 1894

Limousin, Charles M., "Le christianisme social", *Economie internationale*, March 31, 1894

Liui, L., "Sur la mesure de la mobilité sociale", *Population*, pp. 65-70, January-March 1950

Livet, A., "La chanson 'rouge' au XIXème siècle", *Revue socialiste*, 1902

Livet, A., "Le mouvement socialiste au Quartier Latin", *Revue socialiste*, November 15, 1897

Locker, A., "Conditions of the Working Classes in Foreign Countries", *British Almanach*, 1871

Longuet, Jean, "Der Kongress in Bordeaux und die franzosischen Sozialisten", *Neue Zeit*, Jhrg. 21, 1903

Longuet, Jean, "Les élections", *Mouvement socialiste*, No. 90, 1902

Longuet, Jean, "Les tendances du socialisme français, et leurs forces électorales", *Mouvement socialiste*, No. 95, 1902

Longuet, Jean, "Organisation et fédéralisme", *Mouvement socialiste*, No. 84, 1902

Lorin, Henri, "Le mouvement syndical ouvrier et les catholiques sociaux", *Association catholique*, November 15, 1903

Lorwin, Val R., "French Trade Unions since Liberation 1944-1951", *Industrial Labor Relations Review*, Volume 5, No. 4, July 1952

Lorwin, Val R., "The Struggle for control of the French Trade-Union Movement, 1945-1949", *Modern France*, edited by Edward Earle, Chapter 12, pp. 200-218, Princeton University Press, Princeton, New Jersey,

Louis, Paul, "Blanqui und der Blanquismus", *Neue Zeit*, Jhrg. 19, 1900-1901

Louis, Paul, "Der Streik der französischen Minearbeiter und seine Ursachen", *Neue Zeit*, Jhrg. 21, 1902-1903

Louis, Paul, "Die Berufs und Industrieverbande in Frankreich", *Neue Zeit*, Jhrg. 25, 1906-1907

Louis, Paul, "Die Streiks in Frankreich", *Neue Zeit*, Jhrg. 23, 1905

Louis, Paul, "Francois Vidal. Ein französischer Socialist des Jahres 1848", *Neue Zeit*, Jhrg. 20, 1902

Louis, Paul, "Les intellectuels et le socialisme", *La vie socialiste*, No. 14, 1905

Louis, Paul, "Le parti socialiste et les élections". *Revue bleue*, March 31, 1906

Louis, Paul, "Le socialisme dans l'état moderne", *Mercure de France*, February 15, 1905

Luce, Simeon, "Ouvriers mineurs. De L'exploitation des mines et de la condition des ouvriers mineurs en France au XVème siècle", *Revue des questions historiques*, 1877

Luéthy, Herbert, "Why Five Million Frenchmen Vote Communist", *Commentary*, September 1951

Luquet, A., "La fédération nationale des syndicats ouvriers-coiffeurs", *Mouvement socialiste*, No. 149, 1905

"Lutte ou accord pour la vie", *Revue sociale*, 1894

Lux, "Les trois huit", *Avenir, No. 1*, 1896

Luxembourg, Rosa, "Die socialistische Krise in Frankreich", *Neue Zeit*, Jhrg. 16, 1900-1901

Luxembourg, Rosa, "Die socialistische Krise in Frankreich: Der Fall Millerand und die socialistischen Parteien", *Neue Zeit*, Jhrg. 19, 1900-1901

Macquart, Emile, "Les problèmes du 20ème siècle", *Journal des économistes*, November, 1901

Macridis, Roy C., and Brown, Bernard E., "The Study of Politics in France since the Liberation — A Critical Bibliography", *American Political Science Review*, Volume LI, No. 3, September 1957

Magitot, E., "Les industries insalubres — La fabrication des allumettes", *Revue des Deux Mondes*, March 1, 1897

Magnin, "Du rôle des prolétaires dans la société moderne", *Revue occidentale*, 1879

Magnin, "Du salaire, ce qu'il est, ce qu'il doit être", *Revue occidentale*, 1879

Magnin, "Projet de programme pour le congrès ouvrier de Marseille", *Revue occidentale*, 1879

Magnin, "Séparation spontanée entre entrepreneurs et travailleurs", *Revue occidentale*, 1879

Maillet, G., "Parti socialiste et le ministère français", *Humanité nouvelle*, May 1900

Malatesta, Enrico, "La politique parlementaire dans le mouvement socialiste", *Réveil*, pp. 118-121, 1905

Malapert, "Etude historique sur les coalitions", *Journal des économistes*, June 1872

Malon, Benoît, "La législation internationale du travail", *Revue socialiste*, December 1890

Malon, Benoît, "Les collectivistes français", *Revue socialiste*, April 1887

Malon, Benoît, "Les débuts du parti ouvrier", *Revue socialiste*, No. 11, 1880

Malon, Benoît, "Le développement du collectivisme", *Revue socialiste*, November 1886, January and February 1887

Malon, Benoît, "Les précurseurs théoriques du parti ouvrier", *Revue socialiste*, March 1887

Malon, Benoît, "Programme électoral des travailleurs", *Revue socialiste*, No. 10, 1880

Malon, Benoît, "Revue du mouvement social en France", *Revue socialiste*, October 1887

Malon, Benoît, "Socialisme et collectivisme", *Revue socialiste*, October 1887

"Benoît Malon et le Marxisme", *Revue socialiste*, November 1903

Mantica, Paolo, "Il Congresso di Limoges", *Divenire sociale*, November 16, 1906

Mantoux, Paul, "Patrons et ouvriers en 1830", *Revue d'histoire moderne*, Volume III, pp. 291-296

Marcas, Yves, "La question sociale", *Revue socialiste*, July 1886

Marie, A. François, "L'évolution d'une coopérative: L'Economie parisienne", *Mouvement socialiste*, No. 83-84, 1902

Marie, A. François, "Le cinquième congrès de la coopération socialiste française", *Mouvement socialiste*, No. 160-161, 1905

Marie, A. François, "Le quatrième congrès national des coopératives socialistes", *Mouvement socialiste*, No. 129, 1903

Marie, A. François, "Les coopératives socialistes", *Mouvement socialiste*, No. 146, 1905

Marie, A. François, "Les fédérations coopératives régionales", *Mouvement socialiste*, No. 136, 1904

Marie, A. François, "L'Union d'Amiens", *Mouvement socialiste*, No. 122, 1903

Marins, R. de, "Révolution française et le socialisme", *Association catholique*, April 1900

Marmauie, R. de, "La Confédération Générale du Travail", *Courrier Européen*, 1906

Maroussem, Pierre du, "La question sociale dans la société chrétienne", *Revue politique et parlementaire*, 1899

Martineau, E., "La loi d'évolution et de progrès moral des sociétés et le socialisme", *Journal des économistes*, July 1899

Martineau, E., "Le principe de Lavoisier et le socialisme scientifique", *Journal des économistes*, October 1901

Martineau, E., "Les contradictions du socialisme", *Journal des économistes*, February 1900

Martineau, E., "Les principes de la Révolution de 1789 et le socialisme", *Journal des économistes*, April, June 1900

Martineau, E., "Socialism and Moral Progress", *Gunton's Magazine*, November 1899

Martineau, S., "L'argile humaine et le potier socialiste", *Journal des économistes*, September 1904

Marsh, Michael, "What the Communists Have Done to French Industry", *Factory Management and Maintenance*, VCI, February 1948

Mater, André, "L'état socialiste et la théorie juridique de la gestion", *Revue socialiste*, 1903

Mater, André, "Le socialisme juridique", *Revue socialiste*, July 1904

Mater, André, "Sources et origines juridiques du socialisme", *Revue socialiste*, September 1903

Mathorez, J., "Notes sur la conciliation entre patrons et ouvriers", *Revue politique et parlementaire*, V, 1898

Marx, Karl, "Adresse inaugurale de l'Association Internationale des Travailleurs" *Mouvement socialiste*, No. 85, 1902

Marx, Karl, "Uber die Pariser Kommune", *Neue Zeit*, Jhrg. 20, 1901-1902

Mauclair, Camille, "L'oeuvre sociale et l'art moderne", *Revue socialiste*, 1901

Mauclair, Camille, "Psychologie des grèves", *Revue socialiste*, 1902

Maurras, Charles, "Auguste Comte", *Réforme sociale*, Année 25, 1905

McPherson, William H., "Grievance Settlement in Western Europe," *Proceedings of the Fifteenth Annual Meeting, Industrial Relations Research Association*, Pittsburgh, 1962

McPherson, William H., "Les conseils de prud'hommes, une analyse de leur fonctionnement," *Droit social*, January 1962.

Maury, F., "L'urgence d'une politique sociale", *Revue bleue*, January 1910

Maury, R., "L'influence du syndicalisme sur les salaires", *Conseil économique*, June 1954

May, D., "Ma confession", *Revue socialiste*, 1899

Maybon, C. A., "Le prolétariat devant les trusts", *Mouvement socialiste*, December 1. 1901

Mayer, André, "Les socialistes et la séparation", *La vie socialiste,* 1905

Meignen, Maurice, "Etude générale sur l'organisation des métiers avant 1791", *Association catholique,* 1879

Merlin, Roger, "La participation des ouvriers aux bénéfices dans l'industrie", *Revue politique et parlementaire,* VI, 1899

Merlino, Fr. Sav., "L'intégration économique. Exposé des doctrines anarchistes", *Journal des Economistes,* December 1889

Merrheim, A., "Un grand conflit social: La grève d'Hennebont", *Mouvement socialiste,* November, December 1906

Micaud, Charles A., "Why French Workers Vote Communist", *The New York Times Magazine,* January 15, 1956

Meyer, Rud., "Le capitalisme fin de siècle", *Association catholique,* September 15, 1894

Meyers, Frédéric, "Deux aspects du rôle des conventions collectives en France," *Sociologie du Travail,* II, No. 2, 1965

Meyers, Frederic, "Job Protection in France and Britain," *Labor Law Journal,* July 1962

Michel, G., "La situation légale des syndicats professionnels", *L'Economiste,* April 28, May 5 and 19, 1888

Mihura, Jules, "Le fédéralisme syndical et la coopération dans l'agriculture", *Réforme sociale,* Année 25, 1905

Milhaud, A., "La classe ouvrière en France au XIXème siècle", *Revue de synthèse historique,* October 1908

Milhaud, Edgar, "Les prolétaires de l'industrie à domicile", *La Revue,* March 15, 1909

Millerand, Alexandre, "La paix industrielle", *Aide sociale,* 1909

Millerand, Alexandre, "La politique sociale de la République", *Aide sociale,* 1909

Millerand, Alexandre, "Les conflits sociaux et l'arbitrage", *Parlement et l'Opinion,* February 1911

Millerand, Alexandre, "L'évolution socialiste", *Revue socialiste,* July 1895

Millerand, Alexandre, "Le socialisme réformiste, discours", *Revue socialiste,* 1903

Millerand, Alexandre, "L'organisation ouvrière", *Revue socialiste,* 1903

Mintzes, Joseph, "Labor Movement Developments in France, 1944-1949", *Monthly Labor Review,* LXIX, July 1949

Molinari, Edmond de, "Le mouvement anarchiste en France et l'union ouvrière nihiliste du midi de la Russie", *Journal des économistes,* November 1882

Molinari, Edmond de, "Le mouvement nihiliste", *Journal des économistes,* May 1880

Molinari, G. de, "La guerre civile du capital et du travail. Causes et remèdes", *Journal des économistes,* July 1886

Molinari, G. de, "Les trades-unions, les trusts et le laisser-faire", *Journal des économistes,* August 1904

Molinari, G. de, "Où est l'utopie?", *Journal des économistes*, August 1904

Monatte, Pierre, "Réflexions sur l'avenir syndical", *Les Cahiers du Travail*, série 1, No. 9, Paris, 1921

Monatte, Pierre, "Trends in French Unionism", *Modern Review*, No. 6, August 1947

Monatte, Pierre, "Un coup d'oeil en arrière—Lettre de démission au Comité Confédéral, december 1914; La circulaire de lancement de la 'Vie Ouvrière', avril 1919", *Les Cahiers du Travail*, Série 1, No. 2

Monnier, Henri, "Le Paradis socialiste et le Ciel Chrétien", *Revue chrétienne*, 1907

Montegut, "Le socialisme et les socialistes en province", *Revue des Deux Mondes*, September 1, 1849

Morin, Louis, "Mémoire sur les Sociétés de secours mutuels aux XVIème siècle et XVIIème siècles à Troyes", *Bulletin des sciences éccnomiques et sociales du Comité des travaux historiques et scientifiques*, 1900

Morizet, A., "Documents socialistes (France)", *Mouvement socialiste*, No. 103, 1902

Mutschler, C., "Coopératives et syndicats", *Mouvement socialiste*, April 1911

Mutschler, C., "La neutralité des coopérations", *Mouvement socialiste*, No. 91, 1902

Naquet, A., "Critique de l'anarchie", *Humanité nouvelle*, No. 38, 50 and 54

Naquet, A., "Guesde und Jaures", *Socialistiche Monatshefte*, Jhrg. 5, 1901

Naquet, A., "La répartition en régime communiste et collectiviste", *Humanité nouvelle*, 1903

Naquet, A., "Luxe, science et arts dans l'anarchie", *Humanité nouvelle*, 1903

Naquet, A., "Socialiste sans le savoir", *Revue socialiste*, 1902

Necker, Fred., "L'organisation du travail, d'après le Prof. Thury de Genève, *Réforme sociale*, XX, 1900

Nestor, Paul, "La grève générale des travailleurs agricoles", *Mouvement socialiste*, No. 153, 1905

Neybor, Jean, "Droit et socialisme", *Revue socialiste*, April 1907

Nezard, Henry, "Le socialisme municipal en France", *Revue d'économie politique*, October, November, December 1910

Nieuwenhaus, F., Domela, "Réforme et révolution", *Revue socialiste*, Nc. 10, 1880

Noël, Octave, "Les corporations ouvrières sous l'ancien régime", *Journal officiel*, March 6 and 29, 1877

Norgelet, Francis, "Organisation d'une république sociale syndicaliste", *Le Monde Contemporain*, Paris, 1934

Nourrisson, Paul, "L'influence sociale des sociétés secrètes: La franc-maçonnerie", *Réforme sociale*, Année 19, 1899

Novicow, J., "Le problème de la misère", *La Revue*, April 15, 1908

Nuvesnais, R. P., "La question sociale et l'encyclique sur la condition des ouvriers", *La nouvelle France*, September 1902

Octors, A., "Le cinquième congrès syndical du P.O.B.", *Mouvement socialiste*, No. 134, 1904

Octors, Al, "Le sixième congrès syndical", *Mouvement socialiste*, No. 150, 1905

Olphe-Galliard, G., "La crise de l'apprentissage et les conditions du travail des jeunes ouvriers dans l'industrie moderne", *Science sociale*, 1902

Olphe-Galliard, G., "Le contract collectif", *Revue socialiste*, December 1909

Olivier, Emile, "La loi des coalitions (1864)", *Revue des Deux Mondes*, July 1, 1901

Olphe-Galliard, G., "Le contrat collectif en France", *Revue socialiste*, March 1910

"Organisation du travail dans les campagnes. Ateliers sociaux agricoles", *Le Nouveau Monde*, Année I, No. 9 and 10

Ott, A., "Du système d'association ouvrière proposée par Buchez", *Journal des économistes*, July 1866

Oualid, William, "L'arbitrage obligatoire en France", *Revue d'économie politique*, Volume 53, 1939, pp. 665-711

Oustry, Louis, "M. Faguet et le socialisme", *Revue socialiste*, May 1907

Overbergh, C. van, "La veille d'un grand débat: Les associations professionnelles", *Revue sociale catholique*, No. 11, 1897

Paillottet, P., "De l'encouragement aux associations ouvrières voté par l'Assemblée Constituante", *Journal des économistes*, November, December 1849

Paix-Seailles, Charles, "Au congrès de Nancy. Radicaux et socialistes", *Courrier Européen*, 1907

Paix-Séailles, Charles, "La crise socialiste en France", *Courrier Européen*, 1907

Pannekoek, Anton, "Socialismus und Anarchismus", *Neue Zeit*, Jhrg. 24, 1905-1906

Paoli, Louis, "Notes sur le mouvement coopératif en France", *Revue socialiste*, April 1896

Parenty, "Les anciennes corporations d'arts et métiers de la ville d'Arras", *Mémoires de l'Académie d'Arras*, 1868

Pareto, Vilfredo, "Le droit du personnel des services publics", *Journal des Économistes*, August 1899

Pareto, Vilfredo, "Le péril socialiste", *Journal des économistes*, May 1900

Pascal, G. de, "La question sociale d'après un article du Dr. Vaughan: en faveur de l'intervention de la loi", *Association catholique*, September 1894

Pascal, G. de, "La révolution sociale", *Association catholique*, May 9, 1906

Passy, Frédéric, "Le socialisme libéral ou morcellisme", *Journal des économistes*, January 1905

Passy, Frédéric, "Premier congrès de l'hygiène des travailleurs et des ateliers du 20 au 30 octobre 1904", *Journal des économistes*, 1904

Passy, Hyppolite Philbert, "De la liberté en matière de travail et propriété", *Journal des économistes*, June 1848

Pataud, Emile, "La grève des électriciens à Paris", *Courrier Européen*, 1907

Payen, Edouard, "L'application de la loi sur le repos hebdomadaire d'après les rapports des Inspecteurs du travail", *Economiste français*, 1909

Payen, Edouard, "L'industrie à domicile et la réglementation du travail", *Économiste français*, July 30, 1904

Pechenard, L., "Des syndicats chrétiens", *Association catholique*, May 15, 1902

Pecqueur, Constantin, "Moyen de prévenir le retour des coalitions d'ouvriers", *Revue du progrès social*, 8, livr.

Pelissier-Guys, Henri, "Antagonisme et mouvements sociaux (1789-1870), Mouvements ouvriers et conflits du travail", *Encyclopédie départementale des Bouches-du-Rhône*, Tome X, pp. 67096, 1923

Pelloutier, Fernand, "Les conditions de l'existence ouvrière", *Revue socialiste*, December 1894

Père Duchêne, *Histoire biographique, anecdotique et bibliographique du Père Duchêne. Avec portraits, vignettes, et facsimile*, Paris, 1871

Petavel, J. W., "Une racine de nos maux sociaux", *Revue internationale de sociologie*, X, 1902

Petit, Eugène, "Les grèves en 1888", *Journal des économistes*, October 1888

Peyron, Elie, "Machinisme et socialisme", *Revue socialiste*, October 1886

Philip, André, "The Shifting Status of French Labor", *Foreign Affairs Quarterly*, XVII, July 1939

Philippe, Léon, "Quelques conséquences possibles de la lutte des classes: vue sur l'avènement du collectivisme", *Annales de l'Institut de sociologie*, 1907

Picet, G., "Les institutions patronales en France et la lutte contre le socialisme", *Réforme sociale*, No. 107-108, 1890

Picet, G., "Socialisme et devoir social", *Réforme sociale*, Année X, 1890

Picquenard, Ch., "Le bilan financier des grèves et leur influence sur les salaires", *Revue d'économie politique*, May 1908

Pierrot, M., "Die Anarchisten und der Syndikalismus", *Freie Generation*, May 1907

Pickney, David H., "Nationalization of Key Industries in France After the Liberation", *Political Science Quarterly*, LXII, September 1947

Pioger, J., "La loi du progrès", *Revue socialiste*, Volume 20, 1904

Piolet, "L'émigration, remède au malaise social", *Réforme sociale*, January 16, 1900

Piot, George, "Une enquête sociale. Les conditions de travail de la jeunesse ouvrière", *Association catholique*, July 1905

Planton, Mathurin, "Leçon familière de socialisme", *Revue socialiste*, February 1897

Platon, G., "Socialisme et charité", *Revue socialiste*, October and November 1886

Platt, W., "Anarchisme à mon point de vue", *Solidarité sociale*, 1905

Plessis, Marc, "Le syndicalisme à la campagne", *Solidarité sociale*, 1905

Pleven, René, Pinay, Antoine and Faure, Edgar, "Rendez-vous d'octobre", *Bulletin de Paris*

Philbert, A., "Budget type et salaire minimum garanti: le budget type de 1953", *Droit social*, pp. 141-152, March 1954 and pp. 398-404, July-August 1954

Poinsard and Lebon, "Le socialisme français, son évolution et ses tendances actuelles", *Bulletin de la Fédération des industriels*, August 1906

Poisson, E., "Le congrès coopératif de Calais", *Revue socialiste*, August 1911

Poisson, E., "Les conditions de l'unité coopérative", *Revue socialiste*, July 1911

"Politics for the Poor and the Rich, addressed to the people by a British officer banished from France in 1834 for his political opinions", 2 numbers, London, 1836

Pollet, Maurice, "Le lock-out de Verviers", *Revue sociale catholique*, December 1906

Pollex, "Zur Ausstandsbewegung in Frankreich", *Die Zeit*, Nr. 486, Wien, 23 Jan. 1904

Ponthière, Ch., "Unions professionelles", *Revue sociale catholique*, No. 8, 1897

Ponthot, Emile, "Les théories sociales de Paul Bourget", *Revue sociale catholique*, March 1906

Potron, G., "Les trois-huit et le relèvement des salaires", *Société nouvelle*, November 1910

Potter, A., de, "Anarchisme et bourgeoisie", *Philosophie de l'avenir*, 1894

Potter, A. de, "L'homme libre. Du salaire", *Philosophie de l'avenir*, December 1894

Potter, A. de, "Propriété individuelle et propriété sociale", *Revue socialiste*, January 15, 1898

Pottier, Paul, "Parmi les anarchistes", *La Revue*, May 15, 1904

Pouget, Emile, "La Confédération Générale du Travail et le congrès de Lyon", *Mouvement socialiste*, December 1, 1901

Pouget, Emile, "La Confederazione Generale del Lavoro in Francia", *Divenire sociale*, 16 gennaio 1906

Pouget, Emile, "Le congrès syndicaliste d'Amiens", *Mouvement socialiste*, October, November, December 1906, January 1907

Pouget, Emile, "Le VIIème congrès de la confédération générale du travail", *Mouvement socialiste*, No. 111-112, 1903

"Pourquoi les économistes sont-ils altruistes et les socialistes égoistes", *Journal des économistes*, 1894

"Pour la réduction des heures de travail", *Revue socialiste*, November, December, 1906

Powell, Webster, "Activities of French Labor Unions in 1949-1951", *Monthly Labor Review*, Volume 72, No. 6, June 1951

Powell, Webster, *Notes on Labor Abroad*, December 1949, No. 13

Pressense, F. de, "Les élections et le devoir socialiste", *Mouvement socialiste*, No. 85, 1902

Pressensé, F. de, "La question ministérielle", *Mouvement socialiste*, 1902

Prévôt, Gabriel Ellen, "Le socialisme aux champs", *Revue socialiste*, October 1904

Prévôt, Gabriel Ellen, "Le socialisme aux champs, (chronique agraire)", *Revue socialiste*, July 1904

Prévôt, Gabriel Ellen, "Les récents mouvements agraires dans le midi de la France", *Revue socialiste*, May 1904

Prins, A., "La tendance collectiviste", *Revue des Deux Mondes*, September 1, 1902

Prins, A., "Les tribunaux professionnels en matière d'accidents du travail", *Revue sociale catholique*, No. 7, 1897

Prou, Maurice, "Les coutumes de Lorris et leur propagation au XIIème et XIIIème siècles", *Nouvelle revue historique du Droit français et étranger*, Tome VIII, 1885

Proudhon, Pierre J., "Mémoires sur ma vie (Fragments)", *Revue socialiste*, Volume 40, 1904

Proudhon, Pierre J., "Quelques lettres inédites", *Revue politique et parlementaire*, 1902

Puynode, Gustave du, "Le capital", *Journal des économistes*, September and October 1894

Quelch, H., "Le péril jaune", *Mouvement socialiste*, Volume 12, 1904

"Quelques mots d'histoire du syndicalisme", *Revue syndicale*, 1909

"Questions sociales", *Revue occidentale*, 1878-1882

Rappoport, Ch., "Der erste allgemeine sozialistische Kongress in Frankreich", *Schweiz. Blatterf. Wirtsch.-u. Soz.-Pol.*, Jahrg. 8, 1900

Rappoport, Ch., "Der französische Parteitag in Chalons-sur-Saone", *Neue Zeit*, Jhrg. 24, 1905-1906

Rappoport, Ch., "Der französische Wahlkampf vom 6 Mai und die Parteien", *Neue Zeit*, Jhrg. 24, 1906

Rappoport, Ch., "Der Kongress der socialistischen Partei in Nancy", *Neue Zeit*, Jhrg. 25, 1907

Rappoport, Ch., "Der socialistische Kongress in Limoges", *Neue Zeit*, Jhrg. 25, 1907

Rappoport, Ch., "Der Wahlsieg in Frankreich", *Neue Zeit*, Jhrg. 24, 1906

Rappoport, Ch., "Georges Clémenceau oder der burgerliche Anarchoradikalismus", *Neue Zeit*, Jhrg. 24, 1906

Rappoport, Ch., "Idées et faits socialistes (Le matérialisme de Marx et l'idéalisme de Kant)", *Revue socialiste*, February 15, 1900

Rappoport, Ch., "Jules Guesde und die französische Arbeiterbewegung", *Neue Zeit*, Jhrg. 26, 1907-1908

Rappoport, Ch., "Le socialisme et l'évolution des idées politiques", *Revue socialiste*, 1901

Rappoport, Ch., "Y a-t-il un socialisme scientifique?", *Revue socialiste*, 1901

"Rapport préliminaire de la mission intégration des travailleurs dans l'entreprise", *Revue Française du Travail*, pp. 1-15, January-March 1952

Raynaud, Barthélémy, "Le passé et l'avenir du contrat collectif de travail", *Réforme sociale*, 1903

Razous, P., "Les moyens de prévenir et d'apaiser les conflits du travail", *Revue d'économie industrielle*, April 1911

Reclus, Elisée, Bedouch, J. et al., "Lettre aux ouvriers", *L'Association*, No. 2

Reclus, Elisée, "L'evoluzione legale e l'anarchia", *Risveglio*, 1905

Redet-Poyier, L'éducation de la démocratie", *La Revue*, 1907

"Réflexions sur les questions ouvrières par X", *Mémorial. Rev. d. int. relig.* 1893

Regnard, A., "Les mensonges conventionnels de notre civilisation", *Revue socialiste*, August 1886

Renard, G., "Coup d'oeil sur l'évolution du travail dans les quatre derniers siècles", *Revue politique et parlementaire*, 1904

Renard, G., "Fêtes et massacres", *Revue socialiste*, October, 1896

Renard, G., "Le problème politique au point de vue socialiste", *Revue politique et parlementaire*, 1907

Renard, G., "Le socialisme en Sorbonne", *Revue socialiste*, 1894

Renard, G., "Le socialisme séparé de l'anarchisme", *Revue socialiste*, July 1896

Renard, G., "Lettres socialistes aux étudiants", *Revue socialiste*, September 1894

Renard, G., "Lettre socialiste aux membres du corps enseignant", *Revue socialiste*, September 1895

Renard, G., "Lettre socialiste aux militaires", *Revue socialiste*, February 1896

Renard, G., "Lettres socialistes aux paysans", *Revue socialiste*, 1895

Renard, G., "Libertaires et liberâtres", *Revue socialiste*, October 1895

Renard, Georges, "Coopératives de confection, (Nancy, Lieusaint, Roubaix)", *Le Sillon*, December 1909

Renard, V., "Le 19ème congrès du parti ouvrier français", *Mouvement socialiste*, December 1, 1901

Renard, V., "Le 20ème congrès du parti ouvrier français", *Mouvement socialiste*, No. 107, 1902

Renaud, Georges, "La grève des ouvriers veloutiers", *Journal des économistes*, February 1866

Renaudel, P., "Le cas Millerand et le congrès de Bordeaux", *Mouvement socialiste*, No. 116-117, 1903

Renaudel, P., "Du congrès de Rouen au congrès d'unité", *La Vie socialiste*, No. 11, 1905

"Révision des doctrines marxistes", *Revue socialiste*, April 1900

Reybell, "Le socialisme et la question d'Alsace-Lorraine", *Revue socialiste*, 1904

Reynaud, Jean Daniel, "La sécurité sociale en France: du conflit doctrinal à l'affrontement des intérêts," *Archives Européennes de Sociologie*, No. 2, 1961

Ribas, J. J., "Sécurité sociale et classes sociales en France", *Droit social*, pp. 477-484, July-August 1952

Ribbe, Ch. de, "La société des portefaix de Marseille", *Bulletin de la Société internationale des études pratiques d'économie sociale*, 1865

Richard, Albert, "La marche de l'esprit socialiste en France", *Revue politique et parlementaire*, VI, 1899

Richard, Albert, "Le réalisme socialiste et l'idée du droit", *Revue socialiste*, December 1896

Richard, Albert, "Les propagateurs de l'Internationale en France", *Revue socialiste*, June 1896

Richard, R., "Productivity and the Trade Unions in France", *International Labor Review*, September 1953

Rist, Charles, "La durée du travail dans l'industrie française de 1820 a 1870", *Revue d'économie politique*, XI, 1897

Rist, Charles, "La progression des grèves en France et sa valeur symptomatique", *Revue d'économie politique*, March 1907

Rist, Charles, "Le capital provient-il uniquement du travail? (A propos de l'article de M. Châtelain)", *Revue d'économie politique*, February 1906

Rist, Charles, "L'utilité sociale de la propriéte individuelle", *Revue métaphysique*, 1902

Rist, Charles, "Origine et caractères du socialisme d'état", *Revue d'économie politique* June 1907

Rivière, Louis, "Les grèves et la défense patronale", *Réforme sociale*, No. 21, 1906

Rivière, Louis, "Un précurseur de la Commune en 1789 ", *Réforme sociale,* February 1899

Robinet, Dr., "Les grèves et l'union fédérative des ouvriers", *Revue occidentale,* 1880

Rolland, Jean, "La journée de travail en France", *Revue socialiste,* June 1910

Romme, R., "Le sweating-system en France", *La Revue,* September 16, 1905

Rondelet, Antonin, "Les anciennes corporations ouvrières", *Association catholique,* March 1876

Rondelet, Antonin, "Une corporation ouvrière au XIXème siècle. Les portefaix de Marseille", *Revue contemporaine,* 1862

Rosenmark, R., "Die sociale Gesetzgebung in Frankreich", *Handelsmuseum,* Bd. 26, 1911

Rosenthal, D., "La répartition géographique des principales organisations syndicales françaises", *Droit social*

Rossi, Angelo, *A Communist Party in Action: An Account of the Organization and Operations in France,* New Haven, 1949

Rostand, Eugène, "Les difficultés industrielles et la politique sociale", *Réforme sociale,* November 16, 1908

Rouanet, Gustave, "Autour du catholicisme social", *Revue socialiste,* November 15, 1897

Rouanet, Gustave, "Crise du parti socialiste", *Revue socialiste,* August-September 1899

Rouenet, Gustave, "La philosophie socialiste", *Revue socialiste,* January 1896

Rouanet, Gustave, "La politique du parti socialiste français. Rapport du groupe parlementaire socialiste au congrès de Saint-Etienne", *Revue socialiste,* 1904

Rouanet, Gustave, "Le congrès de Bordeaux", *Revue socialiste,* 1903

Rouanet, Gustave, "Le congrès de Lyon", *Revue socialiste,* 1901

Rouanet, Gustave, "Le congrès socialiste", *Revue socialiste,* 1901

Rouanet, Gustave, "Le congrès de Tours", *Revue socialiste,* 1902

Rouanet, Gustave, "Les députés socialistes et la protection du travail", *Revue socialiste,* January 15, 1900

Rouanet, Gustave, "Les unions de la paix et le socialisme", *Revue socialiste,* December 1895

Rouast, André, "L'évolution du contrat collectif du travail", *Questions de la législation ouvrière,* June 1911

Rougier, Louis, "Why France Lags Behind", *The Freeman,* May 17, 1954

Roure, L., "L'idée socialiste", *Etudes,* February, 7, 1902

Roure, L., "Les formes du socialisme", *Etudes,* March 20, 1902

Rousiers, P. de, "Le mouvement ouvrier en France à propos d'un livre bleu anglais", *Science sociale,* 1894

Rouxel, "Le collectivisme rationnel ou la lougocratie", *Journal des économistes,* March 1884

Rouxel, "Protectionnisme et syndicalisme", *Journal des économistes*, July 1903

Rouzaud, Henri, "Catholicisme social et régionalisme", *Association catholique*, June 1907

Rouzaud, Henri, "La question sociale et la question morale", *Association catholique*, January 1906

Royer, Mme. Clémence, "Étude sur la justice et les inégalités sociales", *Journal des économistes*, December 1870

Rueff, J., "Nouvelle discussion sur le chômage, les salaires et les prix", *Revue d'économie politique*, pp. 761-792, September-October 1951

Ruskin, F., "France's War On the Workers", *Labour Monthly*, XXII, May 1940

Sabatier, A., "Jésus, était-il socialiste?", *Revue du christianisme pratique*, 1894

Saey, P., "Bilan du mouvement socialiste en 1894", *Revue générale*, March 1895

Sagot, François, "Les sociétés communistes et le fondement religieux", *Réforme sociale*, January 16, 1900

"Saint-Simon, Nouveau Christianisme", *Études socialiste*, 1903

Saleilles, R., "Note sur le contrat collectif de travail", *Bulletin Social des Etudes Législatives*, 1908

Salleron, L., "Marx et l'économie: capitalisme et communisme", *De Marx au Marxisme, 1848-1948*, R. Aron editor

Salvemini, G., "Le cause sociali della Rivoluzione francese", *Rivista italiana d. sociolog.*, VIII, 1904

Sart, H. du, "Le socialisme de Karl Marx. 1. Vie et oeuvres. 2. Le matérialisme historique. 3. Le capitalisme historique. 4. Le capitalisme", *Démocratie chrétienne*, March, June 1903

Saposs, David J., "Current Trade-Union Mouvements of Western Europe", *Social Research*, pp. 297-313, Autumn 1954

Savatier, H., "De la juste valeur, de la plus-value et de la mesure de la valeur", *Association catholique*, March 1897

Savatier, H., "L'économie politique et l'école sociale catholique", *Association catholique*, October 1895

Savatier, H., "Les revendications légitimes des travailleurs, d'après les enseignements du Saint-Siège", *Association catholique*, September 1895

Savatier, H., "Mouvement économique et social en France", *Association catholique*, March 1900

Savatier, H., "Théorie de la valeur", *Association catholique*, April 1897

Saverot, "Le travail au point de vue scientifique, industriel et social", *Revue politique et parlementaire*, VI, 1899

Sawyer, John E., "Reestablishment of the Republic of France: the de Gaulle Era, 1944-1945", *Political Science Quarterly*, LXII, p. 356, September 1947

Saveney, "Les délégations ouvrières à l'Exposition Universelle de 1867, L'opinion des ouvriers sur l'industrie et sur eux-mêmes", *Revue des Deux Mondes,* October 1, 1868

Scaife, W. B., "Organised Labor in France", *Forum,* June 1900

Scelle, Georges, Servir la France, Special issue for the 50th anniversary of the CGT, September 1945

Schapiro, J. S., "The Drift in French Politics", *American Political Science Review,* August 1913

Schiffer, "Les secrétaires de syndicats", *La Paix sociale,* 1906

Schirmacher, Kathe, "Zwei französische Internationalisten (Gustav Herve und Constant d'Estournelles)", *Ethische Kultur,* 1906

Schmelzer, Fritz, "Les contrats collectifs de travail", *Revue économique internationale,* Année 3, Tome 2, 1906

Schmoller, Gustav, "Luttes de classes et domination de classes", *Revue internationale de sociologie,* Année 13, 1905

Schoenhof, Jac., "History of the working classes and of industry in France", *Journal of Political Economy,* Volume 11, 1903

Schopen, "Le socialisme et la démocratie", *Revue socialiste,* August 1887

Schwalm, M. B., "Le communisme évangélique", *Le Correspondant,* May 1906

Schwalm, R. P., "Serons-nous socialistes?", *Revue thomiste,* March 1895

Schwarz, S., "Les occupations d'usines en France de mai et de juin", *International Review for Social History,* Volume 2, Amsterdam, 1937

Seghers, A., "Le dévelopement de l'anarchie", *Philosophie de l'avenir,* October 1905

Ségur-Lamoignon, "La coopération, le capitalisme et le socialisme d'état", *Association catholique,* November 1895

Ségur-Lamoignon, "La démocratie chrétienne et le mouvement social", *Association catholique,* September 1894

Ségur-Lamoignon, "Le congrès ouvrier de Paris", *Association catholique,* August 1895

Ségur-Lamoignon, "Le gouvernement, la Chambre et la question sociale", *Association catholique,* 1894

Ségur-Lamoignon, "Le remède à l'anarchie", *Association catholique,* 1894

Seilhac, Léon de, "Le congrès socialiste de Bordeaux", *La Quinzaine,* July 1, 1903

Seilhac, Léon de, "Le lock-out de Verville", *Mémoire du Musée social,* June 1907

Seilhac, Léon de, "Les contrats collectifs de travail", *Musée social,* October 1908

Seilhac Léon de, "Les congrès ouvriers", *Revue politique et parlementaire,* V, 1898

Seilhac, Léon de, "Revue des questions ouvrières et de prévoyance", *Revue politique et parlementaire*, No. 115, 1904

Sellier, F., "Productivité nationale et politique des salaires," *Droit social*, No. 6, 1960.

Sèze, Joseph de, "Les grèves, leurs causes et leurs résultats", *Réforme sociale*, 1890

Siegfried, Jules, "Mutualité, socialisme et progrès; discours prononcé à Dieppe, le 22 octobre 1899", *Revue politique et parlementaire*, 1899

Sigogne, Emile, "Monarchie et socialisme", *Revue économique internationale*, Année 2, Volume 4, 1905

Simon, Jules, "Le travail organisé et le travail libre", *Revue des Deux Mondes*, September 1, 1859

Simon, R., "Les conventions collectives relatives aux conditions du travail", *Documents du Progrès*, 1910

Simon, Rud., "Le congrès des conseillers municipaux socialistes", *Revue socialiste*, September 1895

Sloane, W. M., "Radical Democracy in France", *Political Science Quarterly*, Volume 17, 1902

Sloane, W. M., "Radical Democracy in France. III. Precious Infancy and Youth", *Political Science Quarterly*, 1907

Smet, E., "Les ouvriers de l'état et les associations professionnelles", *Magazine Littéraire*, August 15, 1895

"Socialisme et internationalisme. Enquête internationale, Bernstein, Vaillant, Vandervelde, Bebel, Ferri, Hervé, Cipriani, Kautsky, Quelch, Snell, Plekhanoff, Lee, Hillquit, Simone, Lafargue, Luquet, Maximoff", *Vie socialiste*, 1905

"Socialism in France: the Parliamentary Duel Between M. M. Jaures and Clemenceau", *Contemporary Review*, August 1906

Solvay, "La libre socialisation des moyens de production", *Annales de l'Institut des sciences sociales*, VII, 1900

Sorel, Georges, "Conclusions aux enseignements sociaux de l'économie moderne", *Mouvement socialiste*, 1905

Sorel, Georges, "Die Ethik des Sozialismus", *Socialische Monatshefte*, Jhrg. 8, 1904

Sorel, Georges, "Diverses types de sociétés coopératives", *Science sociale*, September 1899

Sorel, Georges, "Dommatismo e pratica", *Rivista critica del socialismo*, I, 1899

Sorel, Georges, "Dove va il marxismo?", *Rivista critica del socialismo*, I, 1899

Sorel, Georges, "Ethique du socialisme", *Revue de métaphysique et de morale*, May 1899

Sorel, Georges, "I diritti acquisiti secondo Lassalle", *Divenire sociale*, April 16, 1906

Sorel, Georges, "Il vangelo, la chiesa e il socialismo", *Rivista critica sociale*, I, 1899

Sorel, Georges, "La crisi del socialismo scientifico", *Critica sociale,* VIII, 1898

Sorel, Georges, "La lotta di classi e la violenza", *Divenire sociale,* October 1 and 15, 1905

Sorel, Georges, "La morale dei produttori", *Divenire sociale,* April 1, 1906

Sorel, Georges, "La scissione socialista in Francia in rapporto con la teoria socialista", *Rivista critica del socialismo,* I, 1899

Sorel, Georges, "Le compagnonnage", *Etudes socialistes,* 2, 1903

Sorel, Georges, "Le prétendu socialisme juridique", *Mouvement socialiste,* April 1907

Sorel, Georges, "Léon XIII", *Etudes socialistes,* 1903

Sorel, Georges, "L'évolution créatrice", *Mouvement socialiste,* October 1907

Sorel, Georges, "Les illusions du progrès", *Mouvement socialiste,* October, November and December 1906

Sorel, Georges, "Les syndicats industriels et leur signification", *Revue socialiste,* 1902

Sorel, Georges, "Les théories de M. Durkheim", *Devenir social,* No. 1, 1895

Sorel, Georges, "Lo scopero generale", *Divenire sociale,* December 16, 1905

Sorel, Georges, "Marxismo e scienza sociale", *Rivista italiana di sociologia,* III, 1899

Sorel, Georges, "Observations sur le régime des chemins de fer", *Etudes socialistes,* 1903

Sorel, Georges, "Sociale Ideen und Organisation der Arbeit", *Socialistische Monatshefte,* Jhrg. 6, 1902

Sorel, Georges, "Idées socialistes et faits économiques au 19ème siècle", *Revue socialiste,* 1902

Sorel, Georges, "Ueber die Marixische Werttheorie", *Social. Monatshefte,* I, 1897

Sorel, Georges, "Y a-t-il de l'Utopie dans le marxisme?", *Revue métaphysique et de morale,* March 1899

"Sorel (Giorgio) e il reformisme da E. M.", *Critica sociale,* 1905

Soubeyran, Élie, "Le socialisme et l'héritage", *Revue socialiste,* March 1906

Souchon, "La participation aux bénéfices. Avec observations de Hubert-Valleroux et Cheysson", *Réforme sociale,* Année 22, No. 46, 1907

Sterling-Morton, "Protection and the Proletariat", *North American Review,* 1894

Stern, T. Noël, "Labor's Chance in France", *The Progressive,* July 1953, pp, 24-26

Stoetzel, Jean, "Une étude du budget-temps de la femme dans les agglomérations urbaines", *Population,* I, 1948, pp. 47-62

Strootbandt-Boogaerts, "Limitation de la journée de travail des adultes", *Bulletin de l'Union syndicale,* 1907

Sturmthal, Adolf, "Nationalism and Workers' Control in Britain and France", *Journal of Political Economy,* Volume LXI, No. 1

Sturmthal, Adolph, "The Structure of Nationalized Enterprises in France", *Political Science Quarterly,* Volume LXVII, No. 3, 1952

Sturmthal, Adolf, "Collective Bargaining in France", *Industrial and Labor Relations Review,* Volume 4. No. 2, pp. 236-248, January 1951

Talamini, Alfredo, "Una ora critica del radicalismo francese", *Critica sociale,* April 16, 1907

Talandier, "Une lettre sur le socialisme réformiste", *Revue socialiste,* No. 13, 1880

Tallichet, Ed., "La révolution et son avenir", *Bibliothèque universelle,* January 1906

Tancredi, L., "L'anarchismo reformista", *Divenire sociale,* March 16, 1906

Tarde, Gabriel, "Les deux sens de la valeur", *Revue d'économie politique,* II, 1888

Tarle, Eugène, "La grande coalition des mineurs de Rive-de-Gier", *Revue historique,* pp. 249-278, Paris, 1936

Tarle, Eugène, "L'insurrection ouvrière de Lyon", *Revue marxiste,* Paris, 1929

Tavernier, E., "The French Strikes and the Confederation Generale du Travail", *Nineteenth Century,* November 1910

Texcier, Jean, "The Ideological Development of Democratic Socialism in France", *Socialist International Information,* Volume VI, No. 7-8, February 18, 1956

"Texte de la Déclaration et du Programme du congrès de Tours", *Mouvement socialiste,* No. 88, 1902

"The General Strike", *Social Democrat,* 1904

Thirioux, H., "La protection légale des mères et des nourrissons dans la classe ouvrière", *Mouvement socialiste,* No. 79, 1902

Thomas, Albert, "Babeuf's socialistische Ideen vor der Verschwerung der Gleichen", *Dokumente des Socialismus,* 1904-1905

Thomas, Albert, "Blanqui im Jahre 1834", *Dokumente des Socialismus,* 1903

Thomas, Albert, "Der Gewerkschaftskongress von Amiens", *Neue Gesellschaft,* 1906

Thomas, Albert, "Der Parteitag der franzosischen Socialdemokratie", *Neue Gesellschaft,* 1906

Thomas, Albert, "La pensée socialiste de Babeuf avant la conspiration des Egaux", *Revue socialiste,* February 1904-1905

Thomas, Albert, "Le congrès de Rouen", *Revue socialiste,* No. 244, 1905

Thomas, Albert, "Le congrès d'Amsterdam", *Revue socialiste,* September 1904

Thomas, Albert, "Les origines du mouvement syndical", *Journal de correspondances,* March 1906

Thorel, Guy, "Les tendances dans le syndicalisme français—Syndicalisme et politique à la CGT", *Droit Social,* January 1948

Tobriner, Mathew O., "A Lawyer Looks at French and Italian Labor," *Labor Law Journal,* Volume 4, pp. 613-617, September 1953

Tondouze, G., "Pages intimes sur la Commune (Le laissez-passer)", *La nouvelle revue,* 1903

Toulouse, J., "Budget-type et salaire minimum vital", *Informations sociales,* No. 9, pp. 1060-1066, October 1955

Touchard, Jean, "Bibliographie et une chronologie du Poujadisme", *Revue française des sciences politiques,* April 1956

Tour-du-Pin de Chambly, "Un programme qui vient à son heure: la réorganisation corporative de la société", *Association catholique,* July 1894

Tournière, Eugène, "L'évolution du contrat collectif du travail", *Revue socialiste,* August 1905

Touron, E., "La morale de la grève des électriciens", *Réforme économique,* March 1907

Tourville, Louis de, "Le mouvement agricole", *Journal des économistes,* February, May, November 1897 and February 1898

Trapp, P., "Aus der französischen Gewerkschaftsbewegung", *Korrespondenzbl. der General-Komm. d. Gewerksch. Deutschlands,* Jhrg. 15, 1905

"Travail de nuit des enfants dans les usines à feu continu", *Revue économique*

Tufferd, Frédéric, "Le parti du travail", *Revue socialiste,* October 1887

Turgeon, Charles, "L'esprit syndicaliste", *Revue d'économie politique,* February 1908

Turmann, Max, "Rouges et jaunes: le mouvement syndical ouvrier en France", *La Quinzaine,* October 16, 1902

Turquan, V., "Les grèves en France depuis 1874", *L'économiste français,* 1889

Uhry, J., "Congrès ouvriers en France", *Mouvement socialiste,* No. 102, 1902

Uhry, J., "Le mouvement syndical en 1902", *Mouvement socialiste,* No. 122, 1903

Uhry, J., "Le mouvement syndical en 1903", *Mouvement socialiste,* No. 131, 1903

Uhry, J., "Les grèves devant les tribunaux français", *Mouvement socialiste,* No. 99, 1902

"Un économiste socialiste, M. Léon Walras, par, C. B.", *Revue socialiste,* February 1897

"Une page de l'histoire des associations ouvrières", *Le nouveau monde,* année II, No. 4

Vaillant, R., "Le mouvement social en France et à l'étranger", *Revue socialiste*, January 1887

Valbert, G., "William Booth, Général de l'Armée du Salut et son livre sur l'extinction du paupérisme", *Revue des Deux Mondes*, February 1, 1891

Valdenay, J. de, "Les premières étapes de l'anarchisme", *Nouvelle revue*, 1905

Vandervelde, Emil, "Comment je deviens socialiste?", *Avenir social*, February 1904

Vandervelde, Emil, "La suppression des communaux", *Revue socialiste*, 1903

Vandervelde, Emil, "L'exode rural et les moyens de retenir les ouvriers à la campagne", *Mouvement socialiste*, No. 64, 1901

Vandervelde, Emil, "Les tentatives de conciliation du catholicisme et socialisme au XIXème siècle, Charles Fourier", *Avenir social*, 1906

Vandervelde, Emil, "Syndicats agricoles et coopératives socialistes", *Mouvement socialiste*, No. 54, 1901

Vandemont, H., "Une 'Utopie' de 1848. L'alimentaire de Grenoble", *Revue socialiste*, December 1894

Van de Kerchove, G., "Parasitisme organique et parasitisme social", *Revue socialiste*, 1894

Vanlaer, Maurice, "Comment définir la participation aux bénéfices?", *Revue d'économie politique*, XI, 1897

Vanlaer, Maurice, "Le droit naturel du travail, à propos d'un livre récent", *Réforme sociale*, 1904

Vanlaer, Maurice, "Le droit naturel et les faits sociaux", *Réforme sociale*, Année 13, 1893

Vanlaer, Maurice, "L'inspection du travail en France", *Réforme sociale*, November 16, 1897

Vaucher, Paul, "Present Tendencies of Trade Unionism in France", *Political Quarterly*, (London), July-September 1937

Vavasseur, J., "L'application de la loi sur le repos hebdomadaire dans les usines à feu continu", *Economiste français*, 1909

Veber, Adr., "Le sixième congrès de la fédération des conseillers municipaux socialistes", *Revue socialiste*, January 1899

Veber, Adr., "Le premier mai", *Revue socialiste*, 1894

Veber, Adr., "Les plus-values immobilières", *Revue socialiste*, July 15, 1899

Verhaeghe, D., "La Fédération des coopératives de la région du Nord", *Mouvement socialiste*, No. 101, 1902

Verhaeghe, D., "La Fédération du Nord du parti ouvrier français", *Mouvement socialiste*, No. 94, 1902

Verhart, A., "La journée de huit et les travailleurs à domicile", *Revue syndicaliste*, July 1906

Veuillot, F., "Le mouvement social des jeunes catholiques", *La Quinzaine*, June 1, 1903

Vinot, Pierre, "Des niveaux de vie comparés à la lutte contre l'inflation", *Les Cahiers du Musée Social*, 1-2, 1942

Vliebergh, E., "Socialisme agraire", *Revue sociale catholique*, February, March, April 1900

Vidal, François, "De la lutte du capital et du travail en agriculture", *Revue indépendante*, January 1844

Vidal, François, "Le économistes libéraux et les socialistes", *Revue indépendante*, February 1844

Vidal, Victorin, "Une chance de salut par le suffrage universel", *Réforme sociale*, February 16 and March 1, 1908

Vieille, Andrée, "Les hôtels meublés", *Esprit*, X-XI; pp. 470-481, 1953

Viennet, Ch., "Pour le repos hebdomadaire", *Association catholique*, 1907

Vignaux, Paul, "The French Trade-Union Movement since the Armistice of 1940", *International Postwar Problems*, Volume I, pp. 341-352, June 1944

Villey, Edmond, "La désagrégration sociale et la lutte des classes", *Revue d'économie politique*, Année 21, 1907

Villey, Edouard, "Les nouvelles forces sociales: le syndicalisme", *Revue d'économie politique*, Année 21, 1907

Viviani, René, "Par le socialisme: lettre à M. Marcel Fournier", *Revue politique et parlementaire*, Tome 23, 1900

Vossen, E., "L'assurance contre le chômage involontaire par les syndicats ouvriers", *Réforme sociale*, 1903

Walczewski, Z. R., "L'éthique et la révolution sociale", *Humanité nouvelle*, 1902-1903

Wallon, Maurice, "Les Saint-Simoniens et les chemins de fer: l'élaboration du réseau", *Annales des sciences politiques*, Année 23, July 1908

Walras, Léon, "Théorie de la propriété", *Revue socialiste*, June-July 1896

Walsh, V. Hussey, "The Working of a French General Election", *Blackwoods Magazine*, December 1906

Walter-Jourde, "L'Etat, le radicalisme et le protestantisme", *Revue socialiste*, November 1907

Walter-Jourde, "Psychologie des radicaux", *Revue socialiste*, November, December 1906

Walter-Jourde, "Radicalisme et propriété", *Revue socialiste*, May 1906

Warnotte, Daniel, "La lutte des classes et le contrat collectif de travail", *Bulletin de la Chambre syndicale des imprimeurs*, 1909

Warnotte, Daniel, "Le contrat collectif dans l'organisation de l'industrie typographique", *Bulletin de la Chambre syndicale des imprimeurs*, 1910

Waton, Maurice, "Les nouvelles compagnies ouvrières", *Revue d'économie politique*, XIII, 1899

Waldeck-Raynal, Etienne, "La répartition des terres en France; Légende et réalité", *Etudes et Conjonctures, Union Française,* Volume 3, pp. 61-67, September-December 1948

Waxweiler, Emile, "Analyse économique de la participation aux bénéfices", *Revue d'économie politique,* XXI, 1898

Weatherly, Ulysses G., "Babeuf's Place in the History of Socialism", *American Economic Association Review,* September 1907

Weill, Georges, "L'art et la question sociale", *Avenir social,* 1905

Weill, Georges, "Le syndicalisme en France", *Revue économique internationale,* January 1908

Weill, Georges, "Les journaux ouvriers à Paris de 1830 a 1870", *Revue d'histoire moderne et contemporaine,* 1907-1908

Weill-Raynal, Etienne, "Les classes sociales et les partis politiques en France", *Revue socialiste,* nouvelle série, No. 42, pp. 545-546, December 1950

Weill-Raynal, Etienne, "La répartition des terres en France; Légende et realité", *Etudes et Conjonctures, Union Française,* Volume 3, pp. 61-76, September-December 1948

Wergeland, A. M., "History of the Working Classes in France: Medieval Period", *Journal of Political Economy,* Volume 11, 1903; volume 12, 1904; volume 13, 1905

Wergeland, A. M., "History of the Working Classes in France 1789-1870", *Journal of Political Economy,* June 1905

Werth, A., "Reaction in France", *New Statesman and Nation,* March 25, 1950, pp. 335-336

Werth, A., "Two Nations of France", *New Statesman and Nation,* August 25, 1951, p. 200

Weybour, "Le collectivisme du Code", *Revue socialiste,* February 1906

Wibaut, F. M., "Les trusts et l'organisation des travailleurs", *Mouvement socialiste,* 1902

Will, G., "La protection du travail des enfants", *Mouvement socialiste,* No. 90, 1902

Williams, E. H., "It's no Fun Being a French Worker", *American Federalist,* p. 22, September 1952

Winiarski, Léon, "Le matérialisme économique et la psychologie sociale", *Revue socialiste,* October 1895

Wisner, A., "Les socialistes et les elections municipales en Alsace-Lorraine", *Mouvement socialiste,* No. 101, 1902

Witt-Guizot, F. de, "Le suffrage universel et les élections de 1906", *Revue des Deux Mondes,* August 1, 1906

Wolkoff, Mattieu, "Observations complémentaires à l'article de M. Prince-Smith sur le but du mouvement ouvrier", *Journal des économistes,* December 1871

Wolowski, "Le droit au travail", *Journal des économistes,* October 1848

Worms, René, "Le collectivisme et la propriété rurale. 1ère partie: La doctrine économique", *Revue internationale de sociologie*, IX, 1901

Worms, René, "Le concept de société", *Revue internationale de sociologie*, XI, 1903, XII, 1904

Worms, René, "Psychologie collective et psychologie individuelle", *Revue internationale de sociologie*, VII, 1899

Yvetot, Georges, "La conférence des bourses du travail", *Mouvement socialiste*, No. 148, 1905

Yvetot, Georges, "La deuxième conférence des bourses du travail", *Mouvement socialiste*, April 1907

Yvetot, Georges, "Le dixième congrès des bourses du travail", *Mouvement socialiste*, No. 108, 1902

Zamanski, J., "La politique sociale", *Mouvement social*, May 1910

Zamanski, J., "Le travail positif des catholiques", *Mouvement social*, February 1911

Zevaes, "Rapport tendant à établir le repos hebdomadaire en faveur des employés et ouvriers", *Journal officiel*, June 6, 1906

Zizek, F., "Die moderne Socialpolitik in Frankreich und in Osterreich", *Zeitschrift f. Volksw., Soc-Pol. u. Verw.* Bd. 11, 1902

INDEX

One asterisk * means that the author will be found in the section on articles. Two ** mean that the author will be found in both books and articles sections. No indication means that the listing is only for the books section.

The following works, included in either the book or article listings, are bibliographies:

Blanc, Hyppolite, *Bibliographie des corporations de métiers,* Paris, 1885

Blanc, Hyppolite, *Bibliographie des corporations ouvrières avant 1789.* Librairie de la société bibliographique, Paris, 1885

Boissonnade, P., *Les études relatives à l'histoire économique de la France au Moyen-Age, Leur état actuel,* Cerf, Paris, 1903

Dolléans, Edouard, and Crozier, Michel, *Chronologie et bibliographie des mouvements ouvriers et sociaux, Angleterre, France, Etats-Unis, 1750-1918,* Editions Ouvrières, Paris, 1950

Gulick, C. A., Ockert, R. A., and Wallace, R. J., *History and Theories of Working Class Movements—A Select Bibliography,* Bureau of Business and Economic Research and Industrial Relations, University of California, 1955

Lejasseur, Emile, *Bibliographie de l'histoire en France jusqu'en 1789,* extraits des séances et travaux de l'académie des sciences morales et politiques, T.C.L., CLVIII, CLIX, Paris, 1903

Macridis, Roy C., and Brown, Bernard E., "The Study of Politics in France since the Liberation—A Critical Bibliography", *American Political Science Review,* September 1957, Volume LI, No. 3

Touchard, Jean, "Bibliographie et une chronologie du Poujadisme", *Revue française des sciences politiques,* April 1956

Dareste; Degenetais, V.; Delon*; Ehrmann, Henry W.*; Englehem, Alexandre d'; Gatti; Hitier, Joseph*; Joigneaux, Pierre; Kerabrun, René; Kovalesky; Kropotkin, Peter; Lange, G.; Lecordier, Abbé Gaston; Lefèbvre, G.*; Lemoyne, N. R. D.; Lichtenberger, Maurice; Loutchisky, J.; Manzuth, Xavier; Marchand, Charles; Maria, L.; Martin Saint-Léon, Etienne; Mitrany, David; Nicolle, Marcel; Pourrat, Henri; Regnier, P.; Renard, G.*; Ribbe, Charles de; Robert-Dutertre, F. M.; Rocquigny, Comte de; Saint-Férréol, A.; Sarrauste de Men-thière, Elie; Servé, Jean; Soreau, Edmond; Tourville, Louis de*; Vandervelde, Emil**; Vannoz, L.; Vidal, François*; Vliebergh, Em.; Waldeck-Rochet**.

Artois, Calonne, Baron de
association, Feugueray, Henri Robert; Fourier, Charles; Genin; Lecolle, G.; Lecomte, H.
collectivism, Leroy-Beaulieu, Paul
Communism, Geniaux, Charles*
Cooperatives, Cathala, Elie; Mihura, Jules*
credit, Bled, Victor du; Durand, Louis
Dauphiné, Garavel, J.
Flandre Maritime, Dodanthun, A.
Life in olden times, Babeau, Albert
Lorraine, Guyot, Ch.
Middle Ages, Delisle, Léopold
Normandy, Delisle, Léopold
pensions, Bellom, M.*
Phalanx, Lemoyne, N. R. D.
Picardy, Calonne, Baron de
proletariat, Boilley, R.*; Toubeau
riots, Beaudeau
Rome, Dreyfus, Robert
Roussilon, Brutails, J. A.
settlements, industrial and agricultural, Jouanne, Dr.
Socialism, Borde, Frédéric; Deviolaine, G.*; Equerre, Adolphe; Pelissonier, Georges; Pitou, Aimé; Prévôt, Gabriel Ellen**; Primbault, H.; Vliebergh, E.*; Zola, D.
strikes, Bouffet, Félix*; Larribe*; Lair, Maurice*; Nestor, Paul
trade unions, Bardon; Bled, Victor du; Blondel, G.; Bricourt, Pierre de*; Champy, A.; Convert, F.; Dodanthun, A.; Doin, Paul*; Dol, Maurice; Dulac, Albert*; Duport, Emile*; Gairal, Joseph; Gattelier, M. de*; Ghislanzoni, A.; Giraud, Maxime; Lair, Maurice*; Launay, Maurice; Matillon, R. E.; Maurin, Georges; Merlin, Roger; Perdreau, Pierre; Plessis, Marc*
workers in, Auclair, François; Authier, Marcel; Maës, Raoul; Merlin, Roger
AINE, Socialism in, Laurin, M. T.*
ALBI, Glassworks in, Seilhac, Léon de
ALCOHOLISM, Ford, A.*; Turinaz, Msgr.; Vandervelde, Emil

ARTOIS, agricultural life in, Calonne, Baron de
ARTS, INDUSTRIAL AND HANDICRAFTS, Boileau, Etienne;
    Cayla
  in Arras, Parenty
  Chambéry, Morand
  Corporations, Legrand; Vavasseur
  Rouen, David; Ouin-Lacroix, Abbé
  Roussillon, Drapé, A.
  Saint-Omer, Hermansart, Pagart d'*
  Vermandois, Combier
ASSOCIATION CAPITAL-LABOR, See LABOR
ASSOCIATION INTERNATIONALE DES TRAVAILLEURS,
    See INTERNATIONALES
ASSOCIATIONS, Baudrillart, Henri; Beaudoux, E. and Lam-
    bert,** H.; Béraud, J. P. M.*; Beudant, R.; Blanc, Hyppolite;
    Boisdon, D.; Bonray; Borde, de la; Briancourt, Matthieu;
    Brice, Hubert; Briquet, R.*; Casanova, J.; Cilleuls, A. des;
    Clément, H.*; Clunet, Édouard; Colonjon, F. de*; Contenson,
    Ludovic; Crépon, T.*; Demolins, Edmond*; Desmousseaux de
    Givre, Emile; Drioux, J.; Duthoit, Eugène; Escard, François;
    Farre, J. J.; Faucher, Léon; Feugueray, Henri Robert; Flor-
    noy, Eugène; Foignet, Alexandre; Fonsegrive, Georges; For-
    bes, R. P.; Fourier, Charles; Fournière,** Eugène; Frank, D.;
    Garnier, Joseph; Garriguet, L.; Goblot,* Edmond; Hausson-
    ville, Comte d', Hubert; Valleroux, P.**; Laborde, Alexandre
    de; Lanabère; Lechevalier, Jules*; Lechopié, A.; Le Lièvre,
    Charles; Lemarchard, G.; Lerolle; Leroy-Beaulieu, Paul*; Le-
    vasseur, Emile*; Madre, de; Mazel, Benjamin; Méeus, Comte
    Ferdinand; Merlin, Roger; Mohler, Edmond; Monanges, Mau-
    rice; Nougarede de Fayet; Nourrisson, Paul; Overbergh, C.
    van*; Pelletan, Camille; Petit, Alexis; Perraud, Raymond;
    Simon, C. G.; Smet, E.*; Valton, E.; Vavasseur; Villegardelle,
    François
  agriculture, Genin; Lécolle, G.
  capital for, Ayles
  civil servants, Albert, Raphaël
  commerce, Lefèvre, Charles Eugène
  cooperative, Cherbuliez, A. E.*; Moureau, Jules
  cooperative, consumers', Roulliet, Anthony
  cooperative, producers', Lebrun
  coopers', Brelay, E.
  industry, Lefèvre, Charles Eugène
  Morlaix, Brelay, E.
  paper workers, Briquet
  Second Republic, Tchernoff, J.
  workers', Assailly, Charles; Blanc, Paul*; Charmeil, Alexis;
    Chaudey, Gustave*; Cherbuliez, A. E.*; Cochut, Andrée; De-
    villez, Adolphe; Festy, Octave*; Flottard, E.*; Lamé-Fleury,

BORDEAUX, Dubreuilh, L.; Lagardelle, Hubert*
  corporations of tin workers, Gaullieur
  rural classes, Marion
  Socialist Congress, Longuet, Jean*; Renaudel, P.*; Rouanet,
    Gustave*; Seilhac, Léon de
BOURGEOIS, About, Edmond; Chevalet, Emile; Garrigues; Guil-
    lemin, Joseph; Leroy-Beaulieu, Paul*; Morazé, C.; Potter, A.
    de*; Saintin
BOURGES, workers' corporations, Maisonneuve, Toubeau de
BOURSES DU TRAVAIL, See LABOR, bourses
BRITTANY, brotherhoods, Maitre, Léon
  corvée, Letaconnaux, J.
  fishermen, Bonneff, Léon and Maurice
BRIVES, Limoges to, railroad strike, Delor, A.
BRUSSELS, Strauss, V.
BUDGET, WORKERS', Chombart de Lawe; Toulouse, J.*; typ-
    ical, Philbert, A.*
BUILDING TRADES, Bonneff, Léon and Maurice; Perrin, J.;
    Picart, Achille
  ditch-diggers, Bonneff, Léon and Maurice
  masons, Botiau; Bones
  quarry-men, Botiau
BURGUNDY, Huguenin
BUTCHERS, Mény, G.
  Limoges corporations of, Delon, Adrien
  Pontoise corporations of, Charpentier, H. C.
CABET, ETIENNE, Bonnaud, Félix; Boudier, Henry; Orano,
    Paolo
CADRES, Penouil, M.
  industry, Alamigeon
  U. F. C., Richard, Albert
CAEN, riot in, under Louis XIII, Carel, Pierre
CALAIS, cooperative congress, Poisson, E.*
  tulle-makers' strike in, Seilhac, Léon de
CAPITAL, CAPITALISM, About, Edmond; Baudrillart, Henri*;
    Bézy, A.; Boilley, Paul; Bouyer, Edmond; Brodier, Jean; Cel-
    lier, Florent. Françis du; Chaudey, Gustave*; Chevalier,
    M.*; Cheysson, Emile; Clough, Shepard B.*; Corandin, Vic-
    tor Courcy, Alfred de; Dalle, Victor; Damales, B. V.; David,
    Avocat; Debierre, Charles; Demaretz, J. J.; Fourgeaud, An-
    dré; Fournière, Eugène*; Garriguet, L.; Giraud, R.; Godin,
    A.; Goffinon; Gouvy, Félix; Gremillet; Halbwachs, Maurice*;
    Hauser, H.*; Horn, J. E.*; Jobez, Alphonse; Lafargue, Paul;
    Lallemand; Lassalle, Ferdinand; Lhomme, Jean; Marchal, An-
    dré; Marx, Karl; Meyer, Rud*; Molinari, G. de**; Molinié,
    Hector; Passy, Frédéric; Perroux, François; Phock, P. H. Puy-
    node, Gustave du*; Reynier, J.; Rist, Charles*; Rodrigues,

COLONIES, see also MOROCCO, Leblond, Marius; Paywels, Henri

COMMERCE, Ancelin, Const. Franç.; Besse, Auguste; Degenetais, V.; Duthoit, Eugène; Fagniez, Gustave; Goyard, L.; Grenier, Eugène; Laporte, Marie Magdeleine; Montaigu, Charles Jean de Buillant de; Picard, Roger; Roubaud, Emile

associations, Lefèvre, Charles Eugène

Chamber of, Conquet, A.

coalitions, Soulé, Gustave

employees, Honoré, F.; Le Roy

trade unions, Verdin, Ed.

trade unions, Catholic, Marcieu, Gaston de

COMMITTEES, Emergency, Villeneuve, Charles

labor-management, Chambelland, Pierre; Charpy, Suzanne; James, Emile; Rollet, Henri; Montuclard, M.; Chandler, Margaret K. Svet, Philippe; Sturmthal, Adolf; Vignaux, P.; Frish-Gautier, J.

workshop, Argence, Th. and Herelet, A.

COMMUNE, Amigues, Jules; Allemane, J.; Andréoli, E.; Audebrand, Ph.; Beaumont; Bourgin, Georges; Camp, Maxime du; Chalfin, Seymour; Chevalet, Emile; Clerc; Corrigan, Georges F.; Da Costa, Gaston; Dansette, Adrien; Dauban, C. H.; Dayot, Armand*; Desmoulins, Auguste*; Dupont, Léonce; Forsans-Veysset, Madeleine de; Foulon, M.; Gossin, Louis; Guéronnière; Harrison, F. R.*; Henty, A.; Hübner, Alexandre Graf*; Huot; Jellineck, Frank; Jouhin, Jean T.; Justesse, H. D.; Koechlin, Heinrich; Lanjalley, Paul and Corriez, Paul; Laplanche, J.; Leighton, John; Lissagaray; Makounine, Michel*; Marforio; Marx, Karl**; Mason, Edward S.; Mazade, A. de; Molinari, G. de; Morin, Georges; Pemjean, Lucien; Prampain, R. P. Edouard; Protot, Eugène; Rhis, Charles; Rivière, Louis*; Rouffiac, J.; Sagnier, André; Sans, Emile; Sarrepont; Sempronius; Simon, Comte; Soisy; Tondouze, G.*; Turland, Albert; Vésinier, P.; Villedieu, Eugène; Virmaitre; Wallon, H.

Lyon, Andrieux, Louis**

military operations, Faure, Jules

newspapers, Maillard, Firmin

Toulouse, Duportal, Armand

COMMUNISM See MARXISM

COMPAGNONNAGES, Benêt, Jacques*; Bernard, Jean*; Connay, Jean; Dauby, Joseph; Dautry, Raoul; Kirch, Alfred; Martin Saint-Léon, Étienne; Simon, C. G.; Sorel, G.*; Briquet, Jean

COMTE, AUGUSTE, Delbet, E.*; Dumas, Georges; Joly, Henry*; Leroy, Maxime; Limousin, Charles M.*; Maurras, Charles* See also *Conciliation et arbitrage*

CONCILIATION and ARBITRATION, Aftalion; Capeau, Charles; Guiral, Albert; Isaac, Auguste*; Mathorez, J.*; Peronnet,

garment workers', Renard, Georges*
Lyon, Godard, Justin
manpower, Richard, Achille
Nord, Verhaeghe, D.*
paper-making, Guerin, U.*
producers', Autry; Chastaing, L.*; Hoog, Georges; Lambert, Emile; Lebrun; Merlin, Roger; Sabatier, Camille
Socialism, Guieyesse, Ch.*; Landrieu, Phil.*; Vandervelde, Emil*
workers', Croisé, Louis; Grosrenaud, Frédéric
workers' of, for production, Froideval, Raymond; Hachin, Paul
COOPERS, Potier, Edmond
    Morlaix, Brelay, E.
CORPORATIONS, Baconnier, Firmin; Baudin, Louis; Blanc, Hyppolite; Bonnard, Roger; Bouvier-Ajam, Maurice; Boylesve, Marin de; Brentano, L.; Cayla; Coornaert, Emile; Coquelle-Viance; Comberousse, Charles de; Denis, Henri; Fagniez, Gustave; Fouquet, Dr.; Froissard, L. O.; Franklin, Alfred; Gautier, Léon; Jacques, Jean; Kovalesky, Maxime*; Lacroix, Fournier and Séré; Leroux, Joseph; Lespinasse, de; Martin Saint-Léon, Etienne; Mazaros, J. P.; Murat, Auguste; Paquet, Just.; Ravanier; Pirou, Gaëtan; Tour-du-Pin, de Chambly*; Valdour, Jacques
Angers, Denais, Joseph*
Arras, Parenty*
Bordeaux, Gaullier
Bourges, Maisonneuve, Toubeau de
butchers, Charpentier, H. C.; Delon, Adrien
carpenters, Denais, Joseph*
Chambéry, Montlosier, M. de
evolution, Beaudoux, E. and Lambert, H.
glassworkers, Charavay, Etienne de
hairdressers, Ribes, Ch. de
industrial arts and handicrafts, David; Legrand; Montlosier, M. de; Ouin-Lecroix, Abbé; Parenty*; Vavasseur
Limoges, Delon, Adrien
locksmiths, Lepreux, Jules
Marseille, Ribes, Ch. de
Nantes, Espitalie-Lafeyrade*
painters, Charavay, Etienne de
Pontoise, Charpentier, H. C.
Rennes, Rébillon, Armand
Rouen, David; Ouin-Lacroix, Abbé
rug workers, Arcq, Douet d'
tailors, Festy, Octave*
tin workers, Gaullieur
Toulouse, Claverie, Maurice*; Dubourg, Antoine
Valenciennes, Lepreux, Jules

ques, Amédée; Joanny-Bonnetail, J. B. Benoit; Joly, H.; Kerallain, René de*; Lagardelle, Hubert*; Lamarzelle, G. de**; Launay, Robert; Laveleye, Emile de; Leblond, Marius*; Le Bon, G.; Le Rousseau, Julien; Le Roux, Pierre; Leroy-Beaulieu, Anatole; Mannequin, Th.; Margry, Pierre; Maurras, Charles; Moch, Gaston; Naudet, Abbé; Orth, S. P.; Ostrogorski, M.; Picot, Robert; Pipkin, C. W.; Raspail, François V.; Redet-Potier*; Sangnier, Marc; Saripolos, Nicolas; Schopen*; Schumpeter, Joseph A.; Simon, C. G.; Sloane, W. M.*; Thomas, Albert*; Thomson, David; Toussenel, A.; Vacherot, Etienne; Vardroit, Antoine; Vanlaer, Maurice; Villey, E.; Wright, Gordon
   Christian, Barbier, Emmanuel; Einaudi, Mario; Fogarty, Michael; Gayraud, Abbé; Justinien, Laurent*; Santy, F.; Ségur-Lamoignon*; Vaussard, Maurice
   individualist, Guyot, Yves
   industrial, Bourdeau, J.*; Harmel, L.*; I.C.F.T.U.; Gentil, Joseph Adolphe; Laboulaye, Charles; Philipe, André
   institutions, Lasne, P. G.
   Italy, Einaudi, Mario
   revolution of 1789 and, Lüthi, C.
   Socialism, Texcier, Jean*
DESCHANEL, PAUL, Legrand, Adrien
DESMOULNS, CAMILLE and LUCILE, Claretie, J.
DIJON, Socialism, Dumay, J. B.
DIRECT ACTION, See LABOR
DOMESTIC SERVANTS, Babeau, Albert; Bouloc, E.; Chalamet, R. E.
   associations, Fourier, Charles
DREYFUS CASE, Deville, Gabriel*; Faure, S.
EDUCATION, Béchaud, A.; Besse, Auguste; Brants, Victor; Bonald, Vicomte de; Bourgeois, Léon; Claudio, Jeannet; Dubiei, A.; Duveau, Georges; Gaillard Jagot, Henry; Langeron, J. M.*; Lefèvre, Lefranc, Georges; Le Play, Frédéric; Potier*; Rodet, Abbé
ELBEUF, strike, Bureau, Paul
ELECTIONS, Las Cases, Comte de; Verneuil, C.; See also *Le Clairon Socialiste, élections législatives de 1902*
ELECTRICIANS, strike, Guyot, Yves; Pataud, Emile*; Touron, E.*
EMIGRATION, Piolet*
EMPIRES, Second, Dansette, Adrien; Duveau, Georges; Fournier, Pierre Léon; Kelso, Maxwell R.*; Lamy, Etienne*; L'Huilller, Fernand; Tchernoff, J.
EMPLOYERS, Bolotte, A.; Bourgin, Georges and Hubert; Coulanges, Fustel de; David, Avocat; Dubreuilh; Fliniaux, Charles; Fournière, Eugène Joseph; Franklin, Alfred; Gibon,

hatmakers' complaints, Doniol, Henri
industry salaries, Parodi
longshoremen's strike, Seilhac, Léon de; Ribbe, Ch. de*; Rondelet, Antonin*
soap factories, Barthélémy, Dr. L.
shoemakers, Delayaut, Léopold
strikes, Sayous, André E.
workers' congress, Finance, J.*; Guesde, Jules*; Limousin, Charles M.*; Magnin
MARSHALL PLAN, Montllor, M. J. and Nathan, Roger
See also *Ce qu'il faut savoir du Plan Marshall*
MARX, KARL, Cornu, Auguste; Hauptmann, Pierre; Lagardelle, Hubert*; Orano, Paolo; Rappoport, Ch.*; Salleron, L.*; Sart, H. du*
MARXISM, See also COLLECTIVISM and MATERIALISM
Abrier, Charles; Aguirre, Mauel Augustin; Arvon, Henri; Arcy, Martin d'; Bakunin, Michael; Baudrillart, Henri*; Bellet, Daniel*; Beracha, S.; Binet; Bloch, Joseph*; Borkenau, Franz; Brayance, Alain; Cabet, Etienne; Cantril, Hadley; Ceyrat, Maurice; Cole, G. D. H.; Cornu, Auguste; Dale, Leon A.; Delcourt-Haillot*; Dessart A.*; Diehl, Karl; Eastman; Ehrmann, Henry W.*; Eichtal, Eugène d'; Einaudi, Mario*; Einaudi, Mario and Domenach, J. M.; Embry, Aimé*; Ferrat, André; Fontenay, R. de*; Fourteau, J. B.; Garcia-Mansilla, Eduardo; Girault, Ernest; Gemelli, Carlo; Grün, Alph.; Guyot, Yves; Hauptmann, Pierre; Heimann, Edouard; Hervé, Pierre; Huber, Dr. Jhs.; Kropotkin, Prince Pierre; Lafargue, Paul; Lamartine, Alphonse de; Laurat, Lucien*; Laveleye, Emile de*; Leduc, V.; Lefrançais, E.; Lénine, V. I.; Lie, Haakon; Longuet, Jean; Louvet, Louis; Lozovsky, A.; Martel, Comte M. de; Martin, Saint-Léon, Etienne; Marx, Karl; Mattabon, J. A.; Mazeron, C.; Merson, Ernest; Miral, R. du; Mitrany, David; Moch, Jules; Monnerot, Jules; Morange, Georges; Naquet, A.*; Naville, Pierre; Parker, H. B.; Poncet; Possony, Stephan T.; Rossi, Angelo**; Rouchot; Saboulin, Humbert de; Sagot, François*; Salleron, L.*; Schwalm, M. B.*; Shaheen, S.; Sorel, Georges**; Stammhammer, J.; Suder, Alfred; Tchaguine, B.; Theimer, Walter; Thiers, Louis Adolphe; Toussaint, A.; Trotskii, Lev; Turmann, Max*; Varlet, J.; Waldeck-Rochet; Walter, Gérard; Zévaès, Alex.; Fauvet, Jacques; Fejjö, François; Herbette, François; Remond, René; Soubise, Louis; Wohl, Robert
anarchism and, Berkman, Alexander
Bolshevism, Alligier, Charles; Blum, Léon; Collinet, Michel; Kania, Ladiska; Wapler, Dominique
Catholicism and, Arcy, Martin d'; Galter, Albert; Laurent, F.
control of labor by, Chalfin, Seymour; Dale, Leon A.
countryside in, Geniaux, Charles*

RAILROAD WORKERS, Angle-Beaumanoir, Raoul d'; Bidega-
    ray; Bonneff, Léon and Maurice; Guyot, Yves; Janzé, Baron
    Charles Alfred de; Lafosse, V.; Sorel, Georges*; Thévenez,
    René; Veuillot, François; Wallon, Maurice*
coalitions, Desveaux, Ludovic; Planques, J.
P.L.M., Moreau, A.
strikes, Planques, J.; Stilting, A. J.
strikes from Limoges to Brives, Delor, A.
trade unions, Chaumel, Guy
RANCIE, mines, Barbe*; Garmy, René; Reclus, Elysée; François,
    Albin
REIMS, workers' congress, Desliniéres; Laporte, E.*
RELIGION, See also CATHOLICISM, JEWS, PROTESTANT-
    ISM, Dehon, L.*; Heimann, Eduard; Herron, G. D.*; La Ral-
    leye, R. de*; Montlosier, M. de; Sagot, François*; Sorel,
    Georges*
RENAN, Dimier, L.
RENAULT, REGIE, Tiano, André; Touraine, A.
RENNES, corporations, Rébillon, Armand
REPUBLIC, Aulard, A.; Foucart, P.*; Guesde, Jules; Hamy, Jules;
    Millerand, Alexandre*; Morazé, Charles; Sangnier, M.; Sawyer,
    John E.*; Strauss, L.; Viviani, René
based on mutual aid societies, Laterrade, A.*
Fifth, Le Bourre, Raymond
Fourth, Goguel, François; Marabuto, Paul; Matthews, Ronald;
    Pickles, Dorothy; Taylor, O. R.; Thomson, David
monarchy and, Bédarride, Jassuda
Second, Dansette, Adrien; Duveau, Georges; Festy, Octave*;
    Tchernoff, J.
Third, Audiganne, Armand; Bonnefous, Georges; Brogan, D. W.;
    Brouilhet, Charles; Chastenet, Jacques; Curtis, Michael; Des-
    chanel, Paul*; Goguel, François; Jacques, Léon; Leblond, Ma-
    rius; Levasseur, Émile**; Roux, Marquis M. de; Thomson,
    David
RESISTANCE, Almond, Gabriel A.*; Blum, Léon; Cotereau, Jean;
    Hauck, Henry*; Michel, H. and Guetzevitch, Mirkine; Ver-
    dier, R.
    See also De la résistance à la Revolution etc. and Les syndicats
    ouvriers français pendant la guerre etc.
RESTAURANTS, Bonneff, Léon and Maurice
cooks and waiters, Didaret
cooks' apprentices, Meny, G.
REVOLUTION, Chapot, Abbé Léon; Chassin, Ch. L.; Deville,
    Gabriel; Dolléans, Édouard*; Doniol, Henri; Dru, Gaston;
    Ferrand, Comte A.; Garet, E.; Gaume; Guesde, Jules; Hervé,
    Pierre; La Perrandiére, R. de; Laure; Marchand, Abbé; Marins,
    R. de*; Pataud, Emile and Pouget, Emile; Pont, Abbé Proud-
    hon, Pierre J.; Sorel, A.; Var, Robert du

SAINT-OMER, industrial arts and handicrafts, Hermansart, Pagart d'*

SAINTONGE, Nogues, Abbé; glass, porcelain and pottery makers, Dangibeaud

SAINT-QUENTIN, Dehon, L.*

SAINT-SIMON, Avril, Pierre*; Bazard, Saint Amand; Booth, A. J.; Carové, Fr. Wilh.; Dagneaux, A.; Dumas, Georges; Hollard, A.; Louvet, Louis; Manuel, F. E.; Orano, Paolo; Paget, Amedée; Santonastaso, Giuseppe; Wallon, Maurice*; Witt, E.

SALARIES, Anciaux, Maurice; Avenel, G. d'; Batbie, Anselme*; Baudrillart, Henri; Bender; Bézy, A.; Bonnard, Eugène; Bouzanquet, Albert; Bureau, Paul*; Casacof, C.; Casaux, Marquis Charles de; Chabert, A.; Chapman, S. J.; Cherbulliez, A. E.*; Collinet, Michel*; Cornelissen, Christian; Delaporte, J.*; Dolléans, Edouard*; Dubreuil, H.; Duchatelier; Durand, Louis; Edouard*; Dubreuil, H.; Duchatelier; Durand, Louis; Echtal, Eugène d'*; Garriguet, L.; Gazier, Albert; Girardin, Emile; Grange, H.* Guérin, Léon Guesde, Jules; Humery, R. and Joulo, H.; Jullemin, J.*; Lebrun; Lemaire*; Lestelley, H. de*; Louis, Paul; Magnin*; Maury, R.*; Mossé, Robert; Moureau, Jules; Oualid and Picquenard; Picard, Roger; Picquenard, Ch.*; Pierron, J.; Potron, G.*; Potter, A.* de; Rocha, M.; Rueff, J.*; Sicard, P.; Simiand, F.; Tarbé, Prosper; Waxweiler, Emile; Zolla, D.; Pippi, Félix; Sauvy and DePoid; Lefranc, Georges*; Sellier, F.

Amiens, Boudon*

economic theory of, Tiano, A.

industry in, Debray, B.

Marseille industry, Parodi

miners', Delcourt-Haillot*

minimum, Bellet, Daniel*; Honoré; Philbert, H.*; Toulouse, G.*

Rouen, Lefort, J.

SAND, GEORGE, Dolléans, Edouard; Leblond, Marius*

SCIENCE, Berth, Edouard*; Halbwachs, Maurice*; Hélie, F. A.*; Mannequin, Th.; Naquet, A.; Rabani, Emile; Saverot*

SECRETARIES, Ellison, Grace

SECRET SOCIETIES, See also FREE MASONRY, Jalin, C. de; La Hodde, Lucien de; Leblanc; Nourrison, Paul*; Tchernoff, J. See also *Manifeste des Sociétés Secrètes*

SENS, wine growers, Lallier

SERFS, Allard; Boyé, Pierre; Chassin, Ch. L.; Sée, Henri in Marmoutiers, Grandmaison and Salmon

SHOEMAKERS, Croisé, Louis; Dret; Sébillot, P.

Blois, Develle, E.

Marseille, Delayaut, Léopold

Troyes, Combier

Huber, Dr. Jas.; Hubert-Valleroux, P.; Hyndman, H. M.*;
Isambert, Gaston; Jäger, E.; Janet, P.; Jeannet, C.; Japy,
Gaston; Jarret, G. Louis*; Jaurès, Jean**; Johnson, Alvin;
Kautsky, Karl; Kerallain, René de*; Kirkup, T. A.; Labriola,
Arturo**; Labrousse, Ernest*; Lafargue, Paul**; Lagardelle,
Hubert**; Laidler, W. A.; Lamy, Paul; Landry, Adolphe*;
Lang, T.; Lange, Jean-Marie; La Ralleye, R. de*; Lasalle,
Ferdinand; Laterrade, A.**; Laurin, M. T.*; Lavergne, L.
de*; Lavollée, R.*; Lavroff, Pierre; Leblond, Marius*; Le-
conte, Charles*; Lejeune, Charles; Lemaire, E.; Lerolle*; Le-
roy, Maxime; Leroy-Beaulieu, Anatole; Leroy-Beaulieu, Paul*;
Lescanne, N.; Levasseur, Emile*; Lichtenberger, André; Li-
mousin, Charles M.*; Livet, A.*; Longuet, Jean*; Lor-
ris, Jean; Louis, Paul**; Louvet, Louis; Luxembourg, Rosa*;
Magnin*; Maisonabe, E.; Malatesta, Enrico*; Malon, Be-
noît**; Malphettes; Man, Henri de; Marbot, Abbé; Marchal,
Charles; Marchand, Victor; Maria, L.; Marié, Joseph; Marie,
M.; Marins, R. de*; Marot; Martineau, E.**; Marx, Karl;
Massé, Pierre; Mater, André**; Maucomble, P.; Maudet, S.;
May, D.*; Mayer, André*; Milhaud, Edgar; Meirmex; Mil-
lerand, Alexandre**; Molinari, G. de; Monnier, Henri**; Mon-
tégut*; Morel, J. J.; Morizet, A.*; Mortillet, Gabriel; Mun,
Comte Albert de; Naquet, A.**; Neybour, Jean*; Nézard,
Henry; Naudet, Abbé; Nicolas, Auguste; Nivet, Henri; No-
land, Aaron; Nougarède de Fayet; Oneal, James; Orth, S.
P.; Oustry, Louis*; Ozanam, M.; Paix-Séailles, Charles*; Pa-
jot, Casimir; Pannekock, Anton*; Pareto, Villefredo**; Passy,
Frédéric*; Patoux; Peixette, Jessica; Pedron, E.; Pellarin,
Charles; Pelloutier, Fernand; Pemjean, Lucien; Perin, Charles;
Peyron, Elie*; Picot, G.**; Pirou, Gaëtan; Pitou, Aimé;
Planton, Mathurin*; Platon, G.*; Poinsard and Lebon*;
Pompéry, C. de; Pravieux, Jules; Pressensé, F. de*; Proud-
hon, Pierre J.*; Rappoport, Ch.**; Ravanier; Régaud, Me.
Francisque; Renard, G.; Rey, Achille; Reybell*; Richard, Al-
bert**; Rienzi, Kol. H. van; Rimber, Pierre; Rist, Charles*;
Rouanet, Gustave*; Robert, A.; Rostand, Eugène; Rouchot;
Roure, L.*; Sabatier, A.*; Sadoul, Victor; Saey, P.*; Santo-
nastaso, Giuseppe; Sarraute, Joseph; Schäffie, A. E.; Schrij-
vers, Jos.; Schopen*; Schumpeter, Joseph; Schwalm, R. P.*;
Ségur-Lamoignon*; Seilahc, Léon de; Selsam, Howard; Se-
randon, de; Siegfried, Jules*; Sigogne, Emile**; Simon, Rud.*;
Siren, Joseph; Skelton, O. D.; Snowden, P.; Solvay*; Sonolet,
Hector; Sorel, Georges**; Sorgue; Soubeyran, Elie*; Spriel,
Henri and Dupont-White; Spire, Alfred; Spargo, John;
Stammhammer, J.; Talandier*; Taylor, J. S. R.; Teste, Paul;
Thomas, Albert*; Thomas, Edith; Turgard, B.; Turland, Al-
bert; Vaisse, Jean Louis; Valiani, Léon; Vandervelde, Emile**;
Vanlaer, Maurice; Varache, Fernand; Veber, Adr.*; Verdier,

Dody, J.*; Desmousseaux de Givre, Emile; Domergue, J.*;
Dumon-Meynard; Durnerin, Pierre; Echtal, Eugène d'*; En-
gerand, F.*; Escoffier, Léon; Fliniaux, Charles; Fristot, P. P.*;
Gautier, A.; Ghio, Paul*; Gibon, A.*; Godimus, Z. J.; Guesde,
Jules; Guyot, Yves; Hamelet, Maurice; Hayem, Julien*;
Henry, Fortuné; Hours, A.; Hughes, Jean*; Hulster, J. de;
Huret, Jules; Jacques, Jean; Jaurès, Jean*; Keszler; La Coux,
Jules de; Lagache, J.; Lagardelle, Hubert*; Langeron, J. M.*;
Laurent, E.; Le Cour Grandmaison*; Leneveux, Henri Charles;
Leroy-Beaulieu, Paul*; Ligeon, Fernand*; Litter, Etienne;
Louis, Paul*; Lozovsky, A.; Mauclair, Camille*; Millerand,
Alexandre; Morillon, Charles de; Muelenaère, Robert de; Mun,
Comte Albert de; Nicollet, B.; Paillart, C.; Palle, J.; Perrin,
André; Petit, Eugène; Picard, Roger; Picquenard, Ch.*; Re-
nault, Charles; Rist, Charles*; Rivière, Louis*; Robinet, Dr.*;
Rovel, Henri; Saussoir du Jonc, du; Schwarz, S.*; Seilhac,
Léon de; Sempé; Sèze, Joseph de*; Stilting, A. J.; Tavernier,
E.* Turquan, V.*; Uhry, J.**; Vaillé, Eugène; Vassart, Al-
bert; Vigié, Aman; Zolla, D.; Chaumont, M.; Delamotte, V.
agriculture, Lair, Maurice*; Nestor, Paul*
Anzin, mines, Clemenceau, Georges; Foucart, J. B.; Vuillemin, E.
blacksmiths, Coppée, François
Decazeville, Laye, D.
domestic servants, Bouloc, E.
Elbeuf, Bureau, Paul*
electricians, Guyot, Yves; Pataud, Emile*; Touron, E.*
employers', Escoffier, H.
general, Albrand, Henri; Bracet, M.; Buisson, Etienne; Carlier,
Constant; Crook, W. A.; Descamps, D.; Lagardelle, Hubert;
Lewis, Arthur D.; Malato, Charles; Overbergh, C. V.; Roussel, Félix
Hennebont, Griffuelhes, Victor*; Merrheim, Alphonse*
industry, Crouzel, A.; Gonnot, Paul
Le Havre, Follin, H. L.
Loire, mines, Gruner, Ed.; Le Nordez, Ernest
Marseille, Bernard, François*; Sayous, André E.
Midi, agricultural workers, Bouffet, Félix*; Laribé*; Lavy, Maurice*
miners' general, Delcourt-Haillot*; Engerand, F.; Richemond, de
molders', Lenoir, R.*
Montceau-les-Mines, Lefranc, Marcel
Ourscamp, Compère-Morel*
paper makers, Briquet
political aim of, Aymé, H. B.
printers', Barraquier, G.
railroad workers', Delor, A.; Planques, J.
Regency, during, Babeau, Albert*
right to, Bouloc, E.; Guigui, Albert; Hauser, H.; Lecourt, G. R.*

Socialism, Brouckère, G. de*
trade unions, Pawlowsky
work of, Ansiaux, Maurice*; Briquet, R.*; Cahen, Georges*;
Contenson, Ludovic de; Dolléans, Édouard; Guibert, M. and
Isambert, V.; Larègle, H. de; Lebrun, Mme. P.*; Lefranc,
Georges; Leroy-Beaulieu, Paul; Simon, Jules; Sirech, Abbé;
Villermé
working at home, Renard, Georges
WOOD, carpenters, Meininger
carpenters, in Angers, Denais, Joseph*
furniture workers, Thomsen
workers, Dumas, Emile
workers, congress, Lafont, E.*
WORKERS, See also ASSOCIATIONS, CLASSES, CORPORA-
TIONS, DELEGATES, INDUSTRY, LABOR, PENSIONS,
STRIKERS, TRADE UNIONS, Allain, L. M.; Alleau, Th.;
Avenel, G. d'; Babylas; Baconnier, Firmin; Baggio, Ch.; Bail-
hache, J.*; Baude, J. J.*; Baudrillart, Henri*; Beaubois, Ga-
briel*; Bénard, Th. N.; Berenstein, Alexandre; Bertheau,
Charles; Biard, J. B.; Biéchy, J.; Biétry, Pierre; Bigot de Moro-
gues; Blum, Léon; Bocq, E.; Bolotte, A.; Bonnard, Eugène;
Bonneff, Léon and Maurice; Bonnefoy, Victor; Borie, Victor;
Bourgin, Georges and Hubert; Boyer, Adolphe; Boylesve,
Marin de; Brants, Victor; Brentano, L.; Brodel, Fernand;
Brugnier, Victorin; Bruhat, Jean; Buquet, A.; Bureau, Paul*;
Cabet, Étienne; Cazajeux, J.*; Chambord, Comte Henri de;
Chapot, Jules; Chatelain, Émile*; Cetty, H.*; Chevalier,
M.**; Chombart de Lawe, P.; Clemenceau, Georges; Cochin,
Augustin; Cochut, Andrée; Collinet, Michel; Comny, P. de*;
Cormier, Crosson du; Courcelle, L.; Courcy, Alfred de; Czyn-
ski, J.; Dabry, Abbé Pierre; Dacheux, A.; Darmster, Mme.*;
David; Decorde; Degoix, Paul*; Delamotte, J. Charles; De-
léarde, A.*; Denis, Poulot; Desdouits, Théophile; Deslandres,
M. and Michelin, H.; Desmoulins, Auguste*; Dolléans
Édouard**; Dormoy, Jean; Drioux, J.; Dubois, Marc; Du-
bourguier, A.; Dunoyer, A.; Dupin, André; Dupin, Baron
Charles; Dupont, E.; Dupuynode, Gustave*; Dupuy-Quinet;
Durand, Louis; Egron, A. C.; Fairon, E.*; Fava, Msgr. Ar-
mand Joseph; Féraud-Giraud L. J.; Festy, Octave**; Février;
Fliniaux, Charles; Forbes, J.*; Fouquet, F.; Fourier, Charles;
Fournel, H.*; Fournier, Pierre Léon; Freppel, Evêque d'An-
gers; Funck-Brentano; Gastineau, Maxime; Gautier, Léon;
Gemahling, Paul; Gibon, A.; Glasson, Ernest; Godefroy, Auguste; Gottlieb, M.; Goujon, Julien; Granveau, A.; Grenier,
Paul*; Guesde, Jules; Guillemin, Joseph; Guiral, Albert; Halbwachs, Maurice*; Halévy, Daniel; Hauser, H.**; Hours, Joseph; Inaudi, Jacques; Jaubert; Jaurès, Jean*; Kapi, B.; Keufer, Auguste*; Laboulais, Mme. Lucie; Lafargue, Paul*; La-

SPECIAL SELECTION OF PARTICULARLY SIGNIFICANT CONTEMPORARY PERIODICALS WITH COMMENTARY IN FRENCH

BY GEORGES LEFRANC

Actualité de l'Histoire, Bulletin trimestriel de l'Institut Français d'Histoire Sociale, (Jean Maîtron, directeur). Publie divers numéros spéciaux. Le premier numéro imprimé porte le No. 4 et la date d'avril 1953 (les numéros antérieurs sont dactylographiés).

Action Populaire Sous ce titre ont paru ou paraissent diverses publications (Revue, Travaux, Cahiers) éditées par l'Action Populaire, filiale de la Société de Jésus. A publié de 1946 à 1951 divers articles sur le mouvement syndical signés du pseudonyme Pierre Brochard.

L'Atelier Ce titre qui fut déjà utilisé sous la Monarchie de Juillet (cf. l'ouvrage d'Armand Cuvillier) a été, dans la période contemporaine, repris deux fois: une première fois par la C.G.T. qui sous ce titre a publié une revue mensuelle in octavo, *L'Atelier,* (Directeur Léon Jouhaux) de 1920 à 1923 et de 1924 à 1933; puis une Revue mensuelle format tabloïde intitulée un peu différemment *L'Atelier pour le Plan* (1935-1936). La plupart des membres du Bureau d'Études du Plan y ont écrit; une seconde fois sous l'occupation par Lafaye et Mesnard qui de 1940 à 1944 ont publié un hebdomadaire format grand quotidien en liaison avec le Centre Syndicaliste de Propagande (y ont collaboré notamment G. Albertini, G. Dumoulin, A. Rey).

Bataille socialiste Organe mensuel de la tendance de gauche du Parti Socialiste SFIO paru entre les deux guerres (1924-1936) avec la collaboration de Bracke et Zyromski.

La Bataille syndicaliste et sociale Hebdomadaire syndicaliste révolutionnaire. A paru à trois reprises: (1) 1922-1929; (2) 1931-1934; (3) et en 1937.

La Bataille syndicaliste Quotidien syndicaliste révolutionnaire. A paru du 27 avril 1911 au 15 décembre 1920.

B.E.D.E.S. Bulletin d'Etudes et de Documentation Syndicale. Paraît entre 1946 et 1953.

L'Ecole libératrice Organe hebdomadaire du Syndicat National des Instituteurs. Publie une partie générale contenant de nom-

291

breaux articles concernant le syndicalisme. Paraît depuis 1929. Interrompu de 1940 à 1944.

Etudes Sociales et Syndicales Paraît depuis Janvier 1955 sous la direction de Guy Lemonnier (a succédé au Bulletin BEDES)

Federation Revue fédéraliste. A publié de 1945 à 1950 une chronique sociale signée du pseudonyme Camille Blanchard.

Force Ouvrière Paraît le 20 décembre 1945 comme organe hebdomadaire de la tendance Jouhaux-Bothereau. Devient au début de 1948 l'organe officiel de la CGT-FO.

Front Syndicaliste Organe mensuel (semi clandestin) de syndicalistes hostiles au Communisme. Paraît de 1945 à 1950 sans nom d'auteur, ni adresse d'imprimeurs.

L'Homme Réel Revue mensuelle. A paru de 1934 à Septembre 1938 sous la direction de Pierre Ganivet (Pseudonyme de A. Dauphin Meunier). A signaler divers numéros spéciaux, notamment: Le contrôle ouvrier de Guigui; Les Fédérations dans les tantièmes de Bouyer.

Information ouvrière et sociale (1918-1920). Remplacée au début de 1921 par:

L'Information Sociale—Action Syndicale Organe du travail—évolution économique (1921-1935). Directeur: Charles Dulot. Albert Thomas s'est beaucoup intéréssé de 1918 à sa mort (1932) à la parution de cet hebdomadaire sur lequel il comptait, semble-t-il, pour renouveler le syndicalisme et accentuer ses tendances constructives.

Mouvement socialiste (1899- juin 1914) Directeur Hubert Lagardelle. Revue bimensuelle à laquelle ont collaboré ceux qui s'intéréssaient activement au syndicalisme révolutionnaire, notamment Georges Sorel.

Le Peuple Ce titre a été maintes fois utilisé dans le mouvement ouvrier par les écrivains sociaux, notamment par Proudhon et Vallès. II a été de 1924 à 1940 le nom du quotidien édité par la CGT. Interrompue en 1940, la parution a repris en 1944, après la Libération, mais bimensuelle.

Reconstruction Revue mensuelle de tendance de gauche à la CFTC avec la collaboration de Paul Vignaux, Detraz, Savouilhan. Fait suite à un bulletin ronéotypé portant le même titre paru au lendemain de la seconde guerre mondiale (1943).

Résistance ouvrière "L'hebdomadaire du Comité d'Etudes et de Documentation Economique Syndicale", en fait hebdomadaire syndicaliste de la tendance Léon Jouhaux. Avec la collaboration de Saillant et Bothereau. A paru depuis la fin de 1944 jusqu'à la fin de 1945. Remplacé alors par *Force Ouvrière* sans la collaboration de Saillant.

La Révolution Prolétarienne Revue mensuelle "syndicaliste communiste" devenue Revue du Syndicalisme Révolutionnaire. A paru de 1925 à 1939, puis interrompue par la guerre, a repris sa parution en 1946. Y collaborent Robert Louzon,

Pierre Monatte, Rosmer, et avec eux, Chambelland, Hagnauer.

Revue d'Economie Contemporaine Paraît en 1946 sous la direction de Dauphin Meunier. Publie divers articles sur les questions syndicales signés du pseudonyme TESTIS.

Revue Socialiste Il a paru trois revues sous ce nom: (1) de 1885 à 1914, une revue fondée par Benoît Malon; (2) de décembre 1925 à février 1931, une revue intitulée Nouvelle Revue Socialiste, dirigée par L. O. Frossard et par Longuet; (3) a partir de 1946 (mai), une Revue Socialiste à laquelle collaborent notamment M. Deixonne, G. Bourgin, C. E. Labrousse.

Revue Syndicaliste A paru mensuellement d'avril 1948 à juin 1954 (70 numéros). Avec la collaboration de René Belin, André Delmas, Raymond Froideval, Georges Lefranc.

Bulletin de la Société d'Études Documentaires, 23, rue de Constantinople, Paris, IIIème. Directeur, Robert Pollier. Parait depuis 1945 (ronéotypé). Depuis 1954 a publié un certain nombre d'articles de syndicalistes: René Belin, Georges Lefranc, Georges Levard. Possède une chronique syndicale (Française et étrangère) très informée.

Syndicalisme Organe de la CFTC. (1) mensuel de 1936 à 1940; (2) hebdomadaire depuis 1944. Avec une édition magazine mensuelle.

Syndicats Hebdomadaire du monde du travail de 1936 à juin 1940. Rédacteur en chef: René Belin. Y collaborent notamment: André Delmas, Georges Dumoulin, Raymond Froideval, Pierre Milan, Pierre Vigne.

La Tribune des Fonctionnaires Organe hebdomadaire de la Fédération des Fonctionnaires. Interrompu de 1940 à 1944.

La Vie ouvrière Paraît depuis 1909. D'abord revue mensuelle in sextodecimo du syndicalisme révolutionnaire. Devient au lendemain de la première guerre mondiale un des organes de la tendance communiste à la CGT. Parution hebdomadaire, interrompue de 1939 à 1944.

Vie Socialiste Revue hebdomadaire de la tendance de droite du Parti SFIO. Directeur: Pierre Renaudel. Paraît entre les deux guerres de 1925 à 1933.

La Voix du Peuple Organe officiel de la CGT. (1) hebdomadaire jusqu'à la guerre de 1914; (2) mensuel de 1920 à 1939.

NEWSPAPERS AND PERIODICALS

The following list of newspapers and periodicals also comprises reviews, some simply listed without comment for their occasional inclusion of articles on French labor, and newspapers which dealt mostly with French labor but appeared on a regional basis for only a short period.

Action sociale
Aide sociale
Air-Terre-Mer
Almanach du Père peinard
American Economic Association Review
American Federalist
American Journal of Sociology
American Political Science Review
Annales de la Bretagne
Annales des sciences politiques
Annales de l'Ecole Libre des Sciences Politiques
Annales d'histoire économique et sociale
Annales de l'Institut des sciences sociales
Annales de l'Institut de sociologie
Annales du Musée social
Archiv für sociale Gesetzgebung
Association catholique
Arena
Association nationale inter-professionnelle pour la formation, rationelle de la main d'oeuvre (Bulletins)
Avenir social
Au travail
British Journal of Sociology
Bulletin de la Fédération des Industriels
Bulletin de formation CFTC
Bulletin de la Charte du Travail
Bulletin de la Statistique générale de la France
Bulletin de l'institut national d'études, du travail et d'orientation professionelle
Bulletin de l'Union syndicale
Bulletin de la société internationale des études pratiques d'économie sociale
Bulletin international du mouvement syndicaliste (Clamart 1807)

295

Bulletin social des études législatives
Bulletin mensuel de statistique
Bulletin de la Société d'archéologie, sciences, lettres et arts du département de Seine-et-Marne
Bulletin du Commerce central du travail industriel
Bulletin de la participation aux bénéfices
Bulletin des oeuvres sociales de Tournay
Bulletin de la Fédération des industries françaises
Bulletin de l'Association d'Etudes et d'informations politiques internationales
Bulletin de la Société d'économie sociale et des unions de la paix sociale
Bulletin de la Société des antiquaires de Normandie
Bulletin de la Chambre syndicale des imprimeurs
Bulletin de Paris
Cahiers de la Presse
Cahiers de la Quinzaine
Cahiers du travail
Cahiers internationaux de sociologie
Cahiers du Bolchevisme
Cahiers du Communisme
Cahiers Fernand Pelloutier
Cahiers politiques
Cahiers du Socialisme
Contemporary Review
Christian Science Monitor
Critica sociale
Chronique de la Société verviétoise d'archéologie et d'histoire
Courrier Européen
Combat
Cahiers du travail
Comité National d'Études sociales et Politiques (Bulletins)
Correspondant
Demain, journal républicain socialiste, organe des travailleurs des villes et des campagnes, Année 1, no. 1, 23 février 1900, imprimerie des Arts et manufactures, Paris.
Deutsche Worte
Die Hilfe
Die Zeit
Documents du Progres
Dokumente des Socialismus
Deutsche Rundschau
Démocratie chrétienne
Deutsche Monatschrift
Dictionnaire de l'économie politique
Discours politiques
Droit social
Devenir social

Echo de l'industrie
Economiste français
Economie internationale
Encyclopédie départementale des Bouches-du-Rhône
Entente
Economie appliquée
Enseignement chrétien
Esprit, special issue on socialism, particularly Jean Rous "Vingt-cinq ans d'essais et de combats".
Études
Études religieuses, philosophiques et littéraires
Études socialistes
Ethische Kultur
Études et conjoncture union française
Factory Management and Maintenance
For a Lasting Peace, for a People's Democracy (Cominform)
Free Review
Freie Generation
Fortnightly
Forum
Foreign Affairs
Foreign Policy Reports
Force Nouvelle
Force Ouvrière
Foreign Affairs Quarterly
Formation, La revue du militant CFTC
Fortnightly Review
Fortune
France-Canada
Free Labour World
Franc-Tireur
Germinal, organe socialiste international pour la défense des fonctionnaires et employés, Année 1, No. 1, July 15, 1907, Damigny
Grande revue
Histoire des institutions politiques de l'ancienne France
Humanité nouvelle
Harpers' Magazine
Industrial Labor Relations Review
Informations sociales
International Review of Social History
International Sociological Review
International Labour Review
Journal des Economistes
Journal du Correspondant
Journal of Modern History
Journal of Political Economy
Journal des savants

Journal des travailleurs, fondé par les ouvriers délégués au Luxem-
   bourg, 6 Nos. 4-25 juin 1848, Paris.
Journal La France
Journal officiel
Journal officiel de la Commune. Réimpression in extenso, premier
   no., 19 mars au 24 mai 1871, dernier no. imprimé à l'Imprimerie nationale, Paris, 1872.
L'Action, organe de l'Union des socialistes du Midi, 1ère année, No.
   1, 15 avril 900, imprimerie spéciale, Toulouse
L'Action caudrésienne, journal républicain-socialiste, paraîssant le
   samedi, 1ère année, no. 1, 3 juillet 1904, Solesmes (Nord)
L'Action démocratique, journal radical-socialiste, paraissant le
   jeudi et le dimanche, 1ère année, no. 1, 9 avril 1908, Alger.
L'Action démocratique, organe bi-mensuel, 1ère année, no. 1, 25
   mars 1900, librairie Bellais, Paris
L'Action ouvrière et la solidarité ouvrière réunies, organe du prolétariat et de défense républicaine sociale, 1ère année, 25
   février 1906, Grasse
L'Action du parti socialiste au parlement et dans le pays. Discours
   de R. Viviani, E. Milhaud, A. Briand et J. Jaurès au banquet
   socialiste de Paris, 1902, imprimerie Maugras, Paris, 1902
L'Action populaire
L'Action sociale, organe hebdomadaire de la fédération socialiste
   révolutionnaire d'Indre-et-Loire, paraissant le samedi, 1ère
   année, No. 1, 15-22 février 1902, Tours.
L'Action socialiste, organe hebdomadaire des revendications de la
   démocratie ouvrière et agricole de la région de l'Ouest, 1ère
   année, No. 1, 1er décembre 1901, Alcan-Lévy, et cie., Paris
L'Action syndicale
L'Actualité de l'Histoire, entire number on Jean-Jaurès, December
   1956
L'Actualité de l'Histoire, entire number on La Charte d'Amiens,
   October 1956
L'Affamé, organe des revendications sociales, Nr. 1: 28 déc. 1883,
   Paris, Imprimerie Biolay
L'Affamé, organe communiste anarchiste, Paraît tous les quinze
   jours, Nr. 1: 15 mai 1884, Marseille
L'Ami du peuple en 1848, An Ier de la République reconquise, par
   F. V. Raspail. Dieu et patrie. Liberté pleine entière de la
   pensée. Tolérance religieuse illimitée. Oubli du passé. Vigi-
   lance pour l'avenir. Suffrage universel. 21 Nos. in fol. 27
   février-la mai 1848. (Interrompue au 28 février, la publication de l'Ami du peuple fut reprise le 12 mars et continuée
   jusqu'au 15 mai).
L'Ami du peuple de Marseille, organe hebdomadaire des travailleurs du comité socialiste. Nr. 1: 6 décembre 1884
L'Ami du travailleur chrétien. 1ère année, no. 1, juin 1899, Saint-
   Maixent

L'Anarchie, paraissant tous les jeudis. 1ère année, No. 1, 13 avril 1905, imprimerie Libertad, Paris

L'Anti-Paupérisme, journal politique indépendant, littéraire, artistique, commercial, industriel, scientifique, humoristique, financier, sportif et mondain, organe d'économie sociale et de philanthropie, journal de la défense des intérêts de toutes classes laborieuses, paraissant tous les samedis 1ère année, No. 1, 31 octobre 1903, Paris

L'Anti-Rouge, Almanach anti-socialiste anti-communiste, contenant: Histoire du communisme—Doctrine des principaux chefs des écoles sociales et communistes—Lelanges—Varietés—Anecdotes—Póesies—Pensées etc. publié par un ami de l'ordre, Garnier frères, Paris, 1851

L'Avant-Garde, organe des groupes ouvriers républicains socialistes et anticléricaux, Année 1, No. 1, 23 juillet 1899, imprimerie Masson, Poitiers.

L'Avant-Garde de Lyon, organe hebdomadaire des revendications ouvrières, Année 1, No. 5-11 octobre 1902, Lyon

L'Association Catholique

D'Atelier, organe des intérêts moraux et matériels des ouvriers. Septembre 1840-Septembre 1850. Sous la direction de MM Buchez et Corbon. (Prêchait l'association volontaire de l'industrie)

L'Avenir, organe de défense des travailleurs, paraissant le dimanche, Année 1, No. 1, 7-14 mai 1899, imprimerie moderne, Valenciennes

L'Avenir des travailleurs, paraissant le dimanche, Année 1, No. 1, 4 janvier 1903

L'Avenir des travailleurs. Signé Lambert, 2 Numéros, 18-22 juin 1848, Paris

L'Avenir social, journal radical pour la défense du travailleur, paraissant le samedi, Nr. 1. 3 janvier 1885, imprimerie Martin, Marseille

L'Avenir social, journal hebdomadaire, organe de la démocratie sociale Nr. 1, mai 1886, (prairial an 94) Toulouse

L'Ecole Emancipée

L'Ecole Libératrice

L'Economie, hebdomadaire des questions économiques, sociales et financières du monde entier

L'Egalité

L'Ere Nouvelle

L'Eclaireur du peuple, ou le défenseur de 24 millions d'opprimés par S. Laland, soldat de la patrie. Nos. 1-6, no. 1-12 ventôse, no. 6-19 ventôse, Paris, an IV de la République

L'Echo de la Branche, journal républicain anticollectiviste, paraissant tous les huit jours, Année 1, No. 1, avril 1906, Dunkerque

L'Echo des travailleurs municipaux de Lyon et du département.
Année 1, no. 1, 1er décembre 1901, imprimerie, Nesle-Boiron, Lyon

L'Echo des ouvriers, publication destinée à l'exposition des besoins des travailleurs et à l'insertion de leurs réclamations, Paris 1844

L'Emancipation, journal d'économie politique et sociale. Organe des associations ouvrières et du Centre régional coopératif du Midi, Année 1-6, 1886-1892, Nîmes

L'Emancipation, organe anarchiste de la région de Lyon et du Sud-Est, bi-mensuel, Année 1, no. 1, 15 avril au 1er mai 1906, Lyon

L'Emancipation, organe des groupements et cercles socialistes et antireligieux de Provence, paraissant le mardi de chaque semaine, Année 1, no. 1, 13 janvier 1904, Marseille

L'Emeute, organe anarchiste, parait le dimanche, No. 1-9 décembre 1883, Lyon

L'Etendard, révolutionnaire, organe anarchiste hebdomadaire, No. 1, 31 aout 1882, imprimerie Postel, Lyon

L'Etoile, socialiste, organe syndicaliste, économique et politique, paraîssant les mardi, jeudi et samedi, Année 1, no. 1, 9 avril 1904, Rochefort

L'Eveil des travailleurs de l'Aube, organe des groupes du parti ouvrier français du département, paraissant le samedi, Année 1, No. 13 avril 1901, Troyes

L'Harmonie universelle, (Journal socialiste de la bonne manière) Rédacteur en chef Louis Le Hir., avril 1848, Paris

L'Hebdomadaire Syndicaliste

L'Humanité, journal socialiste quotidien, Année 1, no. 1, 18 avril 1904, Paris

L'Intelligence, journal du droit commun. Fondé et rédigé par Laponneraye September 1837-mars 1839 (A partir de 1838, le sous-titre devient "Journal de la réforme sociale)

L'Internationale, revue hebdomadaire, anticléricale, républicaine, socialiste, Année 1, no. 1 (sans date) imprimerie Wolff, Paris, 1904

L'International-anarchiste, organe révolutionnaire en italien et en français, No. 1, 16 octobre 1886, Marseille

L'Idée, journal republicain socialiste, organe des travailleurs des villes et des campagnes, Année 1, no. 1, 22 février 1900, imprimerie des Arts et manufactures, Paris

L'Idée socialiste de Givors, tribune ouverte à tous et à toutes les organisations politiques socialistes et syndicalistes pour s'exprimer librement, sous leur responsibilité personnelle, paraîssant tous les samedis, Année 1, no. 1, du 6 au 13 décembre 1902, imprimerie Nesle, Lyon

L'Organisateur, journal des progrès de la science générale, recueil périodique Saint-Simonien, fondé par P. M. Laurent, Paris,

15 août 1829-15 août 1831, particularly No. 22, Transon: De l'association universelle. Laurent: Misère des classes ouvrières.

L'Organisateur du travail, sous la direction du citoyen Letellier. Journal de la société universelle, 2 nos. Paris, 9 avril 1848

L'organisation du travail, la vérité aux ouvriers. Rédacteur en chef: H. Lacolonge. Collaborateurs: Paul Dupont, Jacques Desiré, Savinien Lapointe, Charles Deslys, etc. Nos. 3-24 juin 1848

L'Ouvrier du Havre, organe de la défense des intérêts des travailleurs de la ville et de l'arrondissement (exclusivement rédigé par les ouvriers synciqués), paraîssant le 1er et 15 de chaque mois. Année 1, no. 1, 1er juin 1901, imprimerie du XXème siècle, Le Havre

L'Ouvrier normand, journal socialiste, paraissant le dimanche, No. 1, 5 septembre 1886, Caudebec-les-Elbeuf

L'Union, bulletin des ouvriers, rédigé et publié par eux-mêmes, fondé par l'ancien comité de la "Ruche populaire", Décembre 1843-septembre 1846

L'Union de la paix sociale, No. 2. Lettre à M. Fr. Le Play par M. Lucien Brun. Réponse de M. Le Play. Documents sur l'Union, Dentu, Paris, 1873

L'Union prolétarienne, organe officiel de la Fédération des associations ouvrières professionnelles, bi-mensuel, Année 1, no. 1, 15 novembre 1906, Villeurbanne, (Rhône)

L'Union rouge, organe des revendications ouvrières du canton de Trets, Année 1, no. 1, 4 juin 1904, Aix-en-Provence

L'Union socialiste, journal républicain socialiste, organe des travailleurs des villes et des campagnes, Année 1, no. 1, 22 février 1900, imprimerie des Arts et Manufactures.

L'Union socialiste cherbourgeoise, journal socialiste anticlérical, Année 1, no. 1, 12 decembre 1904, imprimerie Quentin, Cherbourg.

L'Union socialiste, organe socialiste, politique, littéraire, agricole et commercial hebdomadaire, Année 1, no. 1, 21 mars 1908, Nîmes

L'Union des travailleurs, organe de l'Union des syndicats ouvriers de l'Ain, paraissant tous les trois mois, Année 1, no. 1, 1er mai 1906, Bourg.

L'Union sociale par le partage des intérêts; ouvrier et capital, par un "solitaire", Pigelet et Tardv. Bourges, 1885

L'Union sociale, revue populaire illustrée, 13 nos. 15 avril-7 juillet 1849, Paris, (propagande antisocialiste)

L'Union socialiste, organe du comité des 4 cantons élu en réunions publiques, No. 1, 18 septembre 1889, imprimerie Ledin, Saint-Etienne, 1889

L'Union socialiste révolutionnaire, organe du comité électoral central de la Seine, Paraît les mercredi et les samedi, No. 1, 26 septembre 1886, Paris

La Classe ouvrière de Lorient, organe des travailleurs du Morbihan, Année, No. 1, 5 mars 1902, Lorient

La Cloche d'alarme, journal républicain indépendant, organe des intérêts ouvriers, agricoles et maritimes de l'arrondissement de Lorient, paraîssant le dimanche, Année 1, no. 16 février 1902

La Commune paroissiale, agricole et industrielle, organe de l'évolution sociale par l'accord à établir entre les trois forces productives de la vie sociale: le capital, le travail, le talent, Semi-mensuel, No. 1, octobre 1899, Paris

La Commune sociale, journal mensuel des travailleurs, Rédacteur: Eugène Fombertaux, 6 numéros, 5 décembre 1848-5 mai 1849, Paris

Le Communiste, rédacteur-gérant Gay, mars 1849, Paris (Ce journal mensuel est consacré tout entier à l'exposition d'un système de communisme particulier à l'auteur)

La concentration des forces ouvrières radicales-socialistes de la ville de Marseille, No. 1, 7 juillet 1886, Marseille

La Défense ouvrière, Année 1, No. 1, 22 avril 1906, Paris

La Dictature collectiviste, journal hebdomadaire illustré. Année 1, No. 1, 9 avril 1898, imprimerie Chatagnier aîné, Marseille

La Femme affranchie, organe du féminisme ouvrier socialiste et libre-penseur, paraîssant tous les mois, Année 1, no. 1, août 1904, imprimerie Allemane, Paris

La Feuille de combat, organe des travailleurs, paraîssant tous les samedis, Année 1, no. 1, 23 septembre 1899, Toulon

La Feuille libre organe des revendications ouvrières, Année 1, no. 1, 30 avril 1899, imprimerie spéciale de "La Feuille libre", Ajaccio

Feuille ouvrière d'éducation socialiste, publiée sous le contrôle des organisations ouvrières socialistes d'Houplines, Année 1, no. 1, 1er octobre 1906, Lille

La Feuille socialiste hebdomadaire, Année 1, no. 1, 18 mars 1902, Lyon

La Ficelle, organe socialiste et anticlérical, journal hebdomadaire, paraîssant tous les samedis, Année 1, no. 1, 31 octobre 1903, Roubaix

Le Grande République, organe hebdomadaire de la souveraineté nationale, sous le patronage du comité central de l'appel au peuple, Année 1, no. 1, 18 avril 1905, imprimerie Dangon

La Grande République socialiste, organe des travailleurs des villes et des campagnes, Année 1, no. 1, 22 février 1900, imprimerie des Arts et Manufactures, Paris

La Liberté du travail, journal d'économie politique et sociale, Année 1, no. 1, 1er août 1906, Grenoble

La Guerre sociale, journal hebdomadaire, paraîssant le mercredi, Année 1, no. 1, Du 19 au 25 décembre 1906, Paris

La Lutte, journal républicain socialiste, organe des travailleurs des villes et des campagnes. Année 1, no. 1, 22 février 1900, imprimerie des Arts et Manufactures, Paris

La Guillotine politique et sociale, Hebdomadaire, No. 1, 21 décembre 1884, Towne, Paris

La Jeunesse socialiste, revue populaire, paraîssant le 1er de chaque mois. Année 1, no. 1, 1er avril 1899, imprimerie Lagarde et Sebille, Toulouse

La Juste Parole

La Justice sociale, organe socialiste indépendant, paraîssant au moins une fois par mois, Année 1, no. 1, octobre 1900, Corbeil

La Libération Paysanne

La lutte, organe anarchiste, No. 1, 1er avril 1883, imprimerie nouvelle, Lyon, paraît le dimanche

La Lutte de classe, journal socialiste et syndicaliste, organe de la Fédération des Basses-Pyrénées et Sud-Ouest, Année 1, no. 1, 22 octobre 1905, Biarritz

La Lutte ouvrière, organe de propagande syndicale, Année 1, no. 1, 16 septembre 1906, Cannes

La Lutte sociale, organe socialiste révolutionnaire de la Basse-Loire, Année 1, no. 1, 24 février 1906, Nantes

La Lutte sociale, organe socialiste et syndicaliste, hebdomadaire, Année 1, no. 1, 14 janvier 1906, Montpellier

La Lutte sociale, organe du parti ouvrier socialiste révolutionnaire (Union fédération du Centre), paraîssant le samedi, 17 mars 1900, imprimerie Allemane, Paris

La Lozère républicaine, organe du Bloc radical, radical-socialiste et socialiste, Année 1, no. 1, 21 octobre 1906, imprimerie Vernex-Lozet, Langogne, 1906

La Nef

La Petite Bataille, organe radical et socialiste de défense républicaine, hebdomadaire. Année 1, no. 1, 15 mars 1908, Marseille

La Phalange, journal de la science sociale découverte et constituée par Charles Fourier. Tome I, Industrie, politique, sciences, art et littérature, au bureau de la Phalange; particularly, Question de réforme industrielle. Coalitions d'ouvriers. Salaire (284,306), Paget; Droit au travail, (337), Paget; Droit au travail (379) Considérant; Pensées sociales (849), Villegardelle; Une des erreurs de l'économie politique, Principe de la division du travail (510) Lemoine; Sur la division du travail et l'éxercice parcellaire, J. H.; Tome II, Secours à donner aux ouvriers sans travail; sur le travail des enfants dans les manufactures; (Troisième série, Tome II), De l'enchaînement des questions sociales—Organisation du travail—Organisation industrielle de la commune. Extrait. Alphonse Tamisier; De l'association des travailleurs et de l'organisation du crédit. Extrait; (Troisième série, Tome III) Manifeste des communistes, Aug. Colin; corruption

politique et sociale, Aug. Colin; L'organisation du travail,
M. Arago. A. Colin; (Troisième série, Tome IV) Le droit au
travail, Ed. de Pompéry; (Année XIV, série I, Tome II),
Du droit au travail et son organisation pratique, Fr. Cantagrel (also in Année XIV, série 1, Tome V)

Le Phalanstère, journal pour la fondation d'une phalange agricole
et manufacturière, associée en travaux et en ménage; particularly: No. 3, Anarchie industrielle, Alphonse Tamisier;
No. 5, De la réforme industrielle, Pecqueur; No. 21, Enumé-
ration des circonstances qui rendent le travail attrayant,
Lemoyne; No. 22, Problème social posé en 1832 par la convention nationale et par l'Empereur et pleinement résolu par la
théorie sociétaire, Ab. Tr.; Tome II, année 1833, No. 1, De
la réforme industrielle, J. L. C.; Option sur deux dénouements
de la crise industrielle, Ch. Fourier; No. 8 Le travail attrayant, Hipp. Renaud; No. 10, Opinion de la presse parisienne
sur la question de réforme industrielle, J. L. C.; No. 16, De
la fausse politique industrielle, A. Paget.; No. 19, Comme
quoi la réforme intégrale de l'ordre social n'est pas aussi
difficile qu'on le pense, A. Paget and Voies et moyens de la
réforme industrielle, J. L. C. (with following in No. 21 and
end of article in No. 22); No. 22, Troubles d'Anzin. Grave
question sociale, V. C.; No. 25, Maîtres et ouvriers, A. Tr.;
De la possibilité et de la néccssité de rendre les travaux
attrayants, J. F. (No. 25); No. 26, Le jeune parti social,
V. C.; No. 30, Double intérêt des classes riches à l'essai de la
réforme industrielle, A. Paget

La Réforme sociale et le centenaire de la révolution. Travaux du
congrès tenu en 1889 par la société d'économie sociale et les
unions de la paix sociale, précédés d'une lettre de H. Taine,
et d'une introduction sur les principes de 1789, l'ancien
régime et la révolution, imprimerie Levé, Paris, 1890

La République nouvelle. Journal politique quotidien du 22 mars
1871; Journal de la Révolution de Paris avec le concours de
plusieurs des rédacteurs de la "Marseillaise" Rédacteur en
chef: Pascal Grousset. Gérant: Léon Picard. 13 numéros No.
8-20 du dimanche 19 mars au samedi 1er avril 1871, Paris.
(Suite de "La Patrie en danger". Les premiers 7 numéros
avaient paru sous le premier siège, du 26 octobre au 1er
novembre 1870)

La République socialiste, organe hebdomadaire des travailleurs de
l'arrondissement de Gien et des groupes adhérents au parti
socialiste révolutionnaire, paraîssant le samedi, Année 1, no.
1, 24 avril 1900, Paris

La République socialiste, organe des travailleurs des villes et des
campagnes, Année 1, no. 1 22 février 1900, imprimerie des
arts et manufactures, Paris

La République socialiste, journal des travailleurs, paraîssant tous les dimanches, Année 1, no. 1, 11 octobre 1903, Clermont-Ferrand

La Pensée anticléricale, et socialiste, revue mensuelle. Année 1, no. 1, 15 août 1901, imprimerie spéciale, Marseille

La République sociale; organe des revendications de la démocratie republicaine, Bi-hebdomadaire. No. 1, 39 septembre 1885, imprimerie Ménard, Saint-Etienne

La jeune République démocratique et sociale, par Jules Ferrand, 14 juin 1848, Paris

La République démocratique et sociale

La République et les républicains; les Saint-Simoniens; les socialistes; les Fourièstes; les Icariens; etc. Barba, Garnot, Paris, 1848

La République Moderne

La vraie République, organe du parti ouvrier socialiste révolutionnaire crestois, paraissant le mardi et le samedi, No. 1, 12 avril 1884

La Revanche du forçat, organe de la fédération socialiste révolutionnaire de la région du Nord. No. 1, 15 juillet 1883, Desmedt, Roubaix

La Revue ouvrière, organe de la démocratie socialiste (texte polonais), Année 1, no. 1, septembre 1900, imprimerie Reiff, Paris.

La Révolution Prolétarienne

La Revue Socialiste

La Revue Syndicaliste

La Revue sociale des travailleurs du livre, paraîssant le premier dimanche de chaque mois. Année 1, no. 1, février 1902, L'Emancipatrice (imprimerie communiste) Paris

La Ruche populaire, journal des ouvriers, rédigé et publié par eux-mêmes sous la direction de Vincard, décembre 1839-décembre 1849, (En 1849, le sous-titre est: "Première tribune et revue mensuelle rédigée et publiée par des ouvriers libres de tout patronage et signataires de leurs articles")

La Science sociale suivant la méthode de F. Le Play. Paraît tous les mois. T. 1-36, janvier 1886-1903, Firmin Didot, Paris

La Semaine sociale, organe des groupes populaires d'études sociales, paraîssant tous les dimanches. Année 1, no. 1, 13 juillet 1902, Paris, 1902

La Société future, revue socialiste mensuelle, par Lucien Deslinières, Année 1, no. 1, 1er février 1905, 72, rue du Rendez-vous, Paris

La Soirée republicaine socialiste, Année 1, 3 août 1904, Marseille

La Solidarité républicaine, organe de défense democratique et sociale des intérêts de tous les travailleurs, des agriculteurs et des petits commerçants, paraîssant le dimanche, Année 1, no. 1, 22 et 25 mars 1902, La Rochelle

La Solidarité des travailleurs de la ville de Bordeaux, organe des revendications ouvrières, paraîssant tous les samedis, Année 1, no. 1, 25 mars 1899

La Tenaille, organe des travailleurs de la région. Saône-et-Loire et des comités révolutionnaires vreusotins, No. 1, 20 août 1882, Paris

La Terre

La Tribune, organe radical socialiste de la Provence, No. 1, 26 juin 1886, Marseille

La Tribune, organe de la démocratie radicale de la région du Rhône, No. 1, 8 février 1887, Lyon

La Tribune des Fonctionnaires

La Vengeance, anarchiste, organe hebdomadaire, Année 1, no. 1, 6 mars 1883, Paris

La Verité, organe révolutionnaire, Année 1, no. 1, août 1908, Albert (Somme)

La Tribune des peuples, revue internationale du mouvement social, avec un bulletin mensuel des publications nouvelles de la librairie des Deux Mondes, librairie des Deux Mondes, Paris, 1886

La Tribune Economique

La Vérité démocratique. Exposé et application des principes de la vraie démocratie à l'amelioration du sort des ouvriers et à l'organisation réelle du travail. Rédacteur A. Warrin, 2 nos., mars 1848, Paris

La Vérité sur la question ouvrière (par Henri V, dit le sous-titre, imprimerie Dubuisson et Co., Paris, 1872

La Vérité au peuple, journal des départements de la Drôme et de l'Ardèche, Valence, 1797 (L'esprit de cette feuille était le Jacobinisme pur. Hatin)

La Vraie République socialiste, organe des travailleurs des villes et des campagnes, Année 1, no. 1, 22 février 1900, imprimerie des Arts et Manufactures, Paris

La Vie Ouvrière

La Vie Paysanne

La Vie Syndicale, CGTU, 1922

La Vie socialiste, revue bi-mensuelle internationale paraissant le 5 et le 20 de chaque mois. Année 1, no. 1, 5 novembre 1904, Paris

La Vie Syndicale

La Voix du Peuple

La Voix des femmes, journal socialiste et politique, organe des intérêts de toutes. Signé: la directrice: Eugénie Niboyet. 46 nos. 19 mars-20 juin 1848

La Volonté populaire, organe des intérêts démocratiques et républicains de la 2ème circonscription de Lille, Année 1, no. 1, 6 mai 1906, Lille

Le Bulletin, journal des questions ouvrières. Paraît les 5 et 20 de chaque mois. No. 1, 5 mai 1884, Bordeaux

Le Combat socialiste-... juif, hebdomadaire, Rédacteur en chef: Fern. Grégoire, Année 1, No. 1-4 (tous parus) Alger 1893

Le Conscrit, organe annuel des groupes de jeunesse socialiste révolutionnaire, Année 1, No. 1, janvier 1900, imprimerie Mangeot, Paris

Le cri de l'ouvrier, organe socialiste et révolutionnaire de la région du Nord, paraîssant le dimanche, Nr. 1 du 30 novembre-7 décembre 1884, imprimerie Albain, Douai

Le Coopérateur, organe de l'Union syndicale des employés des coopératives ouvrières, paraîssant le 15 de chaque mois. Année 1, No. 1, 15 juillet 1900, Bourse du travail, Paris

Le Cri social, organe socialiste des coopératives des syndicats, édition hebdomadaire de la rive gauche. Année 1, no. 1, 4 mars 1900, imprimerie Mangeot, Paris, 1900

Le Citoyen

Le Cri du peuple

Le Drapeau rouge, organe de la fédération des groupes de jeunesse socialiste révolutionnaire du Sud-Ouest, No. annoncé le 14 juillet 1901, Saint-Etienne

Le Figaro

Le Franc-Picard, républicain, journal hebdomadaire de la démocratie socialiste de la Somme, No. 1, 20 juillet 1885, imprimerie Albain, Douai

Le Forçat, organe socialiste de la région du Nord, No. 1, 15 juillet 1882, imprimerie Lagaze, Lille

Le Fouet, organe socialiste de la Madeleine et de Berkem, paraissant toutes les semaines, Année 1, no. 1, 5 janvier 1908, La Madeleine-les-Lilles

Le Gard socialiste, organe des travailleurs. Paraît le dimanche, No. 1, 26 avril 1885, imprimerie Fournière, Marseille

Le Gard socialiste, organe du parti ouvrier socialiste du Gard, Paraît tous les samedis. No. 1, 13 mars 1886, imprimerie Cremier-Teyssier, Nîmes

Le Genêt breton, organe antisocialiste et de progrès social, paraissant le mercredi, Année 1, no. 1, 7 mars 1906, Brest

Le Glaneur, anarchiste, paraîssant tous les mois, No. 1, 1 janvier 1885, imprimerie Towne, Paris, 1885

Le Globe, journal philosophique et littéraire, Paris, 15 septembre 1824-1832; particularly No. 34, Pétition d'un prolétaire à la Chambre des Députés. Ch. Béranger; No. 73, Les oisifs et les travailleurs. Fermages, loyers, intérêts, salaires; No. 80, Les oisifs et les travailleurs; fonctions politiques selon les oisifs; fonctions politiques selon les travailleurs; No. 87, Les oisifs et les travailleurs. Abolition des successions collatérales. Economie politique; No. 189, R. S.-S. Rapports des ouvriers avec les républicains; No. 246, R. S.-S. Direction du degré des ouvriers. Rapport de Henri Fournel. Réunion des ouvriers, 1er mai 1831; No. 283, R. S.-S., Prédication du 9 octobre: Parti politique des travailleurs; Nos. 304 et 306, Manifestation du parti des travailleurs: Les ouvriers de Lyon; No. 357, R. S.-S., Enseignement des ouvriers, 18 décembre

Le Journal du peuple, organe démocratique-socialiste du bassin houiller, paraîssant le jeudi et le dimanche, Année 1, no. 1, 14 février 1904, Liévin (Pas-de-Calais)

Le Lampion, rouge amiènois, revue mensuelle socialiste, No. 1 décembre 1901, imprimerie spéciale, Amiens

Le Libre-Penseur, politique, social et anticlérical, No. 1, 6 septembre 1883, Villiers, Alfortville

Le Libertaire

Le Libre Penseur socialiste des Alpes, Année 1, no. 1, 13 novembre 1902, Albertville

Le Messager socialiste, journal mensuel des organisations ouvrières d'Albert et de l'arrondissement, Année 1, no. 1, décembre 1906, Albert

Le Midi socialiste, organe du parti ouvrier, Hebdomadaire paraissant le dimanche. No. 1, 31 juillet 1887, Béziers

Le Mouvement socialiste, revue bimensuelle internationale, Année 1, no. 1, 15 janvier 1899, Bellais, Paris

Le Mouvement socialiste, revue mensuelle internationale, Rédacteur en chef: Hubert Lagardelle, Paris, 1899

Le Monde

Le Nord Social (CFTC)

Le Parti ouvrier français, imprimerie Lagrange, Lille, 1900

Le Parti ouvrier, No. 1, 8 avril 1888, imprimerie Cusset, Paris

Le Petit Gard socialiste, organe des travailleurs du Gard paraissant le samedi, Année 1, no. 1, 6 février 1904, Nimes

Le petit Verdunois, journal républicain démocratique, organe des revendications ouvrières agricoles et commerciales des cantons de Verdun-sur-le-Doubs et Saint-Martin-en-Brest et de la région, paraîssant le dimanche, Année 1, no. 1, 3 novembre 1901 imprimerie Berry, Pierre (Saône et-Loire)

Le Petit-Réveil du Midi, journal de classe ouvrière, No. 1, 31 janvier 1885, Marseille

Le Petit Socialiste, organe hebdomadaire, paraîssant le samedi, Année 1, no. 1, 3 juillet 1904, Solesmes (Nord)

Le Peuple: Liberté. Egalité. Fraternité. Journal de la république démocratique et sociale. Division des fonctions—Indivisibilité du pouvoir. Directeur: P. J. Proudhon. Particularly: No. 3, Le socialisme et la politique, Du mouvement social dans les corporations ouvrières; No. 10, Du capital et du travail, G. Duchêne; Nos. 44, 51, 58, Lettre à M. Blanqui sur son rapport relatif à la situation des classes ouvrières en 1848, Ramon de la Sagra; No. 72, Banque du peuple et syndicats de la production et de la consommation, Chipron; No. 176, Dialogue entre le travail et le capital, C. F. Chevé No. 190, Un aristocrate de bonne foi et un prolétaire socia-

liste; et No. 204, De l'influence du travail sur la moralisation de la famille

Le Peuple, journal du progrès social. Rédacteur en chef: Paul de
Lourdoucix, 25 avril 1848 (Une des nombreuses métamor-
phoses de la "Gazette de France")

Le Peuple, organe socialiste de l'arrondissement de Château-
Thierry, paraîssant tous les mois. Année 1, no. 1, 1er septembre 1901, imprimerie Schneider, Château-Thierry.

Le Peuple de l'Allier, organe hebdomadaire régional de la démocratie socialiste, paraîssant le dimanche. Année 1, no. 1,
novembre 1903, Vichy

Le Peuple de Rouen, journal ouvrier socialiste, paraissant tous les
samedis, Année 1, no. 1, du 21 au 31 mai 1901

Le Peuple socialiste du Midi, hebdomadaire, Année 1, no. 1, 20
avril 1902, imprimerie spéciale, Toulouse

Le Parti ouvrier, organe officiel de la section roubaisienne du parti
socialiste de France, paraîssant le mercredi et le samedi.
Année 1, no. 1, du 19 au 23 mars 1904, Lille

Le Peuple socialiste de la Loire, No. 1, 4 mai 1889, Ménard, Saint-
Étienne

Le Populaire, journal des intérêts politiques, matériels et moraux
du peuple, fondé par une association patriotique, et dirigé
par M. Cabet, député 1er septembre 1833-4 octobre 1835. Le
Populaire de 1841, journal de réorganisation sociale et politique, dirigé par M. Cabet, ancien député, 14 mars 1841-4
octobre 1851. Suite du précédent; continué par: Le Républicain, fondé par et pour le peuple, rédigé par le citoyen Cabet
et par une association d'écrivains et d'ouvriers.

Le Populaire de 1841. Journal de réorganisation sociale et politique,
dirigé par M. Cabet, ancien député. (Suite du Populaire).
Egalité, fraternité, liberté, unité. Association communautaire. Éducation, moralité, travail, ordre. 14 mars 1841-4
octobre 1851.

Le Producteur, journal de l'industrie, des sciences et des beaux-arts.
Fondé par Saint-Simon sur son lit de mort et rédigé par ses
premiers disciples, O. Rodrigues, Auguste Comte, Bazard,
Enfantin, Buchez, Armand Carrel, etc. Epigraphe: "L'âge
d'or, qu'une aveugle tradition a placé jusqu'ici dans le passé,
est devant nous". Particularly: Tome IV, No. 2, août 1826,
De la classe ouvrière, M. Rouen, and Tome III, No. 2, mai
1826, De la classe ouvrière, M. Rouen

Le Progrès social, Hebdomadaire, organe socialiste du XVème
arrondissement. Année 1, no. 1, 25 mars 1906

Le Progrès social, organe des idées napoléoniennes et des intérêts
populaires, décembre 1848, Paris

Le Progrès social, journal démocrate-socialiste, Bi-hebdomadaire,
No. 1, 14 octobre 1883, Béziers

Le Prolétaire; hebdomadaire, Paraît le mardi. No. 1, 1er avril 1885, imprimerie Brousse, Paris

Le Prolétaire tourangeau, No. 1. Du travail et du pain, imprimerie de Reyval, Blois, 1885

Le Prolétaire. Journal républicain des ouvriers démocrates socialistes. Année 1-3 (no. 1-159), 3 Frimaire an 87 au 24 Vendémiaire an 90 (23 novembre 1878-15 octobre 1881) Paris

Le Prolétaire, organe officiel de la Fédération des travailleurs socialistes de France, Année 1, no. 1, 11 février 1900, imprimerie du Progrès, Tours

Le Prolétaire, journal hebdomadaire, Année 1, no. 1, 31 mai 1903, Lyon

Le Prolétaire bruaisien, organe bi-hebdomadaire de la démocratie socialiste de Bruay et ses environs, Année 1, no. 1, 1er mai 1904, Pas-de-Calais

Le Prolétaire républicain socialiste, organe de la Fédération socialiste autonome de la Drôme et de l'Ardèche, Année 1, no. 1, juillet 1904, Valence

Le Prolétariat, organe officiel de la fédération des travailleurs socialistes en France. No. 1, 5 avril 1884, Paris

Le Postier Syndicaliste

Le Rail Syndicaliste

Le Rassemblement

Le Rassemblement Ouvrier

Le Républicain démocrate, organe du comité républicain démocratique: Patrie—Liberté—Solidarité. Union de Républicains libéraux et des socialistes anticollectivistes. Année 1, no. 1, 11 avril 1905

Le quatrième Etat, organe hebdomadaire des travailleurs avec le précieux concours des principaux membres du parti ouvrier national. Paraît tous les samedis. Année 1, No. 1, 4, août 1883, Toulouse

Le Rappel des travailleurs, organe syndicaliste et socialiste (Section française de l'Internationale ouvrière) paraissant le samedi. Année 1, no. 1, 11 avril 1908, Cahors

Le Régime constitutionnel politique et social. Rédacteur en chef: Alphonse Beau de Rochas. Rédacteurs: C. Morel, Julius, F. Dubreuil, J. de Gastine, Flavio, J. Robert. 4 numéros du dimanche 14 mai 1871 au mercredi 17 mai, avec une devise au dessus du titre: "Laboremus."

Le Réveil de la Charente, organe des revendications ouvrières, paraissant tous les samedis. Année 1, no. 1, du 14 au 20 juillet 1900, imprimerie Dumoussaud, Angoulême

Le Réveil montluçonnais, organe de l'Alliance républicaine anticollectiviste, paraissant tous les dimanches, Année 1, no. 1, 3 avril 1904, Paris

Le Réveil des opprimés, tribune indépendante, paraissant tous les dimanches, Année 1, no. 1, 3 avril 1904, Paris

Le Réveil du Peuple, journal des intérêts populaires, fondé par une société d'ouvriers, 2 nos., 19-22 mars 1848

Le Réveil social, organe des travailleurs de Guise et de la région, Année 1, no. 1, 31 janvier 1903, Guise

Le Réveil des travailleurs, organe socialiste de défense des intérêts syndicaux, professionnels, paraissant tous les dimanches, Année 1, no. 1, 6 juillet 1902, Toulouse

Le Réveil des travailleurs de l'Est, organe du parti ouvrier socialiste de Meurthe-et-Moselle, paraissant le samedi. Année 1, no. 1, 8 juillet 1899, Nancy

Le Réveil des travailleurs du Rhône, journal hebdomadaire socialiste, Année 1, no. 1, 17 juin 1906, Villeurbanne.

Le Représentant du peuple, journal des travailleurs, Rédacteur-fondateur: Charles Fauvety et J. Viard, 3 nos. 27-29 février 1848

La République, journal du soir. Liberté de la presse, réforme électorale, organisation du travail, association des peuples, éducation pour tous. Ordre, liberté, progrès. Rédacteur en chef: Eugène Bareste. Collaborateurs: Chatard, Laurent de l'Ardèche, J. Langlois, 26 février 1848-2 décembre 1851 (Un des organes les plus ardents des doctrines socialistes)

Revue anarchiste internationale, 1884-1885, imprimerie Rapin, Bordeaux

Revue du progrès politique, social et littéraire; par Louis Blanc, rédacteur en chef, gérant, 1839-1842, Paris

Le Salarié, organe socialiste de Rouen et de la région, hebdomadaire, Année 1, no. 1, 21 avril 1907, Rouen

Le salut du peuple, journal de la science sociale, Rédacteur en chef le citoyen Mallarmet, ouvrier monteur en bronze, 6 nos. 10 décembre 1849-10 mai 1850, Paris

Le Semeur, organe syndical, coopératif, socialiste, paraissant tous les samedis, Année 1, no. 1, 4 mai 1907, Rouen

Le Semeur pour le socialisme intégral, le syndicalisme et l'émancipation ouvrière, Année 1, no. 1, 2 janvier 1908, Brest

Le bon socialiste, organe hebdomadaire des travailleurs et des flâneurs, No. 1, 30 novembre 1884, Lyon

Le Socialiste, organe du parti ouvrier de la région du Centre, Parait le samedi No. 1, 20 avril 1889, imprimerie Peynet, Commentry

Le Socialiste de Marseille, No. 1, 7 septembre 1889, Marseille, 11, rue de la Paix

Le Socialiste. Organe central du parti ouvrier, 1890-1891, Paris

Le Socialiste dauphinois, organe hebdomadaire de l'unité socialiste et des groupes indépendants, Année 1, no. 1, 10 janvier 1901, Grenoble

Le Socialiste, organe du parti ouvrier, No. 1, 29 août, 1885, Imprimerie Deladereere, Paris

Le Socialiste de l'Eure, tribune des syndicats ouvriers et des groupements socialistes, Année 1, no. 1, décembre 1905, Evreux

Le petit Socialiste de Lorient, organe de la classe prolétarienne de Lorient et des environs, Année 1, no. 1, et 5 mai 1906, Lorient

Le Socialiste plébiscitaire, organe hebdomadaire de la souveraineté nationale, sous le patronage du comité central de l'Appel au peuple, Année 1, no. 1, 18 avril 1905, imprimerie Dangon, Paris

Le Socialisme humain, journal d'études sociales, paraîssant mensuellement, Année 1, no. 1, juin 1902, Nogent-le-Rotrou

Le socialisme dévoilé, dialogues entre un socialiste et un bourgeois, par Gustave Biard, ex-rédacteur en chef du journal "La Presse du Peuple", 5 nos. septembre 1848, Paris

Le socialisme napoléonien, organe de la Ligue démocratique pour l'extinction du paupérisme, 2 nos., janvier-février 1849, Paris

Le Syndicaliste, organe de la Fédération des syndicats ouvriers de l'Est, paraîssant tous les quinze jours, Année 1, no. 1, 23 juin au 7 juillet 1906, Nancy

Le Tocsin de Montmartre, socialiste, paraîssant le dimanche, no. 1, 16 décembre 1900, imprimerie Allemane, Paris

Le Tocsin social, revue bimensuelle, socialiste, internationaliste, Année 1, no. 1, 1er mai 1899, imprimerie Sorel, Lyon

Le Travail. Organe international des intérêts de la classe laborieuse, publié par C. Leirens et L. Walras, Année 1 et 2, 1867-1868, Gand

Le Travail, véritable organe des intérêts populaires. Rédacteur en chef: E. A. Dambel, 11 nos. 28 mai-23 juin 1848

Le Travail, journal des intérêts moraux et matériels des classes ouvrières, politique, moral et industriel, Paris, 1842

Le Travailleur, journal de la classe ouvrière, paraîssant tous les samedis. 1881-1883, Marseille

Le Travailleur, organe ouvrier, journal hebdomadaire, Année 1, no. 1, 22 mai 1904, Ajaccio

Le Travailleur, organe officiel de la Fédération du Nord, (parti ouvrier français) paraîssant le samedi, Année 1, no. 1, 14 juillet 1900, imprimerie spéciale, Lille

Le Travailleur, organe de la Fédération du Haut-Rhin (parti socialiste, section française de l'International ouvrière), paraîssant le samedi. Année 1, no. 1, du 6 au 13 janvier 1906, Belfort

Le Travailleur, organe socialiste et syndical des travailleurs du canton d'Argenteuil, (Seine-et-Oise), paraîssant le 1er de chaque mois, Année 1, no. 1, oer octobre 1903, Argenteuil

Le Travailleur libre, organe spécial des ouvriers des villes et des campagnes, journal fondé pour la défense des idées socialistes, juin 1848, Paris

Le Travailleur Troyen, organe de l'union ouvrière socialiste, No. 1,

1er janvier 1883, Troyes

Le Treizième, organe de la démocratie socialiste de l'arrondissement, No. 1, 4 novembre 1883

Le Tire-Pied, organe des revendications ouvrières, Année 1, no. 1, 13 avril 1902, Romans

Le Travailleur d'Eure-et-Loir, organe de la Fédération du parti socialiste (section française de l'Internationale ouvrière) paraîssant tous les samedis, Année 1, no. 1, 25 avril 1908, Dreux

Le Travailleur de l'Ouest, organe socialiste, syndicaliste, coopératif et maritime, paraîssant le samedi, Année 1, no. 1, 29 février 1908, Saint-Nazaire

Le Travailleur socialiste, organe de la Fédération de Lorraine (parti socialiste, section française de l'Internationale ouvrière), paraîssant le samedi, Année 1, no. 1, du 6 au 13 janvier 1906, Nancy

Le Travailleur des Vosges et de la région de l'Est, organe sociologique des travailleurs indépendants, paraîssant deux fois par mois, Année 1, no. 1, du 1 au 15 janvier 1905, Epinal

Le Tribun du peuple, organe des travailleurs, Rédacteur: A. Constant (dit l'abbé Constant), 5 nos. 16-30 mars 1848, Paris

Le Va-nu-pieds, organe du cercle Vallés, socialiste, révolutionnaire, indépendant, No. 1, mars 1887, Paris

Le Vengeur, organe de la fédération socialiste révolutionnaire de la région du Nord. Paraît le dimanche. No. 1, 29 juillet 1883, Contat, Lille

Vérités sociales inconnues ou méconnues, par Aug. Johannet, 2 nos., janvier et février 1850

Le vrai Père Duchêne, par Gustave Maroteau, No. 1 (unique), lundi 13 mars 1871, Paris, 1871

Le Vrai peuple, organe des travailleurs socialistes indépendants de Grenoble, paraissant le jeudi et le dimanche, Année 1, no. 1, 22 avril 1900, imprimerie spéciale, Grenoble

L'Indépendant maritime libre, tribune libre du prolétariat de la mer, Année 1, No. 1, 1er janvier 1900, Imprimerie Veuve Sauvion, Marseille

Lutte sociale, organe communiste-anarchiste, Paraît le samedi, Imprimerie Pastel, Lyon, No. 1, 26 août 1886

Lyon-Socialiste, organe hebdomadaire des travailleurs de la région de l'Est, No. 1, 14 septembre 1884, Imprimerie Vocher, Lyon

Labor Law Journal

Le Monde contemporain

La vie socialiste

L'industrie

Labour Monthly

La Paix sociale

Le Globe

L'Association

Les Cahiers Nivernais du Centre
La Revue
L'Univers catholique
L'esprit libértaire
Le Nouveau Monde
La Science sociale
Le Sillon
Les Cahiers du Musée social
Magasine littéraire
Marseille socialiste, Année 1, No. 1, October 3, 1903, Marseille
Mémoires de l'Academie d'Arras
Mémoires de la Société des Antiquaires de la Morinie
Mémoires de l'Institut National des arts et sciences, Sciences morales et politiques
Mémoires du Musée Social
Mémoires de l'Académie des sciences, inscriptions et belles-lettres de Toulouse
Mémoires de l'Académie du Gard
Mémoires de la Société historique, littéraire, artistique et scientifique du Cher
Mémoires de l'Académie des sciences, des lettres et des arts d'Amiens
Mercure de France
Modern Review
Mémoires du Vexin
Messager de la Révolution russe
Monthly Labor Review
Monde économique
Neue Gesellschaft
Neue Zeit
New Statesman & Nation
Nineteenth Century
North American Review
Nos Cahiers (Documents pour les militants syndicalistes)
Notes on Labor Abroad
Nouvelle Revue
Nouvelle revue historique du droit français et étranger
Nouveaux Cahiers, especially articles by Robert Lacoste, Paul Vignaux, Georges Lefranc, Gaetan Pirou and William Oualid, in the December 1939 issue, and those by Georges Lefranc, Paul Vignaux, Christian Pineau, Louis Vallon and Pierre Sauvage in the April 1940 number
Nouvelles internationales du mouvement syndical libre, Free Trade Union Committee of the American Federation of Labor
Nouvelle Revue
Parlement et l'opinion
Population

Paris libre. Journal du soir, Rédacteur en chef: Paul Vesinier. 43
   numéros (c'est-à-dire 44 étant donné le 24 et le 24 bis) du
   12 avril au 24 mai 1871, Paris, 1871
Philosophie de l'avenir
Political Science Quarterly
Positivist Revue
Quarterly Journal of Economics
Questions pratiques de legislation ouvriére
Question sociale
Quinzaine
Reconstruction
Réforme sociale
Revue économique internationale
Revue thomiste
Revue métaphysique et de morale
Revue historique
Revue sociale catholique
Revue du progrès social
Revue d'économie industrielle
Revue socialiste
Revue contemporaine
Revue des questions historiques
Revue d'histoire moderne
Revue de synthèse historique
Revue chrétienne
Revue syndicaliste
Revue du travail
Revue générale du droit
Revue bleue
Revue de la jeunesse catholique
Revue catholique des institutions et du droit
Revue mensuelle
Revue pour les Français
Revue de Paris
Revue occidentale
Revue de Midi
Revue du christianisme pratique
Revue philosophique
Revue d'histoire de Lyon
Revue française des sciences politiques
Revue du christianisme social
Revue syndicale
Revue sociale catholique
Revue de la science nouvelle
Revue des accidents du travail
Revue d'histoire des doctrines économiques et sociales
Revue des sciences politiques
Revue des revues

Revue historique, littéraire et archéologique d el'Anjou
Revue internationale du commerce
Revue du christianisme social
Revue britannique
Revue sociale catholique
Revue socialiste
Revue pratique du droit industriel
Revue politique et parlementaire
Revue politique d'économie sociale
Revue des Deux Mondes
Revue économique internationale
Revue populaire d'économie sociale
Revue internationale de sociologie
Revue de sociologie
Revue universelle
Revue critique
Revue française du travail
Revue française de Science politique. January-March 1956, particularly "Bibliographie et chronologie du Poujadisme"
Revue marxiste
Revue internationale du commerce, de l'industrie et de la banque
Revue indépendante
Revue d'histoire économique et sociale
Revue du christianisme pratique
Revue générale d'administration
Revue d'économie politique
Rivista italiana di sociologia
Rivista critica sociale
Risveglio
Rivista critica del socialismo
Riforma sociale
Science sociale
Servir
Servir la France
Socialist International Information (Bulletin)
Société nouvelle
Sociologie catholique
Sociale Praxis
Schmoller's Jahrbuch fur Gesetzgebung
Socialistische Monaatshefte
Social Research
Socialisme catholique
Solidarité sociale
Syndicalisme (CFTC)
Syndicats
Travail
Travail et Liberté
Témoignage Chrétien

The American Federationist
The Christian Science Monitor
The Progressive
The Economist
The National Review
The New York Times
The World Today
Travaux de l'Action Populaire
Variétés historiques et littéraires
Vorwärts
Yale Review